철학이 이끄는 삶

철학이 이끄는 삶

윤병렬 선생의 삶과 사상

초 판 1쇄 2025년 10월 23일

지은이 강학순
펴낸이 류종렬

펴낸곳 미다스북스
본부장 임종익
편집장 이다경, 김가영
디자인 윤가희, 임인영
책임진행 이예나, 김요섭, 안채원, 김은진

등록 2001년 3월 21일 제2001-000040호
주소 서울시 마포구 양화로 133 서교타워 711호
전화 02) 322-7802~3
팩스 02) 6007-1845
블로그 http://blog.naver.com/midasbooks
전자주소 midasbooks@hanmail.net
페이스북 https://www.facebook.com/midasbooks425
인스타그램 https://www.instagram.com/midasbooks

ⓒ 강학순, 미다스북스 2025, *Printed in Korea*.

ISBN 979-11-7355-541-1 03100

값 38,000원

미다스북스는 다음세대에게 필요한 지혜와 교양을 생각합니다.

철학이 이끄는 삶

박영렬 선생의 삶과 사상

강학순 지음

미다스북스

이 책은 우리 시대를 살다 간 한 철학자의 고독한 삶과 지적 모험에 관한 이야기이다. 또한 정신적으로 궁핍한 시대를 살다 간 흙수저 출신의 한 비주류 철학자의 삶과 사상에 관한 서사이기도 하다. 그의 전생애는 소위 "철학이 이끄는 삶"의 모범을 보여주었다. 우리의 주인공은 한국 철학사에 두고두고 회자될 수 있고, 후대에도 읽힐 수 있는 중량감 있는 독창적인 작품들을 남겼다. 뭐래도 작품은 작가의 삶의 총량이자 경험의 농축이지 않은가!

평생 철학도로서 올곧고 치열하게 살아온 삶과 사유의 흔적들은 각자에게 주어진 척박한 현실을 맞딱뜨리며 살아가면서 힘겨워하는 모든 이에게 신선한 울림과 감동을 선사하리라 믿는다. 그가 철학함을 통해 남긴 정신적 유산과 매순간 자신이 선택한 고유한 삶에 대한 실존적인 결연한 태도는 그야말로 어떠한 곤경과 절망 속에서도 운명에 굴하지 않는 "존재에 대한 불굴의 용기"를 보여줄 것이다. 그는 전방 소대장으로 군복무를 마친 육군장교출신이었지만, 병원가는 것을 가장 무서워했고, 피를 도무지 보지 못하는 겁이 많은 사람이었다. 하지만 철학함을 위한 파우스트적 열정은 시종일관 흰머리 독수리(bald eagle)의 용맹을 닮은 것이었다.

이 책의 주인공인 윤병렬 선생의 학문적 연구업적은 어느 주류 철학자에 못지 않은 혁혁한 성취를 이루었다. 50편이 넘는 연구논문들 및 전공분야 전문학술저술 16권과 유고작 3권을 남겼다. 그는 학술적 글쓰기가 자신의 존재증명이었고, 경건한 수도사의 의식처럼 하루도 논문이나 저서를 읽고 쓰는 일을 쉬지 않았다. 톨스토이도 19세부터 82세까지 63년간 일기쓰기를 계속했고, 이런 글쓰기가 자신의 인생을 내적으로 변화시키는 대단한 힘을 가지게 되었다고 술회했다. 우리 시대에 백여권 넘는 책을 쓰셨던 저명한 인문학자이셨던 박이문 선생도 글쓰기를 "매일 세계를 개념으로 조각하는 철학적 작업"의 일종이라고 하지 않았던가! 마찬가지로 윤병렬 선생의 글쓰기도 모두 자신의 존재증명이었다. 저러한 도저(到底)한 학문적 업적 보다 더 소중한 것은 학자로서 온갖 시련과 좌절 속에서도 굴하지 않고 자신의 길을 의연하게 걸어간 철학함의 여정 그 자체에 있다.

특히 윤 선생은 극한적 상황 속에서도 좌절하지 않고 자신만의 고유한 철학적 세계를 구축하였다. "태평양 바다에 돌맹이 하나 던진다"는 심정으로 당장은 아니더라도 묵묵히 후대에도 남을 독창적인 철학적 이론을 전개하였던 것이다. 그는 "만세 후라도 알아주는 사람"들 중의 한 사람이 되고자 하였고, 자신의 철학을 이해할 수 있는 "익명의 독자"를 위해 글쓰기에 매진했다. 특히 한국인으로서 대단한 자긍심을 가졌거니와, 이미 존재했지만 알려지지 않은 한국 고대사상의 탁월성을 세상에 알리고자 하는 소명의식을 가지고 있었다. 그는 서양의 현상학, 해석학과 존재론 및 그리스 철학을 도구로 삼아 고대 한국철학의 재발견과 한국문명의 원형과 한국인의 고유한 문화적 알고리즘을 찾기 위해 정진했던 것이다. 그는 술이부작(述而不作)의 정신으로 고대 한국철학 연구에 매진하였다. 말하자면 서양철학을 매개로 하여 고대 한국철학의 재발견을 통해 우리 철학의 정체성과 독자성을 세계에 알리고자 하였다. 그리하여 국제학술저널에도 탁월한 논문들을 게재하기도 했다.

필자는 이미 철학계에서 석학으로 명성을 떨치신 바 있는 주류철학자이셨던 박이문 선생님(단행본), 소광희 선생님(단행본)과 그리고 김형석 선생님(공저)의 삶과 사상에 대한 저술을 한 바 있다. 이 분들과는 여러 면에서 결이 다른 윤병렬 선생의 삶과 사상에 대한 책은 필자에게도 특별한 의미를 지니고 있다. 왜냐하면 그와 필자가 걸어왔던 철학함의 길이 다르지 않기 때문이다. 철학계의 원로이신 정대현 선생님은 한국철학계의 동료학자들에 대한 무관심을 다음과 같이 지적한다. "외국에서는 추모집뿐 아니라 살아있는 동료나 스승의 철학에 대한 연구도 적지 않지만, 한국의 철학자들은 가까이 있는 사람보다는 오히려 멀리 외국 학자에 대한 관심을 더 많이 갖는 편이다. 문학계와 달리 철학계가 특히 더 그런 것 같다."(정대현, 『한국 현대철학』)

윤병렬 선생의 삶과 사상의 흔적들을 땅에 묻어두거나 어둠 속에 방치하는 것은 가까운 동료로서의 도리가 아니라고 생각한다. 한 철학도의 고귀한 구도적 삶과 그로 인해 발생하는 현실적 고통, 상처, 좌절, 분노 등을 한국인 특유의 슬기와 끈기로서

철학이 이끄는 삶

극복하고 승화시켜나가는 이야기를 꼭 세상에 알리고 싶었다. 그 이유는 그의 유별난 삶의 스토리가 특히 정신적인 면에서 궁핍하고 어두운 시대를 살아가는 동시대의 젊은이들에게 새로운 통찰력(insight)과 인생 역경에 도전해 나가는 용기와 비전을 제공해 주리라 믿기 때문이다. 또한 필자가 "의도확대의 오류"를 피하고, 저자의 주관적인 관점의 한계를 보완하기 위해서 그를 가까이에서 아끼고 사랑했던 가족, 친구들과 지인들 그리고 학계의 동료들 및 선후배가 그를 추억하고 기리는 글들을 보론 및 부록으로 함께 실었다.

아무쪼록 이 책에서 우리와 동시대를 살다간 한 철학자의 철학하는 속마음의 열정과 숨결을 밝히고자 한다. 그리고 참과 아름다움 그리고 성스러움의 보편적 가치를 사랑했던 주인공의 철학적 투명성, 심미적 감성 및 종교적 신앙이 드러날 수 있기를 바라는 바이다. 그리고 그의 내밀한 철학적 자아의 숨은 그림자와 감추어진 삶의 진실을 만날 수 있는 예기치 않은 울림과 공명이 있길 바란다.

"삶의 편력"(제1부) 부분에서 윤 선생님의 가족, 친구, 배우자님(심진숙 선생님)이 들려주시고 보내주신 이야기들을 보론(補論)으로 싣게 되어 가족분들과 친구분들께 감사드린다. 그리고 연세대 철학문화연구소에서 윤병렬 선생을 공동연구원으로 초빙해주시고 그를 아끼고, 각별한 멘토가 되어주셨던 박순영 선생님을 비롯해서 학창시절의 고향의 친구들, 독일 본(Bonn)대학교 동창생들, 하이데거 학회, 현상학회, 해석학회, 기독교철학회 동료들과 선후배들과 친구분들께서 자원해서 책리뷰와 추모 및 기림글을 써주셔서 부록(附錄)으로 실을 수 있어서 진심으로 감사드린다. 특히 이 평전출판을 위해서 15개 대학교의 선후배 및 동료철학자와 학자들이 동참해주신 것은 한국 철학계에서 처음 있는 일이다. 그리고 이 평전의 취지와 의의에 대해서 깊이 공감해주시고 흔쾌히 출판을 허락해주신 미다스 출판사 류종렬 대표님과 정교하고 명료한 교정작업을 감수해주시느라 수고해주신 편집부 선생님들께 감사드린다. 그리고 이 책의 출판을 흔쾌히 지원해주신 심진숙 선생님께도 감사드린다. 늘 원고쓰기에만 매달려 있는 필자를 응원해 주는 아내와 온유네 가족들에게도 고마운 마음을 전한다.

2025년 서호변 우거에서 常和 강학순

목차

제2부　철학적 사유의 편력

제3부　"윤병렬 철학"의 창조: "철학의 집"을 세우다

제4부   "윤병렬 철학"의 의의와 평가

윤병렬 선생에 대하여
(연보/수상/학술 및 학회활동/저서목록/논문목록)
참고문헌
이미지 및 사진출처
찾아보기(인명, 사항)

우리 철학의 한켠을 밝히는
소중한 이름

이 책은 최근에 작고한 한 철학자의 삶과 사상에 대한 이야기이다. 그는 학벌과 스펙을 중시하는 한국 철학계에서 비주류에 속한 아웃사이더였다. 그는 농촌 흙수저 출신으로서, 고등학교 때부터 낮에는 일하고 밤에는 야간고를 다녔다. 대학은 고향의 지방대를 나왔고 학부에서 철학을 전공하지 않았다. 1983년 봄에 그는 서른이 되어서야 독학할 각오로 독일유학을 떠났다. 독일유학에로의 길은 소년시절부터 그 스스로 찾았고 품어왔던 오랜된 꿈이었고, 자신의 청춘의 삶을 지탱해준 버팀목이었던 것이다.

오랜 독일 유학 중에서도 방학에 일하면서 공부하느라 마흔이 넘어서야 철학박사 학위를 취득하고 귀국하여 철학강사를 시작했다. 자신을 추천해줄 수 있는 한국 철학계의 인사를 그 누구도 잘 알지 못했고, 철학계에서도 당연히 그의 존재를 알지 못했다. 그는 철학계에서 혈혈단신으로 홀로서기를 할 수 밖에 없는 절박한 상황 속에 놓여 있었다. 더구나 그는 철학의 매력에 푹 빠져서 구도자로서 평생 학문에만 정진하면서 고달프고 가난한 강사생활 하느라 혼기를 놓치고서 50대 중반이 되어서야 결혼을 했다.

윤 선생은 2023년 학기 말에 갑자기 심한 복통으로 인해 생애 처음으로 병원에 입원해서 희귀암 진단을 받게 되었다. 평소에 선생은 주위로부터 가장 건강하고 활력있는 사람으로 평가받았다. 왜냐하면 그는 평생 잔병치레도 하지 않았거니와 한번도 병원에 입원한 적도 없었고, 60대 중반까지 춘천마라톤 9번씩이나 완주를 했던 전방부대 소대장 출신의 강인한 체력의 소유자였기 때문이다. 더욱이 강의가 없거나 주말이면 언제나 여주에 있는 텃밭을 가꾸면서 예초기도 잘 다루고, 나무심기와 농사일도 척척 잘 해내는 강인한 일꾼의 모습을 보여주었기 때문이다.

갑작스러운 암수술을 앞두고서 지극히 고통스러운 시간 속에서도 그는 초인적으로 자신의 책무를 다 마쳤다. 초빙교수의 임기가 끝나는 마지막 학기말에 암수술을 해야만 했었다. 생사가 오가는 그 절박한 순간에도 자신에게 맡겨졌던 너무나 힘겨웠던 학기말 시험과 성적처리 과제를 감당할 수 밖에 없었던 상황! 그것은 참으로 비정하고 가혹한 것이었다. 수술을 앞두고서 병든 몸을 이끌고 병원으로부터 특별외출을 허락받고 학생들의 시험감독을 해야만 했었고, 수백장에 이르는 시험 답안지 채점을 병상에서 할 수 밖에 없었다. 그러나 그것들을 "다 해냈다!"는 성취감으로 인해 조용히 "만세!"까지 부르면서 그는 마지막 생명의 불꽃을 소진하였다. 그러나 그 일이 이생에서 마지막 일이 될 줄을 그 누구도 몰랐다. 그렇게 그는 황망하게 우리들과 영원한 작별을 고했던 것이다.

교수가 되지 못했지만 20세기의 지성계의 큰 별로서 대단한 영향력을 발휘하면서 논문쓰기와 저술활동을 계속 했었던 발터 벤야민(W. Benjamin)처럼, 윤 선생도 현실에서 상상을 초월하는 좌절을 평생 겪으면서도 그것에 굴하지 않고 계속 "철학이 이끄는 삶"을 열정적으로 이어나갔다. 무려 300회 이상 교수공채에서 탈락했던 윤 선생은 평생 철학강사를 했다. 탈락통보를 받을 때마다 그의 속마음은 하얀 재가 되어 흩어졌다. 이 지점에서 우리는 한국고등교육기관의 인재채용의 구조적 모순과 불공정에서 발생하는 문제점, 예컨대 실력있고 유능한 흙수저 출신의 한 개인이 구조적인 악의 희생양이 되는 사례를 들어 문제제기를 하면서 더 이상 이런 일이 반복되지 않도록 대안을 모색할 수도 있을 것이다.

그러나 윤 선생은 당면한 극한적 상황 속에서도 세상을 증오하지도 않았고, 오히려 지속되는 고난과 시련 속에서도 절망하거나 포기하지 않는 한국인의 "생존의 미학"을 진실한 학인(學人)의 삶으로 보여주었다. 그러던 중에 강사로 가르치던 대학교에서 청빙이 와서 기적적으로 만 64세에 정규직 전임교수가 되어 1년간 봉직했다. 그후 5년 동안 그 대학 초빙교수로 강의하다가 마지막 학기를 마칠 무렵에 애석하게도 희귀암에 걸려 2024년 2월 초에 타계했다.

외적인 스펙과 캐리어로 보건대, 윤 선생은 철학계의 주류로서 서기에는 여러모로 태생적인 한계를 지니고 있었다. 한국 대학의 생태계에서 평생 시간강사로서의 삶은 누구나 다 알고 있듯이, 그야말로 힘겹고 고통스러운, 즉 신산(辛酸)한 삶이었다. 매학기 마다 강의를 새롭게 확보해야 하는 지속적인 번거롭고 힘겨운 간고한 시간의 연속! 그리고 예측불가능한 미래에 대한 생존에 대한 불안감이 그림자처럼 그를 따라다녔다. 무엇보다 그는 군복무시 육군장교로 사격훈련 중 한쪽 청력에 손상을 입어서 남모를 신체적 핸디캡을 겪으면서 강의를 해야만 했었다. 또한 그는 정말로 세상물정 모르는 딸각발이 선비에 속했다. 따라서 결혼 전에는 극심한 생활고에 시달릴 수 밖에 없었던 강철같은 현실이 버티고 있었다.

그를 더욱 힘들게 했던 것은 흙수저 출신의 의지할 곳 없는 아웃사이더가 겪을 수 밖에 없는 불편한 진실, 이를테면 현실에 대한 불공정과 부조리에 대한 분노와 절망이었을 것이다. 주인공이 당면했던 비정한 현실, 이를테면 신분의 불안, 가난, 부조리, 소외감 등은 그의 영혼과 실존 전체를 흔들기에 충분했다. 그럼에도 불구하고 그는 그것들로부터 도피하지 않고 과감하게 마주하면서 소위 "거룩한 돌파"(holy breakthrough)를 감행해 나갔다. 자신의 삶의 철학적 여정을 후회하거나 결코 불우(不遇)하다고 생각지는 않았다. 비주류 아웃사이더에게 드리워진 그림자를 걸림돌로 여기지 않고, 오히려 철학함의 디딤돌로 받아들였다. 그 그림자를 내면의 철학적 힘을 통해 그는 새로운 빛으로 변화시켜 나갔다. 그 철학적 힘이란 자신의 길을 찾기 위한 유랑(방랑), 정신의 자유를 위한 비상(초월) 그리고 영원에 잇댄 동경(신앙)을 통해 획득하게 되었다. 이 세가지는 그에게는 사유가 솟아나오는 샘과 같았고, 그가 평생 기꺼이 올인하여 일할 수 있는 동력이 된 것이었다. 그는 화려한 스펙보다는 자신만의 향기롭고 값진 삶의 스토리를 써나간 무위진인(無位眞人)이었고, 동시에 자신의 내적 소명(召命)을 향해 정진했던 선하고 진실한 신앙인이었다.

윤 선생은 강의, 산책, 마라톤, 농사짓는 일, 여행, 사색과 연구 및 신앙생활을 견지함으로써 저 현실의 짙은 그림자를 도리어 자신의 성장과 연구의 심화를 위한 새로운 해방구의 모멘텀으로 삼았다. 이로써 그의 철학적 사유는 항상 놀라움(경이, thaumazein)으로 세상을 바라보고자 하는 단독자로서 누구에 의해서도 침해받지 않고서 누구의 눈치도 볼 필요없는 독자적인 자율성과 사유의 창발성, 그리고 스스로 획득한 충만한 자유를 기반으로 이루어진 것이었다. 자신의 철학적 이론 정립을 위해 그는 한결같은 부단한 지적 연찬(研鑽)을 거듭했다. 일찍이 아리스토텔레스(Aristotels)도 행복한 삶이란 아무런 방해를 받지 않고 자신의 유능함을 펼칠 수 있는 삶이라고 하지 않았던가! 또한 철학자 헤겔(G.W.F. Hegel)은 정신이 자유롭지 않으면 새로운 것을 볼 수 없다고 했다.

저러한 비주류 아웃사이더의 정체성을 지녔음에도 불구하고, 윤 선생은 철학계의 잘 알려져 있지 않은 흙수저 출신의 "숨은 실력자"이자 "숨은 고수"였다. 독일 유학시절부터 그의 비범한 철학적 통찰력과 성실성 그리고 고전어(고급 그리스어·라틴어 자격증)의 탁월한 어학능력을 본(Bonn)대학교의 지도교수 슈미트(Prof.Dr. G. Schmidt)가 먼저 그의 실력을 알아보고 자신의 학술조교로 받아들였다. 특히 그의 대학원 시절에는 우수한 학업성적으로 한동안 독일국비장학생도 되었다. 그래도 계속 아르바이트를 하면서 공부를 병행해야 했던 13년 동안의 유학시절에 독일에서 학부, 석·박사과정을 통해 넓고 깊은 철학 및 인문학의 세계를 섭렵했다. 그는 철학, 수학, 세계 문학, 동아시아의 역사, 한국고대문명사, 신화, 예술, 종교, 고전어 등에 지대한 관심을 가졌다.

윤 선생은 서양의 존재론과 해석학 및 현상학을 전공하였으나, 그것들을 소개하는 차원을 넘어서 그것들을 원용하여 한국의 고분벽화, 고인돌, 황검보검, 청동거울, 수막새, 전래동화, 한국해학, 남두육성, 도가철학, 왕오천축국전, 규원사화등을 독보적으로 해석하고 연구하였다. 그러한 연구에는 오랜 연찬과 지적 문맥으로 끌로 나간 "창조적인 지성"이 엿보인다. 그의 관점은 우리의 역사를 사대주의에 경도된 『삼국유사』와 불교로 편향된 『삼국사기』의 범주를 벗어나 유라시아 북방의 초원문화와 연계된 한국고대의 정신문화를 찾아야 한다는 입장이다.

그의 연구의 방향타는 서양에서 배운 학문, 특히 현상학과 해석학 및 예술철학을 통하여 한국 사상의 특수성을 자문화중심주의로 치우치지 않고, 상호문화적으로 소통하여 공감을 얻어낼 수 있는 철학의 보편적 지평으로 올려놓고자 했다. 그는 한국적인 것, 즉 한국고대의 문화와 역사 그리고 예술과 사상에 천착하면서도 세계적 관점을 확보하기 위해 인간의 보편성에 호소했고, 서양철학과의 소통과 융화를 끊임없이 추구했다. 이런 점에서 "철학자 윤병렬"은 분과학문의 경계를 횡단하는 크로스오버 철학자, 상호문화철학자 내지 통합인문학자로 자리매김할 수 있다. 그리고 자신의 정신적 고향을 세상에 알리는 코스모폴리탄이며, "세계 속의 한국인"으로서 "우리 철학의 한켠을 밝히는 소중한 이름"이다. 또한 우리 시대에 보기 드문 철학자의 초상(肖像)이며, 고향의 뒷산에 숨어서 말없이 미소짓는 돌부처를 닮은 무위진인에 비견되는 인물임을 많은 지인들이 증언하고 있다.

역설적으로 그가 철학계의 아웃사이더로 살지 않았더라면, 과연 저러한 심오하고 탁월한 연구업적이 나올 수 있었을까? 단정할 수는 없겠지만, 도리어 저러한 신산한 삶의 현실, 그의 "삶의 자리"(Sitz im Leben)가 어쩌면 그의 철학함의 자양분과 도약의 발판이 되었을 것이라고 확신한다. 위대하고 강력한 것이 분출하려면 강한 외부로부터 오는 생의 압력이 필요하다고 하지 않던가! 모든 의욕의 기초는 결핍과 고난일 수 있다. 낙관적인 사람은 고난에서 기회를 보고, 비관적인 사람은 기회에서 고난을 본다. 야스퍼스(K. Jaspers)의 말대로, 피치 못할 고통과 비극은 우리를 파멸의 세계로 몰아넣는 악마가 아니라, 오히려 극단적인 순간에도 우리 자신의 실존을 들여다보게 하는 "초월자의 암호"일 수 있기 때문이다. 그렇다고 저러한 환경이 훌륭한 연구의 필요충분조건은 아니다. 우리의 주인공도 가장 최적의 연구환경이 주어졌더라면 더 훌륭한 연구업적이 나올 수 있었다는 사실도 부정할 수 없을 것이다. 다만 여기서는 우리의 엄혹한 삶의 여정 속에서 "건강한 결핍"이 지닌 중요성과 그 의의를 환기시키고자 한다.

윤 선생은 현실적으로 볼 때, 희망이 없는 상황에서도 용기를 잃지 않는 것이 철학자가 할 수 있는 일이라고 생각하며 살았던 것이다. 니체(F. Nietzsche)도 쇼펜하우어(A. Schopenhauer)를 모든 희망을 잃고도 진리를 추구한 사람으로 높이 평가했다. 마찬가지로 윤 선생도 극한적인 절망 속에서도 정신문명의 꽃인 철학을 공부하려는 모든 이에게 본본기와 전범이 되는 삶을 살았다. 그는 "나 외에는 다른 누구도 원망하지 않는다"는 자세로 살고자 했다. 인생의 여로에서 만난 상처와 고통을 결코 남이나 사회의 탓으로 돌리지 않고서 철학함으로 승화시켜나가는 그의 지칠줄 모르는 긍정적인 삶에의 의지와 결연함은 비슷한 처지에 있는 젊은이들과 후학들에게 참된 귀감이 되고,

또한 경의감을 느끼게 한다.

윤 선생은 직업 내지 생계수단으로서 철학 선생을 한 것이 아니라, 오히려 순수한 구도자의 자세로 배우면서 가르치고자 했다. 다시 말하면 삶과 철학적 수행을 다른 것으로 여기지 않는 생수불이(生修不二)의 자세를 견지했다. 그는 온갖 결핍 및 고통과 번민 속에서도 불굴의 신념과 용기 그리고 따뜻한 인간미를 가지고서 보석같은 삶의 의미를 찾는 것이 자신의 철학함의 목표였다. 그는 철두철미 "철학이 이끄는 삶"을 살고자 하였다.

"철학적 순례자"로서 윤 선생은 삶을 "하나의 덧없는 진동"으로 여기지 않고서 정신적으로 "값있는 삶"을 위한 여로를 지속했던 것이다. 소크라테스(Socrates)도 음미되지 않은 삶은 가치 없는 삶이라고 했다. 그는 온갖 곤경과 절망 속에서도 "인생은 살 만한 가치가 있다"는 사실을 온몸으로 보여주고자 진력했다는 사실이 우리들에게 큰 울림과 삶에의 용기를 주고 있다. 온갖 고통은 지나가는 것이다. 그러나 참과 선, 아름다움과 성스러움의 보편적 가치는 영원히 남을 수 있는 것이라고 그는 생각했다. 그에게는 얼마나 오래 사는가가 문제가 아니라, 어떻게 가치있게 사는가가 문제였다. 한마디로 그는 사즉생(死卽生)의 자세로 철학함에 임했던 것이다.

제1부

삶의 편력

여기서는 일반적인 전기(傳記)와 평전(評傳)의 구성을 따르지 않고, 윤병렬 선생의 삶과 사상을 연결시키고 일별할 수 있는 세가지 키워드인 방랑, 초월 그리고 동경을 통해 그의 삶의 편력을 그려보고자 한다. 그 이유는 "인생은 길이라는 비전이며 여로다"라는 주인공의 삶의 가이드라인을 존중하면서 서술하려고 하기 때문이다. 그 "길"이란 참된 자아와 궁극적인 의미를 찾아가기 위한 메타포(metaphor)이다. 만약 우리가 추구할 것과 그리워할 것이 있다면, 얼마든지 행복할 수 있다. 이런 사실을 윤 선생은 철학적인 삶으로 방증하였다.

무엇보다도 철학은 도서관이나 연구실에서만 펼쳐지는 것이 아니라, 여행 중에도 그리고 삶의 현장에서도 펼쳐진다는 것이 "사유의 나그네"인 윤 선생의 신념이었다. 왜냐하면 산책이나 여행에서 사유의 샘을 길러내고 번쩍이는 지혜를 찾으며, 여행을 통해서 자아의 크고 작은 변화를 가져온다는 사실을 그는 직접 온몸으로 체험했기 때문이다.

스위스에서 태어났으나 이탈리아와 프랑스 등지로 유랑하며 살았던 루소(J.-J. Rousseau)도 인간의 본래의 모습을 "방랑하는 인간" 내지 "영원한 여행자"로 규정지었다. 그에게는 여행은 자유와 해방과 동의어였다. 실존주의자 사르트르(J.-P. Sartre)도 인생의 제일 원리를 다음과 같이 표명한다. "인간이란 스스로 만들어 가는 것 이외의 아무것도 아니다." 일본 하이쿠 대가 마쓰오 바쇼(松まつ尾お 芭ば蕉)도 41세에 방랑길을 떠나 죽을 때까지 길에서 시를 쓴 최고의 시인으로 평가된다. 그는 "한 곳에 머무르지 않겠다"는 "일소부재"(一所不在)의 철학을 지녔었다. 우리 주인공도 그들의 입장에 깊이 공감하면서 자신만의 새로운 철학적 삶의 길을 찾아 나섰던 것이다.

1장

자신의 길을
찾기 위한 방랑:
"바람구두를 신은 사나이"

윤 선생의 사회생활은 고등학교 수학교사로서 시작되었다. 실은 대학을 졸업하자마자 유학을 가고자 했으나 막내동생의 대학 등록금을 지원하기 위해 유학을 미룰 수밖에 없었다고 한다. 3년 동안 교사로서 학생들을 잘 가르치고, 제자들에게 꿈을 심어주었고, 그들을 올바른 길로 선도했던 보기 드문 선생님이었다. 이는 그 당시의 제자들을 통해 증언되고 있다. 그가 유학을 위해 학교에 사직서를 제출했을 때, 학부형들이 사직을 만류하는 진정서를 두번씩이나 가져와서 간청했다고 한다. 학생들과 학부모님들 그리고 동료들로부터 존경받고 사랑을 받았고, 안정된 직장에서 미래가 보장되었기에, 그는 교사로서 안주할 수 있었다.

그는 중학교 때 벌써 『쇼펜하우어의 인생수업』이라는 책을 읽고 친구들에게 자세히 설명해 주었고, 키에르케고르(S. Kierkegaard)의 책도 읽었다고 한다. 그래서 그는 소싯적부터 친구들로부터 "철학박사"라는 별명을 얻었다. 그때부터 그는 독일의 시인, 음악가, 문학가, 철학자, 신학자등에 관심을 가지고 독일유학에 대한 꿈을 키워왔다고 동창생들과 친구들이 증언해주고 있다. 문학에도 관심이 있어서 두보(杜甫)의 시나 롱펠로우(H.W. Longfellow)의 시도 좋아했다. 그의 내면 속에서는 더 배우고자 하는 "진리에 대한 목마름"과 구도자적 발심과 운명을 개척해가려는 실존적인 결기가 있었다. 그것들은 결국 안주하고 있는 외적인 "평온한 세계"를 깨뜨리고 나와야 한다는 절박함을 추동시켰다.

그는 학창시절부터 "가로되 현재의 고통은 그 한계를 넘지 않으니!" 이런 좌우명을 책상 앞에 걸어두었다고 한다. 그는 현실의 고통 속에서도 배움을 위한 행보를 중단하지 않고서 앞으로 나아갔다. "군자의 배움은 성실과 독실함 뿐이다. 임무는 무겁고 길은 머나 나아가지 않으면 퇴보하게 된다."(이이, 『성학집요』) 철학자 아리스토텔레스도 일찍이 누구나 내적인 뜨거운 갈망이 있는 한, 행복할 수 있다고 하지 않았던가! 그의 저서 『형이상학』에서, "인간은 본래적으로 앎을 추구한다"고 설파했다. 어쩌면 철학함에서 중요한 것은 재능보다는 앎을 향한 굳건한 의지일 수 있다.

윤 선생은 대학에서 수학을 전공하고, 고등학교에서 수학과목을 가르치면서 수학의 학문적 근원과 역사를 더욱 알고자 했다. 수학과 철학은 같은 뿌리에서 나왔고, 학문적 친족 관계가 있음은 잘 알려진 사실이다. 수학은 현재를 이해하고, 미래를 예측하는 데 도움을 줄 수 있는 지혜를 제공한다. 그는 학부에서 수학을 전공했을 뿐만 아니라, 독일 본대학교 석·박사과정에서도 응용수학(수리논리학)을 부전공으로 계속 공부했다.

미적분의 발견을 통해 수학역사를 바꾸었던 라이프니츠(J. W. Leibniz)는 움직이는 세계를 수학적으로 정식화하고자 했다. 수학의 눈으로 보면, 세상의 변화가 한 눈에 들어오고 미적분은 세상을 설명하는 언어이기도 하다. "특히 미적분의 시각으로 보면, 첨단 과학기술의 원리부터 자연현상, 사회의 변화까지 선명하게 드러난다. 미분을 통해서 세상의 순간적인 변화와 움직임을 포착하고 적분을 통해서 작은 변화들이 누적되어 나타나는 상태를 이해할 수 있다. 다시 말해 과거를 적분하면 현재를 이해할 수 있고, 현재를 미분하면 미래를 예측할 수 있다."[2] 하지만 윤 선생은 수학을 너머 철학을 학문의 원형이라고 믿었던 사람들 중의 하나였다.

불우한 환경 속에서 철학적 수학자인 뉴턴(I, Newton)도 그의 골방이 몽상과 영감의 원천이었고, 사르트르(J.P. Sartre)도 외조부의 서재가 혼자만의 놀이터였고 또한 사색의 샘터였다. 우리의 주인공은 벽촌의 흙으로 만든 작은 골방에서 동생과 함께 기거하면서도 창을 통해 비치는 달과 별을 보면서, 그리고 고향인근의 남해바다를 바라보면서 더 높고 넓은 세계로의 꿈을 키우며 청소년 시절을 보냈다고 한다. 그에게 동서양의 고전들 이를테면, 『쇼펜하우어의 인생수업』, 『성경』, 『도덕경』, 『장자』 등은 그의 정신적 친구이자 연인이며 스승이었다. 그가 읽고 남긴 책들의 여백에는 각각의 책과 나누었던 본인의 대화내용들이 빼곡이 적혀 있다. 그는 자연과 서책들을 통해 학문의 길로 들어서게 되었다. 그의 유년 시절과 청소년 시절부터 철학적 상상력과 예술적 심미안 그리고 종교적 영성을 길러왔던 것이다.

학자의 영혼을 지닌 윤 선생이 수학을 공부하면 할수록 철학공부에 대한 갈망은 더 깊어져 갔다. 그는 수학만으로서는 풀 수 없는 인생과 세상의 수수께끼와 경이로움과 난제들(aporia)을 해명할 수 있는 철학적 방정식과 좌표를 찾아 나섰던 것이다. 수리철학과 논리철학을 연구했던 비트겐슈타인(L. Wittgenstein)은 수학이 "삶의 형식"(forms of life)에 근거하고 있다고 했다. 또한 수학을 사람의 삶과 대단히 밀접한 관계를 맺고 있는 인류학적 현상으로 보았다. 즉 수학은 사람의 활동이라는 것이다. 결국 비트겐슈타인은 철학을 "삶과 죽음의 문제"라고 간주했다. "철학 역시 형이상학적 대상에 대한 이론이 아닌 사람의 활동으로서, 사람의 삶의 형식과 사람의 자연사를 바탕으로 수행된다."(이승종, 『철학의 길』) 역사적으로 서양에서 수학자이면서 철학자, 철학자이면서 수학자인 사람은 헤아릴 수 없이 많다. 피타고라스, 아리스토텔레스, 데카르트, 스피노자, 뉴턴, 라이프니츠, 파스칼, 베르그손, 후설, 러셀, 화이트헤드, 비트겐슈타인, 콰인, 프레게, 크립키 등등.

무엇보다 결정적인 것은 자신이 믿고 있던 기존의 익숙한 세계와의 균열이 내면에서 불가항력적으로 일어났기에 그는 철학함의 길로 들어서지 않았을까! 그는 인간이 당면한 무의미를 정복하고 싸워 이길 수 있는 용기를 가져야 한다고 생각했다. 그래서 인간은 무의미와 대결을 펼치고 의미의 세계를 창조하며, 또 삶이 영위되는 한 끊임없이 의미의 세계를 재창조해야 한다고 믿었다. 그에게는 "의미"야말로 인간을 인간으로 살게 하는 원동력이고 에너지였다. 의미는 인간의 의식과 삶 속에 불을 지피는 역할을 하고 삶을 변화시키는 힘을 갖고 있다. 그런데 이 의미는 생동하는 정신(넋, Geist)의 활동에 의해 창조되는 것이지, 결코 아무렇게나 주어지는 것이 아니다. 의미의 세계는 개개인이 스스로 창조해내어야 하는 것이 그의 지론이었다.

윤 선생의 고향에 계시며, 그의 정신적·신앙적 멘토이셨던 유산교회 윤현근장로님의 증언에 의하면, 윤 선생은 늘 "세상에 물들고 싶지 않다"고 주위분들에게 자주 말하곤 했다고 한다. 이런 세계관은 그가 어린시절부터 배워온 성경말씀에 근거하고 있다. "너희는 이 세대를 본받지 말고 오직 마음을 새롭게 함으로 변화를 받아 하나님의 선하시고 기뻐하시고 온전하신 뜻이 무엇인지 분별하도록 하라."[3] 그는 유년시절부터 신앙생활을 모범적으로 하면서도 내면에는 철학적인 질문들을 많이 가지고 있었다. 그러한 질문들은 그의 신앙을 흔들기도 하였고, 더 단단하게도 하였다. 그는 신이 주신 지성을 희생시키는 맹목적인 "교조적 신앙"이 아니라, 오히려 "지적 정직성"

을 겸비한 "성찰적 신앙"을 유지하고자 했다. 특히 그는 독일의 종교개혁자 마르틴 루터(M. Luther)를 흠모해서 독일적인 정신과 문화에 대한 관심이 일찍부터 생겨났다고 한다. 그는 도상에 있는 "나그네-존재"인 인간이 닻을 내릴 수 있는 인생과 삶의 궁극적 의미를 스스로 찾고 싶어했다. "대답없는 물음을 계속 던지는 것"이야말로 철학의 숙명이고 또한 우리 인생의 운명에 속한다. 학문(學問)이란 글자 그대로 배우고 묻는 일이다. "우리는 가끔 철학하는 것이 아니라, 우리가 인간으로 실존하는 한 언제나 필연적으로 철학한다. 인간으로서 존재한다는 것은 철학한다는 것을 의미한다"고 하이데거(M. Heidegger)가 말하지 않았던가! 듀란트(W. J. Durant)에 의하면, 철학적 지혜는 "고매하고 승화된 환희"라고 말한다.

"철학적 진리와 지혜는 주머니 속의 동전처럼 예사로 굴러 들어오지 않는다. 말하자면 우리가 삶 속에서 끊임없이 정신적인 수고와 인내를 감수하면서 철학적인 사색의 길을 갈 때 획득되는 것이다. 그토록 감수하면서 얻어진 철학적 지혜는 그러나 세상의 그 어떤 기쁨이나 아름다움과는 비교가 안되는 고매하고 승화된 환희일 것이다."(듀란트, 『철학의 즐거움』)

여기서 윤 선생이 감행한 방랑 내지 유랑은, 단순한 배회나 목적 없는 헤맴이 아니라, 여러 곳을 두루 다니면서 닦는 온갖 수행인 만행과 유사하다. 거기에는 모험이 따르고, 불안과 공포가 수반되는 불편함이 있다. 이와 같이 더 근원적인 학문에 대한 배움에의 열망과 실존적인 근본물음으로 인해 그가 속한 안정된 세계와 질적으로 다른 불안정한 세계를 향한 그의 무모한 혹은 유의미한 방랑은 그 때부터 시작되었다. 괴테(J. W. von Gothe)의 다음과 같은 명언은 두고두고 회자된다. "인간은 지향이 있는 한, 방황한다."(Es irrt der Mensch, solange es strebt.)(괴테, 『파우스트』) 윤 선생은 내면의 절실한 지향이 있었기에, 그의 방황은 당연한 것이었다. 그는 그야말로 익숙함을 떠나 변화를 택하는 용기를 가졌던 것이다.

안정된 직장을 그만두고, 갑자기 아무것도 보장되어 있지 않고, 예측불가능한 미래를 향해 돌진하는 그 자체를 무엇으로, 그리고 어떻게 설명하고 이해할 수 있을까?

손쉽게 닿을 수 없는 진리 및 잡히지 않는 삶의 진실을 향한 목마름을 지닌 모든 구도자들의 방황과 유랑! 그들은 자원해서 흔쾌히 절박한 내면의 목소리(Daimon, 양심, 존재)의 부름의 요구에 목숨을 걸고 지적 방랑의 길을 걷지 않았던가! 철학은 우리의 입에 빵을 물려주지 않지만, 삶의 의미를 마음에 심어주고, 또 우리에게 날개를 달아주어 그 어떤 곳이든 날아가게 해준다고 우리의 주인공은 굳게 믿었다. 플라톤이 말한 바대로, "내 운명의 땜장이는 바로 나 자신"인 것이다. 인간은 끊임없이 "되어가는 존재"(becoming Being)이다. 윤 선생은 헤세(H. Hesse)의 다음 시에 나오는 "유랑의 아들"과 자신을 동일시하였다.

들을 건너서

하늘을 건너서 구름은 가고,
들을 건너서 바람은 간다.
들을 건너서 가는 길손은
내 어머니의 유랑의 아들.
거리 위를 나뭇잎으로 날려가고,
나뭇가지 위에서 새는 지저권다.
저 산 너머 어딘가 저 멀리에
내 고향이 있을 것이다.

생의 한 가운데에서 유랑은 거듭되고 있지만, 삶의 의미는 쉽게 찾을 수 없다. 그러나 그것은 유랑의 아들에게 주어진 타고난 숙명이기도 한 것이다. 덴마크의 실존철학자 키에르케고르(S. Kierkeggard)의 말처럼 "그것 때문에 살고, 그것 때문에 죽을 수도 있는 그 무엇"을 찾기 위한, 즉 "나에게 있어 참인 진리"를 향한 처절한 몸부림과 방랑의 선택은 결코 비난받을 일이 아니고 존중받아야 한다. 윤 선생은 그저 익숙한 세계에 안주하는 삶은 "뭔가 견딜 수 없는 비극"이라고 여겼다. 이때까지 걸어온 길을 접고, 새로운 삶의 여로를 개척한다는 것, 말하자면 위험과 불안이 도사리는 방랑에로의 결단을 내렸다. 저러한 결단은 어쩌면 새로운 터전에서 씨를 뿌리고, 또 절대적인 제로상태에서 새로 시작해 본다는 설렘을 동반하여 삶에 힘과 용기를 불러일으키는 소용돌이가 될 것이다. 말하자면 "제로에서 시작하는 나그네 길"을 그는 흔쾌히 출항한 것이었다. 당시의 방랑자로 자처하는 우리의 주인공은 릴케(R. M. Rilke)의 시 "방랑자"에서 자신의 초상을 발견한 것이다.

방랑자

온 세상을 헤매이는 방랑자여,
마음놓고 길을 계속 가거라.
이 세상 아무도 너처럼
사람의 번뇌를 알지 못할지니.

밝은 빛을 받으며
네가 방랑을 시작하면
슬픔은 젖은 눈으로
너를 우러러 본다.

눈동자 속에는
깨달아라! 그런 너를 향해 외치듯
그 깊은 곳에
설움으로 가득찬 세계가 있다.

영원히 끊임없이 말하는
수없는 눈물
그 눈물 방울마다
너의 모습이 담겨져 있다.

윤 선생의 방랑은 우선 안정된 "교사의 신분"에서 불안정한 "유학생의 신분"으로의 변신의 시도, 즉 구체적으로 철학공부를 위해서 아무 연고도 없고, 더우기 미래를 위한 어떠한 보장도 없는 독일유학에로의 모험에서 발견된다. 그는 철학적 화두를 가슴 깊이 간직하고서 언제 어디서나 걷고, 달리고, 여행하면서 사색과 사유여행을 감행했다. 그는 힘겨운 일상 속에서도 즐겨 산책도 하고, 수십번의 춘천마라톤 완주도 하고, 동남아와 남태평양의 섬 등지의 낯선 세계로의 여행도 많이 했다. "나의 운명에 책임지는 이는 결국 내 자신이므로 나는 내 운명의 베틀을 짜는데 참가해야 한다"는 것이 그의 일관된 소신이었다. 그는 맑고 깬 의식으로 자신의 삶을 고찰하며, 또 자신의 삶의 언저리에서 일어나는 모든 소용돌이에 대해 책임을 떠맡고 길을 가야한다고 다짐했다. 이 도정에는 온갖 변화와 험상궂은 결과들도 밀어닥칠 것이지만, 그래도 그러한 항해를 주저해서는 안된다는 신념을 견지했다. 그는 인생 자체가 여로인데 이를 겁내거나 기피해서는 안될 것이라고 확언한다. "인생 자체가 항해이다. 그는 어디론가 항해하며 나아가야 한다." 그의 아래의 자작시에서 니체의 "아모르 파티"(amor fati)를 전유하고 있음을 엿볼 수 있다.

라인아우에의 겨울-니체에게-
(중략)
운명을 사랑해야지.
운명의 여신이 쳐놓은 덫에 걸렸다면,
그러나 거기에 있어라.
그녀가 운명의 실타래를 뽑는 곳에,
거기서 맞서라.
운명의 여신 클로트가 물레를 돌리는 곳에
그녀가 올가미를 치고 돌팔매를 던질 때에도
초인처럼 거기에 맞서 있어라.(윤병렬, 『산책로에서 만난 철학』)

윤 선생은 호락호락하게 살 수 없는 기질로 말미암아 "이것만은 도전하지 않으면 견딜 수 없다"는 의지를 가진 사람이었다. 그는 어떤 결과가 닥쳐도 후회하지 않겠다는 결심을 한다. 그러한 마음가짐을 가진 사람이라면 성공이니 실패니 하는 카테고리에 아예 의미를 두지 않을 것이다. 그는 니체(F. Nietzsche)처럼 "얼음과 사막을 가로지르는 방랑"을 시작했던 것이다. "벗이여, 너의 고독 속으로 달아나라. 달아나라. 사납고 거센 바람이 부는 곳으로!"(니체, 『차라투스트라는 이렇게 말했다』) 아마도 중요한 것은 새로운 세상에서 온갖 낯설음을 대면하고, 또한 그것을 값진 의미의 세계로 승화시켜 빈곤한 사유세계를 채우면 그만일 것이라고 생각했다. "배우는 사람은 먼저 뜻을 세워야 한다"는 성현의 말씀을 그는 전유했다. 누구나 배우기를 원하는 사회가 "진정한 인간적인 사회"라고 했던가! 가장 유능한 사람은 배우는 사람인 것이다.

그는 서른이 넘어 유학길을 떠나면서 "제로(0)에서 시작하여 새로운 삶의 여로를 개척한다는 것은 또한 얼마나 멋있는 도전인가!" 라고 마음 속으로 되뇌었다. 제로에서 시작한다는 것은 "새로운 가능성의 시작"을 의미했다. 미미하게, 무의미하게, 어정쩡하게 살아가는 방식으로 삶의 여행을 계속한다는 것은 뭔가 견딜 수 없는 노릇이며, 그저 떠밀려 살다가 생을 마감한다는 것이란 얼마나 끔찍한 비극인가! 라고 속으로 외쳤다. "반드시 글을 읽고 이치를 탐구하여 마땅히 행해야 할 길을 밝혀야 한다"는 것을 자신의 소명으로 받아들였다. 윤 선생은 사람이 진정으로 배움에의 뜻을 가지면, 얼마나 크게 내적으로 성장할 수 있는지를 우리에게 여실히 보여주었다.

그는 일찍이 비본래적인 삶의 공허함(vanitas)과 유한성을 들여다 보았다. 비록 화살같이 지나가는 인간의 삶이라고 하지만, 그리고 덧없이 흘러가는 구름같은 또는 잠시 빛났다 사라지는 아침이슬로 비유되는 것이 인간의 삶이라고 하지만, 삶의 여로 가운데서 어떤 순간에 닻을 내리고는 삶의 의미를 찾고 자신의 존재의미를 찾는다는 것은 얼마나 바람직한 일인가! 라고 자신에게 말한다.

'80년대 초의 한국의 굴곡진 현대사의 격랑을 목도하고 그것을 온몸으로 감내한 독일 유학생들 중에는 "하고 싶은 공부를 하다가 죽어도 좋다!"는 결의를 가진 인문학도들도 적지 않았는데, 그도 그들 중의 한사람에 속했다. 철학은 아도르노(T. Adorno)의 말처럼, 이 슬픈 시대와 슬픈 사회의 이론적 반영이며, 현 시대의 부정성을 놓치지 않으려는 단호한 시선일 수 있다. 일인 창무극의 인간문화재였던 공옥진 여사도 "무대에서 열심히 춤추다 죽게 되면 여한이 없다"고 했다. "개인 각자는 자신의 시대의 아들이며, 철학은 사상으로 포착된 그의 시대"라고 헤겔이 말했던가!

우리의 나그네는 출세와 명예를 얻기 위한 유학이 아니라, 온갖 장애를 무릅쓰고 자신의 내면의 부름에 정직하게 응답하는 길, 즉 구도자의 길을 흔쾌히 걸어간 것이다. 그것은 이이 선생의 『격몽요결』에서 말하듯이, "사람이 이 세상에 태어나서 학문이 아니면 사람이 될 수 없다." 또한 "옥을 다듬지 않으면 그릇을 이룰 수 없고, 사람이 배우지 않으면 도리를 모르며, 도리를 모르면 사람이 될 수 없다." 즉 학문이란 모름지기 사람을 사람답게 만드는 일이라고 굳게 믿었다. 그는 잠들기 전에는 책을 손에 놓지 않는 책벌레였고, 새로운 것을 보고 들으면 반드시 메모해 두고, 새로운 정보를 얻으면 반드시 스크랩해 두는 메모왕이기도 했다. 이는 평생 일기를 쓰셨던 선친의 유전자를 받아서 대를 이어가는 모습이다. 그의 손에 들려있는 서책들은 모름지기 나그네의 대화 파트너인 친구요, 사랑의 대상인 연인이었고, 깨우침을 주는 스승이었다.

윤 선생은 언제 어디에서던지 독일에서 들고 다녔었던 "낡고 커다란 가죽 책가방"(트레이드마크)을 들고 다니면서 책을 손에서 내려놓지 않았다. 전철에서도 그는 책을 읽고, 친구를 기다리는 곳 어디서나 책을 읽고 있었다. 그리고 자신이 속한 모든 학회발표회에 빠지지 않고 참석해서 메모하고, 질문하고 토론하는 일을 즐겨하였다. 진정 학문이란 늘 배우고 묻는 것이다. 학문에 전념하고 정진한 그는 배우고 묻는 일에 인생을 바친 것이다. 어쩌면 정답없는 물음을 끊임없이 던지는 작업이 철학의 여로에 선 사람들의 숙명이 아니던가!

"모든 학문의 근본은 이러한 마음의 각성에 있다. 학문의 출발은 주어진 사실의 사실성에 대하여 의문을 밝히는데 있다. 그러면서 이 물음은 물음에 대한 물음으로 나아간다. 이 재귀적인 물음이 인문학적 질문의 본질에 자리해 있다. 그것은 묻는 마음에 대한 깨우침을 가져온다. 이 마음은 사람의 주체적 자유의 근본이다."[4]

윤 선생은 바다와 인접한 산촌에서 유소년 및 초등학교와 중학교 시절을 보내면서 자연의 색상이 빚어내는 다채로운 아름다움에 빠지기도 했다. 무엇보다 온갖 새가 지

제1부 삶의 편력

저귀는 소리, 눈 내리는 소리, 낙엽 떨어지는 소리, 들판을 스쳐가는 바람소리, 대숲에 이는 바람소리, 시냇물 흐르는 소리, 귀뚜라미 우는 소리, 먹구름 속의 천둥소리, 여름날 장댓비 소리, 남해바다의 파도소리 등을 사랑했다. 그 바다는 바로 이은상의 "가고파"의 가사에 실려있는 바로 그 바다이다. 그 바다는 윤 선생의 고향마을에 인접해 있는 마산시 합포구에 속한 덕동해안, 수정해안, 마전해안, 명주해안, 오동고지해안과 연결되어 있다. 그가 유년시절부터 들어왔었던 자연의 소리에 대한 사랑으로 인하여 소리예술인 음악을 평생 좋아하게 된 것이다.

아름다움은 그리스 시대부터 "좋아하는 것", "마음에 드는 것"으로 규정되어 왔다. 우리의 주인공은 가난으로 점철된 척박한 생활환경 속에서도 삶을 풍요롭게 하고 삶의 질을 향상시킬 수 있는 심미적 감성을 자연과의 교감과 소통을 통해 갈무리해왔던 것이다. 그래서 그는 소리의 예술인 음악과 색의 예술인 미술을 무척 사랑했다. 그는 어린아이처럼 늘 아름다움에 민감했고, 그것에 대한 놀라움(경이감)을 표시했다. 그러나 생텍쥐베리(A. Saint-Exupéry)의 『어린 왕자』에서의 표현대로, "어른들의 가장 큰 불행은 아름다운 것, 놀라움을 불러일으키는 것을 추구하는 순수한 본능이 흐려졌다는 데 있다." 그가 사랑했던 아름다운 자연과 삶의 꽃으로서의 예술은 그를 현실의 고통과 질곡으로부터 해방시킨 것이었다. 그는 지상의 아름다움 속에서 숭고한 아름다움을 읽어내고자 했다.

윤 선생은 시골 중학교시절부터 이미 클래식 음악애호가였다고 한다. 집에 있는 라디오에서 흘러나오는 클래식 프로그램을 듣기 위해 학교수업이 파하지 마자, 먼거리(4km)를 마라톤을 해서 집에 도착하여 한번도 빠지지 않고 청취했다고 한다. 필자가 직접 윤선 선생의 유산리 고향집에서 구산중학교까지 직접 찾아가 보았다. 꽤 높은 산언덕을 넘고 심한 오르막과 내리막이 있는 구불구불한 산길이었다.

시골 중학교 졸업 후에는 고등학교 시절에 부산으로 가서 낮에는 고모부의 직장이었던 세관에서 아르바이트를 하였고, 밤에는 누구에게도 알리지 않고 혼자 야간고등학교를 다녔다고 한다. 그러면서도 음악에 대한 애정은 가슴 속에 식지 않았다. 그 당시 복사판 레코드판 몇장을 보물처럼 소장하였거니와 베토벤(L.van Beethoven)의 음악과 비발디(A. Vivaldi)의 협주곡에 심취했었다고 한다. 특히 그는 젊은 시절부터 베토벤의 "환희의 송가"(Ode "An die Freude")를 좋아했다. 잘 알려져 있듯이, 이 곡은 독일의 시인인 쉴러(F. Schiller)가 1785년에 지은 송가 형식의 시이며, 베토벤이 1824년에 완성한 교향곡 9번 4악장의 가사로 사용되었으며, 단결의 이상과 모든 인류의 우애를 찬양하는 내용을 담고 있다.

모든 존재 만물들이 환희를
자연의 젖가슴에서 들이키고
선한 자도 악한 자도 모두
환희의 장미꽃 길을 걷누나.
환희가 우리에게 입맞춤과 포도주와
죽음도 함께할 동무를 주었으니.
욕망은 벌레에게나 쥐 버리자,
그러면 케룹도 신 앞에 서리라. (쉴러, 「환희의 송가」 중에서)

말년에 필자는 윤 선생이 틈틈히 베토벤과 모차르트 교양곡과 바흐(J.S. Bach)와 헨델(G. F. Händel)의 성가곡을 듣고 있는 모습을 자주 목격하곤 하였다. 그는 한국에 와서 첼로를 배우기 위해 지방문화센터에서 수강신청을 한적도 있었는데, 다른 수강생이 없어서 뜻을 이루지 못했다고 하였다. 필자는 윤 선생의 갑작스런 타계 후 장례식을 치르고 난 후, 그가 즐겨듣던 베토벤 교향곡 전곡들을 몇날에 걸쳐 들으면서 마음을 진정시키면서 그를 추모하기도 했었다.

그가 소리의 예술인 음악과 함께 색의 예술인 그림을 좋아했던 것도 유소년 시절 보고 경험했던 자연의 변화무상한 색에 대한 호기심과 애정 때문이었다. 그의 예술혼은 유년시절의 자연에서 비롯되었다. 고향바다의 에메랄드색과 코발트색, 푸른 소나무와 상록수의 초록색, 야생화의 알록달록한 색, 소나기 후에 뜨는 무지개 색, 앞산에 핀 진달래의 연분홍색, 봄에 야산에 피는 찔레꽃의 하얀색, 풀잎에 돋은 이슬의 영롱한 무채색, 군무(群舞)로 춤추던 반딧불이의 청록색과 황록색, 밤하늘에 드리워진 달과 별들의 총천연색 등등. 자연은 온갖 색의 향연이 펼쳐지는 가장 위대한 그림책이자 우주적 예술의 전당이었다. 이 속에서 예술적 심미안을 선사받은 그는 색의 예술인 미술에 대한 애정이 깊었다. 특히 그는 고전 명화들을 좋아했다. 그의 책상에는 서양 미술사에서 가장 위대한 화가 중 하나인 반 고흐(V. van Gogh, 1853~1890)의 "별이 빛나는 밤"에와 프리드리히(C.D. Friedrich, 1774~1840)의 "바닷가의 월출"이란 그림이 항상 걸려있었다. 그는 이들 이외에도 뒤러(A. Dürer)와 크라나흐(L. Cranach)의 그림을 좋아했고, 그 그림들 속에는 고도의 정신적인 것이 드러나 있음을 발견할 수 있었다고 한다.

고흐, "별이 빛나는 밤에(1889)"

프리드리히, "바닷가의 월출(1822)"

전자의 그림에서는 고흐의 혼이 별들 사이에 떠다닌다고 생각했다. 그 이유는 고흐가 강렬한 색채로 사물을 있는 그대로가 아닌 자신의 내면세계와 융합해서 드러내었다고 보기 때문이다. 고흐는 병실 밖으로 내다보이는 밤 풍경을 상상과 결합시켜 그렸는데, 이는 자연에 대한 고흐의 내적이고 주관적인 표현을 구현하고 있다.

윤 선생은 고흐가 동생 테오(Theo)와 나눈 900여 통의 편지가 담긴 『영혼의 편지』를 수십번 애독하고, 책리뷰를 여러군데서 발표하기도 했다. 화가 고흐와 시인 횔덜린(F. Hölderlin)은 당대에는 이해되지 못하다가 후세에 그 진가가 밝혀진 대표적인 인물들이다. 우리의 나그네는 평생동안 한 점의 그림만을 팔 수 있었던 불행한 천재 화가였던 고흐의 삶이 자신의 삶과 비슷하다는 데에서 큰 연민의 정을 느낀 듯하다. 그러나 고흐의 위대함은 아무도 자신의 그림을 인정해주지 않고 극심한 가난과 외로움에 시달리면서도 붓을 놓지 않았다는 것이다.

예술에서 별은 미학적이고 상징적인 의미를 지니며, 그 자체로 아름다움, 영감을 주는 대상, 우주의 경이를 표현하는 요소로 사용된다. 별은 그 자체로 빛의 존재로서 광채와 형태에서 미적 아름다움을 지닌 대상이다. 고흐의 "별이 빛나는 밤에"와 같은 작품에서 별은 형상화된 아름다움이자, 우주의 신비로운 측면을 탐구하는 매개체로 등장한다. 이러한 작품에서는 별이 단순한 자연물이 아니라, 감정과 심리를 표현하는 중요한 요소로 다뤄진다. 세계적인 건축가 가우디(A. Gaudi)는 "직선은 인간의 선이고, 곡선은 신의 선이다"라고 말하지 않았던가! 우리의 나그네도 고흐의 자연의 아름다움을 담아내는 곡선의 그림에 매료되었다.

프리드리히의 "바닷가의 월출" 그림은 무한한 것, 시간과 공간의 경계, 인간의 실존에 관한 철학적 통찰을 잘 보여주고 있다. 스페인에 고야(F. Goya), 프랑스에 들라크루아(E. Delacroix)가 있다면, 독일 낭만주의를 개척한 화가는 바로 프리드리히였다. "세속적인 것에 고결한 의미를, 일상에 신비스러운 외양을, 이미 알고 있는 것에 진기한 특징을, 유한에 무한의 외관을 부여하는 것"이 곧 낭만주의라는 노발리스(F. Novalis)의 정의를 프리드리히만큼 충실히 따른 화가는 없다. 그의 작품의 주된 주제는 인간의 고독과 자연의 황량한 아름다움이었기 때문이다. 그는 자연의 힘 앞에 선 인간의 무력함을 보여주는 상징적인 풍경화를 주로 그렸다. 자연에 대한 숭배와 신에 대한 경외가 결합된 그의 그림은 신비하고 엄숙하고 종교적이다. 거의 항상 뒷모습으로 그려진 그의 인물들은 비현실적인 느낌을 줄 정도로 끝없이 펼쳐진 산, 바다, 안개, 성당의 첨탑, 옛 무덤, 달을 바라보며 명상에 잠겨 있다. 프리드리히에게 중요한 것은 자연주의적인 인상이 아니라, 정신 안에서 공명하는 공간의 분위기였으며, 그는 그림이 진정한 예술작품이 되려면 정신적으로 충만한 느낌을 주어야 한다고 생각했다. 경계를 구분할 수 없는 하늘과 바다와 모래언덕의 풍경 한가운데 작은 점처럼 서 있는 남자의 뒷모습을 표현한 "바닷가의 수도사"나, 황량하고 적막한 극지의 얼음 덩어리와 좌초한 배를 그린 "빙해"를 보고 있노라면 누구라도 숙연해질 수밖에 없다. 프리드리히 그림의 초월적 분위기가 가장 고조된 작품 중 하나이다. 삼라만상의 순환에 대한 관조적 시선으로 관객들을 현실이 아닌, 그 어떤 이해할 수 없는 신비주의적 영역으로 끌어들인다.[5]

이런 점에서 "예술은 철학의 데이터인 삶과 세계에 대해 철학보다 더 가깝고 더 직접적일 수 있다."⁶⁾ 윤 선생이 평생동안 학문적으로 천착했던 고구려의 고분벽화와 고인돌에 새겨진 성좌도에 대한 연구도 그림에 대한 그의 오래된 호기심과 애정에서 비롯되었음을 확인할 수 있다.

또한 윤 선생의 식물사랑은 청소년 시절부터 시작되었다. 그 때에 벌써 200여종의 화분을 집마당에 두고 키웠었다. 나무를 키우며 생활했던 외삼촌으로부터 묘목을 가져오기도 하고, 산과 들에서 얻을 수 있었던 야생식물들과 화원에서 사온 이국적인 식물들을 돌보며 키웠다고 동생이 전해 주었다. 독일 유학시절에도 작은 방에서 화초들이 많았었다고 한다. 귀국 후 안산의 작은 빌라에서도 방에 들어가면 화원을 방불할 만큼 식물들과 화초들이 많았다. 작은 열대식물들도 많았고, 심지어 무화과, 유자, 귤, 포도, 낑깡도 베란다에서 키워 열매를 수확해서 지인들에게 나누어주곤 했었다. 밤이 되어 불이 켜지면 방안에서 여기가 식물원이거나 남국에 와있다는 착각을 일으킬 정도로 화초사랑에 진심이었다. 이렇게 집안에서도 윤 선생의 자연에 대한 사랑과 심미적 취향을 확인할 수 있었다. 이러한 그의 유별난 자연에 대한 감수성은 인간에 대한 감수성과 연결되어 있고, 자연에 대한 깊은 통찰은 인간에 대한 통찰로 이어지게 되었던 것이다.

19세기 프랑스를 대표하는 시인 베를렌(P.-M. Verlaine)이 프랑스에서 태어나 이탈리아, 네델란드, 아프리카를 떠돌며 위태롭게 방황하며 시를 썼던 랭보(A. Rimbaud)에게 "바람구두를 신은 사나이"란 별명을 붙여주었다고 한다. 이런 점에서 독일로, 북구로, 동남아시아, 국내의 고인돌이 있는 여러 곳으로 공부하고 여행하면서 철학적 아이디어를 얻은 우리의 주인공도 "바람구두를 신은 사나이"로 불러도 지나치지 않을 것이다.

1. 철학적 산책:
"두꺼운 안개를 뚫고 나가면, 또 두꺼운 안개"

오래된 이야기지만, 1980년대의 금수저 출신의 한국인 독일유학생들 중 극소수는 독일에 오자마자 좋은 차를 사고, 유럽의 명승지를 내집 드나들 듯이 관광하고, 심지어 알프스로 스키여행도 다녔다. 그에 반해 흙수저 출신의 가난한 유학생인 윤 선생은 기숙사비 내기도 힘들어 방학때마다 아르바이트를 했다. 집안 형편이 어려워서 고향을 떠나 공장에서 힘겹게 일하시며 평생 동생을 뒷바라지 하셨던 누님께서 한국에서 철마다 보내주셨던 옷들과 신발만 착용하고 다녔다. 야간고등학교를 다닐 때에는 누님 자취방에서도 1년간 함께 기거하였고, 세 살 위인 누님이었지만 그에게는 엄마와 같은 존재였다. 그는 평생 누님의 동생을 향한 사랑과 헌신을 잊지 못했다. 아내를 맞이할 때에도 누님같은 이미지를 가진 농촌출신의 여인을 택했다고 한다. 논문을 완성하느라 여념이 없었던 유학 마지막 시기에는 동생들이 조금씩 생활비를 독일로 송금해주었다고 한다. 저러한 형제들간의 사랑과 우애는 각박한 세상에 큰 귀감이 된다.

도무지 경제적 여유가 없었던 윤 선생은 유학시절 휴식 시간에 라인 강이 흐르는 집근처로 산책하는 것이 그의 유일한 낙이었다. 수많은 동양의 현자와 성자도 산과 들이며 자연 가운데로 거닐면서 지혜를 터득하지 않았던가! 특히 장자(莊子)의 철학은 소요(逍遙)철학에서 발단한다고 해도 지나침이 없다. "소요"란 우리가 마음가는 대로 유유히 거닐고 노니는 양식이다. 아리스토텔레스와 그의 제자들은 리케이온(Lykeion) 학당에서 학도들과 산책하면서 강의하고 토론하였다. 그래서 그들이 거닐던 산책길에서 유래되어 그들을 "소요학파(peripatetic school)"라고도 불린다. 그들은 산책을 통해 아무것에도 구속받지 않고 자유롭게 거닐며 철학적 사유를 펼친 것이다. 악성(樂聖) 베토벤은 달밤에 산책하면서 얻은 영감을 "월광소나타"로, 하일리겐슈타트(Heiligenstadt)라는 전원을 산책한 후에 "전원교향곡"를 탄생시켰다. 루소(J.J. Rousseau)도 『고백록』에서 "나는 걷지 않고는 사색할 수 없다"고 하지 않았던가!

윤 선생의 에세이집 『산책로에서 만난 철학』에서 서술하고 있듯이, 우리의 나그네는 산책하면서 유의미한 철학적 사색을 해나갔다. 자연과 사물 그리고 풍경을 만나면서 어린아이처럼 그들에게 말도 걸고, 감정도 나누고, 진기한 깨달음을 얻기도 하였다. 그에게 있어서 자연은 존중의 대상이고, 그리움의 대상이며, 영감의 원천이고, 고향과 같은 존재였다. 그는 자연과의 교감을 시로써 또는 철학적 영감이 담긴 산문으로 남기고 있다. 자고로 자연에 대한 감수성의 향상은 인간의 내면을 한층 더 풍요롭게 만들고, 나아가 인간을 인간을 인간답게 만드는 데 이바지한다.

윤 선생은 유학생활 초창기에 본(Bonn)에 있는 하이데호프(Heidehof)의 초원을 거닐면서 대지의 의미를, 라인아우에(Rheinaue) 공원을 산책하면서 자연의 리듬을, 라인강변의 산책로에서 대지와 강이며 하늘과 별들, 코스모스와 인간 자신에 이르기까지 그 존재의미를 묻고자 했다. 바드-호네프(Bad-Honef) 마을 앞을 흐르는 해질녘 라인강변을 그는 즐겨 산책했다. 그 때의 심정을 그는 다음과 같이 토로한다. "강물은 태양 빛에 놀라서 멈춰버리고, 그 반사광은 황홀색으로 달아오른다. 저 황홀경 속에서 나는 수없는 상상의 나래를 펼치다가 바깥 세상이 까만색으로 변할 때에야 자리에서 일어나곤 했다."(『산책로에서 만난 철학』)

라인아우에 공원[7]

Bonn 시내 전경[8]

산책로에서 만난 라인강은 그의 말대로, "존재의 향연(Symposium)"이 펼쳐지는 곳이었다. 잘 알려져 있듯이, 라인강의 젖줄은 알프스 산에서 시작되어 북해(Nord See)에 이른다. 라인강은 유럽의 지붕인 알프스에서 발원하여 독일 땅을 적시고는 어두컴컴하고 깊은 북해로 향한다. 성스러운 산에서 발원한 라인강은 곧 성스러운 신의 비밀을 가득 싣고서 자신의 원천인 아틀란티스(Atlantis)로 흘러 들어간다. 모든 강물은 다 높은 산에서 발원되고 대양에 귀착하며, 이 둘을 중매하고 또 이 둘 사이에 흐르면서 존재한다.

우리의 사유 나그네에게 산책로는 단순히 신체적 운동이나 무료한 소일거리의 일환이 아니고, 철학적 사색의 원천이었다. 그의 말을 들어보자. "우리의 인생과 세계의 존재가 장난도 우연도 아니라면, 우리는 철학적 사색에의 산책로를 걸어갈 필요가 있을 것이다. 그리하여 만약 우리의 영적 시각이 어떤 특별한 계기에 의해 다시 회복되고 살아난다면, 영롱하게 자신과 사물과 세계를 꿰뚫어 볼 것이다." 그는 틈만 나면, 본 교외에 거주하면서 집 근처의 라인아우에 공원을 산책하면서 다음과 같이 읊조린다.

라인아우에의 안개

안개에 쌓인 라인아우에서
내 헐벗은 삶의 의미를 달래기 위해
마른 잔디와 낙엽더미를 헤쳐보았다.
차갑고 축축한 대지 위엔 지빠귀 한 마리가
방향을 잃고 하염없이 졸고 있다.

잔잔한 바람은 나뭇가지를 울리나
삶의 의미는 들려오지 않고
때때로 내 작은 절규는
안개 속에 파묻혀만 간다.
삶을 향한 에너진 다 떨어졌는지….
허무의 공간은 하늘보다 넓어
그 위력 앞에 쪼그려 앉은 이
추위에 떨고 있는 지빠귀 같이
한없이 한없이 전율할 따름.
두꺼운 안개를 뚫고 나가면
또 두꺼운 안개.(『산책로에서 만난 철학』)

이 시는 고독한 산보자가 그의 산책로에서 중얼거리는 내면의 노래이자 절규이다.

여기서 안개는 고독한 산보자의 자화상이다. 우리의 나그네는 산책하면서 비바람이 몰아칠 때도, 태풍과 천둥번개가 어르렁거릴 때도, 싸늘한 겨울이 냉소를 지을 때도 당당하게 맞서서 그들을 환영해야 하리라고 되뇌었다. 그는 사막을 지나면 또 사막일지라도, 그리고 안개를 지나면 또 안개일지라도, 내가 선택한 그 길을 "무소의 뿔"처럼 가고자 했다. 우리의 나그네는 이 공원을 산책하면서 유학 초창기의 결기와 자신의 앞으로의 인생행로에 대한 비전과 신념을 확고히 한 것이다.

"내가 찾아 가고자 하는 세계를 위해서는 데미안의 말처럼 알을 깨고 태어나야 하며, 그 알을 깨는 아픔을 감수해야 했었다. 내가 이국땅으로 왔을 때 나는 이미 여로를 바꿔서 새로운 항해에 들어섰고, 또 동시에 출항하는 배에 올랐다. 나의 도전과 세상으로부터의 도전 앞에서─또 다른 두 세계─ 씨름하면서 나는 무수한 또 다른 세계를 낳으며 항해하는 것이었다. 세월이 흐르면서 내가 내 자신에 대해 느끼는 것도 달라져 갔다. 인생의 여로에 평탄한 봄바다만 나타나기를 기원했던 그 옛날과는 달리, 성난 파도가 와도 항해할 수 있다는 신념으로 무장되어 간 것이다."(『산책로에서 만난 철학』)

윤 선생은 본의 남쪽에 위치한 바드-고데스베르크(Bad-Godesberg)에 있는 공동기숙사에 새로운 둥지를 틀면서, 기숙사 건물이 위치한 헤르드 가(街)에 휴식시간이면 밤이고 낮이고 산보를 나갔었다. 그 울창한 보리수 나무들이 만든 가로수를 따라 라인강까지 가곤 했었다. 그는 수없이 라인강변을 오간 뒤에 단단한 둥지를 틀었고, 또 둥지를 틀고 난 뒤에도 계속 이 강변을 오갔다. 인생의 삶 전체가 여로에 비유된다면, 라인강변에 튼 그의 둥지는 임시로 닻을 내린 곳이었다. 이 강변에서 그는 자연을 경탄하는 어린아이가 되었고, 세월의 흐름을 쫓는 노인이 되었으며, 말을 건네는 시인과 시비(是非)를 거는 철학자가 되었고, 망향가를 부르는 음악가가 되었다. 무엇보다도 그는 자신의 고독과 희망을 강물로 떠내려 보내기도 했고, 또 흘러가는 고독과 희망을 붙잡기도 했다.

Bad-Godesberg[9]

Bonn 대학교[10]

그는 밤에 거닐었던 라인강변 산책로에서 철학자의 직관과 예술가의 심미적 감성으로 뭇존재자들의 "존재의 향연"에 참여했다. 철학자 야스퍼스(K. Jaspers)는 "낮은 이성이 지배하고, 밤은 정열이 지배한다"고 했던가!

"나는 섬세한 영혼들이 숨쉬는 밤을 통해 거대한 존재사건을 꿰뚫어 본다. 밤은 그야말로 낮을 쉬게 하고, 낮에 일한 모든 존재자들을 잠들게 하는 이불이다. 그러나 밤은 이 모든 피조물들이 내일 다시 태동하도록 조용하고 엄밀하게 예비작업을 펼치고 있는 것이다. 말하자면 침묵 속에서 엄청난 일들이 벌어지는 것이다. 존재가 펼치는 향연도 극도의 침묵 속에서 펼쳐지기에 많은 사람들은 그 낌새를 알아차리지 못한다. 그것은 모든 밖으로 드러나 있는 존재자들은 ─그것이 엄밀하게 드러나 있든 혹은 야단스럽게 혹은 은은하고 찬란하게 드러나 있든─ 드러나 있지 않은 존재에 포근히 안겨져 있기 때문이다."(『산책로에서 만난 철학』)

우리의 나그네는 라인강변의 별이 빛나는 밤하늘을 바라보면서 이렇게 적고 있다. "밤하늘은 무시무시한 신비로 온세상을 덮고 있고, 정원에 꽃가루를 뿌린 듯 별들을 자신의 뜰에다 뿌려놓았다." 그리고 "달빛은 흐르는 강물을 반사시켜 그 위용을 드러내고 있고, 대지는 이러한 강물이 흘러 내려가도록 길을 배려하고 있으며, 강물 또한 마른 대지를 촉촉하게 적시면서 젖줄의 역할을 하고 있다. 하늘은 또한 비를 내려 강이 물을 담을 수 있도록 하고 있다. 대지는 하늘의 신비를 담고 있고, 흐르는 강물을 양쪽에서 보호하며, 무릇 생명체들을 자신의 가슴에 품고 있다."(『산책로에서 만난 철학』) 밤의 세계는 윤 선생에게는 신비와 경탄으로 다가왔다. 그래서 우리는 『밤의 찬가』(노발리스)와 『밤에 쓴 인생론』(박목월)을 읽는 것일까! 밤중에도 모든 존재자들이 각자 홀로 있는 것이 아니라, 서로 손짓하고 대화하면서 어깨동무를 하면서 "존재의 향연"을 펼치고 있음을 그는 예리하고 섬세한 감각으로 목격한다.

"존재자들끼리의 교류와 조우는 자세히 들여다 보면 극도의 침묵이 흐르는 밤에도 드러나 있다. 하늘도, 별도, 대지도, 강물도, 인간도, 그 어떤 생명체와 보잘 것 없는 미물도 제 하나로만 존재하지 않고, 타자들과 이웃하고 교류하며 번영하고 있다. 서로는 서로를 필요로 하고 전제로 삼으며, 서로를 위하고 서로에게 말을 건넨다."(『산책로에서 만난 철학』)

또한 우리의 나그네에게 밤은 섬세한 영혼을 일깨우는 창조적인 세계의 어머니이다. "밤을 통해 자아는 정서의 내면을 꿰뚫어보는 눈을 뜨게 한다. 밤은 따라서 영혼과 영원한 정신세계를 열어주는 보이지 않는 위력을 갖고 있다." 이런 윤 선생의 하늘의 일월성신(日月星辰)에 대한 감흥은 고대로부터 계속 하늘에 우리의 역사를 써내려왔다는 주장과도 공명하고 있다.

"인간은 출생 때부터 별의 정기를 받아 세상에 태어나고, 평생 해와 달 그리고 별과 함께 호흡하며 살다가, 죽음에 이르러서도 북두칠성을 그린 칠성판에 누워서 칠성포에 덮혀 북망산으로 돌아가는 존재로 자리했다. 자연은 인간에게 영원한 출발점이면서 종착점으로 설정되었던 것이다."[11]

윤 선생과 필자와 함께 동남아 여행을 다녔던 동료 철학자 이승종 선생도 그의 말에 다음과 같이 공감을 보낸다. "밤하늘은 있음과 없음, 잠재성과 현실성, 드러남과 숨음, 멀고 가까움, 과거와 현재, 연속성과 불연속성이 한데 어우러진 존재사건의 장엄한 스펙타클입니다."(이승종, 『철학의 길』) 우리의 고독한 산보자는 강의실이나 도서관 그리고 책의 세계에서만 진리를 찾지 않았다. 오히려 그는 산책로에서 만난 뭇존재자들과 자연이 그의 식구였고, 스승이었고, 또한 텍스트가 되었다. "라인아우에와 사람들, 나무들과 잔디, 오리들과 호수, 하늘과 바람이 모두 싱그러운 생명을 가꾸고 있다. 모두들 얼마나 우주를 풍요롭게 하는 식구들인가!" 그는 이러한 자연현상을 자세하고 정감있게 관조하면서 사유의 실마리를 찾고자 하였다.

"나는 라인강변에 둥지를 틀고 살면서 흐름과 존재가 만든 방정식의 강물에서 퍽 허우적거릴 것이고, 때론 사유의 다리를 강물 위에 세우고 라인강의 저쪽 피안으로 들락날락해야겠지. 나는 그러나 무엇보다도 성스런 강물 속에 든 신화를 건져올려 그의 둥지로 옮겨야 할 것이다." (『산책로에서 만난 철학』)

잘 알려져 있듯이, 신라시대 최치원 선생의 유불도(儒佛道)를 새긴 '난랑비'(鸞郞碑)(573년) 서문에 접화군생(接化群生)이란 말이 나온다. 접화군생이란 인간뿐만 아니라 동식물 무기물, 흙, 바람, 공기, 티끌까지도 마음 깊이 가까이 사귀어 감동 감화 교화시키고, 더 나아가 진화까지 시켜서 서로 완성되고 해방된다는 뜻이다. 우리의 나그네도 "접화군생"의 시각에서 자연과 사물을 보았던 것이다. 통합인문학자인 박희병 선생은 다음과 같이 말한다. "인간은 본질상 자연의 일부이거든요, 이 점에서 자연에 대한 감수성은 인간에 대한 감수성과 연결되고, 자연에 대한 깊은 통찰은 인간에 대한 통찰로 연결되지요."[12] 그리고 "예술을 포함한 인문학에서 자연은 존중의 대상이고 그리움의 대상이며 영감의 원천인 바, 고향과 같은 존재지요."[13] 박희병 선생에 의하면 자연에 대한 감수성의 향상은 인간의 내면을 한층 풍부하게 만들고 또한 인간을 인간답게 만드는데 이바지 한다는 것이다.

우리 나그네의 산책에는 동행인이 없었고, 늘 혼자였다. 쇼펜하우어에 의하면, 인간은 혼자 있을 때만 온전히 그 자신일 수 있기에 고독을 사랑하지 않는 자는 자유도 사랑하지 않는 자라고 할 수 있다. 사교성이 정신을 따뜻하게 하는 것이라면, 자신의 체온으로 충분히 지낼 수 있는 사람의 덕목은 고독이다. 우리의 모든 불행은 혼자 있을 수 없는 데서 생긴다고 한다. 인간이 사교적으로 되는 것은 고독을, 그리고 고독한 상태의 자기 자신을 견딜 능력이 없어서이기도 하다. 한 사람의 영혼의 깊이는 고독을 견딜 수 있는 힘에 비례한다고 했던가! 아리스토텔레스도 행복의 조건을 자족(自足)하는 것으로 정의했다. 쇼펜하우어는 고독과 사교성을 대립하는 것으로 본다. 지적인 능력이 클수록 혼자 지내려는 경향이 강하고, 지적 능력이 떨어질수록 어울리는 경향이 강하다는 것이다. 따라서 고독은 위대한 사람의 특성이다.(강용수, 『마흔에 읽는 쇼펜하우어』 참조) 윤 선생은 백남준의 말처럼, "혼자만 하는 경기에서도 행복할 수 있는 가능성"을 보여주고 있다. 물론 이들의 "고독 예찬론"이 다 옳은 것은 아니리라.

우리의 사유 나그네는 또한 사람들을 좋아하는 성정(性情)을 가지고 있었지만, 아무 연고도 없이 둥지를 튼 유학 초창기에는 선물처럼 주어진 절대적인 고독을 사랑했고, 그것이 철학함의 자양분이 되었음을 확인할 수 있다. 현대 정치철학자 아렌트(H. Arendt)가 말했듯이, 외로움은 전체주의에로 귀속시키는 부정적인 것이지만, 반면에 고독은 창조와 생산을 불러일으키는 것이다. 우리의 나그네는 다음과 같이 독백한다. "어느새 유랑하는 자식의 고독은 아르미테스(Armites)의 마력과 매력에 녹아버리고, 녹아버린 이 고독은 이제 새로운 생기와 환희로 바꿔지고 만다." 그는 자연을 자신의 식구로 받아들이며 주체할 수 없는 절대고독을 승화시켜 나간다. "'만물의 영장'이라는 고리타분한 훈장도 라인 강물에 흘러 보내리니 하늘과 맞닿은 이 대지 위에서 한 식구가 되어야지!"하고 그는 독백한다.

우리 나그네의 산책로에서 자연과 교감하며 경험한 아래의 생각들은 바로 현대사유의 거장인 하이데거(M. Heidegger)의 견해와 그 궤를 같이 한다. 즉 "존재의 소리에 귀를 기울이고 응답해 보라. 대자연과 작품 앞에 서 보라. 그러면 말을 걸어올 것이다. 그 응답이 시를 지음이며 곧 철학이다." 그리고 "대자연은 그 자체로 존재의 환희와 경탄을 안겨주고 원초적 삶의 약동을 펼쳐보인다."

그가 혼자 고독을 즐기기도 했으나, 항상 윤 선생의 주위에는 그를 좋아하고 따르는 사람들도 많았다. 라인강변의 바드–고데스베르크 학생 기숙사에서 생활하면서 외국인 동학들과 종종 함께 요리하고 식사하면서 포도주나 맥주도 가끔 마시며 밤늦게까지 깊이 있는 대화를 나누었다고 한다.

"젊은이들은 밤이 깊어가는 것을 아랑곳하지 않고 대화에 탐닉했으며, 그 대화의 소재도 철학에서부터 시작하여 신화, 문학, 문화, 지리, 여행, 음악, 동서양의 사상, 국제정세, 제3세계 등등 일상생활에 관한 것에 이르기까지 온 우주의 구석구석이 다 포함되었다. 그들은 동양의 사상과 문화에 대해서 지대한 관심을 갖고 있었다."(『산책로에서 만난 철학』)

윤 선생의 제2의 고향이 되었던 바드-고데스베르크 주변을 흐르는 라인강변이나, 공원주변의 산책로뿐만 아니다. 그 지역의 중심부에 위치한 대분분 차량통행이 금지되어 있었던 테아트(Theater) 광장에도 자주 산책을 나갔다. 이 광장을 윤 선생은 "가이아(Gaia)의 작은 뜰"이라고 명명한다. 그곳은 시민들의 일상이 펼쳐지는 시내의 광장이다. 이 곳은 그가 하루 종일 많은 분량의 서적을 뒤적이고 논문을 가다듬느라 방에만 있다가 머리를 식히고 심호흡을 하기 위해 테아터 광장과 그 주변의 거리로 빈번히 배회하면서 더욱 친근하게 된 산책로가 된 곳이다. 그곳을 거닐면서 그는 시장도 보고, 사람들의 일상도 보고, 공연과 축제도 보고, 밤에는 광장 벤치에서 책도 읽고 사색도 하였다. 최인훈의 소설 『광장』에서 언급하듯이, 인간에게는 자유가 있는 개인의 밀실과 평등이 있는 사회적 광장이 모두 필요할 것이다. 이제 테아터 광장을 시나브로 산책하면서 그 풍경을 묘사한 윤 선생의 글을 보도록 하자.

테아터 광장[14]

테아터 광장 2[15]

"테아터 광장은 일년 내내 바쁘다. 가끔 야외음악회가 열리고 계절마다 거기에 걸맞는 축제며, 가을의 포도 수확축제와 크리스마스 전의 4주간에 걸쳐 열리는 성탄절 시장, 2월말이며 카니발의 시발점이 되는 것까지 테아터 광장은 바쁘다.〔…〕테아터 광장에서의 디오니소스 축제는 겨울에도 계속된다. 겨울의 추위를 비웃듯이 성대하게 카니발이 개최되는 것이다. 바로 이 바드-고데스베르크의 테아터 광장이 본이 펼치는 카니발의 시작점이다. 카니발은 디오니소스적 축제의 뿌리와 성격을 갖고 있다. 축제 자체는 이미 미토스(신화)적이고, 이 축제를 통해 사람들은 원초적 사건에 참여하여 곧 원초적 사건을 회복하는 것이다. 축제를 통해 원초적인 사건들을 회복하는 것이야말로 하나의 성스러운 행위임에 틀림없다."(『산책로에서 만난 철학』)

윤 선생은 자주 이 광장의 벤취에 앉아 가로등에 투명되는 얇은 우유색의 안개를 흡입하고 아늑한 저녁의 정취에 감싸이게 되면 카멜레온 같이 색깔을 바꾸는 고독도 가라앉게 되어서 또 다시 툴툴 털고 일어서곤 했다. 그리고 깊은 밤의 테아터 광장에서 흡족하게 책을 읽고, 또 신선한 밤의 정취를 만끽했다고 생각하면 자리에서 일어났다. 무엇보다 깊은 밤 테아터 광장은 그와 같은 고독한 나그네에게도 열려있었다. 왜냐하면 그가 고독한 독백을 쏟아놓으면 이 독백을 들어주고 또 나그네인 그를 포근히 안아 주었기 때문이다. 이렇게 테아터 광장은 아무 말도 않은 채 많은 세월에 걸쳐 그를 "어머니 대지"(terra mater)처럼 그를 키워왔던 것이다. 호메로스(Homeros)는 "만물의 어머니인 대지"에 대한 찬가에서 "별들로 가득 찬 하늘 우라노스의 아내이고 신들의 어머니인 그대 복되소서!"라고 읊었다. 또한 아이스킬로스(Aischylos)는 「코에프로이」에서 대지를 "모든 것을 낳고, 기르고, 다시 그 자궁 속에 받아들이는자"라고 했다. 우리의 나그네가 경험한 테아터 광장은 아폴론(Apollon)과 디오니소스(Dionysos)의 축제가 열리는 장소였다. 그는 테아터 광장을 산책하면서 거기에서 아폴론과 디오니소스의 만남의 사건을 응시하고 경험했다.

"이처럼 테아터 광장은 마치 만물을 기르고 달래는 '어머니 대지'의 작은 사신과 같이 생동하고 있다. 아폴론과 디오니소스가 '어머니 대지'에서 함께 하듯이 지상의 아폴론적이고 디오니소스적인 것들은 다 '가이아의 작은 뜰'(테아터 광장을 내가 부른 별명)에서 하나로 된다. 아폴론의 축복이라도 되듯 쏟아지는 햇빛은 테아터 광장의 바닥을 반사하고, 또 광장은 디오니소스적 자유를 만끽하는 사람들로 가득찼다. 아폴론적 조형미를 갖춘 분수대의 조각상에선 디오니소스적 춤을 추며 물은 솟는다. 밤이면 테아터 광장의 보리수가 뿜어내는 향기와 라인강에서 올라온 얕은 밤안개는 밤의 아늑함을 장식하여 디오니소스적 무드를 심화시켜 가는데, 아폴론적 가로등은 이들의 섬세한 약동을 비춰낸다. 그리고 벤취 위에선 이들의 세계를 직관하고 뒤쫓느라 미치 아폴론 상으로 변해가는 고독한 사색가가 앉아 있고, 그의 사색 속에는 디오니소스적인 방을 꿰뚫는 직관이 있다."(『산책로에서 만난 철학』)

윤 선생은 이 때의 "디오니소스적 무드"를 평생 사랑했고, 그것을 실제 삶에서 기회 있을 때마다 재현하면서 즐기기를 원했다. 디오니소스는 누구인가? 그는 고대 그리스의 신화적 인물이고 신이다. 디오니소스는 포도주와 물, 피, 생명력과 역동성 뿐만 아니라 풍요와 수확을 상징하는 신이다. 그러기에 디오니소스는 농부들과 민중들, 여성들과 노예들로부터 더 사랑을 받았다. 디오니소스제(祭)에는 우스꽝스러운 복장들과 가면이 등장하였으며, 음주와 가무, 광란 등으로 인하여 사람들을 도취와 환각상태로 이끌었으며, 환희와 고통의 극단적인 파토스(pathos) 상태로 끌어들였다. 또 디오니소스는 고대 그리스의 문예에서 연극과 비극, 그리고 사튀로스(sátyros)극의 신이다. 시인 횔덜린은 디오니소스를 고대 그리스의 신화적 위상에 상응하게 자신의 시세계에서 훌륭하게 형상화하여 "도래하는 신"으로 읊고 있으며, 시인을 곧 이 주신의 사제로 규명하고 있다.

우리의 주인공은 학위논문 작성 중에 잘 안풀리고 막혔던 철학적 문제를 포도주를 마시고서 그 힘으로 해결할 수 있었다는 재미있는 에피소드도 전해주었다. 포도주를 마시면 용기와 담력이 생겨 자유롭게 논문을 써 나갈 수 있었다고 술회했다. 그래서 그는 확실히 포도주를 "디오니소스의 선물"이라고 믿었다. "포도주의 위력이 없었다면 나는 박사학위를 수여받지 못했을지도 모른다"고 자주 고백하곤 했다. 그 때부터 마시게 된 와인을 무슨 의식을 행하는 것처럼 항상 가까이 끼고 살았다. 그런 이유로

해서 그는 와인의 종류와 특성들에 대해서 한시간 이상 강의가 가능한 전문가 경지에 올라 있었다. 학회가 끝난 회식 자리에서나 지인들끼리 소풍이나 여행을 갈 때는 언제나 가방 한가득 와인을 가지고 와서 "디오니소스적 무드"를 만들어 주곤 했다.

윤 선생은 아폴론적이고 수학적인 엄밀한 지성과 디오니소스적 예술적 명정(酩酊) 모두를 사랑했던 것이다. 결국 그는 비극적이지만 "행복한 시지포스(Sisyphos)" 내지는 여일하게 도상에 머무는 "유쾌한 디오니소스"가 되길 바랐던 것인가! 그는 "사유하는 인간"(homo sapiens)과 "심미적 인간"(homo aesthetics)의 두 면모를 가진 인물이었다. 그는 박이문 선생이 그러하였듯이, 철학적 삶처럼 투명하고, 예술작품처럼 아름답고, 종교적 삶처럼 열정적으로 살고 싶어했다.

윤 선생이 사유의 모범으로 삼았던 현대의 걸출한 사상가는 하이데거이다. 하이데거는 자주 산책했던 "들길"(Feldweg)에서 그리고 슈바르츠발트(Schwarzwald, 흑림)의 토트나우베르크(Todtnauberg) 산장을 산책하면서 인간의 실존을 깊이 있게 사유하면서 "존재의 소리"를 듣고자 했다. 이런 점에서 윤 선생의 산책로에서 만난 철학은 특별하거나 이례적인 것이 아니라, 사유의 거장들의 경험에 잇닿아 있음을 확인할 수 있다. 제 2의 석가로 불리는 인도의 불교학자인 용수(Nāgārjuna)도 사승수학(師承修學)의 경로도 명확하지 않으나, 인도의 여러 지방을 돌아다녔고, 처음에는 인생의 향락에 빠져 두 벗과 함께 주색낭유했다고 전해진다. 그런 의미있는 산책과 주유(周遊)를 통해 깨달음을 얻을 수 있었던 것이다.

2. 배낭 속에 담아온 사유 여행

산책 다음으로 "여행"은 우리의 나그네에게는 사유의 샘이었다. 근대의 수학자이자 철학자인 데카르트(Descartes)도 여행과 모험을 통해 수학적 탐구를 계속했다는 사실은 잘 알려져 있다. 그에게 철학함과 여행함은 동전의 양면이었던 것이다. 현대를 대표하는 철학자 하이데거도 자신의 생애가 "존재의 이웃으로 나아가는 길 위의 나그네로 머물 것이다"라고 고백했다. 이 철학자들과 같이 "인간은 근원적으로 나그네이고, 인생살이 자체가 여행이다"라는 것이 우리 나그네의 지론이다. 흔히 여행은 문학과 문화 및 철학과 예술의 요람이라고 하는데, 우리의 나그네도 이 사실을 그대로 공감하고 체험할 수 있었다. "사람은 본만큼 느끼고, 느낀 것만큼 안다"는 것이 여행을 통해 깨달았던 그의 일관된 생각이었다.

우리의 나그네는 우선 파르메니데스, 플라톤, 혜초, 괴테, 횔덜린, 마르셀, 헤세, 호퍼, 박이문 등의 생애와 작품을 통해 "여행과 사유의 친연성"을 발견하였다. 특히 철학사에서 고대 그리스의 파르메니데스(Parmenides)는 철학을 여행의 형식으로 기록한 바 있다. 아리스토텔레스와 그의 제자들은 리케이온 정원을 거닐며 철학적 사유에 탐닉했다. 헤세의 『싯타르타』라는 작품도 만약 그가 인도여행을 하지 않았더라면 탄생하지 못했을 것이다. 프랑스 실존주의 철학자인 마르셀(G. Marcel)은 인간을 "여행하는 존재"(homo viator)로 규정했다. 마르셀에 의하면, 인간은 유랑하는 자, 즉 도상에 존재하는 것을 멈추지 않는 자이다. 인간은 목적 없이 배회하는 것이 아니라, 여행을 통해 실존적 상승충동을 느끼는 나그네라는 것이다. 따라서 우리 나그네의 여행은 철학함과 바로 직결된다. 그는 여행하면서 철학하였고, 철학하면서 여행했다. 이런 그의 여행철학은 "길 위의 철학"과 연결된다.

"철학과 가장 긴밀히 연결되어 있는 활동이 무엇일까? 독서나 사색, 대화처럼 정적인 것을 떠올리는 경우가 많겠지만, 놀랍게도 철학과 가장 닮아 있는 활동은 여행이다, 새로운 세계와 만나고 자신을 발견하는데 여행만 한 것이 없기 때문이다."(M. 베티니티. S. 포지 편저, 『여행, 길 위의 철학』)

또한 우리의 나그네는 호퍼(E. Hoffer)의 『길 위의 철학자—떠돌이 철학자의 삶에 관한 에피소드—』를 통해 많은 여행철학에 대한 깊은 영감을 받았다. 잘 알려져 있듯이, 호퍼는 비제도권의 재야 철학자로서 평생 동안 떠돌이 노동자로 살면서 보통 사람은 상상할 수 없을 만큼 많은 책들을 읽고, 깊이 사색하면서 독학으로 독자적인 철학사상을 수립했다. 이를테면, "나는 언제나 길을 떠난다. 그곳에 인간의 삶이 있기 때문이다" 세계적 문호 괴테(J. W. von Goethe)도 1년 9개월 동안 혼자서 한 이탈리아 여행의 목적은 "내가 보는 대상들에 비추어 나를 재발견하는 것"이었다고 한다. 코엘료(P. Coelho)의 『연금술사』의 산티아고가 보물을 찾아 사막을 헤매고 다닌 그 기나긴 여행도 실은 자기 자신을 찾는 여행이 되었고, 나아가 자아의 신화를 찾아 나선 여행이었다. 우리의 나그네의 여행목적도 그것들과 결코 다르지 않았다. 그리고 여행은 여행하는 이가 자신의 몸으로 쓴 인생 역사의 한 페이지임을 밝히고 있다.

우리의 나그네는 이런 입장들을 흠모하고 깊이 공감하면서, 인간은 자신의 인생길을 찾아가는 존재이고, 길을 찾기 위해 몸부림치는 여행하는 "나그네 존재"임을 그의 삶을 통해 보여주었다. 그의 유학길도 하나의 구도적 여행이었다. 그리고 독일에 유학하면서 서유럽 뿐만 아니라, 북유럽(네델란드, 북해, 덴마크) 등지도 여행하면서 생생한 유럽의 역사적 현장과 자연환경 및 현지의 다양한 문화를 체험하였다. 특히 북해로의 여행에서는 자연에서 만나는 "초자연적인 것"을 직접 체험한 것을 여행기로 남기고 있다. 우리의 나그네도 "철학적 사유는 골방이나 연구실에 틀어박혀 작업하거나 '강단철학'에 매몰될 필요가 없는 것이다"라고 확언한다.

한국에 돌아와서 절박한 상황 속에서 심기일전을 위해 그가 다닌 동남아 및 남태평양의 섬들에로의 여행과 그리고 수없이 여러 곳들을 탐방한 국내 고인돌탐사 여행은 그의 삶의 분수령과 변곡점을 만들었다. 왜냐하면 그가 감행한 2003년 동남아 겨울 여행은 우선 여행을 감행하는 사람이 자신을 전적으로 도정에 투입시키는 여행이었고, 또 자신의 인생의 여로가 뒤바뀌거나 달라질 수 있었던 여행이었기 때문이다.

"2003년 겨울, 나는 혼자 여행을 떠나야겠다는 욕구를 강하게 느꼈다. 삶이 힘들 땐 머리를 숙이고 끙끙거리는 것보다 고개를 들어 먼 곳을 응시하는 것, 그것만으로도 새로운 희망을 찾을 수 있다. 문명의 때와 지친 일상을 훌훌 던지고 초록의 열대식물과 과일, 꽃향기와 에메랄드빛 바닷물로 온몸을 깔끔하게 씻고 싶었다. 2003년 겨울은 내 인생살이에서 퍽 힘들 때였다. IMF 구제금융 시대라 시간강사 신분으로 은행대출이 불가능했다. 월세보증금 500만원을 마련하지 못해 끙끙거리다 겨우 어릴 적 시골동네 친구들로부터 꿀 수 있었다. 끝이 안보이는 대학 시간강사 생활(보따리 장

수)에 친구였던 옛 여인은 내곁을 떠났고, 부모님을 편하게 모셔야겠다는 뜻은 이루기 어려워져만 갔다. 그 때 나는 시간강사로서 안성과 안양을 오가며 처음엔 주당 8시간의 강의를 했는데, 60만원 안팎의 강사료로 월세를 떼고 나면 한달 생활을 버텨내기 어려웠다. 껌팔이 소년이 된 느낌이었다. 그런데 시간강사로서 할 일은 많아 학생들의 성적평가에 중간고사와 기말고서의 답안지가 무려 천장이 넘고, 과제까지 평가하고 나면 코피가 터지기 일쑤였다. 이런 상황에서 나는 용기가 필요했고, 새힘이 필요했으며, 현실의 잡념들을 떨쳐버리는 발상전환이 절실했다. 새로운 세상과 새로운 버전을 머릿 속에 채우고 싶었다. 여행을 결심했다. 새로운 세상이 내 시야를 장악하고 새로운 문화와 자연, 전혀 낯선 것들이 나를 압도하며, 나를 새롭게 만들어줬으면 하는 기대가 있었다. 빈손으로 어디론가 훌쩍 떠나 새로운 인생으로 만들어 오면 어떨까? 때묻지 않은 곳에서 번뇌와 고민, 세상 살면서 쌓인 때를 몽땅 씻고 돌아오고 싶었다. 자연이 연출하는 데로 빠져버리길 바랐다.”(『배낭 속에 담아온 철학자의 사유여행』)

우리의 나그네는 “지상의 답답한 현실은 다 털어버리고 장자의 붕새처럼 남쪽나라로 날아가자!”고 자신을 재촉한다. 그가 위 책들에서 밝힌 여행지들은 다음과 같다. 동남아시아의 푸껫, 사이판, 티니안, 발리, 앙코르와트, 하롱베이, 세부, 보홀, 코타키나발루, 코사무이, 팔라우, 팔라완, 치앙마이 등이다.

태국 푸껫의 밤바다와 달풍경

푸껫에서의 윤병렬 선생

필자도 윤 선생의 권유에 따라서 태국의 푸켓, 필리핀의 보홀, 독일의 본까지 함께 동행하며 여행한 적이 있었다. 그리고 그의 역작인 『선사시대 고인돌의 성좌에 새겨진 한국의 고대철학』에서 확인할 수 있듯이, 우리의 주인공은 고인돌 답사를 위해 국내여행지로는 강화, 고창, 두물머리, 맹골마을, 양구, 종부리, 노림리, 죽서루, 하리, 와룡산, 야촌마을, 도항리, 동촌리, 남정리, 지석리, 조남리, 화순, 여수 등지로 고인돌 연구를 위한 답사여행을 했다. 이렇게 방학 때면 언제나 우리의 나그네는 고인돌 탐사와 철학함의 새로운 에너지를 충전하기 위해 국내외 여행에 할애했음을 엿볼 수 있다.

윤 선생은 "이제 떠나라! 다른 생명이 되거라! 신성한 입김은 어느 곳에나 있으며, 네가 떠나는 곳에도 있다"(M. 아울렐리우스)는 것을 온몸으로 체험했다. 고향을 떠나는 이유는 본래성과 근원(고향)을 찾아가는 몸부림이라는 시인 노발리스의 철학의 본질에 대한 입장에 깊이 공감하였기 때문이다. "철학은 본질적 의미에서 하나의 향수병이다. 그것은 전적으로 고향에 머물고자 하는 향수병이다."(노발리스) 하이데거가 언급한 바대로, "도상(途上)의 존재"(Unterwegs-Sein)로서 근원에로 가까이 가는 것은 인간의 본래적 근원으로 가는 철학적 여정 외에 다른 것이 아니다. 그래서 그는 자신의 여행담을 담은 『배낭 속에 담아온 철학자의 사유여행』과 『혜초의 기행문과 철학』의 작품들을 남겼다. 전자에서는 자신의 여행기의 기록물이고, 후자는 혜초의 여행기록에 대한 철학적 해석을 담은 작품이다.

윤 선생의 『배낭 속에 담아온 철학자의 사유여행』은 남태평양과 동남아시아의 아름다운 바다와 섬을 여행하며 느꼈던 경탄과 경외심을 미학적·문학적·철학적으로 음미해 본 여행이야기이다. 나아가 여행이 선사하는 놀라운 변화들 이를테면, 자유와 해방, 심기일전과 재충전, 체념과 극기, 새로운 변화의 모색, 평화와 기쁨 등을 체득하고, 이를 중심으로 그는 여행철학에 관한 정의를 세우고자 하였다. 한마디로 그에게 여행은 잠자던 오감을 살아나게 하는 묘약이었다.

"새로운 세계와 조우하고 자연이 연기하는 무대에서 장단을 맞춰보라. 지친 심신을 석양의 노을빛으로 채색해 정상을 되찾고, 인생길에서 쌓은 무거운 짐을 바닷물에 내려놓으며, 품고 있던 울화를 태양빛에 말려버리고, 말 못할 고독도 꽃향기와 원시림에 묻어 놓겠다는 마음가짐만 있어도 여행길은 참으로 즐거울 것이다.〔…〕인생은 여행하는 존재다. 누구나 태어나면서부터 자신의 여로를 가야하기 때문이다. 인생은 어딘가로 떠밀려 간다. 자신의 의도와 상관없이 인생은 어디론가 움직이고, 어딘가를 향해 나아가고 있다. 인생은 항상 여행 중이다. 인생자체가 항해다."(『배낭 속에 담아온 철학자의 사유여행』)

신라인 혜초는 4년(723~727) 동안 40개국 방문하였고 그 결과 『왕오춘척국전』을 남겼다. 문명탐험가와 순례자로서의 혜초는 윤 선생에게 큰바위 얼굴이었다. 그는 혜초에게서 구도자로서의 자신의 모습을 발견한 것이다. 『왕오천축국전』에는 혜초의 인생과 철학, 역사와 지리, 문화와 문학 등도 포괄하고 있다. 그가 감행했던 순례여행은 깨달음이 주목적이었기에 철학, 즉 사유와 인식과 존재론과 결부된다는 것이 이 책의 핵심주장이다. 윤 선생의 유작(遺作)인 『혜초의 기행문과 철학』은 기존의 연구들을 바탕으로 다소 낯선 영역, 즉 철학적 세계로 독자들을 안내하고자 한다. 그는 이 책에서 혜초의 깨달음을 향한 구법여행에 동반된 철학적 사유에 초점을 맞추고자 한다. 혜초에게서 온갖 고행을 기꺼이 감내하면서 경계를 허물면서 쟁취하는 해탈과 자유가 개시되기에, 이 책의 제목에 "철학"이란 용어를 덧붙인 것이다.

앞에서 밝혔듯이, 우리의 나그네는 남해바다에 맞닿은 마산 근처가 고향이다. 일찍이 마산이 고향인 이은상 선생은 그 바다(마산 합포바다)를 그리워하며 "가고파"를 작시했다. "내 고향 남쪽바다/ 그 파란 물 눈에 보이네/ 꿈엔들 잊으리오/ 그 잔잔한 고향바다/ 지금도 그 물새들 날으리/ 가고파라 가고파/ 어릴 제 같이 놀던/ 그 동무들 그리워라/ 어디 간들 잊으리오 (하략)" 윤 선생에게 언제나 그 바다는 기쁨과 놀라움을 주는 마술사, 또한 마음을 기댈 수 있는 휴식, 자유, 평안을 주는 안식처이기도 했다. 그래서인지 그는 바다가 그리울 때면 언제나 토마스(A, Thomas)가 작곡한 오페라 미뇽(Mignon)의 아리아 "그대는 아는가, 저 남쪽 나라를"를 자주 읊조렸다.

제1부 삶의 편력

"'그대는 아는가!
저 남쪽 나라를'을 가만히 읊조리면
어딘가 강렬한 태양이 이글거리고
초록의 열대식물과 열대과일
무거운 심신을 내려놓을 수 있는 쉴 만한 곳이 떠오른다.
무한에 가까운 바다와 하늘
대지와 석양이 그려내는 그림
동화를 속삭이듯 늘어선 섬
피로와 질병을 치료하는 바닷물이
눈앞에 어른 거린다."(『배낭 속에 담아온 철학자의 사유여행』)

이 노래가사에 담긴 남쪽 나라는 레몬과 협죽도, 금빛 오렌지, 월계수, 푸른 하늘과 부드러운 바람, 영원한 봄나라이다. 바로 그곳은 아름다운 이상향과 유토피아이다. 저러한 남국(유토피아)을 향한 향수 때문에 우리의 나그네는 모든 댓가를 지불하고서라도 여행짐을 방학 때마다 쌀 수 밖에 없었던 것이다. 그는 언제나 원색적인 자연이 펼쳐지는 열대의 정글과 섬 그리고 남태평양과 그곳에서 펼쳐지는 하늘의 해, 달, 별들의 존재와 운행, 이를테면 일출, 노을빛, 일몰, 밤하늘의 성좌에 경탄했다. 자연의 생생한 자기 연출을 제대로 감상할 때 참된 기쁨이 찾아옴을 몸소 체험한 것이었다.

우리의 나그네는 최초의 태국 푸껫 여행을 새로운 삶의 비전을 찾기 위한 어떤 절박한 여행으로 규정했다. 타이 비행기에 몸을 싣고서 지상의 답답한 현실을 다 털어버리고 장자의 구만리 창공을 나는 붕새처럼 남쪽 나라로 날아갔다. 그는 여행 중에 읽고 음미할 책 몇권을 넣고, 여행의 여정을 기록할 노트와 자연을 담을 도구들을 챙겨갔다. 드디어 그가 묵을 리조트로 올라가다가 크고 또렷하게 포착되는 여섯개의 별이 눈앞에 나타났던 것이었다. 그 별들은 그가 그토록 보고 싶어 했던 "남두육성(南斗六星)"[16]이었다. 북두칠성은 잘 알려져 있지만, 남두육성은 우리에게 덜 알려진 별자리다. 평소에 별과 천문에 대해 관심이 많았던 우리의 나그네는 남두육성을 보고 곧바로 알아차렸다. 남두육성은 북두칠성을 닮은 여섯개의 별로 궁수자리에 속하고, 그것들은 온 생명을 주관하는 별들이고 남녘을 지키는 방위신이다. 그것들은 멀지 않고 높지 않게 남쪽 하늘을 관장하고 있다. 고구려의 고분벽화에도 선명하게 남아있는 남두육성은 한국인의 오랜 전승에서 인간의 삶을 주관하고, 장수를 다스리는 별자리로 알려져 있다. 남두육성은 주로 농사철에 나타난다고 한다.

"저 별은 고구려인이 흠모하여 고분벽화에서 그려 넣었으며 북두칠성과 쌍벽을 이루고, 해와 달을 합해 하늘의 네 방위신 역할을 하는 사수도(四宿圖)의 일원이었다. 〔…〕 사수도는 해와 달과 북두칠성과 남두육성, 즉 일월남북두(日月南北斗)를 일컫는 말인바, 고대 한국인들은 사수도로서 온누리를 수호하고 보살피는 '보살핌의 철학'을 탄생시켰다. 〔…〕 고인돌의 덮개돌에도 남두육성을 비롯한 별자리들이 새겨져 있기에, 고대의 한국인들은 선사시대부터 성좌도를 중심으로 온누리를 보살피고 수호하는 '보살핌의 철학'을 펼쳤던 것이다."("배낭 속에 담아온 철학자의 사유여행」)

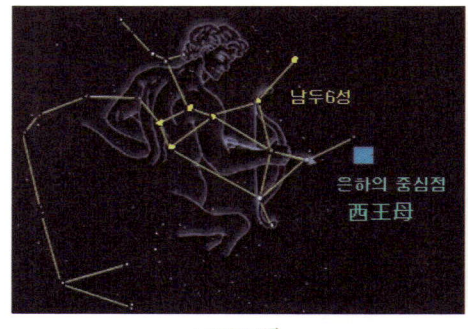
남두육성[17]

남두육성이 새겨진 고창의 고인돌[18]

우리의 나그네는 태국의 푸껫섬의 신비에 압도되었다. 이 푸껫의 피피섬에 매료된 이유는 노자와 하이데거가 그토록 강조하는 퓌시스(physis, 자연)의 근원적인 모습, 무위자연의 모습을 그대로 간직하면서 펼쳐보였기 때문이다. 피피섬에 펼쳐진 존재의 경이로움에 관한 체험은 환희의 체험이었고, 이 체험을 통해 인생은 숭고함의 영역으로 고양되어감을 몸소 체험했다. 이후에 필자도 그의 피피섬에서 체험한 경탄에 대한 이야기에 유혹을 받아서 그와 함께 동행했었고, 우리의 주인공과 동일한 아니 그 이상으로 피피섬에 펼쳐진 자연의 비경과 신비에 푹 빠진 경험이 있었다. 우리의 나그네에게 태평양에 속한 피피섬의 여행체험은 지워지지 않는 아름다운 영상으로 저장되었고, 세파를 물리칠 수 있는 방파제와 요새가 되었다. 이 여행은 그에게 무형의 큰 자산이 되어 그의 마음에 큰 자부심으로 자리잡게 되었던 것이다. 그는 후에 이 체험을 바탕으로 논문[19]을 쓰기도 하였다.

푸껫 피피섬 (출처: 태국관광청)[20]

"시간의 흐름을 망각하게 한 피피섬에서의 놀라운 체험은 나의 뇌리에 하나의 아름다운 영상이 되어 깊이 저장되었고, 아무리 힘들 때도 이 아름다운 체험이 하나의 고귀한 자산으로 되어 세파의 시련을 막아주는 요새의 역할을 했다. 〔…〕 바다는 태양의 놀이터이고, 태양이 그림 그리는 캔버스다. 태양빛이 바다를 비추면 바다는 생생하고 적나라한 모습을 드러낼 수 밖에 없고, 바닷속 생명체들도 생명의 축제를 펼친다."(『배낭 속에 담아온 사유여행』)

우리의 나그네는 라인강변의 밤에서 찬가를 부르고 시를 쓰고 깊은 사색에 잠겼듯이, 티니안의 태평양 밤바다에서도 그러한 감흥을 느끼고 싶었다. 그에게 자연은 최고의 음악가이자 화가였다.

"밤은 정적이 지배하는 정지된 세계가 아니라, 낮을 태동시키는 힘을 안고 있으며 만물을 약동하게 할 준비를 조용히 진행한다. 섬세한 영혼은 밤이 말없이 초자연적 마법을 걸어 거대한 존재사건을 일으키는 것을 눈치챈다. 눈에 보이는 세상의 모든 존재자는 눈에 보이지 않는 존재의 지평 위에 존재하는 것처럼, 밤은 만물을 자신의 품속에 간직하고서 일일이 돌보고 있다."(『배낭 속에 담긴 사유여행』)

윤 선생은 말로 표현할 수 없을 만큼 성스럽고 신비로운 밤의 세계를 찬미하였다. 반면 밤의 세계를 모르는 사람들을 우둔한 자라고 하였다. 그에게 밤은 만물의 어머니이면서 신성한 세계를 알리는 전령이었다. 그리고 밤이 우리에게 열어젖히는 무한한 눈길은 그 어느 반짝이는 별들보다도 숭고하게 여겨진다고 노래했다. 노발리스에게 밤은 창조적인 세계의 어머니이다. 낮은 역설적으로 밤의 품속에 있으며, 밤이 보호하고 지켜주지 않으면 소멸하고 마는 세계이다. 빛이 사라진 세계에 이제 영원한 세계와 인간의 새로운 중개자로서 밤이 무대 위에 오른 것이다. 우리의 나그네는 혼자서 태평양 밤바다 소리를 들으면서, 노발리스의 『밤의 찬가』를 음미하면서, 자신의 밤에 대한 찬가를 아래와 같이 소리높혀 읊조린다.

"빛에는 시간이 할당되어 있지만, 밤이 지배하는 세계엔 그런 시간도 공간도 없으며, 오직 잠만이 영속할 따름이다. 밤에게 부름받은 자만 성스러운 잠은 도무지 저런 세속적안 낮의 활동에 행복할 수 없다."(노발리스, 『밤의 찬가』)

북마리아나 제도의 사이판과 티니안 여행에서 우리의 나그네는 황혼녘과 밤에 펼쳐진 자연의 연출에 혼을 빼앗기고 넋을 잃는다. 우리의 나그네는 소년시절부터 고향집 창문을 통해 비쳐진 별빛과 달빛을 보면서 황홀해했다.

"빛의 마법에 걸려 나는 이미 몽롱한 상태가 돼버렸다. 바다와 하늘, 땅과 사람마저도 빛의 왕국에 휩싸이고 만다. 빛을 규명한 과학의 이론들이 타는 저녁놀에 무용지물이 되고 만다.〔…〕태양이 서쪽으로 기울수록 무시무시한 바다는 검붉은 색을 띠기 시작하고 내혼을 빼앗아 어디론가 자취를 감추어버린다. 짙은 어둠이 바다 위로 내려앉고 별들은 하나 둘씩 빛을 발하며 하늘을 밝히기 시작한다."(『배낭 속에 담아온 철학자의 사유여행』)

우리가 잘 아는 루소의 모든 저작들은 "산책과 여행의 산물"이라 하였는데, 우리의 나그네도 그러했다. 산책로와 여행에서 영감을 얻는 것은 철인들 뿐만이 아니다. 노벨문학상 작품인 『노인과 바다』는 헤밍웨이(E. Hemingway)가 쿠바로 종종 낚시여행을 하며 경험한 것과 영감에서 탄생되었다. 이탈리아로 여행을 떠났던 괴테, 타히티로 떠났던 고갱(P. Gauguin) 그리고 프로방스로 떠났던 고흐! 갈라파고스로 떠난 다윈(C, Darwin), 남미대륙을 떠돌았던 훔볼트(A. von Humboldt), 캘리포니아 여행을 통해 양자전기역학의 난제를 풀었던 다이슨(F. Dyson)! 특히 괴테는 여행의 목적을 자기 인생의 재발견이라고 했다. "내가 이처럼 놀라운 여행을 하는 목적은 나 자신을 기만하려는 것이 아니라 내가 보는 대상들에 비추어 나를 재발견하자는 것이다." 그리고 "내가 로마땅을 밟게 된 그날이야말로 나의 제2의 탄생일이자 나의 진정한 삶이 다시 시작된 날이라고 생각된다."(괴테, 『이탈리아 기행』)

이렇게 여행과 산책이 제공하는 창조적인 사유는 과학자나 수학자에게도 일어난다. 왜냐하면 여행과 산책에서 느끼는 특별하고 아름다운 환경은 어떤 문제의식에서 벗어나게 하고, 좀 더 초연하게 사물과 상황을 새로운 관점에서 바라보게 해주기 때문이다. 이렇게 여행은 우리의 나그네에게 샘솟는 사유를 안겨주었다. 처음 간 푸껫여행에서 그는 평생 기꺼이 연구할 수 있는 테마와 연구동력을 얻었다고 다음과 같이 술회한다.

"마음먹고 떠난 푸껫여행 이전에 나는 허우적거리며 똑같은 일상을 반복하는 삶을 살았다. 시간강사 한답시고 이 학교 저 학교를 뛰어다니고 방학을 몽땅 논문 쓰는 데

투입했지만, 공허한 메아리만 요란하게 울리곤 했다. 눈에 이문증이 생길 정도로 연구실에 처박혀 논문을 썼지만, 불면의 밤을 수없이 보내어도 좋은 메아리는 세상으로부터 들려오지 않았다. 허우적거리며 내 몸만 망가져 갔다. 뭔가 변화가 요구됐다. 일단은 머리를 식히고 인생의 새로운 버전을 마련하는 것이 필요했다. 쓸데없는 미련을 자꾸만 만지작거리면 질병이 된다. 찌든 일상의 카테고리에서 벗어나 이국적인 세계에 빠져들며 낯선 세계, 자연, 음식, 문화, 사람, 언어가 지배하는 곳으로 간다는 것에 이미 해방과 위안이 느껴졌다. 첫여행에서 힐링의 차원을 넘어 보물을 찾았다. 평생 기꺼이 올인하여 일할 수 있는 동력을 얻었기 때문이다." (『배낭 속에 담아온 철학자의 사유여행』)

여행 후에 가진 확신이었지만 우리의 나그네는 모험한 여행에서 삶의 의미와 즐거움 그리고 척박한 현실을 살아갈 새로운 힘을 얻었다. 여행은 여행하는 이가 그의 몸으로 쓴 자신의 인생역사 한 페이지이기에 하나의 영상이 되어 뇌리에 차지하게 될 것이다. 생의 깊이에 도달한 자는 심미적 세계를 꿰뚫어 볼 것이다. 우리의 나그네는 인간이 갖추어야 하는 것은 자연의 숭고한 아름다움에 대한 예민한 감수성인데, 그런 감수성은 교양과 인격의 성숙에서 우러나온다고 확신했다. 이와같이 우리의 나그네는 산책과 여행을 통해 "바람구두를 신은 사나이"임에 틀림없음을 우리들에게 여실히 보여준 셈이다.

2장

정신적 자유를 위한
초월과 비상:
"창공을 나는 붕새"

우리의 나그네에게 있어서 자신을 찾기 위한 방랑과 함께 정신적 자유를 찾기 위한 초월 및 비상은 철학적 삶에 있어서 필수적인 것이었다. 그에게 철학적 삶은 바로 초월적 삶이었다. 그의 독일유학과 그 이후 펼쳐진 철학에 헌정된 삶이란 현실에서 "초월"을 감행하는 여정 그 자체였다. "초월"은 자신에게 주어진 현실의 경계를 부수고 뛰어넘는 정신적 도발행위이고, 우리를 붙잡고 있는 현실에 대한 반역이자 배반이다. 그에게 있어서 철학함은 모든 한계를 위반하는 횡단이며, 스스로를 초월하여 나가는 운동이었다. 윤 선생은 바람처럼 그리고 붕새처럼 거침없는 자유인으로 살고자 했다.

윤 선생은 『장자』(소요유편)에 나오는 "붕새" 이야기를 자주하였다. 붕새는 북쪽 바다에 사는 상상의 물고기 곤(鯤)이 변해서 된 상상의 새이다. 곤이 변해 새가 되는데 그 이름이 붕(鵬)이다. 붕 또한 크기가 몇천리인지는 알지 못한다. 이 새가 한번 힘을 써 날면 그 날개가 마치 하늘 전체를 뒤덮는 구름과 같고 바다를 뒤집을 만큼 큰바람이 인다. 붕은 그 바람을 타고 북쪽 바다 끝에서 남쪽 바다 끝까지 날아간다. 붕새가 남쪽 바다로 날아갈 때는 물결치는 것이 삼천리다. 회오리바람을 타고 구만리나 올라간 붕새는 육개월 동안 계속 난 다음에 비로소 날개를 쉰다. 여기서 붕새는 어디에도 얽매이지 않고 자유로운 정신세계를 마음껏 누리는 위대한 존재를 의미한다.

일찍이 플라톤은 저러한 초월에로의 충동과 원동력을 에로스(Eros)라고 했다. 에로스는 원래의 "플라토닉 러브"(Platonic Love)로서 감각과 현상의 세계에서 이데아의 세계로 나아가도록 하는 충동 내지는 원동력을 말한다. 철학함이란 존재의 심층에 다가가고자 하는 초월행위이다. 즉 현상계를 넘어 초인간적이고 초자연적인 영역으로 다가가려는 행위이다. 따라서 플라톤에게 있어서 철학교육(paideia)은 위로 인도하는 것이며, 파이데이아의 길은 결코 어떤 무의미한 진행이 아니며, 평행선적인 운동도 아니다. 오히려 그것은 바로 "위로 향하는 운동"이다. 이는 일상성을 과감하게 극복하고

제1부 삶의 편력

초월하는 것이며, 쇠사슬을 끊고 존재와 진리의 세계를 향하여 달음박질하는 싸움이며, 그곳으로 들어가는 상승이다. 파이데이아가 인도하는 길은 존재와 진리의 세계이고 신적인 것이다. 따라서 파이데이아에는 초월이 내포되어 있다.

우리의 나그네는 플라톤에게서 초월개념의 실마리를 찾았던 것이다. 그런 과정 속에서 인간은 초자연적인 것에 경이감과 숭고(崇高)의 감정을 느끼게 된다. 숭고함은 우리가 무한이나 거대한 자연의 힘을 경험할 때 느끼는 감정이다. 숭고함은 인간의 제한적인 능력을 넘어서 우주적이고 초월적인 것에 대한 경외감을 느끼게 한다. 칸트는 숭고함(das Erhabene)이 이성적 판단과 관련되며, 인간이 감각을 넘어 이성적으로 초월적인 것을 인식하는 경험에서 나온다고 설명한다. 아름다움이 감각적이고 구체적이라면, 숭고함은 추상적이고 무한한 경험을 특징으로 한다. 쉴러(F. von Schiller)가 말한바대로, 숭고를 느낄 수 있는 능력은 인간의 본성에 있어 가장 뛰어난 소질의 하나임에 틀림없다. 무엇보다 우리의 나그네는 자연과의 만남 속에서 초월을 경험한다.

"대자연이 펼쳐 보이는 묘기에 놀라거나 외경심에 사로잡혀, 기적을 펼쳐내는 존재의 심층에 다가가는 것은 영광스런 일이다. 기적의 영역을 더듬어가는 것은 여행을 통해 수행할 수 있는 고매한 작업이고, 이를 통해 인간은 초인간적이고 초자연적인 영역으로 한걸음씩 다가가는 것이다."(『배낭 속에 담아온 철학자의 사유여행』)

필리핀 보홀(오른쪽 윤병렬 선생)

필리핀 보홀의 열대정원

우리의 나그네는 13년 간의 긴 유학생활과 30여년의 강사생활 속에서도 신분의 불안, 경제적 궁핍, 미래의 불확실성 등으로 인해 존재 자체가 흔들리며 살았음을 부정할 수 없다. 그는 300번 이상 교수공채에 탈락한 바 있다. 그의 삶의 여로에는 많은 고초와 좌절 그리고 외로움의 난관과 장애물이 있었다. 그런 인생의 행보를 가로막는 허들과 장벽을 만났지만, 그는 현실 너머를 바라보면서, 그것들을 뛰어넘고 초월하면서 철학도의 길을 거침없이 내달린 것이었다. 그에게 초월적 행위란 철학공부의 일환으로 삼았던 구체적인 여행의 실행이었다. 그것은 사유와 함께 하는 깨달음을 얻는 순례여행이었다. 여행으로 은유되는 철학은 플라톤의 『국가론』에서 밝히고 있듯이, 야만의 수렁에 묻혀버린 영혼의 눈을 끌어올려 점차 빛의 세계로, 위로 상승하게 하는 것이다. 결국 나그네에게 여행은 레저나 사치가 아니라, 지쳐있는 인간을 해방으로 이끌어서 삶의 방향을 전환하게 하며, 밖으로 향하게 하고, 결국 위로 인도하는 길잡이가 되었다.

우리의 나그네도 붕새처럼 현실의 한계를 초월하여 정신의 자유를 위한 초월세계와 초월여행을 늘 꿈꾸며 살아왔고, 그 꿈을 이루기 위해 진력했다. 그 한 예로서 우리의 나그네는 타국의 현실에서 만난 외로움과 쓸쓸함을 어떻게 승화시키고 초월하고 있는지를 자신의 유학시절의 경험에서 생생하게 내비치고 있다. 그가 재현했던 "영화로움으로 승화된 고독"이란 부제가 붙은 "별과 건배했던 어느 이국땅에서의 망년회" 장면을 살펴보자. 독일 유학 초창기에 그를 망년회에 가자고 초대하는 사람도 없었고, 더구나 망년회에 초대할 사람도 없었다. 그는 한해가 저물고 새해가 동터오기 전에 그 어둠과 혼자 대면해야만 했다. 그러한 현실에서 툴툴 털고 일어나서, 혼자서 망년회를 준비하고 자신을 초대하고, 별들을 초대하고, 자연을 초대하였다. 그는 자신이 초대한 자연존재들과 건배를 나누면서 송구영신(送舊迎新)의 별난 축제를 벌였던 것이다. 이때의 자연은 물질적인 세계를 초월한 것이고, 인간과 깊이 교감하고 대화를 나눌 수 있고, "존재의 신비"를 계시하는 초자연적인 그 무엇이었고, 위로와 안식을 선사하는 고향이었다.

"진실로 인간들에게서 얻을 수 없는 것을 자연은 어루만져주고 치료해 준다. 외계와 자연과의 조우에서 고독은 승화될 수 있으며, 그러한 고독을 수행한 그대는 인생의 더높은 차원으로 고양될 것이다. 고독한 자여, 이 암울하고 가없는 벌판에서 걸어 보아라, 그리고 절규해 보아라."(『산책로에서 만난 철학』)

무엇보다 우리의 나그네에게 초월은 순수와 원시(시원)를 찾기 위한 사유의 갈망이 었다. 희망의 철학자 블로흐(E. Bloch)도 "사유한다는 것은 초월한다는 것을 의미한다"고 하지 않았던가! 우리의 나그네는 초월을 통하여 통속의 세계에 안주하지 않고, 그 세계를 우선 벗어나는 것이 철학의 끊임없는 요구라고 보았다. 그러나 여기서 초월은 결코 우리의 현실과 삶을 등진 어떤 일탈이나 피안에로의 도피가 아니라, 오히려 이와 대조적으로 더욱더 인간다우며 의미있는, 더욱더 깊고 높으며 숭고하고 고매한 세계에로의 안내인 것이었다. 이것은 "내재적 초월"이라 할 수 있을 것이다. 그는 필리핀의 팔라완(Palawan)의 원시의 비경(祕境) 속에서 그러한 초월을 경험한 것이다.

"지하강 입구 주변은 완전히 딴 세상을 펼쳐 보인다. 문명의 흔적이라고는 찾아볼 수 없는 원시의 비경이 펼쳐진다. 그토록 원시와 순수를 찾아 헤매던 나의 여행갈증이 팔라완의 지하강가에서 풀리는 것 같다."(윤병렬, 「필리핀 팔라완 여행기」)

우리의 나그네는 자신의 서재에 파르메니데스의 철학여행을 묘사한 사진을 걸어놓고, 늘 자신의 철학적 길의 모범으로 삼았었다. 초기 그리스 철학자 파르메니데스의 「교훈시」에는 용기와 의지를 가진 한 사람이 "어둠의 집"을 떠나 존재와 진리를 통찰하는 "빛의 왕궁"으로 나아가는 여행을 내용으로 하고 있다. 물론 이러한 여행은 정신적 여행으로서 철학을 갈구하는 의지를 가진 사람만 감행하는 여행이다. 이 여행길은 마치 플라톤의 "동굴의 비유"에서의 노정처럼 심히 어려운 것이지만, 그러나 여행자로 하여금 "순수한 존재"를 체험하게 하고 절대적인 진리를 맞이하게 한다. 가상의 세계에서 존재에로, 어둠에서 빛의 왕궁으로, 몽매한 비진리의 세계에서 신적인 진리의 세계로 상승하기 위해서는 우선 망상과 통속의 세계와 싸워야 한다. 이런 세계를 극복한다는 것은 이미 철학적인 구원에 다가서는 것과 같은 이치이다.'
특히 윤 선생은 자신의 저서 『철학적 인문학의 길』과 『혜초의 기행문과 철학』에서와 논문인 「하이데거와 현대의 철학적 사유에서 초월개념에 관한 해석」에서 "초월"을 설명하고 있다. 우리의 나그네가 롤 모델로 삼고 존경한 인물들은 플라톤, 혜초, 하이데거, 휠덜린, 박이문, 에릭 호퍼 등이었다. 우리의 나그네는 세속적인 이러저러한 것들에 얽매이지 않고, 그러한 것들에 포박되지 않고 넘어서는 것, 즉 시·공의 경계를 넘어서는 것이 초월이라고 보았다. 이를테면, 내가 세상의 중심이라는 틀에서 벗어나 경계를 허물고 세상 밖의 또 다른 세상으로 나아가는 것이야말로 철학적으로는 의미심장한 의미를 갖고 있다.

본래 초월은 동물과 구별되는 인간다움이고 형이상학적 본성이다. 우리의 나그네는 초월을 다음과 같이 말한다. "초월이야말로 인간으로 하여금 끊임없는 의미추구를 할 수 있도록 바닥이 보이지 않는 심오한 심연을 마련한다." 인간이 만약 더 이상 의미추구를 할 것이 없다면 니힐리즘에 빠질 위험에 노출된다. 그는 초월함을 통해 인간의 정체성을 밝히는 일을 자신의 평생의 과업으로 생각했다.

"인간은 세계 내에 존재하면서 세계를 초월한다. 인간은 세계와 무관하게 존재할 수 없다. 그러나 동시에 그는 세계 속에 매몰되어 살 수는 없다. 그는 역설적으로 세계를 초월함으로써 자신의 실존을 획득하고 자신의 창조적 주체성을 확인하는 것이다.〔…〕 철학의 근본적인 과제는 그 무엇보다도 초월이다. 이런 철학의 과제는 철학사의 태동기에 이미 정초되어 있고, 근대와 현대의 형이상학과 인간학에도 잘 각인되어 있다. 사실 철학의 탄생을 신화(mythos)에서 로고스(logos)에로의 변환으로 규명하는데 이러한 변환에는 이미 초월의 의미가 뒷받침하고 있다. 신화적 패턴에서 로고스에로의 변환은 초월의 행위에 의해 주어지기 때문이다."(윤병렬, 「철학적 인문학의 길」)

윤 선생의 유작인 『혜초의 기행문과 철학』에서 신라 승려 혜초(704~787)의 구법여행이 바로 초월행위라고 보았다. 우리의 나그네가 모범으로 삼은 구도자는 혜초이다. 혜초가 궁극적으로 추구한 것은 "경계를 넘는 것"이라 볼 수 있다. 혜초는 이런 경계를 넘는 것을 사유한 것만이 아니라, 오히려 온몸을 통해 현사실적으로 감행한 것이었다. 그것도 그 어떤 존재자의 세계로부터의 압박과 도전에도 굴하지 않고 감행한 것이다. 그에게서 초월의 지향점은 이런저런 것들로 얽매인 존재자가 아니라, 깨달음으로서 "모든 존재자를 넘어서 있음"이다. 이런 맥락에서 혜초는 분명 깨달음을 추구하는 "지혜를 사랑하는 사람", 즉 그리스적 의미에서 "철학자"라 할 수 있다.

혜초에게서 온갖 고행을 기꺼이 감내하면서 경계를 허물고 쟁취하는 해탈과 자유가 개시된다. 경계를 넘는 것은 철학적 용어로 초월이며, 혜초는 이 초월을 여행을 통해 몸소 펼쳐보인 것이다. 따라서 혜초의 여행은 시간과 공간의 장벽을 허물고 해탈의 자유와 기쁨을 구체적으로 펼쳐 보여준 하나의 거대한 사건이기도 한 것이다. 이 해탈과 자유야말로 모든 고등종교의 본질일 뿐만 아니라, 지혜를 추구하며 살아가는 사람들의 삶의 목적이라고도 할 수 있다. 그런데 혜초가 목표로 삼은 해탈은 그 어떤 정적인 것에서가 아니라, 온몸이 투입된 구법여행 내지 피안여행으로 쟁취된 것이다. 그러므로 우리의 나그네는 이를 "동적인 해탈"이라고 규정했다. 무엇보다 우리 나그네의 초월개념은 하이데거가 존재와 존재자와의 존재론적 차이를 말하면서 "존재는 전적으로 초월이다"는 입장과 그 궤를 같이 한다.

"철학의 근본주제로서의 존재는 어떤 한 존재자의 유(Gattung)가 아니다. 그렇지만 존재는 모든 존재자에 관계한다. 존재의 '보편성'은 더 높은 곳에서 찾아져야 한다. 존재와 존재구조는 모든 존재자를 넘어서 있으며 한 존재자가 갖는 모든 존재 가능한 규명을 넘어서 있다. 존재는 전적으로 초월이다."(하이데거, 『존재와 시간』)

윤 선생은 야스퍼스의 초월개념을 전유한다. 즉 야스퍼스의 "비극론"에서 종교와 예술, 특히 그림세계며 문학 속에 배태된 철학적인 앎을 통하여 초월해가는 인간의 실존의 모습을 그려내고 있다. 야스퍼스에 의하면, 초월이 없는 존재이해는 있을 수 없으며, 실존은 초월의 선물로 주어진다. 초월은 결코 하나의 대상적 지식으로 되지 않고, 오직 실존적으로 충족된 순간에 느껴진다. 야스퍼스는 『철학』에서 인간이 감행해야 할 "이중의 초월"을 지적한다. 세계로부터 실존에로의 초월과 그리고 또 실존에서부터 절대자인 신에게로의 초월이다. 영원하고 초월적인 것은 절대자의 지평 속에서 드러나며, 인간은 유한한 자신을 넘어 저 절대자의 지평 속으로 들어감으로써 자신의 존재의미를 갖게 되는 것이다. 또한 파스칼(B. Pascal)도 이성의 최종적인 한걸음은 자신을 초월하는 무한한 세계가 있다는 것을 인정하는 일이라고 역설한다.

우리의 나그네는 현실로부터 초월과 비상을 거듭해 왔고, 온갖 경계 밖으로 끊임없이 자신을 자발적으로 추방하면서 가혹할 정도로 내면적으로 뜨겁고 거친 삶을 살아왔다. 그는 땅에 있는 현실의 무거움과 어두움을 이겨내기 위해 정신의 날개를 달고 하늘의 별과 달을 바라보고, 무한을 느낄 수 있는 끝없이 펼쳐진 남국을 향해 이카로스(Icarus)의 날개를 펼치며 비상하기를 갈망했다.

"어떤 사람이 여기에서 아름다움을 보고 그 참을 기억하면 그는 날개를 얻게 된다. 그는 이렇게 날개를 달고 저 위로 올라가기를 갈망하지만 그럴 수가 없다. 그래서 그는 새처럼 위만 바라보고 아래 쪽에 있는 것은 신경쓰지 않는다. 그러면 사람들은 그가 미쳤다고 비난한다. 그러나 이것은 모든 열광 중에 최고의 것이다."(플라톤, 『파이드로스(Phaidros)』)

우리의 나그네가 철학 외에도 예술, 즉 음악, 그림, 고분벽화, 시 및 문화유산 등에 관심을 가지고 아름다움을 사랑하고 그것의 가치를 추구하는 것은 왜일까? 그 이유는 현실을 초월하여 가능세계를 상상하고 꿈꾸기 때문이다.

"예술은 가능한 사물, 가능한 견해, 가능한 경험, 사물을 보는 가능한 방식, 가능한 삶, 가능한 세계를 보여줌으로써 우리가 최소한 정신적으로는 현재를 초월할 수 있도록 도와주고, 그렇게 함으로써 저기에 존재하는 것이 무엇이고, 우리가 무엇이고, 우리가 무엇을 할 수 있는가를 더 잘 보게 해준다. 〔…〕 예술은 가능성을 보여줌으로써 현실을 초월하도록 되어있고, 그럼으로써 가장 지속적인 현실에 한 비판이 된다."[21]

박이문 선생에 의하면, 예술은 내재적으로 초월적인 성격을 띠고 있다고 한다. 윤 선생도 이런 입장에 동의한다. 박이문 선생도 철학적 진리와 예술적 아름다움을 추구하면서 현상과 현실을 초월하는 정신적 여행을 감행했다. 예술은 부단하게 이미 있는 것과 생각된 것을 초월하고자 하는데서 생기는 것이다. 그러므로 예술은 해방적·개방적·진취적이다. 예술을 통해서 우리는 언제나 과거로부터 해방되어 미래를 위해 부단한 창조를 계속하는 것이다.[22] 인문학의 거장인 김우창 선생도 초월을 다음과 같이 정의한다. "초월은 주어진 삶의 부분성이나 범속성을 전체적이고 고양된 이념으로 극복하는 것을 의미한다."[23] 김상환 선생도 이에 공감한다. "초월은 삶에 대한 개인적이고 단편화된 경험을 넘어 전체로서의 '온전한 삶'에 대한 관점으로 이행하는 운동이다."[24]

오늘날 생산력의 급격한 발전이 낳은 정신문화에 대한 폄하, 그리고 경제적 효용 또는 교환가치를 생산해내지 못하는 순수이론에 대한 조소와 같은 오늘날 만연해 있는 철학에 대한 회의적인 시선이 만연하다. "초월"에 관한 성찰은 오늘날 현대인들이 비가시적인 것과 정신적인 것보다는 가시적인 것과 실증적인 것, 물질적인 것에 침몰해 있는 시대에 의미하는 바가 크며, 현세주의적이고 물질 중심적인 시대를 가로질러 정신적인 영역에 가치를 부여하는 긴요한 과제이기도 하다.

철학은 또한 자신의 보완으로서 종교를 지시한다. 그래서 종교철학도 가능한 것이다. 우리의 나그네는 초월을 지나 궁극적 동경으로 나아간다. 그는 이양호 선생의 다음과 같은 입장에 공감한다.

"따라서 철학은 자기 자신을 초월하여 저 궁극적 동경을 실현할 수 있는 높은 이상으로의 행보를 시작하지 않을 수 없는 것이다. 그 이상이란 곧 종교인데, 철학은 그의 본질의 필연적 보완으로서 종교를 지시한다. 왜냐하면 종교는 신의 충만함 가운데 살고 있고, 따라서 그것만이 저 영원한 것에 대한 동경을 충족시킬 수 있기 때문이다."(이양호, 『초월의 행보』)

이와 같이 우리의 나그네는 방랑과 초월을 통해 자신의 철학함을 수행하면서, 지상에 발을 딛고 살면서도 하늘에 뿌리를 내린 영혼의 구도자로서 궁극적으로는 "영원에 잇댄 동경"을 철학함의 추동력으로 삼았다. 그는 붕새처럼 자유롭게 하늘을 넘어 영원을 향해 비상하고자 하였다.

3장

영원에 잇댄 동경:
"하늘에 뿌리를 내린 영혼의 구도자"

우리의 나그네는 삶을 결코 하나의 덧없는 진동, 일장춘몽, 봄안개, 아침이슬로 받아들이지는 않았다. 그는 무한과 영원에 대한 동경을 늘 가슴에 품고 살았다. 그는 시간의 유한성과 상대성 및 불가역성을 매순간 느끼면서 철학적 구도자의 길을 걸었다. "인간은 이제 '천상적인 피조물'인 바, 그의 머리는 하늘에 뿌리를 박고 있다."(플라톤, 『티마이오스(Timaios)』) 우리의 나그네는 플라톤의 말처럼, 하늘에 뿌리를 내리고 땅 위에서 순례여행을 하는 철학도이길 원했다. 그는 모든 것이 찰나적인 끝장으로만 얽매어 있으면, 도대체 우리가 뭔가를 추구할 이유가 없을 것이라고 생각했다. 그는 플라톤처럼 철학의 기원을 "영원한 것에 대한 에로스"로 정의한 것에 깊이 공감하였다. 그는 시종일관 유신론자로서 플라톤의 철학을 모범으로 삼았다.

"모든 철학은 바로 순간적인 카테고리를 꿰뚫고 초월자와 절대자며 영원의 세계로 돌진하고서 이들 세계와 접목하는 데에 그 의미를 갖고 있다. 물론 찰나적인 것이며 유한한 것에서도 존재의미를 찾을 수 있겠으나, 이 의미 자체마저도 그렇다면 유한한 것일 수 밖에 없기에 결국 무의미의 세계로 떨어지고 만다. 이미 철학한다는 자체가 이들 세계와 교감하고 있는 것이다. 인간은 오직 절대자를 향한 초월성 안에서 자기 존재의 본래적이며 궁극적인 의미를 갖게 되는 것이다. 이 초월과 영원이며 절대자와의 관계 속에서 인간은 자신의 삶과 또 삶 속에서 이룬 모든 것의 의미와 가치를 상실하지 않게 됨을 안다."(『산책로에서 만난 철학』)

윤 선생에 의하면, 불멸성은 플라톤과 칸트를 비롯한 많은 철학자들에게서 "철학의 근본과제"로 받아들여진다. 플라톤은 『파이돈』, 『파이도로스』, 『국가』 등에서 그 논의를 전개하고, 칸트도 단도직입적으로 신, 자유, 불멸성을 형이상학의 피할 수 없는

3대 과제들로 피력했다. 철학적 사유의 기원은 플라톤이 추구한 것처럼 영원한 것에 대한 에로스이다. 에로스는 원래의 "플라토닉 러브"로서 감각과 현상의 세계에서 이데아의 세계로 나아가도록 하는 충동 내지는 원동력을 말한다. 우리의 영혼은 감각적인 것과 지상적인 유한성에 안주하지 못하고 이를 넘어서고자 한다. 그리하여 초감각적인 것과 불멸·불사·불변적인 영원한 것을 추구한다. 이런 입장은 그리스 철학 이후로 "형이상학적 존재"로서 인간에게 구유되어 있는 초월적인 차원과 경향성으로 간주되어 왔다. 파스칼도 이성의 최후의 단계는 이성을 초월하는 무한성이 있다는 것을 인정하는 일이라고 했다. 현대 철학자인 하이데거도 하늘 및 신적인 차원을 철학의 지평 위에 올려 놓았다.

"하늘은 태양이 지나는 길이며 달의 행로이고, 성좌의 광채가 빛나는 곳이며, 일년의 계절들과, 낮의 빛과 어스름이며, 밤의 어둠과 밝음, 날씨의 호의와 황량함, 구름의 흐름, 파란 에테르의 심층인 것이다. 만약 우리가 하늘을 말한다면 우리는 벌써 다른 세 영역(보충: 대지, 신, 인간)을 '사방'의 일체(Einfalt)에서 함께 생각하는 것이다."(하이데거, 『강연과 논고들』)

우리의 주인공이 관심을 가졌던 한반도 선사시대의 태양거석문화에서도 해와 달이 숭경의 대상이었음을 다음의 인용을 통해 확인하고 있다.

"사람들은 추수한 곡식이 자기들이 힘써 농사를 지은 대가가 아니라 자연이 내려주는 선물이라 생각했다. 〔…〕 특히 강렬한 믿음의 대상은 태양이었다. 계절이 변하고 밤과 낮이 바뀌고 곡식이 열매 맺고, 이 모든 일을 가능하게 하는 태양의 힘을 그들은 알고 있었던 것이다. 농사를 남자가 주로 지었듯이, 태양신을 모시는 일도 남자가 하게 되었다. 이 시대 사람들에게 태양신은 곡식을 맺게 해줄 뿐만 아니라 사람들의 행복과 생명까지도 수호하는 신으로 여겨졌다."[25]

윤 선생은 자신의 정체성을 순례자 내지 나그네로 규정하였다. 그는 소싯적부터 별세하기 까지 철두철미 기독교 유신론자였다. 그는 지상적 삶은 유한하지만, 피안의 삶은 영원함을 믿었기에, 이 세상이 본향이 아님을 자주 되니이곤 했다. 즉 "인간은 이 세상에 와서 잠시 쉬었다가 어머니인 대지를 떠난다. 나그넷길 같은 이 세상에서 하룻밤 머무는 것이 우리의 삶이다." 그는 유년시절부터 마을 교회(장로교)에 다녔다. 세례를 받았던 고향의 교회는 그에게 있어서 삶에서 맨처음에 만났던 교육기관, 문화의 전당, 희망의 상징이었다. 그는 소싯적부터 사도 바울(Paul)과 종교 개혁자 루터(M. Luther)를 신앙의 모범으로 삼고 살았다. 그들은 공히 지상의 것에 갇혀있지 않고, 영원에 잇댄 삶을 살았던 모범적인 신앙인이었다.

"그러기에 인간의 삶이 영원에 걸려있지 않거나, 영원과 관련되어 있지 않는 모든 순간적인 것은 그 어떠한 것이든 무의미함과 결속되어 있을 따름이다. '존재의 의미에 대한 질문'이란 것은 항상 가장 깊은 것, 가장 끈질긴 것, 가장 높은 것, 가장 비밀스러운 것, 가장 최후의 것이며 영원한 것과 연결되어 있다. 그뿐인가? 이러한 것들이 실현될 수 있다는 데서 '존재의 의미에 대한 질문'은 가치있고 살아있는 것이다."(『산책로에서 만난 철학』)

윤 선생의 신앙에 따르면, 영원한 것과 연결고리를 가지 않은 것은 결국 무의미의 나락으로 떨어지고 만다. 그러기에 인간은 영원과 초인간과의 관계 속에서 불멸하는 의미를 갖게 된다. 엘리아데의 "종교적 인간"(homo religious)이 보여주듯이, 인간은 초월자 및 신과의 관계 속에서 진정한 존재의미를 획득한다.

"인간은 본질적으로 절대자의 가까이에서 살기를 원한다는 것이다. 인간은 어떤 형태로든 초자연적인 것과 초인간적인 것, 신적인 것과 영원한 것과의 접속을 통해 삶을 영위하고, 초월자와 관련을 맺지 못하면 살 수 없다는 것이다. 인간은 '태초의 원전성에 대한 향수'를 갖고 있으며 근원을 향한 향수가 있다"(엘리아데, 『성과 속』)

우리의 나그네는 아우렐리우스의 『명상록』에서 영원, 무한, 유한에 대한 잠언을 즐

제1부 삶의 편력

겨 읽고 자기 것으로 전유했다. 소년시절부터 인생의 유한성을 직시했기에, 그의 삶은 뜨거웠고 치열했던 것이다.

"영겁의 시간 속에서 너의 생명이 극히 적음을 알라. 이런 일로 해서 희망에 들뜨고, 이런 일로 해서 슬픔에 빠지고, 이런 일로 해서 초조해 한다면 그 얼마나 어리석은가? 무한을 생각하고 그 속에 네가 차지한 몫을 생각해 보라. 과연 그것은 얼마나 작은 분자인가! 영원의 시간을 상기하고 너의 생명이 차지한 시간의 기막힘을 서글퍼하라. 운명을 생각하고 그 속에 한점일 뿐인 너의 위치에 몸을 맡긴 채 여신이 그대를 써서 어떤 비단을 짜든 관계하지 말라.(아우렐리우스, 『명상록』)

우리의 나그네가 그토록 남국을 찾아 여행하는 것도 실은 영원에 잇댄 동경과 꿈이 있었기 때문이었다. 일찍부터 지상에서 그가 동경한 것은 독일과 독일정신과 문화였다. 그는 독일문학, 독일철학, 독일과학, 독일예술, 독일신학을 사랑했다. 나아가 유한한 세상의 부조리와 아픔도 영원 앞에서는 상대화되거나 무화될 수 있음을 그는 신앙으로 받아들여 삶에 적용하면서 살아갔다.

윤 선생이 존경하고 사랑했던 루터의 지적 멘토였던 기독교 신학의 기본틀을 놓았던 아우구스티누스(St. Augustinus)의 사상에 대한 그의 관심은 플라톤 철학에 대한 연구로 이어졌다. 그 이유는 아우구스티누스의 기독교 사상도 플라톤 철학으로부터 지대한 영향을 받았다고 보았기 때문이다. 아우구스티누스는 신학자 루터, 칼빈, 바르트(K. Barth)와 틸리히(P. Tillich) 그리고 철학자 데카르트, 스피노자, 헤겔, 후설에게 영향을 미쳤다. 아우구스티누스도 "유한은 무한을 채울 수 없다"(finitum non possit capare infinitum)'고 했던가! 그리고 근대의 칸트, 키에르케고르, 셸러(M. Scheller)도 자신들의 사상의 원숙기에 종교철학의 영역으로 나아갔다.

"남국에 대한 갈증은 이 세상에서 궁극적으로 성취할 수 없는 '영원의 본향' 문제와도 연계 된다. 인간은 스스로 이 문제를 해결할 수 없다. 우리는 영원한 본향, 영원한 파라다이스를 그리며 살다가 어디론과 떠나기 때문이다. 동서양을 막론하고 인간은 파라다이스를 그려왔다. 그리스어 어원인 Outopia로 읽을 때는 'no-place'의 의미와 유사하게 '이 세상에 없는 곳'을 뜻하지만, Eutopia로 읽을 때는 'good-place'를 의미하는 아주 '좋은 곳'을 뜻한다."(「배낭 속에 담아온 철학자의 사유여행」)

우리의 나그네는 영원한 것을 향한 그리움과 추구함의 힘이 삶을 새롭게 할 수 있는 역동적인 에너지라고 굳게 믿었다. 그 이유는 인간의 마음엔 낙원을 향한 원천적 향수가 존재하기 때문일 것이다. 그는 자신의 정체성을 "나그네"로 규정하는데, 이는 기독교적 인생관에서 비롯되었음을 엿볼 수 있다.

"성경은 인생의 이 세상의 삶을 나그네로 자주 비유한다. 나그네란 떠돌이고 여행자이어서 언젠가 고향으로 돌아가야하는 것을 전제로 한다. 그래서 성서에서의 인간상은 지상의 순례자이다. [⋯] 나그네는 돌아갈 고향이 있어야 한다. 만약 돌아갈 곳이 없다거나 나를 반기고 기다리는 이가 없다면, 그는 불쌍하고 비참한 인간일 것이며 고단한 여행 뒤의 환희를 기대할 수 없다. 그는 이 세상의 그 어떤 패배자와도 비교될 수 없을 패배자일 것이고 인생의 의미를 송두리째 빼앗긴 패잔병일 것이다. 그 고향이 지상이든 천상이든 돌아갈 곳이 확실하게 자리 잡고 있어야 하는 것이 인간의 본래성인 것이다."(윤병렬, 「고구려 고분벽화에 담긴 철학적 세계관」).

윤 선생은 사후에 돌아갈 고향이 있음을 확신했고 귀향의식이 인간의 본래성이라고 한다. 이상향이나 낙원을 향한 꿈은 허황한 상상이 아니고, 그것은 새로운 세계로 거듭나게 하는 묘한 힘을 준다는 것을 그는 믿었다. 우리의 삶이 처절한 상황에 놓여도 버틸 수 있는 힘을 제공하고, 그리워할 것과 추구하는 것이 있으면 삶을 향한 에너지는 소진되지 않는다는 신념을 그는 견지하면서 살았다. 그는 자연, 즉 바다와 하늘, 대지와 석양, 섬과 바닷물 속에서도 "무한의 그림자"를 찾았던 것이다.

"자연은 초자연(자연의 높이, 깊이, 넓이, 심층, 이면)을 끌어안고 있다. 가만히 거기에 있으면서도 기적을 펼쳐보이는 것이 자연이다. 우리는 자연 앞에서 겸허해야 한다. 기적의 생명체들, 기적의 존재자들, 기적의 자연이 펼치는 향연은 곧 온누리가 '신의 자기현현'(explicatio Dei)이라는 것을 웅변하는 것이다."(윤병렬, 『철학적 인문학의 길』)

자연 속에서 초자연을 경험하는 것은 칸트의 숭고개념과 상응한다. 칸트는 미와 숭고함을 구별한다. 미적 경험이 아름다움과 관련된다면, 숭고함은 인간이 자기 자신을 넘어서는 경험, 즉 초월적이고 거대한 것을 경험하는 감정에 관련된 것이다. 칸트에게 아름다움은 조화와 균형이 있는 경험으로, 감각적인 즐거움과 결합된 미적 경험을 의미한다. 숭고함은 우리가 무한이나 거대한 자연의 힘을 경험할 때 느끼는 감정이다. 숭고함은 인간의 제한적인 능력을 넘어서 우주적이고 초월적인 것에 대한 경외감을 느끼게 한다. 칸트는 숭고함이 이성적 판단과 관련되며, 인간이 감각을 넘어 이성적으로 초월적인 것을 인식하는 경험에서 나온다고 설명한다. 아름다움이 감각적이고 구체적이라면, 숭고함은 추상적이고 무한한 경험을 특징으로 한다. 이양호 선생도 『초월의 행보』의 서문에서 창조적 철학자는 영원에 대한 동경을 가슴에 품고서 영원한 것을 자신의 정신의 영역에 붙들고자 한다고 설파한다.

"철학이 시작될 때부터 창조적 철학자는 정신의 그의 진정한 고향, 즉 진리·이상·영원에 대한 동경을 진정시키기 위해 자신만의 '철학체계'를 구축해왔다. 플라톤이 그러했고, 아리스토텔레스가 그러했다. 말하자면 철학적 천재는 그렇게 함으로써 영원한 것으로 나아가려는 그의 진정되지 않는 충동을 억제하고, 나아가 영원한 것을 그의 정신의 영역 안에 붙잡아 둠으로써 그것을 그의 정신적 소유물과 재산으로 삼으려 했던 것이다."(이양호, 『초월의 행보』)

윤 선생은 고구려의 고분벽화와 고인돌에 새겨진 별자리에서 천향(진정한 고향)을 향한 동경과 신앙이 깃들어 있음을 밝히고자 했다. 그에 의하면, 고향은 고정된 지리적 장소가 아니라, 근원 혹은 본래성을 희구하며 찾아가는 항성(恒星)이다. 고구려의 고분벽화에는 인간의 고향이 천상에 펼쳐져 있는 것을, 그리고 여기서도 사방의 세계가 친밀한 동화의 마을로 엮어져 있는 것을 목격하게 한다. 하늘에 대한 의미는 단군신화에서도 확연하게 드러나는데, 고대의 한국인들은 그들의 선조가 하늘에서 내려왔다고 믿었고, 그래서 그들 스스로를 천손(天孫)이라 칭했다.

고분벽화에서 신선들의 하늘로의 비상은 고향마을로 일단 귀향한 것을, 그리고 불멸하는 하늘 가족의 대열에 합류했다는 것을 드러낸 것이다. 따라서 본향으로의 귀향과 귀천은 바로 고분벽화에 그대로 형상화되어 있다. 그리고 고조선 사람들이 고인돌에 새긴 별자리들에서 귀향과 귀천의식을 읽어낸다. 고구려인들은 그들의 유래가 하늘이며 인간이 본래부터 불멸하는 영혼의 소유자임을 터득하고 있었다. 그러므로 죽음은 결코 영원한 종말이 아니며, 무화(無化)도 아니고 저주는 더더욱 아니다. 죽음은 결국 귀향일 따름이다.

우리의 나그네는 고향 없이 지상으로 들어온 자는 아무도 없다고 생각했다. 나그네와 뜨내기도 원초적인 고향이 존재하기 때문에 가능한 것이다. 이러한 신비의 영역으로서의 고향은 내 존재와 삶의 뿌리일 뿐만 아니라, 결코 자의적으로 타의적으로 변경할 수 없는, 어떠한 시간과 공간의 변화에도 변화되지 않는 절대적인 영역이다. 그래서 이런 고향은 인간의 제자리이고 또한 원초적 갈망의 대상이기도 하다.

그는 바울과 루터를 신앙의 모범 내지 큰바위 얼굴로 삼았다. 그는 응용수학과 조직신학을 석박사과정에서 부전공으로 공부하였다. 바울과 루터 모두 신앙적 체험 이전과 이후의 삶이 달랐다. 신과의 만남을 통해 사람이 질적으로 변하고, 삶이 달라지고 가치관이 달라졌다. 온갖 박해와 고초를 영원에 잇댄 신앙을 통해 극복해 나간 인물들이었다. 루터는 로마 가톨릭교회에 부패와 잘못된 교황의 권위에 항거하여, 로마 가톨릭교회의 교리를 논박하고, 성서가 지니고 있는 기독교 신앙에서의 최고의 권위와 그리스도에 대한 오직 믿음과 하나님의 전적인 은혜를 통한 구원을 강조했다.

루터는 사도 바울의 그 말씀에 끈덕지게 매달렸고 아주 열렬히 바울이 원하는 것을 알고자 하였다. 신앙에 의해서만 의롭게 된다는 바울과 루터의 신앙이해는 후의 기독교의 역사에 큰 영향을 미쳤다. 나아가 루터는 음악이 신학 다음으로 하나님의 가장 큰 선물이라고 생각하였다. 루터는 종교개혁자로서 활동하고 성서를 독일어로 번역했으며 또한 뛰어난 음악가이기도 하다. 루터에게 음악은 신의 선물과 축복이었다. 그것은 신에게 바치는 가장 귀한 예술일 것이다. 음악은 신학과 닮은 점이 많은데, 특히 영혼을 고치고 영들을 소생시키는 데 있다고 하였다. 음악이 없으면 인간은 목석과 마찬가지이지만 음악이 있으면 마귀를 멀리 떠나 보낼 수 있다. 루터는 이것을 영적인 고통 가운데에서 "음악은 나를 자주 소생시켜 주고 무거운 짐으로부터 해방시켜 준다"고 자신의 체험을 고백했었다.

윤 선생이 유학 초창기에 옥탑방에 살면서 새로운 환경에 대한 적응의 어려움과 미래에 대한 불안으로 잠자면서 악몽과 함께 가위눌리는 일이 자주 있었다고 한다. 그때마다 루터가 작사 작곡한 "내주는 강한 성이요" 라는 찬송가를 부르면서 그 악몽과 가위늘림에서 해방되었던 체험담을 자주 이야기하곤 하였다.

"내 주는 강한 성이요
방패와 병기 되시니
큰 환난에서 우리를
구하여 내시리로다. (하략)"

윤 선생은 다음의 성경구절을 좋아했다. "그리스도께서 우리를 해방시켜주셔서 자유를 누리게 하셨습니다. 그러므로 굳게 서서 다시는 종살이의 멍에를 메지 마십시오."(『신약성서』, 갈라디아서 5장 1절) 이 본문은 그가 속했던 만인제사장직을 중시하는 "나눔의 교회"에서 "그리스도인의 자유"라는 제목으로 말씀을 전할 때의 본문이었다. 이 말씀은 그에게 너무나 감동적이어서 천상의 멜로디처럼 다가온다고 고백했다. 그가 아직 청년이었을 때 이 말씀을 처음 접하고서 한참 동안 감동에 사로잡혔었노라고 회고했다. 그리고 살아오는 과정에서 어떠한 고약한 상황이 일어나거나 실패가 들이닥쳐도 이 말씀 앞에서는 마음을 가다듬을 수 있었다고 한다.

"종교 개혁가 루터는 로마교황청으로부터 추적을 당하는 때에도, 그래서 종교재판에 회부되기만 하면 파리목숨이 되는 때에도, '오직 믿음으로 의인이 될 수 있다'와 '의인은 믿음으로 말미암아 산다'는 바울 사도의 말씀을 갖고 권력 앞에 나섰던 것입니다. 그에게 파문장을 비롯해 지병수배 1호, 공적 1호의 딱지가 붙었지만, 그는 믿음 가운데서 자유를 얻었고, 또한 자유 가운데서 용기를 얻었습니다.〔…〕 어쨌든 루터는 성서의 말씀과 신앙으로 타락한 권력집단에 맞섰고, 그 신앙으로 자유로왔으며. 또 그 자유로 용기를 얻었습니다. 그는 오직 신앙으로 자유를 달성할 수 있다고 합니다. 즉 어떤 외적인 행위나 공로로 의롭게 되거나 자유롭게 되며 구원을 받을 수 있는 것이 아니라, 오히려 그와 반대로 신앙으로 말미암아 의롭게 되고 자유롭게 되며 구원받을 수 있다는 것입니다."[26]

윤 선생은 아우구스티누스처럼 "믿기 위해서 알고자 했고, 알기 위해서 믿고자 했다." 그는 시간이란 유한한 것들이 존재할 수 있는 임시 거처이고, 유한한 세계의 존재양식이라고 생각했다. 하이데거도 철학적이고 신앙적인 삶 가운데 자유로움이 체득될 수 있다고 했다. "인간은 사색하고 행위하고 기도하고 감사하는 가운데 자신의 자유로움을 체득하는 곳에서는 언제나 존재의 열린 장으로 인도되었음을 깨닫게 된다."[27]

그는 교조주의적 신앙을 배격하고, 그 대신에 "성찰적 신앙"을 추구했다. 유한하고 오류가능한 인간이기에 늘 신앙 안에서도 질문이 있을 수 있음을 인정했다. 사유의 영역에서는 대개 의심없는 믿음보다, 오히려 의심있는 물음을 미덕으로 간주한다. 그는 철학도로서 이성을 존중하지만 이성을 맹신하거나 절대화하지 않았다. 즉 이성에 함몰되지 않고, 이성의 한계를 인정하면서 그 너머의 차원을 인정했다. 타종교에 대해서도 대화에 열려있었고, 자신의 신앙이 지닌 상대적 절대성을 받아들이고 교조주의적 독단론 및 절대적 상대주의나 회의론과도 타협하지 않았다. 그는 신앙을 유지하면서도 "지적 정직성"을 견지하기 위해 많은 댓가를 지불하는 것을 두려워하지 않았다. 그는 자신의 신앙적 실천(섬김과 나눔)을 위해 종교개혁자 루터의 신앙을 본받고자 했던 "나눔의 교회"에서 약 20년간 국내외 여러기관에 봉사와 나눔에 동참하였다. 윤 선생은 경제적으로 어려운 상황 속에서도 신앙의 동지들과 함께 국내외 기관과 개인 섬김과 나눔에 자원해서 동참했다.[28]

윤 선생은 일반인들이 흔히 가는 안정된 정해진 길이 아니라, 헤맴과 위험을 통해 열리는 새길을 찾기 위해 평생을 진력했던 유신론자로서 "길 위의 철학도"로서 살기를 원했다. 결국 그는 "신앙인 철학자"로 살다가 본향으로 귀향하였고, 신의 품에서 영원한 안식을 누리고 있으리라 확신한다. 왜냐하면 그는 평생 동안 영원을 향한 흔들리지 않았던 일관된 믿음이 있었고, 믿음은 그가 바라는 것들의 실상이기 때문이다.

다음의 "보론(補論)"에서는 필자가 직접 방문하여 기록한 윤 선생의 "고향 방문" 이야기, 윤 선생의 둘째동생 윤병육님에게 직접 들은 "고향 집" 이야기, 청년시절에 절친이었던 박성실님에게 보낸 "친구에게 보낸 편지" 이야기, 미망인이신 심진숙님이 쓰신 "우리의 치왕마이 여행" 이야기를 싣고자 한다. 이 글들을 통해 삶의 여정에서 가장 가까이에 있었던 분들의 생생한 증언들을 통해 윤 선생의 지나온 삶의 궤적과 진솔한 이야기들을 소개하고자 한다. 이로써 이 평전의 제1부인 윤병렬 선생의 "삶의 편력"을 마무리하고자 한다.

1. "고향 방문" 이야기

필자는 평소에 윤 선생과의 대화를 통해 고향이야기를 많이 들었다. 부모님, 형제, 친구들 이야기, 자연환경과 바닷가의 추억이야기, 교회와 신앙생활 이야기 등이었다. 몇 년전 여름방학에 함께 그의 고향을 방문하기로 날짜까지 정하고 약속을 했었다. 그러나 그 시기에 며칠동안 사나운 태풍이 몰아쳐서 갈 수가 없었다. 그 후로는 서로 바쁘고 날짜를 맞추기 어려워서 연기를 하면서 정년퇴임 후에 같이 가기로 굳게 약속 했다. 이번 고향방문은 못다한 그와의 약속을 지키기 위한 발걸음이기도 했다.

유한한 지상에서 영원한 천상으로 이주한 윤 선생을 그리워하고 추억하면서 좀더 생생한 평전을 쓰기 위해 필자는 윤 선생의 고향을 방문했고, 거기서 유소년 시절과 청소년 시절의 주인공의 삶에 대한 이야기를 가족들과 가까운 지인들로부터 전해 들었다. 고인은 영원한 고향으로 떠났지만, 필자는 그의 몸과 영혼을 길러냈던 지상의 고향을 1박 2일로 다녀오게 되었다. 여행목적은 윤 선생의 유작(遺作)인『혜초의 기행 문과 철학』을 가족과 지인들에게 전해 드리고, 이를 계기로 가족과 지인분들을 만나서 윤 선생의 유소년·청년시절의 이야기를 듣고 싶었던 것이다. 그래야만 필자가 이 평전을 생생하고 현장감 있게 쓸 수 있다고 생각했기 때문이다.

2024년 11월 3일 일요일! 가을이 절정에 이른 보기 드문 청명한 가을하늘이 펼쳐진 상쾌한 날이었다. 우리의 주인공이 이렇게 좋은 날을 주문하지 않았을까! 라고 상상해보았다. 아마도 그가 하늘에서 얼마나 기뻐했을까? 혹은 그곳에서 함께 가지 못하는 것에 대한 서러움의 눈물을 흘리지나 않았는지 모를 일이다. 주인공의 동생부부가 필자를 픽업하고, 여주로 이사한 윤 선생의 미망인을 모시고, 네사람이 함께 고향을 향해 출발했다. 중부내륙고속도로를 타고 대구까지 가서, 대구에서 창원에 있는 고향마을까지 총 4시간 걸려 도착하게 되었다. 연도(沿道)에 펼쳐진 높고 푸른 가을 하늘과 노랗게 물든 은행나무며 빨갛게 물든 단풍나무들! 그들이 우리에게 손을 흔들며 반겨주었고 어슴프레 나뭇잎들 사이로 윤 선생의 환하게 웃는 얼굴이 어른거렸다.

고향은 행정상으로는 경남 창원시 마산합포구 구산면 유산리였다. 유산리는 북쪽과 남쪽으로 산지가 발달해 있으며, 두 산지 사이의 골짜기를 따라 서쪽에서 발원한 소하천이 흐르고 있었으며 마을은 하천을 따라 발달해 있었다. 마을의 동쪽으로 흐르는 소하천은 북동쪽에서 동쪽의 남해의 덕동만으로 흘러드는 우산천에 합류하였다. 마을은 100m 가량 높이의 4개의 산들 사이에 요새같이 아늑한 곳에 자리잡은 30여 가구로 이루어진 대대로 이어온 칠곡윤씨 집성촌이었다. 조상들은 조선시대부터 정착하여 유교문화를 숭상했던 선비들이어서 대대로 가난하게 살았다고 한다. 분지처럼 둘러싸인 마을에는 큰 들판도 없고 전답도 적었다. 그래서 고향 사람들은 반농반어를 하면서 삶을 영위해 왔다고 한다. 유산리 마을은 산들이 어깨동무를 하고 있고, 마을 앞쪽으로 실개천이 흐르고 있어서, 전형적인 고향마을의 풍경을 유감없이 보여주고 있었다. 이 마을에서 1km 정도로 산등성이를 넘으면 동서편으로 남해바다가 펼쳐져 있다. 고향마을의 동서편으로 펼쳐진 바닷가는 마산시 합포구 구산면에 속한 덕동해안, 수정해안, 마전해안, 명주해안, 오동고지해안 등이 있었다.

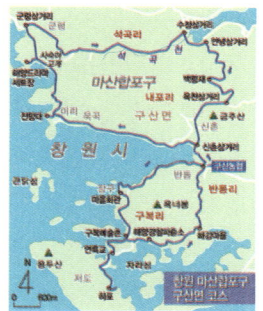

아라가야(고향의 옛지명)[29]   창원시 합포구 구산면[30]

이 지역은 역사적으로 한반도 동남부에 있었던 고대 소국으로, 가라(加羅) 혹은 가락(駕洛)국으로서 6가야 중 아라가야에 속했던 지역이다. 1세기 무렵 낙동강 유역에 수백을 헤아리는 집단부락이 연합하여 탄생된 부족국가로서 복수의 호족이 지배하던 국가였다. 고령에 있었던 대가야를 맹주로 하고 김해의 금관가야, 함안의 아라가야, 진주의 고령가야, 성주의 성산가야, 고성의 소가야를 합쳐서 '6가야'이다. 약 500년간

이어졌으나 점차 백제와 신라의 압박을 받다가 562년 신라에 의해 통합되었다.[31] 이 지역은 가야연맹의 중심이자 당시 동아시아 해상무역의 허브였던 아라가야의 배후에서 가야내륙의 교역을 중계하기도 하고 마산 진동일대를 영역 하에 넣고 중국이나 일본등으로 직접 교역을 하기도 했다고 한다. 필자(고령가야)와 윤 선생(아라가야)은 공히 아득히 잊혀진 가야국의 후손들임을 다시 한번 확인할 수 있었다.

우리 일행은 고향마을에 도착하기 전에 덕동바다와 수정바다를 둘러보았고, 윤 선생이 다녔던 현동초등학교와 구산중학교를 방문했다. 현동초등학교는 역사가 오래된 학교로서 1939년에 구산공립심상소학교 현동간이학교로 출발하여 오늘에 이르렀다. 세월이 흐르는 사이 학교주변으로 아파트 단지가 들어서서 도시학교로 그 면모가 바뀌어 있었다. 학교 왼쪽으로는 높은 산이 있었고, 오른 쪽으로는 확트여 있는 공간들이 있어서 좋은 자리에 터를 잡았다는 느낌을 받았다. 교정을 거닐면서 소년시절 윤 선생의 발자국을 더듬어 보았다. 집에서 학교까지 3km를 비가 오나 눈이 오나 산등성이를 넘어 걸어 다녔다는 것이 초등학생으로는 어렵고 힘들었던 등하교길이 아니었을까 상상해보았다. 동급생이었던 윤 선생의 마을 친구의 증언에 의하면, 초등학교 시절에는 어린 몸으로 장곡(산고개명)을 넘어서 묘촌부락을 지나 개울의 돌다리를 건너서 현동국민학교까지 먼길을 힘겹게 걸어 다녔다고 한다. 그 때는 학생은 많고 교실이 부족하여 2부제 수업을 해서 오후에 학교에 가서 저녁 어스름에 하교하면서 산짐승 울음소리에 공포를 느끼면서 산길을 다녔었다고 한다.

다음으로 구산중학교를 찾았다. 바닷가에 자립잡은 학교였다. 그 당시에 한 학년이 2개반이었기에 건물이 단층으로 되어있는 낡은 교사였다. 학교 앞에는 바다가 보이는 6학급 규모의 작은 학교인데 남녀 공학이었고, 남자 1반과 여자 1반 합쳐서 2반이었다고 한다. 구산중학교는 다른 곳으로 이전되었고, 옛날의 구산중학교 건물은 그대로 남아 있었다. 운동장과 맞닿은 바닷가가 이색적이었다. 쉬는 시간에 운동장 담장에 걸터 앉아서 낚시도 할 수 있었다고 한다. 교사와 교정은 시골의 초등학교 사이즈의 조그만한 단층건물이었다. 윤 선생 마을에서 구산중학교 까지는 4km 거리에 있었고, 꽤 높은 구불구불한 산등성이를 넘어서 도보로 다니기엔 쉽지 않았을 것이다.

철학이 이끄는 삶

덕동해안 윤병렬(1969, 5. 중3)　　　학교소풍에서 사회자 윤병렬(덕동해안, 중3)

　　초·중학교를 둘러본 후에 우리 일행은 창원시 합포구 구산면 유산리 고향마을에
도착하였다. 이미 윤 선생의 본가에는 4남 3녀중 생존해 있는 형제자매들과 그 가족
분들이 모두 모여 우리 일행을 정성으로 맞이해 주셨다. 온갖 맛있는 음식들을 차려
놓고서 우리 일행을 정성을 다해 환대해주셨다. 요즈음 보기 드문 화목하고 우애있는
가족 분위기였다. 손님을 환대하는 마음이 따뜻하고 정이 넘치는 가족들의 모습 속에
서 우리 주인공의 얼굴도 떠올랐다. 그의 따뜻하고 인간미 넘치는 성품도 이런 가족
들과의 깊은 신뢰와 보호 속에서 형성되었다는 것을 확인할 수 있는 시간이었다.

　　이 기회에 필자는 가족분들께 우리 주인공의 어린시절과 고향에서의 생활이야기
를 들을 수 있었다. 가족들은 입을 모아 윤 선생은 차남으로서 가족 중에서 가장 공부
를 많이했고, 독일에서 박사학위를 취득하여 대학에서 강의하는 교수였기에 가족의
자랑이었고, 든든한 희망이었다고 한다. 그리고 그는 다정한 성품으로 가족들과 함께
어울리기를 좋아했고, 가족행사에서 늘 분위기 메이커로, 호탕한 웃음으로, 아이같은
천진무구함으로 많은 사람들에게 즐거움과 기쁨을 주는 사람이었다고 한다.

　　유산리 마을을 안내해 준 분은 윤 선생의 첫째 동생인 저명한 사진작가이며, 대학
에서 강의를 20여년 해온 윤병삼 사진작가였다. 그는 무형문화재 제24호인 안동 차
전놀이를 소재로 한 "역사의 함성"을 출품하여 제16회 대한민국사진전람회 대상수상
을 했던 경력의 소유자였다. 그는 소나무 작가이다. 굴곡진 세월을 견디며 풍찬노숙
한 나무를 기록하는 그에게 소나무는 "늘 푸른 벗"이다. 윤병삼 작가는 부러지고 굽은

솔가지에서 고생한 흔적과 시간을 읽는다. 아름다운 우리 강산과 국내외 험준한 산악을 오르며 변화무쌍한 자연을 담던 그가 소나무에 집중한지 20여년간 끈질긴 생명력과 강인함은 처음처럼 자신을 늘 설레게 한다는 말을 전해 들었다. 윤작가는 1995년에는 한국 에베레스트 남서벽 원정대 촬영대원으로 참가해 원정보고서 "에베레스트"를 발간하였고, 대한민국체육포장을 받기도 했다.

윤병삼, "설악의 소나무"

윤병삼, "의령 성황리의 소나무"

윤작가는 "민족의 시원부터 우리역사와 운명을 함께해 온 한국의 소나무 그 위용과 꿋꿋한 절개, 용트림 하듯 휘감는 곡선의 아름다움 살아 숨쉬는 대자연의 섭리와 긴 세월의 흔적을 고스란히 간직한 소나무를 만나는 것은 가슴 벅차고 경이로움" 이라 말했다. 윤작가는 고향 창원 구산면 유산리 고향 앞산에서 지금 사진촬영 체험장을 조성중이었다. 이와같이 예술적 감수성과 예술을 사랑하는 예술혼은 윤작가와 그의 형인 윤병렬 선생의 유전자 속에 동일하게 흐르고 있음을 확인할 수 있었다.

다음 날은 윤 선생의 유소년과 청소년 시절부터 신앙의 멘토이셨던 유산교회 윤현근 장로님을 만나서 윤 선생님의 어린시절과 신앙생활에 대해서 들을 수 있었다. 윤선생의 생가에서 지근 거리에 있는 유산교회가 눈에 띄었다. 유교문화가 지배적이었던 마을에 교회가 1950년에 세워졌다는 것도 놀라왔다. 구산면 유산리 초가 3칸의 가옥을 매입하여 예배실로 사용하였다. 75년의 역사를 가진 장로교회였다. 그는 고등학생이었던 삼촌을 따라 고향마을에 있는 유년시절부터 교회에 다녔다고 한다. 거기서 세례도 받고, 유년주일학교, 학생부를 거쳐 주일학교 교사로 교회를 섬겼다. 늘 바울 사도와 루터가 그의 정신적·신앙적 멘토가 되었다. 집안의 반대와 핍박도 심했

철학이 이끄는 삶

다. 어린시절 그의 별명인 "개쪼가리"는 "함께 가다가 몰래 도망치는 사람"을 일컫는 그 지역 사투리이다. 할머니가 교회예배에 못가게 다른 데로 손자 윤병렬을 데리고 가는데, 그 손을 뿌리치고 교회가기 위해 영리하게 도망을 잘 쳤다고 전해진다.

유산교회는 윤 선생의 유년과 청소년시절에 인생관과 가치관 형성에 지대한 영향을 미쳤다. 교회는 신앙생활의 산실인 동시에 세상과 개인을 이어주는 다리와 세상을 만나게 하는 창문 역할을 했다. 거기서 성경공부를 하고, 음악을 배우고, 연극을 배우고, 교회 선생님의 가르침을 받고, 훌륭한 교회선배의 지도도 받게 되었다. 중학생 때부터 교회 학생회를 이끌었고, 대학시절에는 주일학교 교사로도 봉사했다고 한다. 교회는 그를 정신적으로 키워낸 산파역할을 했다. 거기서 예수의 가르침, 바울사도의 생애와 사상, 그리고 루터의 개혁정신에 대해서 배우게 되었다. 그가 바울과 루터를 롤모델로 삼아서 나중에 철학을 공부하면서도 조직신학을 본대학교 석박사과정에서 부전공으로 공부하기도 했다. 독일에 가서도 독일교회 공동체에 속하여 신앙생활을 이어나갔다. 귀국해서도 성실하고 헌신적으로 교회에서 신앙생활을 성실히 해나갔다. 그 어려운 강사시절에도 고향교회에 헌금하는 일을 중단하지 않았고 가난한 이웃들과 국내와 구호단체를 돕는 나눔과 섬김의 실천에 앞장섰다. 그는 자주 기독교적 가치관에 따라서 "세상에 물들고 싶지 않다"고 자주 말하곤 했다는 것을 윤현근장로님이 증언해주신 것이다.

가족들과 함께 윤 선생이 어린시절 놀이터였고, 또한 가족들과 함께 해산물을 채취했던 고향인근의 바닷가를 둘러보러 갔다. 반농반어로 생활하는 고향마을 인근 1.5km 반경으로 여러 해안가가 있음을 알 수 있었다. 이를테면, 덕동바다, 수정바다, 마전바다, 원전항, 수정항, 오동고지 등이다. 이 바닷가는 주인공에게 어린시절부터 놀이터였고 또한 삶의 터전이었다. 주인공은 소년시절부터 가족들과 마을 사람들과 함께 생선이나 조개류, 해초류 등을 채취했다고 한다. 거기서 온가족이 함께 혹은 남자들만 가서 생선이나 조개류, 해초 등을 채취하여 식재료도 구하고, 남으면 내다 팔기도 했다. 밤에 바닷가에 나갈 때는, 랜턴이 없었던 시절에는 솜뭉치를 석유기름에 담가서 만든 횃불을 들고 산등성이를 넘어 온가족이 걸어가서 동이 틀 때까지 생선, 어패류와 해조류를 채취하고 비닐포대에 담아서 메고 귀가했다고 한다.

남해바다는 그에게 놀이터이기도 했고, 노동의 현장이기도 했기에 두가지 감정이 공존했을 것이라고 상상하면서, 바닷가에 어른거리는 윤 선생의 야생적이고 천진난만한 얼굴을 떠올려보기도 했다. 그가 평생 남국의 바다를 연모했던 것은 고향의 바다에 대한 추억의 연장선 상에서 그 이유를 찾을 수 있었다. 그리고 자연이 펼치는 총천연색에 대한 예술적 감수성도 산과 바다가 연출하는 자연의 교향곡과 총천연색 캔버스를 유년시절부터 체득하였다는 추론을 어렵지 않게 하게 되었다. 그의 고향방문을 통해 필자는 우리 주인공의 성품과 인품, 가치관과 세계관 및 신앙관, 자연애와 심미적 감수성의 근원과 뿌리를 확인할 수 있었다.

윤병렬 선생 가족들과 함께(덕동해안)

윤병렬 선생 고향 앞산

철학이 이끄는 삶

2. "고향 집" 이야기[32]

하나. 달 밝은 밤에 허기를 달래준 몇 알의 감 이야기

시골집이었습니다. 옛집임을 감안하면 그다지 작은 집은 아니었습니다. 큰방과 작은방 그리고 부엌 옆에 큰방과 기역자 위치에 있는 방에서 지냈는데 부엌에서 땔감을 태울 때 나는 연기로 인해 항상 매캐한 냄새가 났습니다. 그러던 어느 날 아래채에 방을 넣는다는 말을 들었습니다. 우리가 지냈던 방은 부엌과 연결된 방이어서 식당 방으로 사용하고 우리는 아래채에 독립된 방에서 지내게 되었습니다. 창고와 연결해 있는 자그마한 방이었지만 새 방의 냄새가 너무나 따뜻했습니다. 남쪽으로 작은 창문이 하나 있었는데 방에 누워 창 너머 걸려 있는 둥근 달을 보고 얼마나 가슴 벅차고 아름답게 느껴졌는지 모릅니다.

둘이 책상에 앉아 새벽닭 울음소리가 들릴 때까지 공부하곤 했는데, 그때 형님이 "내가 졸고 있으면 내 머리를 세게 쳐라!"하고 책상에서 내려오지 않았습니다. 늦은 밤 졸음이 오는 것은 생리적 현상이니 어쩔 수 없을텐데, 동생한테 머리 맞지 않으려고 그런 주문을 했던 것 같습니다. 항상 동생이 먼저 졸다가 잤으니 형님 머리를 칠 일은 없었겠지요.

그러던 어느 날 깊고 깊은 늦가을 밤이었습니다. 다른 때와 마찬가지로 공부를 하다가 조금 쉬기도 할 겸 둘이 잠시 바람 쐬자고 했습니다. 야심한 밤에 한 참 먹을 나이에 먹을 만한 간식꺼리는 없고 그냥 밖을 돌다가 문득 집 뒤에 있는 감나무가 보였습니다. 단감이 아니어서 떫을 것으로 생각되었지만 배가 고프니 그거라도 따먹고 싶었습니다. 살금살금 감나무에 올라가서 몇 알 따 내려왔는데 그걸 가지고 방에 들어와서 먹어보니 그 맛이 어찌나 달콤한지 떫을 줄로만 알았던 그 감이 홍시가 되지 않았는데도 전혀 떫지 않고 단감처럼 맛이 있었습니다. 그때 먹었던 그 감은 어떤 감보다도 달콤한 감으로 기억이 됩니다. 훗날 형님과 만나면 그때 잊지 못할 그 감의 추억을 불러오곤 하였습니다.

둘. 정원을 만든 이야기

시골집이었지만 마당이 꽤 넓었고 그 마당 옆에 제법 큼직한 텃밭이 있었습니다. 그리고 아랫방 앞쪽에 두 무더기 작은 화단을 만들었습니다. 그 옆의 텃밭에는 푸성귀를 심었었는데 여기도 나무로 조경하기로 했습니다. 문제는 나무에 대한 지식이 부족했고 어떤 나무로 그 화단을 채워야 할지도 몰랐습니다. 신기하게도 형님이 좋은 생각이 있다고 하여 먼저 화단의 모양을 만들고 난 뒤에 나무를 구하여 채우자고 하였습니다. 화단과 마당의 경계에는 큰 돌덩이를 놓고 구불구불 곡선 모양으로 경계를 정하고 나서 돌덩이 찾으러 나갔습니다. 그때는 산 아래나 개천가에 꽤 쓸모 있는 돌덩이들이 뒹굴고 있어서 그걸 가져다 경계를 만들 수 있었고, 그 안쪽에 흙을 채워 넣었습니다. 아랫방 앞에 있는 작은 화단은 둥글게 두 개 만들었고 텃밭은 해안선처럼 구불구불 굴곡지게 만들어 마당과 경계 부분에 강조되는 나무를 심고자 했습니다.

때마침 외갓집에서 묘목 재배를 해서 십리 길이나 되는 외가를 자전거로 가서 여러 가지 묘목을 얻었고 나무 심는 방법도 알아 왔습니다. 목련, 남천, 측백나무, 국화, 영산홍, 천리향 두 그루를 얻었고 이 두 그루의 천리향을 마당으로 나온 볼록한 부분에 심기로 했습니다. 이 중 아직도 고향집 마당에 영산홍은 세월의 무게를 간직하고서 그대로 서 있습니다.

형님은 텃밭이었던 곳에 사과나무와 배나무를 사와서 군데군데 심었습니다. 아랫방 앞에 있는 두개의 둥근 화단에는 각각 목련을 심었고, 이윽고 가을이 되어 국화가 피었는데 어찌나 아름다웠던지, 그리고 다음 해에 사과나무와 배나무에서 꽃이 피었는데 화려하지는 않았지만 눈길을 끌만큼 불그스름한 사과꽃과 마치 흰 눈이 덮은 것처럼 활짝 핀 배꽃이 과실이 많이 열릴 거라는 기대가 가득하게 했습니다. 형님은 사과나무 아래에 벤치와 널찍한 테이블을 만들어 놓고 종종 그 아래 앉아 책을 보기도 하고 쉬기도 하였습니다. 어느 날 형님이 비파나무라는 나무를 구해 왔습니다. 거제도에 가서 처음 보는 나무라 멋있게 보여 샀다고 했습니다. 이 비파나무를 화단 모서리 앞에 심었고, 상록성이어서 겨울에도 짙은 초록색을 띠고 있었습니다. 그러던 어느 날에 산 너머 언덕에서 이상한 나무를 발견했습니다. 누군가 심어 놓은 것 같기도 했는데, 평소에 본 적이 없는 나무였습니다. 이 낯선 나무를 두 개 뽑아 와서 비파나무 옆에 심어 놓고 어떻게 자라는지 궁금해하면서 성장을 지켜보았습니다. 그러던 어느 날 봄에 노란색 꽃이 탐스럽게 피었고 가을이 되어 빨갛게 생긴 열매가 맺혔습니다. 나중에 알게 되었지만, 그 나무는 산수유였습니다. 그리고 비파나무도 자라서 겨울에 많은 꽃이 피었고 나무도 제법 컸습니다.

세월이 흘러 새집을 지었는데 그때 비파나무는 버렸다고 하고 배나무만 산으로 옮겼다고 했습니다. 집 떠나 학교 다녔기에 시골집을 지을 때 나무를 어떻게 할 거라는 생각도 못 했고 형님은 군 복무 중이어서 나무의 처지를 보지도 못했습니다. 그러던 터에 새집을 지어 나무는 사라져 너무나 아쉽게 되었고 시골에서 나무의 가치를 어떻게 여기는지 그때는 몰랐습니다.

셋. 책장에 가득한 독일 사랑 이야기

형님은 책장과 책상 그리고 의자도 직접 만들었습니다. 지금은 볼 수 없지만, 예전에 보았던 모습은 머릿속에 아직 남아있습니다. 의자는 독특한 모습이었는데 통나무를 깎아서 예술품처럼 만들었고 매우 견고했습니다. 책장은 제법 크게 만들어서 방 한쪽 벽을 가득 채웠습니다. 책장의 모습과 그 색깔은 선명하게 떠오릅니다. 그리고 그 책장에 있던 책 중에 옛 중국 시인 두보의 시집과 괴테, 헤세, 세네카, 마르틴 루터 등 유명 독일인, 인문학과 물리, 화학, 수학 등 다양한 도서가 책장에 꽂혀 있었습니다. 그 많은 책을 부산의 헌책방에서 샀다는 이야기도 생각이 납니다. 시골 사람들의 눈에도 한쪽 벽을 다 차지한 책들을 보고 선비라고 부르기도 했었습니다. 출입하는 방문 위에 붙어 있었던 액자의 문구가 어렴풋이 기억납니다. "가로되 현재의 고통은 그 한계를 넘지 않으니" 이런 글이었습니다. 가난했던 시골 생활에서 가슴에 가득 품은 꿈을 그려보자니 벅찬 환경이었음을 알았던 것 같습니다. 그래도 고통을 인내하며 현실을 타파해 가려던 의지가 가슴을 가득 채웠을 것입니다. 가끔은 망망대해를 항해하는 항해사를 꿈꾸고 있다고 이야기하곤 했습니다.

독일을 동경했던 형님이셨지만 중국의 노자, 장자를 말하며 도라는 말과 자연이란 말을 함께 하셨는데 그땐 무슨 뜻인지 몰랐어도 무엇인가 알고 있는 대단히 자랑스러운 모습으로 보였습니다. 특히 독일에 관한 이야기를 자주 하셨는데, 고통을 음악으로 승화한 베토벤을 좋아했고, 괴테의 문학과 독일 철학자, 독일 과학자 등 독일을 사랑하고 독일을 꿈꾸는 형님의 모습은 책장 가득히 드러나 보였습니다. 그러던 어느 날 고등학교 교직을 내려놓고 독일 유학길에 올랐습니다.

독일 유학을 마치고 와서 그토록 동경했던 독일에 대한 꿈과 이상이 현실과 마주하게 되면서 변화가 생겼던 것으로 보였습니다. 독일인의 철저한 원칙주의에 관한 이야기, 삶에 배어 있는 기독교 정신, 정직한 독일 할머니 이야기, 강변에서 수제 맥주랑 와인을 시음한 낭만적인 이야기와 함께 동양철학에 대한 독일 철학자들의 태도에 대하여 아쉬움도 말해주었습니다. 일찍이 노자, 장자를 즐겨 보았던 형님의 눈에 서양 철학이 동양철학보다 더 우월하다는 데 동의하지 않았던 것 같습니다. 적어도 무시당할 만큼은 아니라고 생각했던 것 같습니다. 한국의 고대철학에 관한 연구도 같은 맥락에서 동기가 되었던 것 같습니다.

넷. 산골 마을의 작은 교회 이야기

30여 가구의 동본 씨족 마을에 자그만 교회가 있었습니다. 그때에는 목사님도 없었고 장로님도 없었고 집사가 설교하고 반주도 없이 찬송하며 예배하는 작은 교회였습니다. 그렇지만 그곳은 교육기관이었고 문화의 전당이었고 희망의 상징이었습니다. 그때는 집집마다 아이들이 많아 교회의 주일학교는 교육이 될 만큼 유지되었습니다. 크리스마스 전후가 되면 대부분 아이들이 교회에 나와서 즐겁게 보냈습니다. 크리스마스가 아니라도 교회에 계속 출석하는 아이들은 공부를 많이 하였고 그렇지 않으면 농사를 짓거나 기술을 배우는 경우가 많았습니다. 형님도 교회의 일원으로 성장하면서 주일학교에서 배우고 가르치는 역할을 하면서 결국은 학문의 길을 가게 되었을 것입니다.

주일학교 가면 노래와 율동 그리고 놀이를 많이 하였던 기억이 납니다. 형님은 그 속에서 성장하면서 자연스럽게 놀이하는 것과 아이들을 리드하는 것을 습득하고 사람들과 관계하는 것을 배웠을 것입니다. 형님은 학생 때부터 아이들을 가르치는 교회 교사였습니다.

80년도를 생각해보면 전국적인 휴업사태로 대학생들이 낙향하여 지역의 대학생들과 함께 여기저기서 투쟁하였던 기억이 납니다. 마산에서는 3.15 기념탑과 그 앞에 있는 방송국 앞에서 가장 격렬하게 일어났고 아침에 그 앞을 지나다 보면 지난밤에 파손된 부분을 복구하는 모습과 길거리에 흩어져 있던 파편들을 치우는 모습이 매일 반복되었습니다. 이럴 때 각 지역에서 활동하던 대학생 CCC 회원들이 함께 모여 선교와 친선 활동을 하기도 하였습니다. 그 지역 대학교 앞에 사무실을 하나 내고 거기에 간사도 두고 활발하게 활동하였는데 형님이 이 일에 앞장섰고 마을에 있던 청년을 간사로 두어 활동하게 하였습니다. 그때 형님 주변에는 많은 청년이 모여들었고 친교 활동을 활발하게 했던 모습이 떠오르기도 합니다.

또 하나 기억나는 것은 80년 '세계 복음화 대성회'라고 하여 여의도 순복음 교회와 광장에 모였던 기억이 납니다. 그 넓은 광장에 그렇게 많은 사람이 모여 손들고 기도하며 열렬하게 외치고 부르짖던 때가 바로 한국교회의 부흥을 이루었던 때였다고 생각합니다. 여의도 순복음교회에서 집회를 마치고 지나가면서 이상한 광경을 마주했습니다. 어떤 젊은 여성분이 한 앉은뱅이를 앉혀놓고 안수기도한다고 외치는데 그때 함께 갔던 시골교회 출신들이 그 신기한 광경을 보고 엄청나게 기대하면서 앉은뱅이가 일어나는지 보았습니다만 시간이 지나도 아무런 변화가 일어나지 않았고 그 안수기도하던 분은 "믿음이 작아서 그렇다고 더 크게 외치라"고 주문했었습니다. 그 장면을 보고 나서 형님이 하신 말이 기억납니다. "믿음이 작다는 것이 무슨 뜻일까? 아무리 우리가 촌에서 왔을지라도 저건 이상하다"라고, 그리고 길게 자란 손톱과 짙은 화장 등 외모에서 풍기는 인상이 시골 청년들의 신앙과 너무 달라 보였습니다.

다섯. 자유인 이야기

형님은 다정하고 사람을 좋아했습니다. 시골 마을의 초등학교 때부터 친했던 친구가 있었고 중, 고, 대학 시절에 친했던 절친들을 동생이 알 만큼 친구들과도 친하게 지냈습니다. 자연을 사랑하였고 여행을 좋아했고 클래식 음악을 좋아했습니다. 대중문화에 대한 가치관은 분명해 보였습니다. 어릴 때부터 클래식 음악에 심취하여 클래식 레코드판도 많이 수집해있었습니다. 특히 베토벤 음악을 좋아했고 그때의 레코드판이 아직도 소장되어 있을 정도입니다. 반면에 대중가요를 비롯하여 대중문화나 연예인 등에 대한 흥미보다는 싫어했던 모습이 기억납니다. 의상에서도 형식 없이 자유로운 차림에 유행이나 주위 시선에는 무관심하게 자신의 특유한 모습을 즐겨했습니다. 다른 사람들이 긴 나팔바지를 입고 다닐 때도 짧은 7부바지 같은 다리가 일부 보이는 바지를 입고 다니면서도 주변 사람의 시선에서 자유로웠던 모습이었습니다. 그때 주변 사람들은 대부분 순수하고 자유롭다는 반응이었습니다.

윷놀이에 대해서는 수학적인 원리를 말해주시기도 했지만, 여럿 모이면 즐기는 놀이였습니다. 명절이나 가족 행사로 모이면 낮에는 주로 바닷가에서 해산물 채취로 시간을 보냈고, 밤이면 윷놀이나 바둑, 화투놀이로 가족이 함께 즐겼습니다. 형제들이 많아서 아이들은 아이들끼리 놀더라도 형제들만 내외로 모여도 상당한 인원이 되었습니다. 그럴 때 윷놀이로 한바탕 웃음소리가 진동하게 되었습니다. 형님 특유의 호탕하고 큰 목소리는 분위기를 후끈 끌어올리기에 모자람이 없었습니다. 신혼 때 아내도 그런 시대 분위기 속에서 쉽게 가족과 친밀감을 가졌다고 합니다. 어느 날 밤에 윷놀이로 한바탕 놀고 나서 피곤한 사람은 방으로 들어갔지만, 형님 두 분이 화투놀이를 하자고 하여 아내와 함께 늦은 밤까지 놀았는데 시아주버니로서 불편해할 제수씨를 위한 배려였다는 것을 알았습니다. 유학을 마치고 와서 독일 학생들에게 윷놀이를 알려주고 함께 모이면 즐겁게 놀았다고 이야기해주신 적이 있습니다.

단둘이 있으면 바둑을 즐겼는데 꼼꼼히 생각이 깊어서 바둑을 두는 데도 시간이 오래 걸리는 경우가 많았습니다. 그러다 보니 두어 판만 두어도 반나절이나 지나곤 했었습니다. 자형하고 바둑을 두면 즉흥적인 자형과 골똘한 형님이 맞수여서 승부를 짐작하기 어려울 만큼 진지하고 흥미가 있었습니다. 조용한 게임은 아니었고 서로 아쉬워하거나 상황이 좋을 때 외치는 소리로 전체가 후끈한 놀이였습니다.

여섯. 전방 소대장 이야기

'79년 여름 태풍 쥬디가 남부 지방에 큰 피해를 줬습니다. 우리 시골 마을에도 태풍으로 여기저기 산사태가 났고 개천에는 둑이 터지고 다리도 무너졌었습니다. 그때 고3 방학 때여서 형님이 복무 중인 군대 면회하러 가기로 했습니다. 중부지방에는 태풍 피해가 별로 없어 면회를 갈 수 있었습니다. 시골에서 흔히 "인제 가면 언제 오나 원통해서 못 살겠네"라는 말로 인제군 원통에서 복무하는 것을 힘든 군 생활의 상징처럼 말하곤 했습니다.

면회 신청을 해놓고 시간이 남아 길거리에서 기웃거리고 있었는데 한 무리의 군인들이 작전을 마치고 들어오고 있었습니다. 그때 동생의 모습을 발견하고 무리에서 나와 반겨주었던 모습이 세월이 지나도 지워지지 않고 생생하게 남아 있습니다. 소대장으로서 소대원을 지휘하여 작전하고 돌아왔다는 이야기와 내설악 십이선녀탕을 지나면서 피나무를 알려주고 피나무 바둑판 만든 이야기도 했습니다. 자주 간다는 식당에서 지은 밥이 쌀이 좋아 밥만 먹어도 맛있다고 자랑해서인지 김이 모락모락 나는 따끈한 밥의 기억도 생생합니다.

자랑스러워한 전방 소대장이었지만 사격 훈련 중에 귀를 상하여 이명 난청이 생겨 제대 후에도 귀 치료하기 위해 유명 의사를 많이 찾았지만 별 진척이 없어 이명 난청의 고통을 늘 갖고 살아야만 했습니다.

일곱. 시골 아이의 진학 이야기

시골이라 부모님은 교육에 관한 생각이 남다르셨습니다. 형제가 많아서 다 공부시키기 어려워 어린애한테 선택하게 하셨지만 진학시키기에 벅찬 환경이었을 것입니다. 다른 아이들은 중학교에 진학하여 같이 놀 아이가 없어 혼자 놀아야만 했습니다. 그래서 어른들과 함께 산에 가서 약초나 산나물을 뜯고 물 때가 되면 바닷가에 가서 낚시나 해산물을 채취하였습니다. 아마 야생 식물에 관한 관심과 지식을 갖게 된 것도 그때 때문일 것입니다.

집에서 빈둥거리고 있던 어느 날, 부산에 있던 형님(당시 고등학생)이 집에 들렀는데 그때 중학교에 진학해야 한다고 했습니다. 중학교에 가는 건 생각지도 않았는데 그 말을 듣고 놀라서 마을로 도망을 갔습니다. 그런데 어린 동생이 뛰어야 얼마나 가겠습니까? 마을 위쪽에 있는 우물에서 붙잡히고 말았습니다. 할 수 없이 형님 손에 이끌리어 졸업한 초등학교로 갔는데, 당시에 이미 접수일이 지나서 어렵다고 했으나 혹시 모르니 시 교육청으로 가보라고 해서 형님 따라 진해로 넘어갔는데 날짜가 지났어도 아직 가능하다고 하여 중학교에 들어가게 되었습니다. 그때 형님이 손잡아 이끌어 주시지 않았다면 제 삶의 방향은 어디로 갔을지 모를 일이지만 적어도 현재의 모습과는 많이 달랐을 것입니다.

3. "친구에게 보낸 편지" 이야기[33]

#1. 사랑하는 친구야, 세월은 참 빠르지? 벌써 구월도 지구 밖으로 자취를 감추고 싸늘한 가을이 되었구나. 보내준 편지의 내용을 읽고 지난 추억에 고개 숙였단다. ~ 그 옛날 나에게 물었던 게 아직도 생각나는구나. '낙엽 밟는 소리가 좋을까, 아니면 눈을 밟는 소리가 좋을까?' 하고. 그렇지만 아직도 대답을 못하겠구나. ~ 그렇지만 친구야, 언젠가 먼 앞날에 친구와 기쁨에 젖어 만날 날을 기약하면 어느덧 피로가 다 가버리게 된단다. 이 좋은 가을에 무언가 보람 있고, 재미있는 일들을 많이 가지기를 바라며, 시간이 허락하면 책도 읽어 내게 얘기 들려주면 좋겠네. ~그럼, 친구야, 오늘은 여기서 잉크를 말릴게. 겉봉 주소를 확인해보렴. (1973년 부산에서 병렬이가)

#2. 친구에게, 편지를 받을 때 이제야 (뒤늦게) 편지를 한다고 어떻게 생각할지 모르겠다. 용서를 구하기조차 미안하기 그지없구나. 그저 나의 별명을 한번 불러보고 그래도 안 되겠다면 '곰'자에다가 '국제'라는 말을 앞에 붙여서 불러주기 바란다. 사랑하는 친구에게 이렇게 편지에서 이름을 불러보니 어쨌든 기쁘다. ~ 사랑하는 친구로부터 멀리 떨어져서 외람되게 사는 것이 정말 괴롭구나. 우리들의 기쁘고 슬픈 인생 이야기, 삶의 애환을 이야기하지도 못하고 멀리 떨어져서 지내면서 사랑하는 친구를 생각만 해도 굵은 눈물을 흘리고 싶구나. 인생은 외롭고, 정처 없고, 허무한 것이 진리인 것 같다. 참으로 인생이란 이름을 가진 자라면 이것을 알지 못한다는 것은 거짓말이 아닐까? 진정한 행복이 땅 위에 있다는 것도 사실은 의심 안 할 수 있을까? 앞 세대에 살아간 위인들이 꿈도 꾸어보긴 했지만 역사는 전쟁과 반란 이외에는 보여준 것이 별로 없는 것 같지 않은가? 참으로 바랄 것은 이 생명의 원래의 고향, 인생의 본향 밖에는 없는 것 같지. 쇼펜하우어가 말한 것처럼 "인생은 수지맞는 사업이 아니

다.” 때문에 둥글둥글 살아가며, 키에르케고오르처럼 인생이란 “쓴 잔”이라고 생각하며 살아가는 것이 제일 좋은 것이 아닐까 생각한다. 롱펠로우의 시(詩) “생의 찬송” 제1절에 “인생은 헛된 꿈이라고 말하지 말라오” 라고 한 것은 과학적인 의미에서가 아니고, 진실한 의미에서 “참자” 라는 의미의 말이 아닐까? 성실아, 요사이는 방학이라서 집에 있는가? 친구는 언제나 조용하고, 침묵을 좋아하기 때문에 집에서 차근차근 좋은 계획을 가질 줄 안다. ~우리가 만났던 때가 6월달이던가? 어두운 길에 집에는 잘 갔을까? 하여튼 고집이 세거든. 너의 이야기대로 '개구리 바위'에서 무엇이 나타나지 않던? 마산에서 동생과 함께 수고 많이 했지? 방학이 끝나면 홀아비 살림살이 시작하겠지마는…. 나는 요사이 누나한데 있단다. ~ 시험은 별것이라고 생각지 않고 그저 평범하게 대하기로 했다. 떨어진다고 해서 무슨 인생의 시험에 떨어진 것이거나 인생의 실패가 아니지 않는가! ~ 떨어지는 것도 신에게는 (또는) 운명에게는 오히려 의의가 있을지 모르기 때문이다. ~ 그동안 긴 여름, 긴 가을을 편지 못한 것…. 이상하게 그렇게 되더군. 새해에는 참으로 행운이 깃들기를 바란다. 이제 주소대로 회답을 기다린다. (친구가 고등학교 졸업 후 대학을 선택할 시기에 보낸 편지, 1973년)

#3. 친구, 보렴. 그간 많은 시간이 흘렀구나. 생활엔 이상 없는지? 나는 아무 탈 없이 생활에 충실하고 있단다. 어쩌면 세월이 몹시 지루하고 또 한편 너무나 빠르기도 하는구나. 내가 여기에 온 지 일 년이 되었지만 지난날을 생각하면 너무나 파란 많은 시간들과 다투었기 때문이지. 그렇지만 사회라는 곳에는 나이도 헤아릴 기간이 없이 빨리 지나가니까 말이야. 친구, 유월이 왔구나. 사회에서라면 한편의 시로써 유월을 찬양하지만 살인적인 더위를 안겨주는 유월이야말로 오히려 무섭기만 하구나. 봄이란 계절은 언제 와서 언제 갔는지도 모를 정도야. 가을도 마찬가지야. 친구, 나는 또 원래의 장소를 떠나 새 세상에 자리 잡고 있어. 밤낮주야 오로지 자연 밖에 없어. 종일이 지나도 들려오는 건 계곡에서 흘러내리는 물소리 뿐이고, 새들은 살벌한 지역이라 울지도 않지. 하늘만이 국경을 연결시키고 거기 흐르는 구름만이 자유로운가 보다. 밤이면 가끔 들려오는 소리, 적인가 싶어 신경을 곤두세우면 된 호흡을 씩씩하고 다가오는 멧돼지 아닌가! ~ 오늘 밤처럼 비가 쏟아지고, 비를 맞으며, 어둠과 안개와

찬바람과 싸우며 뜬 눈으로 밤을 보내면 고향에서 지내던 온갖 추억에 사로잡히고 말지. 중위로 진급되고부터 보낸 소식이 하도 멀어서 그런지 아무 소식이 없으니 신변에 이상이 생기지는 않았을까? 아무튼 어떠한 환난에도 굴복하지 않는 친구야말로 지금도 그처럼 강하게 생활하고 있으리라 짐작한다. 그럼 소식 기다리며 안녕. (군 복무 중에 친구가 보낸 편지)

#4. 친구, 따스한 봄볕이 비치는 4월에 또다시 먼 나그네가 되려 하네. 지금껏 세상 일에 밀려 살면서 이때껏 피웠던 우정을 만끽하지도 못한 채 떠나게 되어서 미안하구나. 여러 가지 많은 성원과 용기를 주어서 고맙네. 기대에 어긋나지 않도록 열심히 할게. 사람들 중에 더러는 내가 떠난다는 사실에 대해서 이상하게 생각하는 사람도 있고, 못마땅하게 혹은 측은히 생각하는 사람도 있으며, 학생들은 한없이 안타깝고 원통하게 생각하더구나. 그러나 나는 항상 내가 가는 길에 대해서, 내가 택한 일에 대해서 후회하지 않는단다. 나는 항상 내가 하는 대해서 자신이 있으며, 무리한 모험이 아니라고 생각한다. 내가 갈구하는 일을 하다가 침몰하는 일이 있어도 좌절하지 않으며, 보람이 있을 뿐만 아니라 행복한 일이라고 생각한다. 많은 격려 고마우며.., 미선 씨와 귀여운 동자─항상 화목한 가정되길 기원하며 떠나기 전에 몇 자 적어 보낸다. (1983. 4.15 글방에서 병렬이가)

#5. 친구, 그동안 잘 지냈는지? 복잡한 세상에 살면서 또한 냉엄한 현실 앞에서 여러모로 고생이 많으리라 짐작된다. 나는 이곳에 잘 정착하여 지금은 안정되고 알찬 생활을 하고 있단다. 꽃 피고, 새 지저귀는 봄에 작별한지도 벌써 많은 세월이 흘렀고, 며칠 지나면 12월이고, 한 해가 가게 되는구나. ～ 더구나 이곳에서 이사를 세 번이나 하여 불명확한 주소 때문에라도 자꾸만 망설여 왔구나. 친구, 떠나올 때 따뜻하게 보내주어 정말 고맙구나. 선물로 준 볼펜은 잘 사용하고 있단다. 종종 생각해 본단다. "나"라는 존재가 어쩜 그렇게나 많이 돌아다니는지. 한곳에 정착하여·친구와 진지한 대화라도 해 보았으면…. 하긴 종종 시간이 있었어도 여러 가지 환경과 여건과 또한 현실과 시간이 맞지 않아 그런 순간들을 만들지 못했으니…. 그렇지만 우리 청춘

철학이 이끄는 삶

시절에 가진 고귀한 시작이 절대로, 절대로 약해지지는 않을 것이리라. 그때 우리의 삶이 시작되었고 세상과 계약을 맺었으며 인생의 눈을 뜨게 되었으니. 인간을 고향을 그리워 하는 법. 그때가 우리의 인생에서 고향이 아니겠는가? 그리하여 세월이 흐르고 육신이 쇠약해가더라도 우리 마음 늙지 않고 항상, 항상 그곳에 있겠지. 친구, 정말 그립고, 아쉽구나. 세상 살아오면서 겪었던 모든 것을 털어놓고, 우리에게 끊임없이 도전해왔던 세상을 굽어보며 이야기 할 때가 오겠지. 골방이라도 좋고, 조용한 온돌방이라도 좋고, 난롯불 피는 조용한 주막이라도 좋지 않을까? ~ 주위의 거리는 쭉쭉 뻗어있고, 조용한 이 거리에 밤이면 안개가 깔리고, 가로수가 터널을 이루어 사색하기에 참 좋은 곳이구나. 게다가 옆에 조용하고 큼직한 공원이 셋이나 있어 거의 매일 산책하며 라인강가(**약 20분 거리**)에도 나아가 향수를 달래곤 한단다. 이제 독일 음식의 식성에도 익숙 되었지만 저녁이면 꼭 한국음식을 지어 먹는단다. 김치랑, 된장국, 부침개, 후라이…. 벌써 요리사가 되었지(**이곳에는 하숙이라는 게 없음**). 그럼 다음에 얘기하자. 환절기인데 건강에 유의하고, 화목한 가정되길 빌며 이만 줄인다.(**1983. 11. 24. Bonn에서 친구 병렬이가**).

4. "우리의 치앙마이 여행" 이야기[34]

겨울이 되면 우리는 매번 치앙마이로 향했다. 치앙마이 여행은 여행이라기보다는 '한달 살기'라는 말이 더 어울렸다. 보통 12월 중순 쯤에 내가 먼저 치앙마이로 가고 남편은 학교 기말고사 정리 및 처리해야 할 일들을 마무리하고 1월 중순 쯤에 합류하고는 했다. 내가 먼저 갔던 이유는 그곳에 한국에서부터 오랫동안 함께 성경공부를 했던 선교사님이 계셔서 매일 성경공부를 하기 위해서이기도 했고, 관절이 여기 저기 좋지 않아서 추운 날씨를 피해서 따뜻하고 청명한 치앙마이에서 보내기 위함이기도 했다.

'한달 살기'이다 보니 여기저기 관광을 많이 하러 다니기보다는 장을 보러 가까운 시장이나 마트를 다니며 필요한 것들을 구하고 직접 식사 준비하는 등 일상적인 일로 시간을 많이 보냈다. 주로 아침과 저녁식사는 숙소에서 해결하고 점심은 주변에 있는 음식점이나 맛있다고 추천받은 곳에서 맥스 선교사님 부부나 친구들과 함께 하기도 하고, 우리 둘이서만 오붓하게 먹고 오기도 했다.

나는 치앙마이에서 2004년부터 2006년까지 코이카 봉사단원으로서 한 대학에서 한국어를 가르쳤던 곳이어서 내가 가르쳤던 학생, 함께 일했던 동료, 코이카 후배, 한국어과에서 일하는 한국어 원어민 선생님 등 여러 명의 친구들이 있다. 우리는 그들을 숙소로 초대해 함께 먹고 마시고 떠들며 즐거운 시간을 보내기도 했고, 술을 즐기는 남편은 죽이 맞는 친구들과 세계의 맥주를 맛볼 수 있는 꽤나 유명한 펍 몇 군데에서 분위기에 젖어 기분좋게 즐기고 오기도 했다.

일상 중 어떤 날은 시간을 내어 볼 만한 곳들을 둘러 보기도 했다. 내가 근무하던 학교도 방문하고 내가 살던 집도 알려주며 내가 어떻게 근무하며 생활했었는지도 알려주면서 과거의 아련한 기억에 들뜨기도 하고 어떤 날은 시내버스를 타고 가장 큰 시장인 와로롯 시장, 큰 쇼핑센터들을 돌아다니며 구경하면서 시간을 보내기도 했다. 또 우리 숙소에서 빤히 보이는 치앙마이의 대표적인 관광지인 도이수텝에 갔다가 가까이에 있는 겨울 왕궁에 가서 온갖 꽃들로 만발한 정원을 돌아보고 산족마을도 구경하고 오기도 했다. 또는 코끼리 마을에 가서 쇼도 즐기고 유유자적 래프팅도 하면서 하루를 보내고 오기도 했다. 또 근교에 태국에서 가장 높은 산인 도이인타논이 있는데 이곳의 정상에 올라가면 구름이 발아래 쫙악 펼쳐지는 멋진 풍경이 펼쳐져 이를 보고 감탄에 감탄을 하기도 하고 오솔길을 걸으며 여유로운 시간을 즐기고 오기도 했으며 숙소 가까이에 있는 치앙마이대 관광프로그램으로 치앙마이대학교를 둘러보기도 하였다.

특히 매주 일요일 저녁나절이 되면 선데이마켓이 시내 중심부에서 매우 크게 열렸는데 어느 날은 함께 가서 구경하고 소소한 것들도 사면서 즐거운 시간을 보냈는데 남편은 특히 두리안 아이스크림을 좋아해서 매번 빼먹지 않고 사먹으며 즐거워했다. 어느 날은 남편 혼자서 다녀오기도 했다. 또 치앙마이에서 치앙라이까지는 차로 3~4시간 정도 걸리는데 그곳에 가서 백색사원 등을 둘러보고 하루를 꽉차게 보내고 오기도 했다. 여기 저기 둘러보고 온 날은 우리의 숙소 1층에 있던 마사지숍에 가서 피로를 풀고 숙소로 올라가기도 했다.

98

치앙마이 근교 '촘' 레스토랑(부부)　　　　　치앙마이 근교 산족마을 방문중 식물원에서

　　또한 마침 우리가 치앙마이에 머무는 동안 내가 근무했던 치앙마이라차팟대학교에서 주최하는 '태국전국대학생 한국어 말하기 대회'가 몇 번 개최되곤 하였다. 이는 태국에 있는 대학 중에서 한국어 전공이 있는 대학들에서 모두 참여하는 꽤나 큰 대회였다. 한국 대사관과 한국교육원이 후원하고 한국의 대학도 후원해 이 대회에서 우승한 학생은 한국에 무료로 언어연수를 할 수 있는 상이나 기타 다른 상품들이 주어지니 학생들도 매우 열성적으로 참여하는 모습이 눈에 보이곤 했다. 그곳에 근무하던 코이카 후배와 조 선생님의 부탁으로 남편은 심사위원으로 '한국어 말하기 대회'에 참여하기도 했다.

태국 라차팟대학교 한국어 말하기 대회 심사　　　　　　　　사상식

완전히 은퇴한 후에는 여러 면에서 여유롭게 시간을 보낼 수 있을 거라 기대가 컸었다. 그래서 국내 여행도, 해외여행도 많이 다니자고 약속을 하고 치앙마이에서 라오스가 가까우니 그곳에도 가보고 특히 남편이 바다를 좋아했기에 태국 남쪽의 바다 여행도 많이 하자고 했었는데 이젠 같이 다닐 수 없게 되었으니 아쉬운 마음은 이루 말할 수 없다. 그러나 남편은 이제 모든 면에서 자유로워졌고 천국에서는 원하는 곳 어디라도 쉽게 다닐 수 있다 하니 여행을 워낙 좋아하는 걸 감안하면 지금은 혼자서라도 우주와 이 세상 구석 구석 실컷 여행 다니고 있지 않을까 상상해 본다.

1) 윤 선생이 초빙교수로 강의하던 대학에서 직접 그에 대한 학생들의 강의평가의 수월성과 탁월한 연구업적들을 높이 평가하여 그를 정규직 전임교수로 임용하였다. 그를 아끼고 사랑했던 모든 학회회원들이 축하를 보냈었고, 한국하이데거학회 초대 회장이셨던 소광희 선생님과 필자가 직접 그의 연구실을 방문하여 축하의 마음을 전했다. 그것은 윤 선생님의 학문하는 올곧은 자세와 성실한 지적 연찬의 결실에 대한 존경과 찬사의 표시였다.

2) 한화택, 『미적분의 쓸모–보통 사람들도 이해하는 새로운 미래의 언어–』, 더퀘스트, 2022. 5쪽.

3) 『신약성서』, 로마서, 12장 2절

4) 김우창, 「인간에 대한 물음– 인문학의 과제에 대한 성찰」, 경상대 인문학 연구소 엮음, 『새로운 인문학을 위하여』, 백의, 1993, 43~44쪽.

5) https://brain2000.tistory.com/15496619.

6) 이승종, 윤유석, 『철학의 길–대화의 해석학을 향하여』, 세창출판사, 2024. 256쪽.

7) https://www.online–destination.de/deutschland/bonn/rheinaue.html

8) https://imprs–brain–behavior.mpg.de/living_in_bonn

9) https://www.bonn.de/pressemitteilungen/april–2023/bad–godesberg–feiert–sommerfest.php

10) https://www.srh–university.de/de/unsere–standorte/bonn

11) 박창범, 『하늘에 새긴 우리 역사』, 김영사, 2004. 209~210쪽.

12) 박희병, 『통합인문학을 위하여』, 돌베개, 2020. 48쪽.

13) 같은 책, 49쪽.

14) https://de.pinterest.com/pin/388224430363868512

15) https://bonn.wiki/wiki/Theaterplatz_Bad_Godesberg

16) 김동일, 「별자리가 새겨진 고인돌의 무덤에 대하여」 『조선고고연구』 3, 1996. 참조. 특히 북한지역 고인돌, 상원 ㄱ–19호, 남두육성(사수별자리, 천문학적 연대 4500년 봄)

17) http://www.bc8937.kr/WEFH67489SDFffgtr/read.cgi?board=gabgol&y_number=193

18) http://sjbnews.com/news/print.php?code=li_news_2021&number=719520

19) 윤병렬, 「피피섬에 개현되는 피지스와 장소성의 사유」, 존재론연구 제35집, 한국하이데거학회 2014.

20) https://cm.asiae.co.kr/article/2018100421093568566

21) Ynhui Park, *Man, Language and Poetry*, Seoul National University Press 1999. 168쪽.

22) 박이문, 『예술철학』, 문학과 지성사, 1983. 217쪽.

23) 김우창, 『지상의 척도』(전집 2권), 민음사, 2006. 123쪽.

24) 김상환, 『예술가를 위한 형이상학』, 민음사, 2007. 387쪽.

25) 이종호, 윤석연, 『고인돌』, 열린 박물관, 2006. 35쪽.

26) 나눔의 교회, 『나눔의 교회 10주년 자료집』(〈평신도 설교모음〉: 윤병렬, "그리스도인의 자유"), 2006. 107~109쪽.

27) M. Heidegger, 이선일 역, 『이정표 2』, 한길사, 2005. 8쪽.(사진 하단)

28) 윤 선생이 속했던 신앙공동체인 "나눔의 교회"는 개혁적인 대안교회로서 루터가 강조했던 만인제사장직과 이웃에 대한 나눔이 있는 교회 및 봉사와 선교를 핵심가치로 지향했던 평신도 중심의 교회였다. 이 대안교회는 제도권 교회의 성직자 중심주의, 건물중심의 교회관, 개교회 중심주의를 개혁하고자 뜻있는 신앙인들이 모인 공동체였다. 특히 교회재정의 70퍼센트를 이웃을 위한 구제와 선교를 위해 지출한다는 목표를 세웠다. 그 실천의 일환으로서 동티모르 독립지원, 아프카니스탄 어린이 돕기, 인도 카삼 평화의 집 후원, 미얀마 민주화 운동, 레바논 폭격피해 복구, 아시아 외국인 단체, 평화를 만드는 여성회, 인도네시아 지진피해, 인도선교사, 중국 선교사, 바울선교회, 새터민, 외국인 노동자, 독거노인, 들꽃피는 학교 지원 및 한부모가정 급식봉사, 고향교회 돕기 등을 실행한바 있다.

29) https://ko.wikipedia.org/wiki/%EA%B0%80%EC%95%BC#

30) https://www.busan.com/view/busan/view.php?code=20120119000013

31) 네이버 지식백과, 가야국 [伽倻國] (미술대사전(용어편), 한국사전연구사 편집부), 1998.

32) 윤 선생의 어린시절과 학창시절의 삶을 가장 잘 알고 있는 둘째 동생(윤병육, 중등 과학교사로 정년퇴임)과 이야기를 나누었다. 그는 둘째 형님인 윤 선생과 같은 방에 지내면서 생활하였고, 공부도 같이 하였던 추억을 아래와 같이 필자에게 소상히 들려 주었다.

33) 중학교 동창이고 절친이었던 박성실님은 친구(윤병렬)로부터 받은 편지를 차곡차곡 모아서 아직까지 보관하고 있다. 편지의 분량은 자그마치 74장, 양면으로 빼곡히 쓴 것도 있으니 100쪽은 된다. 여기서는 편지의 수신자였던 박성실님이 소장한 5편의 편지만을 소개한다.

34) 이 이야기는 윤병렬 선생의 미망인이신 심진숙 선생께서 부군과 함께 동행했던 생생한 여행 이야기를 실은 것이다.

`보론

101

제2부

철학적
사유의 편력

우리는 제1부에서 윤병렬 선생(이하 윤병렬)의 "삶의 편력"을 살펴보았다. 이제 제2부에서는 그의 철학수업의 과정과 그것을 어떻게 펼쳐나가서 박사학위논문을 작성하였는지를 살펴보고자 한다. 이는 그가 어떻게 철학의 기초를 닦아 나갔으며, 이후의 철학연구에 있어서 "사유의 묘판"을 형성했는지를 살펴보려는 것이다. 다음으로 그가 가졌던 철학적 문제의식과 철학수업의 심화과정과 철학함의 지향점을 살펴보고자 한다. 이를 통해 그가 이후의 철학함을 위한 "사유의 도구"가 무엇이었는지를 추론할 수 있을 것이다. 이 모든 과정들은 그의 "철학적 사유의 편력"을 추적해가는 작업이 될 것이다. 여기서는 그가 남긴 박사학위논문, 각종 저서들과 논문들 및 필자와의 평소의 학문적 대화를 근거로 해서 정리해보고자 한다.

1장

철학의 기초를 닦다:
"사유의 묘판"

이 책의 제 1부에서 언급하였듯이, 윤병렬은 국내에서는 대학시절에 수학을 전공했다. 그런 이유로 초기의 철학공부는 혼자서 책을 통해서만 이루어졌을 것으로 추정된다. 그는 소싯적부터 철학에 관련된 책과 철학자에 관하여 많은 관심을 가지고 있었고, 철학에 관련된 책도 구해서 읽었다고 한다. 그는 중학교 때 벌써 『쇼펜하우어의 인생수업』과 키에르케고르의 책들을 읽고서 친구들에게 자세히 설명해 주었다고 한다. 그는 그 당시에 친구들로부터 "철학박사"라는 별명을 얻었다. 그는 독일 본(Bonn)대학교 철학과 학부와 대학원에서 처음으로 체계적으로 철학공부를 시작했고, 거기에서 13년간의 철학수업을 이수했다. 먼저 철학과에서 공부하기 위해서 독일어 자격증(PNDS) 외에 필수로 이수해야 했던 고전어, 즉 그리스어(Graecum)와 고급 라틴어(großes Latinum) 자격시험을 통과했다. 수학도에서 철학도로 전과하면서, 우선 수학자이자 철학자인 후설(E. Husserl)의 현상학에 자연스럽게 관심을 가지게 되었다. 그리고 그는 조직신학에 관심을 가졌기에 신학의 기초를 놓았던 아우구스티누스와 그의 사상에 직접적인 영향을 끼쳤던 플라톤과 그리스 철학 전반에 지대한 관심을 가졌던 것이다. 그리하여 서양의 수학과 논리학 그리고 신학의 핵심테마인 '진리'(Wahrheit) 문제에 관심을 가졌고, 나아가 진리개념의 그리스 철학적 기원과 계보에 접근하게 되었다.

이런 점에서 그가 본대학교 철학과에서 배운 철학분야는 후설의 "현상학"과 후설의 조교였던 하이데거(M. Heidegger)의 "존재론", 그리고 하이데거의 제자인 가다머(H.G. Gadmer)의 "해석학" 및 유럽철학과 신학의 기원이 되었던 "그리스 철학"이었다. 마침내 저러한 철학 수학(修學)과정을 이수한 후에 후설 현상학을 "해석학적 존재론"으로 확장시킨 하이데거의 진리개념에 대한 연구에 천착하게 되었다. 그리하여 『하이데거의 사고에 있어서 진리이해의 변화—후설과 고대 그리스철학의 조명에서 진리파악에 대한 검토—』(Shaker Verlag, 1996)라는 논제로 본대학교 대학원 박사학위 논문을 완성하여 출판하게 되었다. 이는 이제 학자로서 연구해도 좋다는 자격증이었다.

그가 수학했던 철학분과들은 이후의 자신의 "사유의 묘판"으로서의 자신의 철학연구의 토대가 되었고, 이런 토대 위에서 철학함의 단초 및 "사유의 도구"를 발견하여서 자신의 "철학의 집"을 세우게 되었던 것이다. 그러면 그가 철학과 학부와 대학원 시절에 수학했던 대표적인 철학분야들을 그가 남긴 철학적 작품들을 통해 하나씩 살펴보기로 하자.

1. "철학적 눈"을 뜨다: "후설의 현상학" 수업[1]

윤병렬은 현상학이란 철학분야를 공부하면서 철학적 눈을 뜨게 되었다. 사람들이 통속적으로 세상을 보는 눈을 넘어서서, 현상학은 본연의 세계를 볼 수 있는 새로운 눈을 제공하였다. 학부에서 수학을 전공한 그는 수학자에서 철학자로 전향한 후설의 현상학에 관심을 가진 것은 우연이 아니었다. 왜냐하면 그도 후설처럼 수학의 근원에 대한 질문으로부터 철학을 시작했기 때문이다. 후설에 의하면, 수학적 진리는 인간의 인식에서 발생하는 것이지, 외부 세계에서 독립적으로 존재하는 진리가 아니라는 입장이다. 특히 후설은 수학의 수많은 정의와 연역적 과정들이 경험을 떠나 독립적으로 존재하는 것이 아니라, 의식의 구조와 깊은 연관이 있다고 보았다. 그리고 윤병렬이 사상가로서 모범을 삼았던 성 아우구스티누스의 시간의식을 후설이 계승했기 때문에, 후설의 현상학을 자연스럽게 공부하게 되었다.

"후설은 아우구스티누스의 의한 '시간의 의식의 내재화'의 철학적 논제를 계승한다. 그는 현상학 특유의 방법으로 시간의식을, 그것이 구성되는 기저로서의 선험적 의식으로 환원시킨다. 이 선험적 의식이 객관적 시간을 구성하는 시간의 근원으로서의 시간성이라는 것이다. 그는 철저하게 시간의 존재근거를 인간의 의식 속으로 끌고 들어온다. 이 노선 위에서 하이데거의 '현존재의 시간론"도 존재한다."[2]

"후설에게서 수학은 단순히 추상적인 기계적 절차가 아니라, 경험적 기반을 가진 의식적 활동과 연결되어야 하며, 그 객관성은 인간의 의식과 경험에서 비롯된 것이다. 수학이 단순히 독립적이고 객관적인 진리를 묘사하는 것이 아니라, 인간 의식의 구조와 경험에 의해 형성되고, 그 진리도 의식적 상호작용에서 나온 것이다. 후설은 수학을 경험적이고 인간적인 차원에서 이해하려 했으며, 이를 통해 수학의 본질과 의식의 관계를 새롭게 정의하려고 했다."

그러면 여기서 현상학의 "현상(Pänomen)"이란 무엇인가? 그것은 "스스로 드러나는 것", 이를테면 "대상이 스스로 드러나는 것"을 의미한다. 우리에게 직관적으로 통찰되는 최종적 지반은 의식에 절대적으로 주어져 있는 것이다. 한마디로 현상학이란 "대상이 있는 그대로 주어지는 것을 있는 그대로 숨김없이 기술하는 학"이다. 대상이 있는 그대로 드러남이란 주관이 대상을 자의적으로 조작하거나 추상하는 것을 중지할 때 비로소 가능한 것이다. 따라서 현상학은 어원상 어떤 주어진 것을 있는 그대로 드러내고 밝히는 학문이고, 은폐된 것을 드러내고 밝혀주는 탈은폐적 개시의 학문이다.

이런 점에서 현상학적으로 대상을 기술한다는 것은, 우리가 그 대상을 직접 경험하고, 그 경험을 바탕으로 그 대상이 우리에게 어떻게 나타나는지 설명하는 것이다. 즉, 대상을 우리가 어떻게 경험하는지에 대한 내적이고 주관적인 경험을 중심으로 대상을 이해하고 묘사하는 방식이다. 현상학에서는 객관적인 사실이나 과학적 법칙보다는 경험자에게 나타나는 방식을 더 중요시한다. 한마디로, 현상학은 우리가 세상을 어떻게 경험하고 인식하는지에 대한 철학적인 탐구이다. 쉽게 말해서 우리가 보는 것, 느끼는 것, 생각하는 것들이 어떻게 마음 속에서 나타나는지, 그 과정이 어떤지에 대해 알아보는 철학의 분야이다. 현대에 와서 후설을 이어 셸러(M. Scheller), 하이데거(M. Heidegger), 사르트르(J.P. Sartre), 메를로-퐁티(M. Merleau-Ponty), 레비나스(E. Levinas), 롬바흐(H. Rombach) 등이 현상학을 계승하여 자신들의 철학을 펼쳐나갔다.

그러면 현상학은 어떤 학문사적 배경에서 나왔는가? 현상학은 철학의 학문성을 위협했던 객관성에 기초한 과학주의와 실증주의가 주도하던 시대에 철학을 엄밀한 토대를 가진 학으로 구축하기 위한 과제를 가졌다. 여기서 "과학주의"란 자연과학의 방법이 철학과 사회과학과 같은 모든 탐구영역에 적용될 수 있다는 입장이다. 그리고 "실증주의"는 과학적 방법론과 관찰에 기반을 두고 있으며, 주로 경험적으로 증명할 수 있는 사실(fact)에 집중한다. 그것은 모든 지식이란 경험적 사실에 기반해야 한다고 주장하는 철학적 입장이다. 실증주의적 시각에서는 주관적인 경험보다는 실험적이고 관찰 가능한 데이터를 통해 사물을 이해하려고 하며, 이 모든 것들은 반복 가능하고 검증 가능한 사실이어야 한다. 실증주의자는 우리가 경험할 수 있는 것들만을 진리로 인정하며, 초자연적이거나 비가시적인 것에 대해서는 논의하지 않는다. 따라서 실증주의는 사물에 대한 객관적인 분석을 통해 과학적 사실을 도출하려고 한다.

반면에 현상학은 과학주의와 실증주의와는 달리, 사물을 보는 순간의 주관적인 경험과 감정을 깊이 탐구하려고 한다. 이 경험은 실험과 관찰이라는 과학적 경험이 아니라, 과학 이전에 우리의 구체적 삶을 지칭한다. 현상학은 인간의 감각적 경험과 의식의 흐름을 중요시하면서 모든 객관적 지식의 근원적 뿌리가 개념 이전의 경험에 있다는 것을 밝히고자 한다.

무엇보다 현상학은 무전제의 철학이념을 견지한다. 즉 "미리 주어진 어떤 것도 받아들이지 않고, 전해 내려오는 어떠한 것도 그 출발점으로 삼지 않으며, 아무리 위대한 대가라도 그 명성에 현혹되지 않는다."(후설, 『엄밀한 학으로서의 철학』) 즉 후설은 어떠한 방법적 가설도 끌어들이지 않고, 모든 가설이 가진 편견으로부터 자유로운 상황에서 다시 시작해야 할 것을 강조한다. 현상학은 주관적인 경험을 중시하고 대상을 어떻게 경험하는지에 초점을 맞추고, 개인의 내적 경험을 설명한다. 말하자면 모든 대상은 어떻든 의식체험과의 상관관계 속에서 직접적으로 주어진다는 사실이다. 따라서 현상학의 원칙은 어떠한 가설과 편견에도 사태를 있는 그대로, 즉 우리에게 원본적으로 주어지는대로 단적으로 파악하는 것이다.

후설은 『경험과 판단』 및 『유럽학문의 위기와 선험적 현상학』 등의 저서들을 통해 객관성을 추구하는 모든 종류의 자연과학들도 엄밀한 의미에서 이미 "생활세계(Lebenswelt)"에 그 발생적 근거를 두고 있다는 사실을 파악함으로써 소위 객관적 학문의 중립성이라는 근대적 신화를 허무는 데에 기여했다. 그가 천명한 "생활세계"란 우리의 일상적 삶이 이루어지는 작은 범위의 주변세계가 아니라, 우리의 모든 삶이 그 속에서 발원하고 이루어지는 지평인 것이다. 그러기에 후설의 현상학이야말로 과학적 지식이 별개의 객관성으로만 굳어진 것이 아니라, "생활세계"라는 역사적 · 문화적 세계(선과학적 세계)에 이미 제약되고 전제되어 있음을 통찰한다. 후설은 현상학적 시각을 통해 의식과 대상을 서로 독립적인 요소로 분리하고 각각을 실체화함으로써 의식을 마치 사물과 같은 실체로 규정하는 심리학주의를 넘어서게 된다. 의식과 그 의식의 대상은 분리할 수 없이 상관적으로 얽혀있고, 의식과 세계 사이의 근원적 유대성이 존재한다. 세계는 결국 삶의 장으로서의 근대과학의 의미토대인 생활세계이다. 이 생활세계는 우리의 구체적 삶이 이루어지는 세계로서 주관과 객관, 그리고 의식과 대상 이전의 근원적 지평이다.

윤병렬 선생의 지도교수였던 본대학교의 슈미트(G. Schmidt)교수도 현상학적 방법론을 통해 인간 경험의 본질을 이해하고자 한다. 그는 현상학을 통해 인간 존재와 인식의 구조를 설명한다. 왜냐하면 현상학은 사물이나 경험을 그 자체로 분석하는 철학적 접근으로서 "있는 그대로"의 경험을 탐구하려는 태도를 취하기 때문이다. 무엇보다 현상학적 시각은 주관적인 감정과 인식의 과정을 중시한다.

이런 맥락에서 윤병렬은 현상학이 제공한 "철학적 눈"으로 하늘과 성좌, 대지와 식물과 꽃, 실개천이 흐르는 고향마을과 남해바다, 라인 강, 남국의 바다, 고인돌, 고구려의 고분벽화, 청동거울, 수막새 등을 바라보았다. 예컨대, 라인강을 현상학적으로 본다면, 그 강이 단순히 물리적인 존재가 아니라, 우리가 그 강을 어떻게 경험하는지에 초점을 맞춘다. 강의 흐름과 소리, 강변의 풍경, 강을 바라보면서 느끼는 감정과 심리적 반응들, 그리고 그 강이 우리의 일상적인 경험 속에서 어떤 의미를 가지는지에 대해 탐구한다. 현상학적 시각에서는 "라인강이 나에게 어떤 의미를 주는가?" 또는 "라인강을 보는 순간 내가 어떤 감정을 느끼는가?"와 같은 질문들을 중심으로 해석된다.

또한 천문학과 우주론에 관심이 많았고, 하늘의 별과 별자리, 특히 남두육성에 관심이 많았던 윤병렬은 그것들을 해석함에 있어서 과학적 시각보다는 현상학적 시각을 원용하였다. 예를 들자면, 별을 보고 현상학적으로 기술할 경우를 생각해보자. 그것은 별을 바라보며 느끼는 우리의 감정, 인식의 흐름, 마음의 변화 등을 중요시하며, 개인적인 경험과 의식의 질적 측면에 집중한다. 별에 대한 과학적 시각과 현상학적 시각에서의 차이는 각 시각이 별을 어떻게 이해하고 해석하는지에 따라 다르다. 두 시각 모두 별을 다루지만, 그 접근 방식과 목적은 매우 다르다. 과학적 시각은 객관적이고 측정 가능한 사실에 기반하여 별을 설명한다. 이에 반해 현상학적 시각은 별을 주관적인 경험과 의식적 인식의 관점에서 이해하려고 한다. 밤하늘에 떠 있는 별을 보면서 우리는 고요함, 무한함, 고독, 경외 등의 감정을 느낄 수 있다. 별은 시간과 공간을 넘나드는 존재로서 우리의 존재에 대한 깊은 질문을 던지게 할 수 있다. 따라서 현상학적 시각은 별을 보는 경험이 주관적이고 감각적인 방식으로 어떻게 인간에게 의미가 부여되는지에 관심을 기울인다. 그것은 별을 인간의 감각적 경험과 감정적 반응을 통해 이해하고, 그것이 주는 의미와 상징적 가치를 강조한다.

이런 맥락에서 윤병렬은 현상학 수업을 통해 세상과 사물 그리고 자연과 우주를 바라보는 "철학적 눈"을 뜨게 된 것이다. 그는 현상학 수업을 자신의 "사유의 묘판"으로 삼아서 이후의 연구를 진행하였음을 확인할 수 있다.

2. 존재의 의미를 묻다:
"하이데거의 존재론" 수업[3]

윤병렬은 청소년시절부터 존재의 유한성 내지 무상성(vanitas)에 관심을 지니고 있었다. 그러한 사적 관심에서 출발하여 현대인들의 존재망각과 존재상실에 대한 문제의식을 하이데거의 존재론을 공부하면서 공유하게 되었다. "존재론(Ontology)"이란 일반적으로 존재의 본질, 구조, 조건, 의미 등을 탐구한다. 현대 존재론은 주로 20세기 이후의 철학적 전개를 통해 형성되었으며, 특히 현대 존재론의 두 기수(旗手)인 하르트만(N. Hartmann)의 "일반존재론"과 하이데거의 "기초존재론"과 그 이후의 존재론적 철학자들에 의해 큰 영향을 받았다. 많은 현대 존재론적 이론은 현상학적 방법과 해석학적 방법을 사용하여 인간의 경험과 의미를 이해하려고 한다.

윤병렬은 자신이 문화적 유물(고분벽화, 고인돌, 수막새, 청동거울 등)을 대상으로 철학하는 것도 하이데거로부터 "다르게 사유하는 법"을 배운 덕이라고 여러 곳에서 밝히고 있다. 왜냐하면 하이데거의 사유는 탈형이상학적이고 해체적이고, 더우기 유럽의 전통 형이상학과는 그 결이 다르기 때문이다. 말하자면 하이데거에게서 윤병렬은 경직되지 않고 틀에 박히지 않는 사유하기를 배웠던 것이다. 그는 현상학을 바탕으로 한 하이데거의 "존재사유"(Denken des Seins)를 중심으로 자신의 독자적인 연구를 전개해 나갔다.

잘 알려져있듯이, 하이데거는 "존재의 의미"와 인간 존재(현존재, Dasein)의 관계를 깊이 탐구했다. 그의 존재론적인 해석은 우리가 세계와 어떻게 관계를 맺는지를 중심으로 이루어진다. 그에게 존재는 단순히 물리적 사실이 아니라, 인간 존재가 시간의 지평 위에서 어떻게 펼쳐지고 드러나는지를 의미한다. 그는 존재론적 질문을 다루기 위해서 인간 존재의 주관적 경험을 철저히 분석하고, 존재의 본질을 실존론적인 차원에서 이해하고자 했다. 그의 대표작인 『존재와 시간』에서 다루는 존재론은 "실존론적 존재론"이다. 그는 현존재의 실존론적 존재론을 통해서 일반존재론을 위한 기초로 삼았다. 이 존재론은 개인의 구체적 삶(실존)을 사유의 중심에 놓고, 거기로부터 존재의 의미를 구명(究明)하는 존재론이다. 우리의 일상적 삶을 주목하는 사람들에게는 너무 쉽게 이해되는 사유이기도 하다. 그리고 그는 전(全) 철학사를 통해 철학자들의 사상을 현상학적으로 해체하고서 그들의 존재론을 실존론적으로 새롭게 정초하였다. 그리고 현상학과 해석학을 "현존재 분석"을 위한 방법으로서 완성했다. 그뿐만 아니라 그는 많은 시인들과 예술가들의 시와 작품을 독자적으로 해석하여 시와 예술작품의 본질을 새롭게 해명하였고, 현대문명을 존재사적 관점에서 해석하였다. 나아가 그는 서구적 사유의 전환과 동양사상에 대한 관심을 앞장서서 표명하기도 했다.

그러면 하이데거의 "존재사유"는 무엇인가? 존재사유에는 이미 자신의 존재를 앞서 이해하고 있는, 즉 존재가 이미 개시되어 있는 현존재로서의 인간이 관건이다. 존재의 의미가 이미 개시되어 있는 장소가 바로 현존재(Dasein)로서의 인간이다. 존재물음은 인간의 편에서 제기되는 것이 아니라, 존재로부터 들려오는 소리에 반응하고 응답하는 것이다. 즉 존재물음은 특정한 존재자에 대해 인간이 물음을 제기하는 대상물음과는 다르다. 현존재란 세상에 존재하고 있는 사람으로서 자신의 존재를 인식하고 그 존재에 대해 질문을 던질 수 있는 존재이다. 이 현존재를 다른 존재들, 예를 들어 동물이나 사물과 구분짓는다. 현존재는 단순히 존재하는 것이 아니라, 그 존재에 대해 "왜 나는 존재하는가?"와 같은 질문을 할 수 있는 능력을 지닌 존재이다.

하이데거의 문제의식에 의하면, 서양의 형이상학 전통은 "존재하는 것", 즉 존재자만을 고찰의 대상으로 여겨왔고, 정작 존재 자체를 물음의 과제로 삼지 못했다고 한다. 그리하여 "서구 사유의 역사엔 '존재의 진리'는 사유되지 않은 채 남아있고 그 경험 가능성은 거절되었다"[4]라고 본 것이다. 존재는 원래 존재자가 존재자로서 드러나게 하고, 우리가 이 존재자를 존재자로 바라볼 수 있도록 열어주고 밝혀주는 개방성이다. 존재는 따라서 모든 사건과 사물, 사태와 실재, 존재자의 현존에 항상 전제되어 있다. 따라서 이런 전제 없이는 아무것도 아니며, 아무것도 있을 수 없다는 것으로 세계소멸과도 같은 것이다. 하이데거가 증언하듯이, "존재자가 있다"거나 "존재가 있다"는 사실보다 더 큰 수수께끼가 어디에 있겠는가![5] 말하자면, 무언가가 존재하고 있다는 이 사실이야말로 "신비 중의 신비"인 것이다.

하이데거에 의하면, 저러한 존재의 은폐를 통찰한 철인은 소크라테스(Socrates) 이전의 철학자들인 헤라클레이토스(Herakleitos)와 파르메니데스(Parmenides)이다. "존재"를 그리스어로 표현한 "퓌시스(physis)"는 "스스로 은폐하는 성향을 지니고 있다."[6]를 의미한다. 존재는 "밝히면서 은폐하는 속성을 지니고 있는 것이다."[7] 존재자를 존재자로 탈은폐하고 존재하게 하는 존재는 바로 존재의 진리, 즉 비-은폐성(Α-λήθεια, Un-verborgenheit) 자체이다. 하이데거에게서 진리는 곧 존재의 진리이기에 "진리는 존재의 본질에 속한다."[8]

하이데거는 존재를 단순히 실체로서만 이해하지 않고, "어떻게 존재하는지"와 "왜 존재하는지"를 중요하게 생각한다. 이렇게 되면, 우리의 존재는 단순히 물리적으로 여기에 있는 것이 아니라, 존재하는 방식, 즉 존재에 대한 의식과 질문을 통해 의미를 찾아가는 과정이다. 결국 하이데거는 우리가 단순히 세상에 "있다"는 것이 아니라, 그 존재를 어떻게 이해하고, 어떻게 살아가는지에 대한 의식적인 과정이 중요하다고 본 것이다. 현존재는 자신의 존재를 앞서 이해하고 있으면서도 그 앞선 이해를 완전하게 해석하여 자신의 존재에로 되돌아와야 하는 "해석학적 순환구조" 속에 처해 있다. 그러므로 존재에 대한 선이해를 완성하는 것이 해석이다. 존재물음은 특정한 존재자에 대한 인간이 물음을 제기하는 대상물음과는 다르다. 그러나 존재물음이 대상물음이 아니라 하더라도, 특정한 존재자를 실마리로 하여 물어지고 대답되어질 수 있다.

하이데거는 전향(Kehre) 이후 후기 사유로 이르면서 인간 실존해명을 존재일반의 해명으로 전개시켜 나간다. 인간이 존재를 쫓는 것이 아니라, 존재가 스스로 인간에게 드러나고 인간은 이 "존재의 빛" 속에 들어섬으로써 비로소 인간존재의 근거를 마련할 수 있는 "존재론적 전향"인 것이다. 이제 존재는 존재자와 대립되는 성격을 가진 것이 아니라, 빛과 같은 생기사건(Ereignis)으로 다가오는 것이다. 존재는 인간에게 말을 걸어오고 인간은 여기에 응답하는 것이 과제로 주어진다. 후기 하이데거 사유는 인간과 독립하여 스스로를 펼치는 자연의 모습, 즉 고대 그리스의 퓌시스 개념을 회복하고자 했다. 그의 "사물(Das Ding)강연"에서 거울에 비추어진 일월성신과 하늘 및 대지는—마치 하늘과 땅, 신들과 인간이 서로 유기적인 반영을 하는 그의 "사역"(das Geviert)이 잘 밝혀 주듯이— 인간에 의해 표상되거나 대상화됨으로써 드디어 존재감을 획득하는 것이 아니라, 제 스스로 자신을 펼치는 퓌시스의 차원들로 승화된다. 하이데거는 자연을 인간의 고향이라고 칭할만큼, 저들 존재자들이 살아있는 유기체로서 서로가 서로를 반영하고, 서로 독립적이면서도 이웃으로 존재하는 사물로 받아들임으로써 전통철학과는 확연한 차이를 드러낸다.[9]

윤병렬은 라인강을 산책하면서 경험했던 존재에 대한 생각과 느낌을 자신의 에세이에서 깊이 다루고 있다. 그것은 그가 수학했던 하이데거의 존재론적 시각을 전유한 결과이다. 하이데거의 존재론적 시각에서 라인강을 해석하는 것은 단순히 물리적이고 경험적인 현상으로서의 강을 넘어서, 그 강이 어떻게 존재와 시간과 연결되는지를 탐구하는 방식이다. 라인강은 그 자체로 하이데거가 말하는 세계의 일부분으로, 우리가 세계를 구체적으로 경험하는 방식에 중요한 영향을 미친다. 그것은 우리가 물리적 세계를 넘어 존재를 이해하는 방식에 대한 하나의 경험적 실례가 된다.

라인강을 하이데거의 존재론적 시각에서 본다면, 이 강은 시간의 흐름과 변화를 상징하는 존재로 해석될 수 있다. 강은 끊임없이 흐르며, 그 흐름은 과거, 현재, 미래를 잇는 시간의 흐름을 대표한다. 강의 흐름은 인간 존재와 마찬가지로 영속적인 변화와 불확실성을 내포한다. 라인강은 하이데거에게 "시간 속에서 존재하는 존재"로서, 인간이 느끼는 시간의 흐름과 마주하는 매개체로 해석될 수 있다. 강의 흐름을 보면서 우리는 현재를 살아가면서도 끊임없이 과거와 미래를 떠올리게 된다. 강은 "지금, 여기"라는 순간을 드러내는 동시에, 그것이 지나가면서 흐르는 시간을 상기시킨다.

하이데거의 철학에서 중요한 개념 중 하나는 "존재의 드러남"과 "숨김"이다. 라인강은 그 자체로 존재가 드러나는 장소로 해석될 수 있다. 강은 우리가 그것을 바라보는 방식에 따라 새로운 의미와 경험을 드러낸다. 그러나 동시에, 그 강은 전면적으로 드러나지 않는 존재로서도 해석된다. 즉, 강은 그 흐름의 깊이나 물속의 세계처럼, 우리가 다 이해할 수 없는 부분을 지니고 있으며, 존재의 완전한 이해는 불가능하다는 점에서 강은 "숨겨진 존재"이기도 하다. 우리는 강을 볼 수 있지만, 그 안에 내포된 깊이와 의미는 언어와 인식으로 완전히 포섭할 수 없는 것이다. 강을 보면서 우리는 우리 자신의 삶의 흐름을 생각하고, 변화와 시간의 불가피성을 느끼며 죽음과 같은 존재의 한계를 성찰할 수 있다. 강은 인간 존재가 시간적 존재로서 "있음"을 인식하는 과정에서 중요한 역할을 하며, 이는 하이데거가 강조한 "존재의 의미를 추구하는 존재"로서의 인간을 드러낸다.

하이데거의 존재론적 시각에서 라인강은 단순한 자연 현상이 아니라, 존재와 시간의 흐름 속에서 인간 존재의 본질적 의미를 탐구하는 중요한 존재로 해석된다. 강은 시간의 흐름과 변화를 상징하며, 그 흐름 속에서 인간은 자신의 존재를 성찰하고, 완전한 이해가 불가능한 존재로서의 한계를 인식하게 된다. 또한 라인강은 우리가 세계 속에서 존재하는 방식에 대한 중요한 질문을 던지며, 인간이 세상과 어떻게 관계 맺는지를 깊이 탐구하게 만든다. 하이데거는 라인강을 단지 수력자원으로 생각하는 현대기술문명의 본질을 "총체적 몰아세움"(Gestell)으로 규정하면서 존재상실의 최종단계로 파악한다.

이런 점에서 윤병렬의 하이데거의 존재사유에 대한 수학(修學) 이후의 논문들과 저서들에는 하이데거의 존재론적 시각과 지평을 원용하거나 전유하여 산책로와 여행에서 얻은 경험들, 고구려의 고분벽화, 고인돌, 남두육성, 청동거울, 청동보검, 수막새, 한국의 전래동화 및 해학 등을 해석하고 있음을 확인할 수 있다. 그의 존재의 의미를 탐구하는 철학에는 하이데거의 존재사유가 지하수로 흐르고 있으며, 전자의 사유의 광맥 속에 후자의 사유가 자리하고 있음을 확인할 수 있다. 이로써 그는 하이데거 연구자로 평생 활동을 하게 된 것이다. 그는 하이데거의 다음과 같은 고백을 깊이 공감하면서 전유한다. "인간은 사색하고 행위하고 기도하고 감사하는 가운데 자신의 자유로움을 체득하는 곳에서는 언제나 존재의 열린 장으로 인도되었음을 깨닫게 된다."[10]

특히 윤병렬은 이후의 대표적 연구에서 고구려 고분벽화의 철학적 세계관을 현상학적 시각과 하이데거의 존재론적 시각을 통해서 해명하고자 하였다. 이를테면, 고구려의 고분벽화는 세계에 흩어진 수많은 벽화들이나 동굴벽화들과는 달리 그 메시지를 분명히 읽을 수 있는 그림이다. 그러기에 고구려의 고분벽화가 자신이 무엇임을 알려주고 보여주는 메시지를 왜곡하지 말고 그대로 드러내는 것이 주요한 관건이 되는 것이다.

3. 이해와 해석의 본질을 찾다: "가다머의 해석학" 수업[11]

윤병렬은 현상학과 존재론과 함께 해석학 공부에도 진심이었다. 해석학은 본래 문서나 텍스트의 해석을 다루는 학문으로 출발했으나, 그 의미는 시간이 지나면서 훨씬 더 넓고 깊은 영역으로 확장되었다. 해석학의 의의는 단순히 특정 텍스트나 문서의 의미를 파악하는 데 그치지 않고, 이해와 해석의 본질을 탐구하는 철학적 방법론으로 자리잡은 데 있다. 해석학은 의미의 생성과 해석을 다루는 철학적 방법론이다. 그것은 텍스트나 문화적 현상 그리고 자연의 현상에 대한 의미를 어떻게 파악할 수 있는지에 대해 탐구한다. 하이데거와 가다머(H. G. Gadamer)와 같은 해석학자들이 강조한 바와 같이, 해석은 단순히 텍스트를 읽는 것이 아니라, 그것이 놓인 맥락과 역사적 배경을 고려하여 의미를 구성하는 과정이다.

해석학은 현상학과 마찬가지로 주관으로부터 분리된 중립적인 객관적 사실에 탐닉했던 실증주의의 편견을 단적으로 무너뜨린다. 해석학의 핵심적인 의의는 이해와 해석의 관계를 탐구하는 데 있다. 해석학에서는 단순히 텍스트의 표면적인 의미를 파악하는 것뿐만 아니라, 의미가 어떻게 형성되고 전달되는지와 이해의 과정을 규명하려 한다. 해석학이란 특히 이해에 관한 학문이다. 여기서 이해는 일정한 맥락 혹은 지평 하에서만 가능하다. 이것은 아무리 단순한 개별적 사실이라 하더라도 그것의 의미는 그 사실을 둘러싸고 있는 맥락 속에서 비로소 이해될 수 있다는 것을 의미한다. 해석학의 의의는 모든 이해가 역사적·문화적 맥락에서 이루어지며, 해석은 주관적이고 상대적인 과정이라는 점을 명확히 하고, 의미가 계속해서 형성되는 동적 과정을 이해하는 데 있다.

특히 20세기에 이르러 하이데거의 "현존재의 해석학"과 가다머에 의해 집대성된 해석학은 획기적이어서 "신해석학"(new hermeneutics)의 토대가 되었다. 이들에게선 종래의 해석학에서의 협소한 문헌학적인 카테고리와 방법론의 차원에서 벗어나, 정신과학과 인문학뿐만 아니라 모든 이론과 실천의 영역을 포괄하는 지평으로 끌어올렸다. 하이데거에 의하면, "철학은 현존재의 해석학에서 출발하는 보편적인 현상학적 존재론이다."[12] 더욱이 해석학이 현사실성의 자기해석이라고 할 때 해석학은 전통적인 이론철학이나 지식습득의 굴레에서 벗어나 있는 것이다. 하이데거는 해석을 현상학적 기술의 방법적 의미로, 말하자면 현상학의 로고스가 곧 해석(hermeneuein)의 성격을 갖는다고 보았다. 그는 고대 그리스의 어원에 입각한 "해석"을 통해서 자신의 고유한 의도인 "존재이해"가 가능해진다고 보았다. 고대 그리스적 어원에 입각한 해석학의 또 다른 탁월성은 어떤 이론적 고찰이나 파악이 아니라, 오히려 실존과 존재의 의미가 알려지거나 전해지는 것, 존재자의 존재가 나에게 있어 무엇인지 알려지는 것이다.

가다머는 하이데거의 해석학에 뿌리를 두면서 이 해석학의 영역을 확대해 나가 그의 "철학적 해석학"을 집대성하게 된다. 하이데거와의 교류를 통해 성숙시킨 해석학적 성찰들은 그의 주저라고 할 수 있는 『진리와 방법』에서 집대성되었고, 이는 20세기 이래의 철학계에 지대한 영향을 끼쳤다. 여기서 그는 자신의 "철학적 해석학"의 기본 성격을 규명한다. 그는 인문학을 비롯한 여러 학문들의 영역 외에도 예술과 일상생활

속에서 일어나는 해석학적이고 언어적인 경험에 대해 면밀한 분석을 시도했다. 그의 해석학은 철학분야 뿐만 아니라 문학, 신학, 사회학, 법률학, 예술 등의 분야에 커다란 영향을 미쳤다. 따라서 이해를 정신과학의 방법론으로 파악하려는 전통의 해석학은 새로운 전기를 맞게 된다.

가다머와 하이데거는 해석학의 영역을 정신과학과 인문학의 카테고리에서 벗어나게 하여, 이들을 포괄할 뿐만 아니라 모든 이론과 실천의 영역을 아우르는 지평으로 끌어올려 해석학의 영역을 크게 확대한 효과를 가져왔다. 가다머는 고대 그리스 철학을 자기 자신의 학문적 출발점으로 삼았으며, 마부르크(Marburg) 대학교에서 하이데거와의 만남을 통해 더욱더 원숙한 자신의 해석학을 발전시켰다. 가다머는 자신의 해석학적 토대를 마련하기 위해 하이데거의 "현사실성의 해석학"에로 방향을 돌린다. "현사실성의 해석학"에는 인간 현존재의 삶 자체가 해석학적이고, 또한 "해석학적 순환"이 인간의 삶 자체에 뿌리를 두고 있다는 해석이 들어있다. 하이데거는 객관성을 추구하는 과학에 전제된 지평인 "세계-내-존재"를 찾아내고, 정신과 자연의 이원적 대립을 곧 "세계-내-존재"의 해석학적 순환구조로 읽는다.

하이데거의 해석학적 유산을 철학적 해석학으로 정립한 가다머는 우선 해석학적 토대를 마련하기 위해 하이데거의 "현사실성의 해석학"과 존재사유 및 언어존재론에로 방향을 돌린다. 이제 해석학은 정신과학의 방법론적 기초가 아니라, 정신과학 자체를 가능하게 하는 토대이다. 가다머의 해석학은 더 이상 정신과학을 위한 일종의 보조분야로 규명될 수 없으며, 반면에 인간의 존재방식 및 존재론적 과정으로서의 이해를 설명하는 철학적 노력으로 받아들여진다. 바로 여기에 기존의 해석학과는 다른 가다머의 "철학적 해석학"이 지평 위로 드러난다.

"철학적 해석학"을 주창한 가다머의 해석학적 경험은 대화적 경험이다. 대화란 타자를 타자로서 인정하는데서 출발한다. 그러면서도 타자의 경험을 자신의 경험과 융합하는 절차이다. 그러므로 텍스트와 해석자 사이의 대화 역시 타자를 인정하면서도 그 타자에 머물러 있지 않고 자신의 지평과 융합하는 소위 "지평융합"의 절차이다. 해석학적 경험인 이해는 참된 타자를 만남으로써 발생되는 자기 자신의 선입견의 수정이다. "지평융합"으로서의 해석은 타자를 일방적으로 자신의 지평에 끌어들이는 것도 아니고, 또 역으로 자기 자신의 지평을 버리고 타자의 지평에 몸을 맡기는 것도 아니다. 융합은 서로의 입장을 견지하면서도 진정한 합의를 이루어가는 변증법적 과정이다.

해석학적 방법은 엄밀한 객관성만을 인식의 근거로 삼는 과학주의 및 실증주의의 잘못된 유산을 청산하려는 일련의 철학적 노력이기도 하다. 해석학적 방법에 의하면 어떠한 개별적 사실도 그것의 의미는 이 사실을 둘러싸고 있는 맥락 속에서 비로소 이해될 수 있다는 것이다. 가다머에 의하면, 자연과학은 해석 전통의 산물이며, 자연과학의 규범과 기준들조차 이런 전통의 선입견에 의해 구축된 것일 따름이라는 것이다. 왜냐하면 한 인간의 선입견은 곧 그 자신이 자기 존재의 역사적 실재성을 구성하기 때문이다. 그러기에 무전제적인 해석은 있을 수 없는 것으로서 성서나 문학, 나아가 과학적인 텍스트도 선입견이 없이는 해석되지 않는다. 그것은 선이해나 선입견에 의해 구축된 이해가 이미 해석의 근저에 깔려있다는 것이다.

가다머는 자신의 "철학적 해석학"을 통하여 이해 일반의 가능조건, 즉 방법과 객관성의 관념을 그 근저에서 규정하고 있는 조건과 전제를 해명한다. 이를테면 자연과학에서의 자연현상이나 정신과학(인문학, 사회학 등)의 정신현상에 대한 방법론적 접근들은 모두 다 역사에 뿌리를 두고 있을 따름이다. 변증법적 해석학은 물론 해석학에서의 이해의 문제를 중요한 테마로 삼는다. 전통 해석학을 비판하는 과정에서 드러난 가다머의 이해개념은 어떤 학문적 방법 가운데 하나에 그치는 것이 아니라, 거기서 현존재가 세계를 자신에게 열어 보이는 인간 현존재의 존재방식 자체였다. 따라서 그의 이해개념은 정신과학 뿐만 아니라 자연과학, 나아가 인간의 세계경험 전체에 있어서 이해가 어떻게 가능한가를 묻는다.

가다머는 『진리와 방법』의 서문에서 "이해"가 인간적 주관이 갖는 여러 태도들 중의 하나가 아니라, 현존재 자체의 존재방식이라는 하이데거의 통찰을 받아들인다. 이런 하이데거의 통찰과 함께 가다머는 "이해의 운동"이 포괄적이고 보편적이라고 규명한다. 즉 이해란 현존재의 유한성과 역사성으로 이루어진 인간적 실존의 근본적 운동을 지시하는 말이다. 따라서 그것은 현존재 자신의 세계에 대한 경험 전체를 포괄한다. 이해의 운동이 포괄적이면서 보편적이라는 것은 결코 어떤 자의도, 어떤 단순한 입장의 과장도 아니다. 이런 방식에 의한 대화를 가다머는 "변증법적 대화"라고 규정한다.

대화의 참여자는 대화를 통해서 합의나 "지평융합"에 이르는 것뿐만 아니라 편협한 자신의 세계를 초월하고, 대화적 경험을 통해 새로운 자신을 체험하게 된다. "대화─속에─있음이란 자기를─ 넘어서─있음이고 타자와 함께 사유하는 것이며 (대화의 경험을 통해) 하나의 다른 이로서 자기 자신에게로 되돌아오는 것이다."[13]

가다머에게 있어서 해석학적 경험은 타자 혹은 텍스트와의 대화적 경험이다. 이러한 대화는 근본적으로 타자를 타자로서, 즉 타자를 대화의 파트너로서 인정하는 데서 출발한다. 근세의 치명적 오류인 주체중심주의적인 발상이라든가 그리고 타자를 주관의 구성물로 보는 시각은 허용될 수 없다. 그 대신 주체는 대화의 상대자인 타자의 경험을 자신의 경험과 융합하는 과정을 갖는다. 또 이와 같이 해석학적 경험은 경험의 내적 역사성을 무시하고 방법적 절차를 통하여 객관성만을 지향하는 과학적 경험을 비판한다. 가다머의 비판에 의하면 과학의 목표란 어떠한 역사적 계기나 요소도 부착되지 못하게 할 정도로 경험을 객관화하는 것이다.

해석학적 경험은 텍스트와 해석자 사이의 대화가 융합의 과정을 치게 하는데, 해석자는 텍스트 안에서 말하는 저자의 견해를 타자로 인정하면서 그 타자에 머무르지 않고, 자신의 이해지평과 융합해나가서는 이른바 "지평융합"을 구현한다. 이때 "지평융합"을 일구어낸다는 것은 해석자와 텍스트의 저자(타자)가 서로 자신의 입장을 고수한다는 것이 아니며, 동시에 서로가 완전히 동일한 입장을 가진다는 것도 아니다. 다시 말하면 해석자와 저자(타자) 사이의 "지평융합"은 두 이해지평이 하나로 단일화 된다거나 혹은 아무런 만남이 없이 서로 병치된다는 것이 아니라, 서로가 서로의 입장과 이해지평을 견지하면서도 진정한 합의를 이루어나가는 변증법적 과정인 것이다. 결국 해석학에서 중요한 개념 중 하나는 "지평의 융합"이다. 이는 해석자가 가진 이해의 지평과 텍스트나 현상이 가지고 있는 지평이 만나는 과정을 의미한다.

"지평융합"으로서의 커뮤니케이션은 타자를 일방적으로 자신의 이해지평으로 끌어들이는 것도 아니며, 또 이와 반대로 자기 자신의 입장을 포기하고 타자의 지평으로 몰입하는 것도 아니다. 이러한 해석학적 경험으로서의 이해엔 타자(저자)를 만나고 상호교류(대화)함으로서 발생되는 해석자(주체)의 선입견 수정도 당연히 포함된다. 합의를 이루어가는 과정에서는 서로가 자신의 입장을 고집하는 것이 아니라, 또 상대방의 입장에 비추어 재해석하고 또 상대방의 입장에 단순히 따르는 것이 아니라, 자신의 견해에 비추어 재음미하는 태도가 전제된다. 사실 "지평융합"이라는 것도 우리가 어떤 절대적인 진리에 도달했다는 것을 결코 말하진 않는다. 그것은 진리의 개념마저도 한편으로 우리가 속한 문화와 역사적 정황에 의해 제약되어 있고, 또 다른 한편 해석자로서의 우리 자신도 유한성과 역사성에 의해 제약되어 있기 때문에 이해의 우연성과 지식의 한계성이라는 근본적인 사태에 직면하지 않을수 없다는 것이다. 이토록 우리가 항상 일정한 해석과 역사성에 결부되지 않을 수 없는 한, 우리는 어떤 "절대적인 진리"를 확정지을 수 없는 것이다. 해석학의 또 다른 중요개념은 "해석학적 순환"이다. 이는 부분과 전체의 관계에서 전체의 의미를 이해하기 위해 부분을 해석하고, 또 그 부분을 통해 전체의 의미를 재구성하는 과정을 말한다.

예를 들어 라인강을 해석할 때, 강의 한 부분(예를 들어, 강의 흐름이나 풍경)을 살펴보는 것만으로는 그 강이 가진 전체적인 의미를 다 알 수 없다. 그러나 이 부분을 통해 우리는 강 전체에 대한 이해를 확장할 수 있다. 라인강을 바라보는 순간에 우리는 강이 흐르는 과정에서 지나온 역사와 문화적 의미를 되새기게 된다. 라인강의 특정 지점이나 장면을 통해, 그 강이 가진 문화적 · 경제적 · 역사적 중요성을 해석하게 되고, 이는 다시 강의 다른 부분에 대한 새로운 이해를 이끌어낸다. 강의 물결, 소리, 주변 환경은 단순한 물리적 현실이 아니라, 인간 경험의 상징적 텍스트로 읽혀지며, 이를 통해 우리는 강과의 관계를 점진적으로 깊이 있게 이해하게 된다.

라인강을 해석할 경우, 우리가 가진 지평 즉, 우리가 살아온 시대적 · 문화적 배경이 라인강이 가진 지평, 그 강이 흐르는 지역 및 역사적 배경 등과 만나는 지점에서 진정한 의미가 드러난다. 라인강을 이해하려면, 우리가 가진 시대적 지평이 라인강의 역사적 · 지리적 지평과 어떻게 연결되는지 고려해야 한다. 강의 물리적 흐름과 그 강이 지나온 사회적이고 문화적인 역사를 통합하여 이해하는 것이 중요하다. 라인강이 중세 시대에 중요한 교역로였던 사실을 아는 것은 오늘날 강을 이해하는 데 중요한 지평을 열어주며, 이를 통해 우리는 강의 문화적 · 역사적 의미를 더 깊이 이해할 수 있다.

윤병렬이 해석학적 시각을 가지고서 라인강을 바라본 입장이 그의 에세이와 세계관에서 잘 드러나고 있다. 라인강을 해석학적으로 바라볼 때, 이 강은 단순히 물리적 현상이 아니라 다양한 의미를 읽어내는 텍스트와 같다. 라인강을 해석학적 시각에서 해석하는 것은 강에 대한 의미를 이해하고 해석하는 과정을 중심으로 접근하는 것이다. 해석학에서는 모든 이해가 맥락 속에서 이루어진다고 강조한다. 라인강을 해석할 때도, 그 강이 어떤 역사적·문화적·사회적 배경을 갖고 있는지에 따라 의미가 달라질 수 있다. 해석학적으로 라인강을 바라볼 때 우리는 이 강이 단순히 자연적 현상으로 존재하는 것이 아니라, 인간의 역사적 경험과 깊은 연관을 맺고 있음을 인식한다. 말하자면, 라인강을 따라서 흐르는 물은 세월의 흐름과 인간 존재의 변화를 상징적으로 드러낼 수 있다.

이런 맥락에서 윤병렬의 해석학 수업 이후의 논문들과 저서들에는 가다머의 해석학적 시각과 지평을 원용하거나 전유하여 산책로와 여행에서 얻은 경험들, 고구려의 고분벽화, 고인돌, 남두육성, 청동거울, 청동보검, 수막새, 한국의 전래동화 및 해학 등을 해석하고 있음을 확인할 수 있다. 윤병렬은 가다머의 해석학 수업을 자신의 "사유의 묘판"으로 삼아서 이후의 자신의 철학적 작업을 수행하였음을 확인할 수 있다.

4. 서양철학의 원천을 만나다: "그리스 철학" 수업[14]

윤병렬은 원래 동서양의 고대사상에 많은 관심을 가졌다. 그리스 신화로부터 소크라테스 이전의 철학자들과 특히 플라톤 철학에 관심을 기울였다. 그리스 철학은 서양 철학의 기원이자 기초로 간주된다. 그것은 인간 존재 및 모든 철학적 문제를 탐구하는 데 중요한 출발점을 제공한다. 고대 그리스 철학은 그리스 세계의 사회적·정치적·문화적 변동 속에서 탄생하였으며, 철학적 사고가 이성(logos)과 논리적 탐구를 통해 인간의 삶과 세계를 이해하려는 노력의 일환으로 전개되었다.

그리스 철학의 의의는 여러 가지 측면에서 두드러지며, 서양 철학의 기초를 놓은 것 외에도 과학적 사고, 정치적 철학, 윤리적 사고, 형이상학적 탐구 등 다양한 분야에서 중요한 영향을 미쳤다. 그리스 철학의 가장 큰 특징은 이성과 논리적 사고를 강조한다는 점이다. 그리스 철학은 오늘날까지도 문학, 예술, 사회 이론, 법학, 심리학, 과학 등 거의 모든 분야에 영향을 미치고 있다. 우리가 사용하는 언어와 개념, 논리적 구조는 고대 그리스 철학자들의 사상에서 영향을 받았다. 그리스 철학을 공부하는 것은 현대 세계에서 지식의 뿌리를 이해하는 데 도움이 된다.

그리스 철학은 신화적 사고와 이성적 사고의 차이를 극명하게 보여준다. 그리스 철학자들은 인간이 경험과 직관에 의존하는 신화적 사고 방식에서 벗어나, 이성을 바탕으로 세계를 설명하고자 했다. 이를 통해 그들은 자연, 인간 존재, 우주에 대한 합리적이고 논리적인 이해를 추구했다. 그리스 철학자들은 이성과 논리적인 사고를 통해, "세상이 원질(arche)은 무엇인가?", "왜 우리는 여기 있는가?", "어떻게 살아야 하는가"와 같은 큰 질문에 대한 답을 찾으려고 했다.

고대 그리스 철학자들은 자연과 우주의 법칙에 대해 깊은 호기심을 가졌다. 탈레스(Thales)는 물이 모든 것의 근본 원리라고 주장했으며, 피타고라스(Phytagoras)는 수학적 규칙을 통해 우주의 구조를 설명하려고 했다. 이러한 고대 그리스 철학자들의 탐구는 과학적 사고와 논리적 분석의 발전을 이끌었으며, 오늘날 우리가 과학을 이해하는 데 중요한 기초를 제공한다. 그리스 철학은 인간 존재와 우주의 본질에 대한 질문을 제기했다.

전술한 바와 같이, 윤병렬은 자신의 서재에 서양 존재론의 효시 중의 한사람인 파르메니데스의 철학여행을 묘사한 사진을 걸어놓고, 늘 자신의 철학적 길의 모범으로 삼았다. 초기 그리스 철학자 파르메니데스의 「교훈시」에는 용기와 의지를 가진 한 사람이 "어둠의 집"을 떠나 존재와 진리를 통찰하는 "빛의 왕궁"으로 나아가는 여행을 내용으로 하고 있다. 물론 이러한 여행은 정신적 여행으로서 철학을 갈구하는 의지를 가진 사람만 감행하는 여행이다. 이 여행길은 마치 플라톤의 "동굴의 비유"에서의 노정처럼 심히 어려운 것이지만, 그러나 여행자로 하여금 "순수한 존재"를 체험하게 하고 절대적인 진리를 맞이하게 한다. 가상의 세계에서 존재에로, 어둠에서 "빛의 왕궁"으로, 몽매한 비진리의 세계에서 신적인 진리의 세계로 상승하기 위해서는 그러나 우선 망상과 통속의 세계와 싸워야 한다. 이런 세계를 극복한다는 것은 이미 철학적인 구원에 다가서는 것과 같은 이치이다.

파르메니데스와 같은 철학자들은 "존재란 무엇인가?"라는 문제를 탐구했고, 헤라클레이토스(Herakleitos)는 "모든 것은 변한다"는 이론을 제시했다. 이러한 질문들은 우리가 살고 있는 세계와 우리 자신에 대한 깊은 이해를 가능하게 하며, 인간 존재의 의미를 찾는 데 중요한 역할을 한다. 그리스 철학은 자기 성찰과 비판적 사고의 중요성을 강조한다. 소크라테스는 "너 자신을 알라!"고 말하면서 인간이 자신에 대해 깊이 성찰하고, 질문을 던지며, 자기 지혜를 추구해야 한다고 주장했다. 그리스 철학은 우리가 자신의 생각과 신념을 의심하고, 그것을 더 깊이 탐구하도록 도와준다. 그것은 도덕적 원칙과 인간의 삶에 대한 의미를 탐구하며, 오늘날에도 개인의 윤리적 선택과 사회적 가치관에 큰 영향을 미친다.

윤병렬의 철학적 사고에 지대한 영향을 끼쳤던 플라톤(Platon)의 우주론은 물질 세계와 이데아 세계를 구분하는 이원론적 구조를 가지고 있다. 이데아 세계는 완전하고 불변하는 진리의 세계이고, 물질 세계는 그것을 반영하는 불완전한 세계로 본다. 플라톤은 우주가 이성적 질서와 목적에 의해 존재한다고 믿었으며, 인간의 삶은 이데아를 이해하고 영혼의 완전함을 회복하는 과정이라고 생각했다. 플라톤은『국가』(Politheia)에서 정의와 덕을 중요한 문제로 다루며, 정치적 이상국가를 제시했다. 그는 인간 사회에서 도덕적 가치와 질서가 어떻게 구현될 수 있는지에 대해 논의했다. 플라톤은 이상적인 국가는 철학자 왕이 통치해야 한다고 주장하며, 지혜와 정의가 국가의 중요한 가치여야 한다고 보았다. 철학적 사유의 기원은 플라톤이 추구한 것처럼 영원한 것에 대한 에로스이다. 우리의 영혼은 감각적인 것과 지상적인 유한성에 안주하지 못하고 이를 넘어서고자 한다. 그리하여 초감각적인 것과 불멸 · 불사 · 불변적인 영원한 것을 추구한다. 이런 입장은 그리스 철학 이후로 형이상학적 존재로서 인간에게 구유되어 있는 초월적인 차원과 경향성으로 간주되어왔다.

플라톤에게 지혜는 가장 아름다운 것에 속하고, 아름다운 것을 추구하는 원동력은 에로스이다. 플라톤에 의하면 우리 영혼은 지상으로 유배되어 육체와 결합함으로써 날개가 꺾여 이 땅으로 추락하고 육체에 갇혀 부자유해졌다. 그런데 지혜와 아름다움에 대한 사랑만이 부서진 날개를 소생시키는 힘을 가졌다고 한다. 영혼의 날개가 진리와 아름다움의 목초를 먹고 자란다. 철학과 예술은 오로지 불멸의 이데아를 향한 형이상학적인 욕망에 뿌리를 내리고 있다. 아리스토텔레스는 논리학을 체계적으로 발전시켰으며, 논리적 사고와 추론의 중요성을 강조했다. 그의 삼단논법과 논리학의 원리는 오늘날 과학적 방법론이나 법학 등 다양한 분야에서 여전히 사용된다. 그리스 철학을 통해 논리적 사고와 논증의 중요성을 배울 수 있으며, 이는 문제 해결과 의사소통에서 중요한 도구가 된다. 아리스토텔레스는 『니코마코스(Nicomachus of Gerasa) 윤리학』에서 행복을 인간 존재의 궁극적인 목적으로 삼았으며, 중용을 중심으로 윤리적 삶을 강조했다. 아리스토텔레스는 행동의 도덕성을 인간의 이성적 선택과 덕에 연관 지었다.

윤병렬이 그리스 철학 수업 이후에 발표된 그리스 철학과 관련된 논문들을 살펴봄으로써 그가 얼마만큼 그리스 철학으로부터 영향을 받았고, 그것이 자신의 "사유의 묘판"이 되었는지를 역으로 확인할 수 있을 것이다. 「고대 그리스의 헤르메노이티케와 하이데거의 해석학 개념」이란 논문에서 인류의 철학적 유산이라고 할 만큼 소중한 고대 그리스의 선포와 개시의 "헤르메노이티케"(hermeneutike)를 하이데거가 자신의 존재사유를 통하여 재발견하고 재창조한 사실을 밝힌다. 그러나 고대 그리스적 헤르메노이티케를 오늘날 구현하기란 거의 불가능하다. 그것은 헤르메스의 개시도 신탁의 선포도 들려오지 않기 때문이다. 그러나 하이데거는 존재사유를 통하여 선포와 개시의 "헤르메노이에인(hermeneuein)"을 되살리고 있는데, 이러한 헤르메노이에인의 재발견과 재창조를 통하여 그의 심원한 해석학과 존재론을 엿볼 수 있게 한다. 윤병렬은 이러한 하이데거의 해석학에 이르는 과정에는 헤르메노이에인의 "선포"에 음성언어적 요소가 있음을 검토하였다.

윤병렬 또한 「플라톤 철학의 선–형이상학적인 구조」란 논문에서 오늘날 형이상학은 그 이름만으로도 "낡고 독단적인 것"으로, "비현실적"이고 "비과학적"이며 구시대적인 것"으로 치부되고, 이와 반대로 '탈–형이상학'이라거나 '반형이상학'이란 용어가 더 흔하게 들리는 편임을 강조한다. 많은 철학자들, 특히 반형이상학과 탈–형이상학의 논객들은 플라톤 철학이 형이상학의 원조인 것처럼 아주 태연스럽게 지목한다. 더욱이 이때의 형이상학 개념은 긍정적인 것이 아니라 상당히 경멸적인 의미로 쓰여진 것이다. 그래서 여기에서는 칸트로부터 현대철학에 이르기까지 형이상학과 형이상학의 개념을 둘러싼 논쟁을 요약한다. 특히 니체에게서부터 포스트모더니스트들에 이르기까지 첨예화된 플라톤 철학에 대한 비판, 이를테면 "배후의 세계"를 조장하는 형이상학이라는 것이 온당하지 않음을 검토한다. 그러나 이 논문은 플라톤의 형이상학을 변증하거나 옹호하려는 데에 주안점이 있는 것이 아니라, 오히려 그의 핵심적인 철학의 관건이 선(先)—형이상학이며, 심지어 선—자연학이라는 것을 밝히는데 주목적이 있다. 그리하여 경멸적 의미로 사용되는 형이상학의 책임을 플라톤에게 묻는 걸출한 철학자들의 소행이 별로 온당하지 않음을 밝힌다. 특히 플라톤의 "태양의 비유"를 통해 태양과 빛의 생리적 원리로써 플라톤 철학의 핵심적 내용이 형이상학이라기보다는 선—형이상학임을 밝히고자 하였다.

윤병렬은 나아가 「소크라테스와 플라톤에게서 디오니소스적인 것의 존재」란 논문에서 대체로 많은 사람들은 소크라테스와 플라톤을 서양 "합리주의의 아버지"라거나, "이성중심주의의 원조", "관념론의 창시자", "서양 형이상학의 원조" 등으로 칭하면서 주로 부정적인 시선을 던진다고 한다. 특히 니체와 포스트모더니스트들에게서 저들 고대 그리스의 철인들은 혹독한 비판을 받고 있다. "이론적 인간의 전형", "이론적 낙관주의자의 원형", "디오니소스의 적대자", "비극의 죽음", "디오니소스적 비극의 해체", 고대 그리스 비극의 "무덤 파는 인부" 등은 니체에 의해 소크라테스에게 주어진 이름들이다. 자신의 철학을 "뒤집은 플라톤주의"라고 선언한 니체는 플라톤에게도 위의 소크라테스에게 부여한 혐의를 덮어씌운다. 과연 소크라테스와 플라톤에게서 디오니소스적인 것의 존재는 미미할 따름인가? 여기서는 플라톤의 대화록인 『파이드로스』(Phaidros)에서 광기의 테마와 『심포지온』(Symposion)에서 디오니소스적인 것의 존재를 중심으로 소크라테스와 플라톤에게서 디오니소스적인 것이 강력하게 부각되고 있음을 밝힌다. "디오니소스의 적대자"라거나 "디오니소스적 비극의 해체"라는 명목으로 소크라테스와 플라톤에게 가해진 비난은 그러나 그들 철학의 복합성과 다각도성을 읽지 못한 결과인 것으로 평결하였다.

윤병렬은 동서비교철학적 차원에서 「장자와 플라톤의 위상학적 인식론을 통한 근대 인식론의 딜레마 극복」에서는 장자의 『장자』와 플라톤의 "동굴의 비유"를 중심으로」 근대의 인식론이 섬세하고도 방대하게 구축되었다는 것은 주지의 사실임을 밝히고 있다. 합리론과 경험론 및 칸트의 비판론은 예외 없이 인식의 문제에 깊이 천착하고서 우리의 철학사에 확고한 인식론의 영역을 개척한 것이다. 그럼에도 불구하고 주·객 이원론에 빠진 근대의 인식론에는 적잖은 문제가 수면 위로 떠오르고 있다. 무엇보다도 주·객 이원론의 도식에 따라 인식주체는 획일화되고 보편화 내지는 전체주의화되었으며, 인식대상 또한 위의 구도와 같이 획일화되었다. 물론 경우에 따라 보편성을 획득하는 인식도 존재하겠지만, 인식은 구체적인 개별자에 의해 각자적으로 수행되기에 획일화하기 어려운 문제가 남아 있는 것이다. 인식주체의 지적이고 영적인 수준에 따라 혹은 서로 다른 직관에 따라 인식되고 이해되는 인식대상의 차원도 다른 것이다. 인식 가능과 인식 불가능 사이에 혹은 저차원의 인식과 고차원의 인식 사이에는 천차만별의 인터벌이 존재하는 것이다. 이런 인식주체와 인식대상의 질적 차이를 고려하지 않은 것은 실로 근대 인식론의 스캔들이라고 하지 않을 수 없다. 그런데 놀랍게도 우리는 오히려 근대 이전에, 고대 그리스의 플라톤과 동양의 장자에게서 근대 인식론의 딜레마에 대한 대안과 해결책이 마련되어 있음을 목격한다. 윤병렬은 플라톤의 "동굴의 비유"와 "선(線)의 비유" 및 『장자』를 통해 근대인식론의 딜레마를 극복할 수 있다고 보았다.

마지막으로 윤병렬은 「플라톤과 하이데거 및 고구려의 고분 벽화가 표명한 '사방'으로서의 코스모스」에서는 플라톤과 하이데거의 철학 및 고구려 고분 벽화에 드러난 코스모스에 대한 사유를 파악하는 것이 목적이었다. 동·서양에서 코스모스를 총체로 이해하고 "사방"의 "거울─놀이"(Spiegel-Spiel)로 표현한 것에 주목한다. 고대 한국인이 파악한 코스모스의 영원한 "거울─놀이"에는 인간의 위상이 크게 부각된 데에서 하이데거의 논의와는 다소 차이를 드러낸다. 이 외에도 고분벽화에 내포된 불멸사상을 통해 한국의 고대철학을 조명해보려는 시도도 들어있다.

이런 맥락에서 윤병렬의 "사유의 묘판"은 그리스 철학수업에서 구축되었음을 확인할 수 있다. 이것을 기초로 하여 자신의 독자적인 연구를 펼쳐나갔음을 확인할 수 있다. 결국 윤병렬은 철학의 기초로서 현상학, 존재론, 해석학, 그리스 철학을 수학했다. 이러한 "사유의 묘판"은 그의 철학적 연구의 튼튼한 토대가 되었다.

5. 철학자로서 자격을 취득하다: 박사학위논문[15]

① 박사학위논문의 배경과 내용

윤병렬의 철학수업과 박사학위논문 작성에 지대한 영향을 미쳤던 지도교수 슈미트 교수(Prof. Dr. Gerhart Schmidt)의 철학적 노선은 무엇인가? 슈미트 교수는 독일 철학 전통의 맥락에서 형이상학과 인식론에 관한 깊은 논의를 펼친 학자이다. 그의 철학적 노선은 몇 가지 중요한 주제와 방향을 포함하고 있다. 여기에는 주로 실존주의, 현상학, 그리고 인식론적 문제가 중심이 된다. 그는 현상학적 방법론을 통해 인간 경험의 본질을 이해하고자 했다. 현상학은 사물이나 경험을 그 자체로 분석하는 철학적 접근으로, "있는 그대로"의 경험을 탐구하려는 태도를 취한다. 그는 현상학을 통해 인간 존재와 인식의 구조를 설명하고자 했다. 그의 철학에서 실존적인 차원은 중요한 위치를 차지한다. 실존주의는 개인의 자유, 선택, 책임을 강조하는 철학적 경향으로, 인간 존재의 주체적 경험에 중점을 둔다. 그는 이러한 실존적 경험을 철학적 논의의 핵심으로 삼았고, 인간이 처한 세계와의 관계에서 의미를 찾으려고 했다.

슈미트 교수의 철학적 노선은 주로 존재론, 형이상학, 그리고 언어철학을 포함한 다양한 철학적 주제를 다루었다. 그는 특히 현대 철학과 전통 철학 간의 연결을 모색하고, 인간 경험과 실재의 본질에 대한 깊은 통찰을 제안한 것으로 알려져 있다. 아래는 그의 철학적 노선과 중심 사상을 요약한 것이다. 그는 실재의 본질에 대한 철학적 탐구에 깊은 관심을 가졌다. 그는 전통적인 형이상학적 논의를 현대적으로 재해석하며, 실재의 다층적 구조를 분석하려고 했다. 실재는 단순히 객관적 세계로 환원되지 않으며, 인간 경험과 언어를 통해 매개된다고 주장하였다. 그는 언어가 실재를 구성하거나 드러내는 데 중요한 역할을 한다고 보았다. 언어는 단순히 사물의 이름을 붙이는 수단이 아니라, 세계를 해석하고 형성하는 구조적 틀로 작용한다고 주장한다. 이는 하이데거의 언어 철학과 일정 부분 연결된다. 그는 인간 존재와 경험이 실재와 어떻게 연결되는지에 대해 철학적 질문을 제기했다. 인간은 단순히 외부 세계를 관찰하는 존재가 아니라, 실재를 구성하고 그 안에서 자신의 존재를 형성하는 능동적 주체로 간주된다. 이는 실존주의적 관점과도 연결될 수 있다.

슈미트 교수는 전통 철학의 유산을 존중하면서도 현대 철학의 혁신적인 관점과 방법론을 적극적으로 수용했다. 그는 형이상학적 사유와 분석적 철학, 그리고 "언어적 전환" 사이의 대화를 강조했다. 슈미트 교수의 철학의 특징 요약하면 다음과 같다. 실재와 언어, 인간 경험의 복합적 관계 탐구, 전통적 형이상학과 현대 철학적 방법론의 융합, 인간 중심적 실재 해석을 넘어서는 사유, 철학적 탐구의 윤리적·실천적 차원을 강조하였다. 이처럼 그의 철학은 인간 존재의 깊은 이해를 위한 탐구함으로써 형이상학, 현상학, 실존주의적 측면을 복합적으로 다루며 인간 인식과 존재의 본질에 대한 논의를 펼쳤다.

지도교수로부터 사상적 영향을 받고 작성한 박사학위논문에서 윤병렬은 하이데거가 진리를 어떻게 이해했으며, 또한 그의 전기와 후기의 사상에서 진리이해가 어떻게 변화되었는가를 추적해보고, 그가 이런 진리이해를 하게된 주변의 직간접적 영향을— 이를테면 후설과 아리스토텔레스며 소크라테스 이전의 철학자와 플라톤의 진리 파악—살펴보았다. 이로써 하이데거가 던진 비판에 대한 타당성 내지 정당성 여부를 검토해보는 것을 줄거리로 삼았다.

그의 학위논문 제목은 「하이데거의 사고에 있어서 진리이해의 변화— 후설과 고대 그리스 철학의 조명에서 하이데거의 진리파악에 대한 검토」(Der Wandel des Wahrheitsverständnisses im Denken Heideggers − Untersuchung seiner Wahrheitsauffassung im Lichte des husserlschen und griechischen Denkens, 1996.)이다.

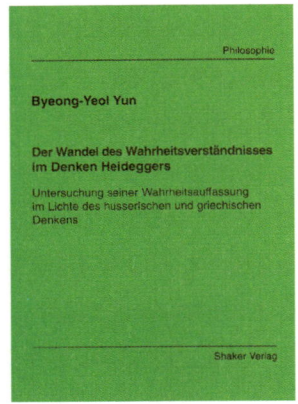

Publisher : Shaker Verlag (3 May 1996)
Language : German
Mass Market Paperback : 238 page

② 철학수업이 박사학위논문 작성에 미친 영향

윤병렬의 박사논문에서는 "현상학"과 관련된 부분은 다음과 같다. 2장에서는 하이데거의 진리개념에 미친 후설의 현상학의 영향을 다룬다. 여기서 하이데거가 걸었던 현상학의 길을 추적한다. 그의 초기사유에서의 현상학과 후설의 현상학과 하이데거의 "현존재의 현상학"을 비교 설명한다. 그리고 후설의 진리파악과 관련하여, 논리적인 것과 참된 것, 그리고 명증성과 진리 개념을 다룬다. 나아가 후설의 현상학에 있어서 존재와 진리 그리고 하이데거의 "해석학적 현상학"에서의 존재와 진리 문제를 비교설명한다. 여기서는 현상학적 · 존재론적 영역에서의 존재와 진리 그리고 범주적 직관과 존재이해를 다룬다.

박사학위논문에서 다룬 "존재론"과 관련된 부분은 다음과 같다. 논문의 3장에서는 "실존론적 · 존재론적" 진리에로의 접근을 위한 하이데거의 아리스토텔레스 해석을 다룬다. 4장에서는 초기 하이데거에 있어서 실존론적인 진리의 전개를 주제화하면서 고대의 존재물음과 "존재의 의미에 대한 물음", 그리고 인간적인 현존재를 상론한다. 5장에서는 후기 하이데거의 사유에서의 존재와 진리를 다룬다. 여기서는 "전향", 존재사와 "비은폐성"으로서의 진리, 그리고 존재와 진리의 초월성 문제─예술, 언어 그리고 사유를 고찰한다.

　박사학위 논문에서 다룬 "해석학"과 관련된 부분은 다음과 같다. 논문의 2장에서는 후설의 현상학에 있어서 존재와 진리 그리고 하이데거의 "해석학적 현상학"에서의 존재와 진리 문제를 비교설명한다. 논문의 3장에서는 "실존론적·존재론적" 진리에로의 접근을 위한 하이데거의 아리스토텔레스 해석을 다룬다. 논문의 6장에서는 호머, 헤시오드, 헤르도토스, 탈레스, 솔론 그리고 헤라클레이토스의 진리해석, 파르메네데스의 진리 해석을 다룬다. 논문의 7장에서는 하이데거의 플라톤에서의 진리해석을 고찰한다.

　박사학위 논문에서 다룬 "그리스 철학"과 관련된 부분은 위의 해석학과 관련된 부분과 중첩된다. 논문의 6장에서 하이데거와 소크라테스 이전의 철학자들의 진리이해이다. 여기서는 소크라테스 이전의 철학자들에 있어서 진리와 "비은폐성"을 다루고 있다. 호메로스, 헤시오드스, 헤르도토스, 탈레스, 솔론 그리고 헤라클레이토스의 진리해석과 파르메네데스의 진리 해석을 다룬다. 논문의 7장에서는 하이데거의 플라톤에서의 진리해석을 고찰한다.

　이런 맥락에서 하이데거의 "비은폐성"으로서의 진리개념(A-letheia, Unverborgenheit)은 이후의 고분벽화의 사수도와 사신도를 읽어내는 데 있어서 탁월한 이정표가 된다. 자신이 무엇임을 알려주는 사신도와 사수도의 메시지는 그러기에 어떤 불필요한 이론을 끌여들일 필요도 없는 비-은폐의 진리이다.[16]

③ 박사학위 논문 소개글[17]

　'진리란 무엇인가?'라는 질문은 필라투스가 많은 사람들로 운집된 법정에서 십자가로 사형을 받게 된 예수께서 툭 내뱉은 질문이었으나 그에 대한 답변은 아직 열려 있다. 알 듯 모를 듯한 진리에의 사랑이라거나 진리를 찾아 나선다는 말을 우리는 자주 하지만 정작 "진리란 무엇인가?"라고 물으면서 머뭇거리게 되는 데 이는 아마도 진리의 본질 혹은 진리 자체라는 것이 사물처럼 가시적인 세계에서 파악되지 않기 때문이리라.

　그럼에도 진리의 개념은 철학사 만큼이나 오래된 것이다. 아득한 옛날 호머나 헤시오도스와 같은 시인이나 솔론, 피타고라스며 헤라클레이토스와 헤로도토스 같은 이들도 진리에 대해선 정의를 내리지 않은 채 써왔는데 파르메니데스와 플라톤에게선 진리가 무엇인지에 대해 설명되어지고 있다. 저자는 이 논문에서 하이데거가 진리를 어떻게 이해했으며 또한 그의 전기와 후기의 사상에서 진리이해가 어떻게 변화되었는가를 추적해보고, 그가 이런 진리이해를 하게 된 주변의 직접 간접적인 영향을 이를테면, 후설과 아리스토텔레스며 소크라테스 이전의 철학자와 플라톤의 진리파악—살펴보며, 또 하이데거가 던진 비판에 대한 타당성 내지는 정당성 여부를 검토해 보는 것을 줄거리로 삼았다.

저자는 하이데거의 진리파악과 그의 철학사에 등장한 진리개념에 대한 과소평가에 한하여 다소 부정적인 시각으로 보았으나 그렇다고 그가 철학 전반에 대해서 그런 시각으로 본 것이 아님을 부연해둔다. 존재와 진리에 대한 질문은 하이데거의 사고에 있어서 하나의 핵심적인 동기이다. 그는 이 문제를 끝까지 놓치지 않고 다루었다. 그는 용감하게 철학사에 등장한 진리개념에 대항해 싸웠는데 진리의 특이성, 이를테면 항존성이나 즉자로서의 진리며 객관성을 부인하고 시간적이고 현존재에 국한된(주관적인) 진리를 주장했다. 하이데거의 존재와 진리의 개념이 성립되기에는 무엇보다도 후설의 영향이 결정적임을 간과할 수 없다.

하이데거는 후설이 『논리연구』를 통해 이룩한 현상학의 토대 위에서 『존재와 시간』이 쓰여질 수 있었다고 말하고 있으며, 그가 활발하게 활동하던 때에는 후설 철학, 특히 그의 "주관성"의 철학을 떠나 고대 그리스 철학이라든가 니체와 휠덜린에 눈을 돌리나 만년의 저작인 "사유거리를 위하여"에서 회고하듯이, 1919년부터 후설 곁에서 현상학적인 통찰을 통해서 "존재물음"(Seinsfrage)에로 발걸음을 옮겼다고 쓰고 있다.

원래 고대 그리스에서 출발한 이 존재에 대한 질문에 답변을 시도해 보려던 하이데거는 그 예비작업으로서 "존재의 의미에 대한 질문"과 더 나아가 "현존재의 해석학"을 발전시켰다. 후설의 현상학에서 출발하여 나름대로 독자성과 창의성이 발휘된 이 "현존재의 해석학"은 『존재와 시간』을 펴내기 훨씬 이전에 이미 자기 고유의 철학의 토대로 자리잡은 것이다. 하이데거가 1933년 마부르크대학으로 초빙되기 전 1922년에 작성한 "나토르프 보고서"(P. Natorp—Bericht)에는 "아리스토텔레스 철학의 현상학적 해설"이라는 제목 아래 삶의 현실을 중요시한 인간의 사실성을 중심테마로 삼고 있으며, 1923년 프라이부르크(Freiburg) 대학교의 여름학기에 강의한 "존재론"에는 "사실성의 해석학"이라는 부제가 말하고 있듯이, "현존재의 해석학"은 하이데거의 전기사상에 핵심을 이룬다. 현존재의 사실성, 현존재의 사실적 삶과 존재이해야말로 그의 전기사상에 있어서 더 이상 정초될 수 없는 존재론의 기조가 된 것이다. 하이데거는 이와같이 현존재의 "존재적-존재론적 우월성"에 근거하여 현존재의 열림(Erschlossenheit), 발각(Entdecktheit), 확실성, 결단에서 새로운 진리개념을— 실존범주로서의 진리—정초한다. 이것은 진리가 현존재의 본질 혹은 현존재의 근본틀에 속한다는 말이다.

그러나 이와같은 하이데거의 진리파악은 많은 사람들로부터 의심을 받아왔다. 왜냐하면 이 때까지의 철학사에는 인간이 진리에로 향하거나 진리를 찾아야 된다는 것을 분명히 하는데 하이데거에게서는 이에 반하여 마치 현존재가 진리를 낳는 제조기처럼 보이기 때문이다. 그렇게 되면 주관적인 억지나 임의성이 스며들게 되어 오히려 진리를 망치게 된다. 또한 위와 같은 하이데거의 개념들은 진리의 일어남에 있어서 하나의 성공적이고 필수적인 진입로로 보이나 이걸 곧 진리라고 하기엔 아직 이른 것으로 보이기 때문이다. 하이데거는 아마도 후설에 있어서 의식의 지향성이며 선술어적 진리를 지나치게 극대화한 것으로 보이는데 후설의 경우는 명증성 자체가 진리라고 말하지 않았다. 단지 진리의 일어남이 진리를 찾는 주체자의 명증성 안에서 가능하다는 것만을 강조한 것이다. 더구나 후설은 진리의 속성인 초시간성, 독자성 혹은 즉자성, 객관성과 절대성을 놓치지 않았다. 또 선술어적 진리란 예를 들면, 언표가 되어지기 전 노에시스(noesis)와 노에마(noema)와 하나되는 데에서 일컬어지는 것으로서 이는 아리스토텔레스에게서도 그 유형을 찾아볼 수 있다.

하이데거는 자기의 진리개념에 대한 타당성 여부를 고대 그리스 말인 알레테이아(ἀλήθεια, Alētheia)에서 찾고 있는데 이에 대한 적합성 여부는 불확실한 것이다. 하이데거는 위의 Alētheia의 동사형인 aletheuein을 "나타내 보이다"로 해석하며 이것은 곧 존재자가 비은폐성(Unverborgenheit)으로 나왔다는 것이어서 곧 발각(Entdecktheit)과 같다는 말이다. 하이데거는 이와같이 아리스토텔레스의 "나타내 보이다"를 "진리를 말하다"(Wahrheit sagen: alētheuein)와 연결시키고 이를 현존재의 "열림"이며, "발각" 등과 결부시켜 자신의 진리개념을 옹호하나 이는 신빙성이 희박하다. 하이데거는 이를 위해 아리스토텔레스의 『니코마쿠스 윤리학』에 "진리'의 동사어형인 aletheuein을 증거로 세우나 이 문장을 자세히 보면 현존재가 말함으로서(legein) 진리로 되는 것이 아니라, 인간의 영혼이 다음의 5가지와 같은 덕목을(즉 techne, phronēsis, epistēmē, sophia, nous) 갖고 있을 때 과오 없이 목적을 달성하기에(telos에 달함) 진리에 맞춘다는 의미이다.

하이데거에 의하면 "비은폐성"이 원래 고대 그리이스의 "진리"라는 말인데 이는 하이데거가 Alētheia를 A-lētheia로 분리한데서 나온 주장이다. 고대 그리스어에서 A라는 전철은 부정하는 뜻으로 사용되는데 그렇다고 모든 단어에 A-만 붙어있으면 그 단어들이 부정된다고 볼 수 없다. 바로 alētheia가 a-lētheia로 되기 때문이다. 이는 플라톤이 그의 『크라틸로스』(Kratylos)에서 해명한 것인데, 진리라는게 하나의 신적인 운동이라는 뜻이다. 어쨌든 저자는 이 "진리"라는 말의 고대 그리스어 어원에 대한 서로 상이한 의견을 가진 수다한 고전어 학자들의 주장을 언급하지만 문제의 실마리를 이와 같은 언어 형태론에서 찾지 말로 실제로 이 단어를 고대 그리이스의 시인들과 철학자들이 어떻게 그들의 저서나 말모음집에서 사용했는지 주목해 본다. 그들은 소위 말하면 진리란 개념을 "말한다"라는 단어와 함께 썼기에(verba dicendi!) 하이데거의 주장에 대한 신빙성은 점점 희박해져 간 것이다. 더구나 은폐의 지양만으로 진리가 된다고는 아무도 말하지 않았다.

특히 파르메니데스와 플라톤은 철학사에서 진리라는 개념을 정초한 것으로 우리가 앞에서 말한 진리의 항존성과 객관성을 명확하게 이해할 수 있다. 하이데거는 헤라클릭의 퓌시스(physis)와 로고스를 "진리"의 테마 아래 광범위하게 다루는데 사실 헤라클레이토스는 여기에 진리라는 말(Alētheia)을 쓰지 않고 있다. 그러기에 하이데거의 "비은폐성"이라는 말은 "진리"와 거리를 두어야 한다는 결론이 나온다. 그렇게 되며 진리개념에 대한 하이데거의 과오가 지적되고, 또 그 반대로 그의 "비은폐성"이 철학사에서 독창성을 갖게 되는 셈이다.

하이데거는 진리파악의 지평에서 플라톤과 접전을 벌인다- 마치 니체가 소크라테스를 대한 것처럼, 그는 그의 저작인 『진리에 대한 플라톤의 학설』에서 소크라테스 이전의 철학자에게 살아있던 "시원적인 진리"로서의 "비은폐성"이 플라톤에게서 퇴락되고 변질되었고 주장한다. 그래서 그 여파가 중세와 칸트며 니체를 거쳐 우리에게도 파급되어 쓰여지고 있다는 것이다. 그러나 플라톤에게서 고대 희랍철학에서의 진리파악이 퇴락되었거나 변질된 것을 찾아볼 수 없으며, 오히려 그에게서 진리개념의 깊은 뜻을 발견하게 된다. 하이데거는 진리문제를 "동굴의 비유"에서 찾고 있는데 이는 밝고 어두움의 관계에서 "은폐성"과 "비은폐성"을 쉽게 규명할 수 있으리라. 그러나 오히려 "태양의 비유"에서 플라톤의 "진리"를 선명하게 찾을 수 있다. 진리는 "태양의 비유"에서 빛으로 비유되었다. 빛이 있음으로 "비은폐성"이 가능한 것이다! 따라서 진리가 있으므로 그런 비은폐이 가능한 것이다. 블루멘베르크(H. Blumenberg) 는 하이데거가 플라톤 사상을 복사했다는 것을 제시하고. 리델(M. Riedel)은 하이데거가 플라톤의 도움으로 "전회"(Kehre)를 감행했다고 역설한다.

하이데거는 "비은폐성"을 "시원적인 진리", 존재의 진리, 비춤(Lichtung), 들추어 냄(Entbergung) 등의 이름으로 자기의 후기철학에서 계속 거론하고 더 나아가 이전에 반대개념으로 되어있는 발각과 감춤을 드디어 "비은폐성"과 은폐성의 이름 아래 서로 정초연관성으로 물리게 한다. 그러나 하이데거는 결국에 진리라는 말이 자기의 비은폐성과 다르다는 것을 고백하게 된다.

이때껏 비판적 시각에서 약술한 것을 떠나, 즉 진리이론과 관계 없이 하이데거의 "비은폐성"은 선험적이고 초월세계에 있는 "존재"가 이해될 수 있는 계기를 마련해줌으로써 그의 사고에 심오한 내용이 있다는 것을 간과해서는 안되리라. 그가 철학사의 진리개념과 싸웠던 것을 접어두면 그의 "비은폐성"이 독창적이어서 철학사에 이바지한 바가 클 것이다.

2장

철학함의 단초와
지평을 발견하다:
"사유의 도구"

윤병렬은 철학의 기초를 다지고 박사학위를 받은 후에 자신의 철학의 단초와 지평과 그것을 펼치기 위한 도구로서 예술철학 전반에 대한 공부를 이어갔다. 예술철학은 그의 평소의 철학함의 이정표와 동시에 지향점이 되었다. 그것은 이후의 자신의 철학, 특히 그의 주저들에서 다루었던 고구려 고분벽화에 그려진 사수도(해, 달, 북두칠성, 남두육성)와 고인돌에 새겨진 성혈과 성좌도, 청동거울에 새겨진 사신도 해석들에도 적용된다. 그것들은 예술철학 및 그와 연관된 그림철학, 표현인문학, 종교철학을 매개로 해서 가능한 것이었다. 다시 말하면 문자로 전승되지 못한 선사시대의 유적을 철학적으로 해석하고 파악하기 위해서 그 방법론적인 가능성의 기반을 마련할 필요성을 느꼈다. 왜냐하면 그것은 결코 보편타당성을 결여해서는 안되기 때문이다.

윤병렬의 주저의 하나인『고구려 고분벽화에 담긴 철학적 세계관』의 접근 방법론으로서 셸링(F. W. Schelling)과 하이데거의 예술철학 그리고 롬바흐(H. Rombach)의 그림철학으로부터 길 안내를 받았다. 말하자면 예술을 곧 철학의 본질적인 것을 드러내는 유기체로 본 셸링과 예술을 "존재의 진리"가 발현하는 장(場)으로 파악한 하이데거는 윤병렬로 하여금 고분벽화 및 고인돌의 그림들을 다시 보게 하였다. 정신(Geist)은 철학자들의 머릿 속이나 그들의 텍스트 속에만 나타나는 것이 아니라, 예술작품 속에도, 시와 신화, 동화 속에서도, 그리스 신전이나 성혈(性穴) 고인돌, 청동거울의 사신도와 고분벽화에도 드러난다는 것이 그의 일관된 지론이었다. 특히 고구려의 고분벽화는 예술철학, 그림철학, 표현인문학의 영역과 맞닿아 있다고 본 것이다.

그의 다른 주저인『선사시대 고인돌의 성좌에 새겨진 한국의 고대철학』에서 문자만이 인문학적인 것을 표현하는 수단이 아님을 강조한다. 말하자면 비문자, 그림, 컴퓨터 언어, 기호, 동영상에 이르기까지 표현수단이 다양해졌음을 새롭게 인식했다. 따라서 철학이나 인문학을 표현하는 데에도 문자의 차원을 넘어 그 표현수단을 확장할 필요가 있다는 것이다. 그는 전통적 인문학이 표현인문학으로 확장해야 한다는 주장을 펼쳤다. "인문학이란 일차적으로 문자, 그리고 이차적으로 비문자를 포함한 문화 활동을 통해 사람다움의 모색하는 노력이다."[18] 더욱이 그는 셸링과 하이데거 및 롬바흐의 예술철학은 충분히 표현인문학의 범주로 수렴될 수 있다고 보았다.

특히 롬바흐(H. Rombach)는 그림이 인류역사에서 문자전통보다 더 오래된 형태임을 부각시켰다. 인간 정신의 흔적이 스며있는 암벽화와 동굴벽화 등에는 신화와 전설, 동화와 문학작품, 시와 의례 등은 "표현인문학"의 아주 적절한 양식인 것으로 여겨진다는 것이다. 롬바흐에 의하면, 그림이란 전통적으로 이해해 온 단순한 모사의 차원이 아니라, "정신의 소인이 찍혀있는 것", "총체적인 것의 생생한 임재", 혹은 "총체적인 것의 직접적인 현현"으로서 어떤 방식으로든 살아있는 정신이 녹아 있는 것으로 파악된다. 특히 정신문명의 흔적 속에서도 "정신의 소인이 찍혀 있는 것"으로 읽어내는 롬바흐는 그림과 철학과의 관련 여부를 세심히 검토하고서, 이를 "그림철학"으로 승화시켜 철학의 새로운 지평을 개척하였다. 이러한 "그림철학"은 우리 주인공의 고분벽화 해석에도 좋은 시사점을 제공하였다.

결국 윤병렬은 칸트의 미학, 롬바흐의 그림철학, 하이데거와 셸링의 예술철학에서 철학적 단초와 지평을 발견하고, 그것을 한국의 고대철학을 재발견하기 위한 "사유의 도구"로 삼았다.

1. 예술철학과 만나다[19]

윤병렬은 예술적인 그림을 위시하여 암벽화와 동굴벽화며 신화와 전설, 동화와 문학작품, 시와 의례 등에 깃들어 있는 내용에 대해 철학적 메시지를 읽어내려고 한다. 그는 특히 예술철학적 시각으로 고분벽화 및 성좌도, 사신도, 사수도(四宿圖: 日月南北斗), 천문도, 청동거울의 신수도 등을 해독하고자 한다. 그는 고구려의 고분벽화는 일종의 그림언어로서 지나친 상상력을 동원하지 않아도 해독되고 이해될 수 있는 명쾌한 철학적인 메시지를 담고 있다고 본다. 그에 의하면, 고대 한민족은 밤낮으로 밝게 비추는 태양과 달을 숭배하여 배달, 즉 밝달족 혹은 천손족으로 칭해져 왔고, 태양과 달의 문양을 토기와 성혈 고인돌 및 청동거울과 고분벽화에 새겨왔다고 본다. 그는 박창범 교수의 다음과 같은 입장에 공감한다. "고인돌, 선돌, 그리고 그들에 새겨진 별그림은 청동기 시대의 조상들이 남긴 지적 기록이다."[20] 그 시대의 그림과 문양은 당대인들의 "생각의 지문" 혹은 "문화의 거울"일 수 있다. 따라서 문자가 없던 선사시대의 예술적 그림이나 문양 그리고 유물들을 통해 우리 전통문화의 정체성 및 정신문화의 원형도 읽어낼 수 있어야 한다는 것이 윤병렬의 입론(立論)이다.

우리가 철학의 길을 따라가다 보면, 반드시 예술을 만날 수 밖에 없다. 헤겔의 절대정신에도 예술과 철학은 함께 가고 있다. 하이데거의 표현에 따르면, 예술과 철학은 사유의 세계에 우뚝솟은 두 개의 산봉우리들이다. 말하자면 그것들은 인간의 존재 가능성을 최고도로 높인 영역이다. 한 산봉우리에 올라서 다른 산봉우리를 볼 수 있듯이, 철학의 높이에서 예술의 깊이를, 예술의 높이에서 철학의 깊이를 조망할 수 있다. 이렇듯 철학과 예술은 함께 가며, 철학을 동반한 예술과 예술을 동반한 철학이 가능하다.[21]

아름다움은 그리스 시대부터 "좋아하는 것" 및 "마음에 드는 것"으로 간주되어 왔다. 플라톤의 『향연』(Symposion)에서는 예술의 기원을 사랑에서 찾는다. 여기서 예술은 근본적으로 플라톤적 에로스, 즉 궁극적으로 불멸에의 욕망에서 기인한다. 야스퍼스는 그리스 비극을 비롯해 셰익스피어의 비극작품과 화가들의 작품들을 재해석하면서 저러한 신화와 예술작품 및 문학작품이 철학의 이정표 역할을 수행하고 있음을 여실히 드러내었다.

예술철학자인 박이문 선생에 의하면, 예술은 가능한 세계를 열어주는 언어적 제품이다. 이런 점에서 예술의 기능은 모든 기존의 질서로부터 인간을 해방하고, 새로운 세계를 향한 자유이자 희망의 길을 열어준다. 즉 예술은 가장 창조적 활동의 패러다임이라 할 수 있다.[22] 『이카루스의 날개와 예술』에서 그는 과학이 새로운 정보를 제공한다면, 예술은 과학이 보다 새로운 정보를 제공할 수 있는 새로운 틀, 즉 새로운 인식적 패러다임을 제공한다.[23] 그는 논리적으로 가능한 인식의 영역에만 머물지 않고,

논리적으로 불가능한 존재의 세계를 있는 그대로 표상하고자 하는 "시적 인식론"을 제시한다. 그의 예술적 인식론은 아시아적 전통을 배경으로 창안되었다는 점에서 시사하는 바가 크다. 이는 탈인간적이고 자연친화적인 인식론으로 발전할 가능성이 충분히 보인다. 인문학자 김우창 선생도 "예술은 철학이나 과학과 마찬가지로 세계인식의 한 방식으로 보며, 미적 인식이야말로 가장 객관적인 인식이라고 한다."[24]

재현(representation)으로서의 예술관과 달리, "표현(expression)으로서의 예술"에서는 예술의 고유한 기능이 예술가 자신이 객관적인 대상에서 느끼는 내면적 감동의 표상을 밖으로 표출시켜 그것을 타인에게 전달하는데 있다고 본다. 예술품이 말하고 의미하는 것은 현실의 영역이 아니라, 오직 가능성의 영역이다. 예술의 세계는 사실적이 아니라, 단지 가능한 세계를 드러낸다.

특히 철학과 문학의 근친성은 서양철학사와 함께 시작되었다. 크세노파네스(Xenophnes)가 남긴 풍자시나 철학적 교훈시 형태의 저작들인 향연 시와 그리고 자주 인용되는 파르메니데스와 헤라클레이토스의 단편들, 이 모두는 "철학적 시(詩) 내지 "시적 철학"이라 불린다. 이른바 "시인 추방론"을 펼친 플라톤마저도 "철학적 시인"으로 호명되기도 한다는 사실은 더 이상 놀라운 일이 아니다. 『차라투스트라는 이렇게 말했다』를 통해 철학과 문학을 크로스오버하면서 철학적 아포리즘(잠언)을 남긴 니체와 사유의 경험을 통해 독일신비주의와 낭만주의의 사상을 품고 "시적 사유"를 펼친 하이데거는 철학과 시의 근친성을 자신들의 저작들 속에서 구현하고 있다. 하이데거에게 철학과 시는 위계와 배제의 관계가 아니라, 나란히 함께 가는 평행과 공속의 관계이다.[25]

20세기의 푸코(M. Foucault)와 데리다(J. Derrida)를 비롯한 여러 철학자들은 "거울", "미로", "백과사전"으로 요약되는 보르헤스(J.L. Borges) 특유의 상상력에 깊은 영향을 받았다고 공개적으로 시인한 바 있다. 그들의 철학에 기존의 통념을 깨뜨리고 문학의 새로운 가능성을 보여준 포스트모더니즘의 선구자인 보르헤스의 문학적 상상력이 스며있음을 부인할 수 없다. 예술철학자 박이문 선생에 의하면, 시와 철학이 만나는 곳에 존재, 마음, 언어와 더불어 사는 아름다운 둥지가 지어진다는 것이다. 그의 "텍스트 양상론"에 의하면, 어떤 텍스트를 문학으로 보는가 아니면 철학으로 봐야 하는가는 언어적 약속에 의해 그것을 대하는 우리의 태도와 양상에 달려있다.[26] 박이문 선생은 시와 철학의 관계를 다음과 같이 빛과 그늘의 상보성으로 설명한다.

"철학은 삶의 살로서의 시를 갉아먹는 벌레일지도 모르지만, 삶의 시는 철학 없이는 무의미하며, 시는 철학의 빛을 가로막는 그늘일지 모르지만, 철학의 빛은 시의 그늘 없이는 무의미하다. 시와 철학이 만나는 곳에 존재, 마음, 언어와 더불어 사는 아름다운 둥지가 지어진다. 그와 같이 해서 지어진 시와 같은 철학인 동시에 철학과 같은 시로서의 존재, 마음, 언어의 둥지 안에서 우리는 처음으로 진정한 의미의 휴식을 얻고 행복을 체험할 수 있게 될 것이다. 궁극적으로는 아직도 아무것도 말이 되지 않는다. 시와 철학의 등거리 지점에서 나는 말이 되지 않는 모든 것을 말이 되게 만들어 보려는 것이다."[27]

예술은 인간의 감성에서 솟아나오는 창의력과 상상력의 산물로서 차이와 복잡성의 세계를 이해하는 지평으로 이해될 수 있다. 더욱이 예술적 상상력을 통해 세계를 새롭게 창조할 수 있다. 예를 들어, 라인강을 예술철학적 시각과 실증주의적인 시각으로 볼 때 그 차이점을 설명할 수 있다. 그러면 어떻게 라인강을 예술철학적 시각에서 이해하고 해석할 수 있을까? 라인강을 예술철학적 시각으로 바라본다면, 강은 그 자체로 미적 대상이 되며, 인간의 감정, 상상력, 그리고 예술적 창작의 영감을 제공하는 원천으로 해석된다. 예술철학적 접근은 라인강이 단순히 자연적 현상이 아니라, 인간의 감정적·심리적·창조적 경험과 어떻게 연결되는지를 중요시한다. 라인강의 풍경은 예술작품으로서 조망되며 그 흐름, 색감, 빛의 변화, 그리고 주변 환경은 아름다움과 자연의 위대함을 표현하는 중요한 요소로 다뤄진다. 더우기 그림, 음악, 문학 등에서 라인강이 어떻게 표현되었는지, 그 표현이 예술가들에게 어떤 의미를 주었는지 탐구할 수 있다. 예술철학적 시각에서는 강이 인간의 내면 세계를 반영하거나, 그 자체로 상징적 의미를 지닌 존재로 여겨질 수 있다. 라인강이 인간 존재나 자연의 순환과 같은 철학적 주제를 다루는 중요한 상징으로 사용될 수 있다. 예술철학적 시각은 라인강을 인간의 감성적· 창조적· 미적 경험을 자극하는 대상으로 해석하며, 강의 존재와 그 흐름을 상징적이고 주관적인 의미를 가진 대상으로 다룬다. 따라서 예술철학에서는 라인강을 인간 경험과 예술적 창작의 맥락에서 이해하고 해석한다.

윤병렬에 의하면, 예술철학의 거울에 비추어볼 때 고구려의 고분벽화나 성혈 고인돌의 성좌도, 청동거울의 사신도 등은 결코 단순한 고미술의 차원에 머물지 않고, 혼이 담겨있는 메시지이자 예술철학이 깃들어 있으며, 더우기 철학이 밖으로 개시된 유기체인 것이다.[28] 이제 그가 관심을 가지고 공부했던 예술철학의 각론들인 칸트의 미학, 쉘링의 예술철학, 하이데거의 예술철학, 가다머의 예술철학을 살펴보도록 하자

1) 칸트의 미학[29]

윤병렬에 의하면, 자연에 대한 미적 감정은 감관적인 진리의 영역에 속하기 때문에 명석하지도 판명하지도 않고 혼돈과 융합의 상태에 놓여있다는 것이다. 근대의 인식론은 자연의 초자연적인 영역과 코스모스의 생명체와 존재자들을 위해 존재하는 위상 그리고 그 경이로운 차원을 부각시키지 못했다. 칸트의 미학에서는 미적 경험과 미적 판단의 본질을 탐구한다. 그의 주저 중 하나인『판단력비판』에서 미학은 핵심적으로 다뤄지며, 미적 경험과 미적 판단을 통해 인간 인식의 한계를 넘어서려는 시도를 한다. 여기서 그는 미와 아름다움을 객관적인 기준으로 설명하기보다는, 오히려 주관적이고 보편적인 경험으로서 이해하려고 한다. 다시말해 칸트는 미적 경험을 감성적 경험이자 주관적인 경험으로 정의하면서, 그것이 개인의 주관적 인식에서 벗어나 보편적인 인식을 이끌어낼 수 있다고 보았다. 미적 판단은 미적인 것을 판단할 때 발생하는 감정적 반응을 설명한다. 즉, 아름다움을 경험할 때, 우리는 그것을 기쁨이나 만족과 같은 감정으로 인식하는데, 이 감정은 주관적이지만 동시에 보편적인 타당성을 가진다는 것이다.

『판단력 비판』에서의 감성은 오성이나 이성에 비해 존재감이 떨어져 있던『순수이성 비판』에서와는 달리 새롭게 재평가되고 있다. 감성은 인식의 대상들이 주어지도록 하고, 또 그 대상을 대면하는 방식으로서 이성이나 오성보다 더 선천적인 조건이다. 무엇보다도 그것은 대상들을 개념화하고 이론화하는 오성보다도, 즉 오성의 횡포가 적용되기 이전에 활동하는 것이다. 『판단력 비판』에서는 자연율과 도덕률 양자의 관

계 및 합일점에 관해 각각 다루고 있다.

칸트에게 아름다움이란 상상력과 지성 사이의 조화에서 느끼는 감정이다. 그는 목적 없는 가치, 그리고 무상적 충족감을 아름다움의 본질로 규정할 수 있다고 본다. 예술적 경험에 대한 이론은 이해관계나 소유욕으로부터 벗어난 순수한 상태인 "무사심성"(Interesselosigkeit)이란 개념에서 찾아볼 수 있다. 예술적 경험의 본질로서의 무사심성은 다름 아니라 실용성을 떠난 태도를 의미한다. 예술작품이 그 본질상 반드시 감상의 대상, 즉 실용성 없는 가치로서 존재하게 마련이라는 사실은 그것이 미학적 가치를 내포하고 있음을 말해준다. 이처럼 칸트는 미적 경험에서 목적 없음을 강조한다. 이는 아름다움이 어떤 구체적인 목적이나 기능을 위해 존재하는 것이 아니라, 그 자체로 존재하며 그 자체로 의미를 가진다는 뜻이다. 예를 들어, 예술 작품이 그 목적에 따라 창조되는 것이 아니라, 그 형태나 색상과 구성이 본질적인 미를 나타낸다는 점에서 미적 경험은 특별한 의도가 필요하지 않다. 그는 이를 "목적 없음"의 목적이라고 설명하면서, 미적 판단이 어떤 도덕적 목적이나 실용적 목적과 구별된다는 점을 강조한다. 미적인 경험은 그 자체로 즐거움을 주며, 외부의 기능적 요구와 관계없이 순수한 아름다움을 추구한다.

중요한 점은 『판단력 비판』에서 판단력이란 오성과 이성의 중간에 위치한 사고능력으로서 특수한 것과 보편적인 것을 성찰하고 중재하는 능력이다. 보편을 인식하는 능력이 오성인데 비해서 판단력은 무엇보다도 특수를 보편에 포섭하는 사고능력인 것이다. 오성이 자연의 법칙을 부여하고 이성이 자유의 법칙을 부여한다면, 판단력은 양쪽 능력의 연관을 매개하는 능력이라 할 수 있다. 즉 판단력이란 직관을 개념에 관련시키는 능력이다. 무엇보다 판단력이란 객관적으로 우리에게 주어진 대상에 대한 판단이 아니라, "아름답다"고 하는 어떤 감정에 의존하는 심미적 판단이다. 따라서 심미적 판단력이란 "특수한 것을 보편적인 것 아래에 함유되어 있는 것으로 사고하는 능력"[30]이다. 즉 "무엇이 아름답다"는 판단은 보편자 없이 내리는 반성적 판단이며, 개념이 아니라 반성을 통해 생긴 감성을 중시하는 판단이다.

결국 칸트는 미적 판단이 주관적이지만 보편적인 타당성을 가진다고 주장한다. 즉, 우리는 아름다움을 주관적으로 경험하면서도, 그 아름다움에 대해 다른 사람들도 동의할 수 있다고 믿는다는 점에서 미적 판단은 보편적인 성격을 지닌다고 보았다. 칸트는 이를 "공통 감각"(sensus communis)[31]이라는 개념을 통해 설명한다. "공통 감각"이란 우리가 미적 경험을 할 때, 그것이 객관적이고 보편적인 타당성을 갖는다고 믿는 심리적 기초를 의미한다. 따라서 칸트는 "아름다움에 대한 경험이 객관적일 수 있는가?"라는 질문에 대해, 주관적 경험이지만 보편적 타당성을 지닌다고 주장하며, 이를 통해 미적 판단이 단순히 개인적이고 주관적인 판단에 그치지 않는다고 본다.

윤병렬은 이 "공통감각"이란 개념을 통해 자신의 예술철학의 단초를 발견한다. 이 "공통감각"은 단순한 감정의 차원을 초월하여 하나의 객관적 원리요 규칙이며 규범이자 이념의 역할을 수행하는 것이다. 특별한 존재자들, 이를테면 일월성신과 하늘 및 대지가 경외감을 불러 일으키는 존재자들로, 온 코스모스를 수호하는 존재자들로 받아들여지게 된 것은 결코 사적 감정이나 자의적인 방식에 의해서가 아니라, 공통감각과 공감 및 공명에 의해 구축된 것이었다.

칸트는 미와 숭고(das Erhabene, the sublime)를 구별한다. 미적 경험이 아름다움과 관련된다면, 숭고는 인간이 자기 자신을 넘어서는 경험, 즉 초월적이고 거대한 것을 경험하는 감정에 관련된 것이다. 그에게 있어서 아름다움은 조화와 균형이 있는 경험으로, 감각적인 즐거움과 결합된 미적 경험을 의미한다. 이에 반해 숭고함은 우리가 무한이나 거대한 자연의 힘을 경험할 때 느끼는 감정이다. 숭고함은 인간의 제한적인 능력을 넘어서 우주적이고 초월적인 것에 대한 경외감을 느끼게 한다. 숭고는 이성적 판단과 관련되며, 인간이 감각을 넘어 이성적으로 초월적인 것을 인식하는 경험에서 나온다. 말하자면 아름다움은 감각적이고 구체적이라면, 숭고는 추상적이고 무한한 경험을 특징으로 한다.

우리는 "반성적 판단력"을 통하여 자연과 자연법칙의 합목적성을 이해하고 경탄하며, 그것에 대해 미감과 쾌감을 일으키게 된다. 칸트에 의하면 "예술의 나라"에는 합목적성이 존재하고 있다. 현상계로 파악된 "자연의 나라"와 의지계인 "도덕의 나라"와는 달리 "예술의 나라"에서는 대상을 관조하는 데서 쾌감을 일으키게 된다. 이는 아름다움이 반성적 판단력에 적합한 것으로 존재하기 때문이다. 말하자면 일월성신과 대지, 하늘과 자연이 관조의 대상이기에 미적 쾌감을 불러 일으키는 것이다.

칸트의 미학에서 아름다운 것과 숭고한 것은 도덕과 내밀한 관계가 있으며 선한 것의 상징이 된다. 그에 의하면, 자연의 미가 직접적인 관심사가 되는 사람에게는 적어도 선한 도덕적 심성의 소질이 있다고 한다. 특히 숭고는 도덕적 이념과 동일한 기반을 가지면서 그 자체로 보편타당함을 전제하고 있다. 미는 고요한 관조의 상태이지만, 숭고는 그야말로 숭고한 것 앞에서 동요하는 마음의 상태이고 큰 진동이다. 자연의 숭고에 대한 판단은 미에 대한 판단의 경우보다 더 많은 도야와 지적 능력이 고양되어 있어야 한다.[32]

이런 맥락에서 윤병렬은 "칸트의 미학"의 이론들을 전유하여 자신의 예술철학의 이론적 단초로 활용함을 확인할 수 있다. 특히 그는 우리가 미적 경험을 할 때, 그것이 객관적이고 보편적인 타당성을 갖는 "공통 감각"을 자신의 예술철학을 펼치는데 있어서 중요한 개념으로 원용하고 있다.

2) 셸링의 예술철학[33]

윤병렬은 근대 예술철학의 획기적인 새 지평을 연 독일 철학자 셸링(F. W. Schelling)을 자신의 사유의 전거(典據)로 참조한다. 잘 알려져 있듯이, 셸링은 합리주의로 무장된 근대인들이 예술을 감성에 의존한다는 이유로 저급한 감성학으로 치부한 것에 극단적으로 저항하였다. 헤겔의 경우와는 반대로, 그는 낭만주의에 깊이 관여하고 있었기에 예술의 위상을 높이 평가하였다. 그에게서 예술은 철학으로부터 동떨어진 것이 아니라, 오히려 철학의 본질적인 것을 밖으로 드러내어 주는 각별한 유기체로 자리잡고 있다.

셸링은 대륙의 합리주의와 칸트의 비판주의가 맹위를 떨치던 근대사유가 예술을 감성에 의존한다는 이유로 "저급한 감성학"이라고 치부한 것에 대항하였다. 그에게서 예술은 철학과 분리되거나 차별된 것이 아니라, 오히려 철학의 본질적인 것을 밖으로 드러내어 주는 유기체인바, 철학의 과제를 충실히 수행하는 기관인 것이다. 그는 당대의 헤겔과는 달리 독일 낭만주의에 깊이 관여하고 있었기에, 세계와 자연을 절대자와의 관계에서 고찰하고 예술을 곧 철학의 본질적인 것을 드러내는 유기체로 볼 수 있었다. 그러기에 셸링의 표현대로, 예술은 "철학의 본래적인 뜻을 밝혀주는 기관"이자, 동시에 "신적인 것의 자기 현시" 혹은 "절대자에게서 흘러나오는 현상"으로 파악하였다.

셸링에게 예술은 결코 당대의 바움가르텐(A.G. Baumgarten)이나 칸트며 헤겔에서와 같이 저급한 인식의 단계가 아니었다. 예술적 관조는 얼마든지 이성의 최고행위로 대체될 수 있을 뿐만 아니라, 오히려 이정표와 목표가 되는 것이다. 셸링에게 예술은 세계와 자아, 실재적인 것과 관념적인 것, 무의식적이고 의식적인 자연의 활동이 완전한 조화를 이루며 현상하는 영역이다. 이 조화는 이론적인 방식으로 인식될 수는 없다. 자연과 정신이 하나되는 이 신비로움은 오직 지성적인 통찰에 의한 예감이나 직관을 통해서만 포착될 수 있다. 그의 예술철학이 증언하듯이, 보편학인 철학은 의식적인 활동과 무의식적 활동, 말하자면 정신과 자연의 무한한 대립상을 총체성의 이념으로 인식하는 것을 과제로 한다.

셸링의 예술철학은 자연철학과 형이상학의 영향을 받았으며, 예술을 존재의 진리를 드러내는 중요한 방식으로 보았다. 그에게는 철학과 예술이 별개의 것이 아니라, 예술은 철학의 내용을 밖으로 드러내주는 기관, 즉 "계시된 철학"이었다, 그에게서 예술은 세계와 자아, 실재적인 것과 관념적인 것, 자연과 역사, 무의식적인 것과 의식적인 것 등, 이항대립적인 것처럼 보이는 영역들이 마치 하나의 불꽃으로 타오르듯이 근원적인 합일 혹은 완전한 조화를 이루면서 현상한다. 그리고 이러한 조화와 합일은 이론적인 방식으로는 인식될 수 없다. 이항대립으로 여겨지는 실재적인 것과 관념적인 것, 자연과 정신이 하나로 되는 저 신비로움은 셸링에 의하면 오직 "지성적인 통찰"에 의한 예감이나 직관을 통해서만 간파될 수 있다.[34]

셸링에게서의 예술은 전통적인 미학이나 예술철학에서의 규정, 즉 어떤 사물에 대한 단순한 모방의 차원이 아니고, 예술은 심오한 정신을 담을 수 있는 유기체인 것이다. 예술은 고대에서부터 최소한 정신과 이데아의 재현이라는 역할을 수행해 왔다. 예술은 감각을 본질로 하는 것이 아니라, 감각을 이용해서 본질적인 것과 고도의 정신적인 것을 드러내는 유기체인 것이다. "예술은 철학자에게 가장 숭고한 것인데, 그것은 예술이 그에게 가장 성스러운 것을 열어 보이기 때문이다."[35]

셸링의 예술철학은 자연과 정신 그리고 이성과 감정의 관계를 설명하면서, 예술을 통해 불가시적 세계의 본질이 어떻게 드러나는지를 탐구한다. 그는 예술을 형이상학적 진리의 표현으로 간주하며, 예술적 창조가 인간과 자연 및 이성과 감성의 통합을 이루는 중요한 행위라고 생각했다. 그에게 예술은 이성과 감성이 결합하는 독특한 영역이다. 그는 예술을 이성의 세계와 자연의 세계를 연결하는 중요한 통로로 보았다, 예술작품은 이성적으로 파악할 수 없는 세계를 감성적으로 경험하게 해준다는 것이다. 예술은 감성적 차원에서 이성적 진리를 표현하는 방식으로, 형이상학적 의미를 전달하는 중요한 역할을 한다. 이때의 예술은 이성과 감성의 충돌을 해결하고, 두 영역의 합일을 이루는 방식으로 존재한다고 보았다.

셸링은 예술을 자연과 인간 정신의 결합으로 이해했다. 그는 자연이 창조적인 활동을 하는 신적인 원리로서 존재한다고 보았으며, 예술이 그 자연의 본질을 표현하는 방식이라고 보았다. 예술 작품은 자연이 형이상학적으로 표현된 형태로, 인간 정신의 자유로운 창조력을 통해 형성된다. 예술은 자연의 본질과 인간 정신의 창조적 의지가 만나는 지점으로, 인간 존재의 내면적 세계를 드러내는 동시에 자연과의 근본적 일치를 추구하는 과정으로 이해된다.

셸링은 특히 자유를 예술의 핵심적인 개념으로 간주했다. 그는 예술이 자유로운 창조적 행위로서 자아와 세계를 연결한다고 보았다. 예술가의 창조적 자유는 자신의 내적 세계를 표현하는 방식으로, 예술을 통해 자유가 실현된다고 보았다. 즉 예술은 자아의 자유로운 표현을 통해 자연과의 일치를 이루며, 감성적 · 형이상학적 진리를 드러낸다. 예술은 단순히 감정이나 의도를 표현하는 것이 아니라, 오히려 인간의 자유와 자연의 본질을 하나로 결합하는 중요한 역할을 한다는 것이 셸링의 예술관에 속한다.

셸링은 또한 예술을 신적인 존재와 밀접한 관계를 맺고 있다고 보았다. 이른바 예술은 신의 창조적 힘을 반영하는 방식으로 존재하며, 예술작품은 신성한 원리를 나타내는 상징적 형태로, 인간과 신, 세계와 존재의 근본적 관계를 드러낸다. 그에 의하면, 예술은 신성한 창조력을 표현하는 방식으로 세계의 기원과 의미를 탐구한다. 그 속에서 신적 질서와 인간 정신의 만남을 찾을 수 있다. 예술을 통해 신성은 형이상학적 차원에서 인간의 정신적 현실로 나타난다.

셸링은 더욱이 예술이 단순히 미적 경험에 그치지 않고, 존재의 진리를 드러내는 중요한 방식이라고 보았다. 예술작품은 우리가 경험할 수 없는 세계나 형이상학적 진리를 구체적으로 표현하는 수단으로서 보이지 않는 것을 보이게 하는 역할을 한다. 예술은 진리의 드러남으로서 우리가 인식할 수 없는 형이상학적 세계나 세계의 본질을 시각적 형태로 구현한다. 예술작품은 우리가 존재의 본질을 이해하는 데 중요한 통로가 된다. 따라서 그의 예술철학은 자연, 이성, 감성, 자유, 신성을 결합하여 예술을 존재의 진리를 드러내는 형이상학적 표현으로 보았다. 그는 예술을 감성과 이성의 통합, 자유로운 창조적 행위, 그리고 자연의 본질과 인간 정신의 결합을 통해 세계와 존재의 근본적인 진리를 탐구하는 중요한 수단으로 보았다. 예술은 단순히 미적 경험을 넘어서 형이상학적 진리를 구체화하는 방식으로 자유의 직관을 통해 인간과 자연, 신성의 일치를 추구하는 중요한 창조적 행위로 기능한다고 할 수 있다.

무엇보다 셸링에게 예술은 철학의 본질적인 것을 드러내는 심오한 정신을 담을 수 있는 유기체이다. 예술은 철학자에게 가장 숭고한 것인데, 그것은 예술이 그에게 가장 성스러운 것을 열어 보이기 때문이다. 그렇기 때문에 예술적 관조는 오히려 이성의 최고행위로 대체될 수 있으며, 예술이 철학의 목표가 되고 미래도 될 수 있다는 것이다. 그에게서 예술은 진리를 인식하고 담보하는 기관이다. 보편학인 철학은 그의 예술철학이 증언하듯이 의식적 활동과 무의식적 활동, 말하자면 정신과 자연의 무한한 대립상을 총체성의 이념으로 인식하는 것을 과제로 한다. 예술은 진리의 한 상징 혹은 가교로서의 역할이 아니라, 진리를 인식하고 담보하는 기관인 것이다. 따라서 "보편학"인 철학은 셸링의 예술철학에 잘 드러나듯이, 의식적 활동과 무의식적 활동, 말하자면 정신과 자연의 무한한 대립의 상을 총체성의 이념으로 인식하는 것을 과제로 한다.

이런 점에서 윤병렬의 예술관은 셸링의 예술철학에서 이론적 단초를 얻은 것으로 확인될 수 있다. 왜냐하면 그의 예술철학적 연구에 셸링의 예술철학의 입장이 영향을 미쳤음을 볼 수 있기 때문이다.

3) 하이데거의 예술철학[36]

하이데거는 예술에 대한 깊은 존재론적 성찰을 한 현대 철학자이다. 그는 예술에 존재사유의 혼을 불어넣음으로써 현대미학의 새지평을 열었다. 하이데거는 셸링과 유사하게 근대의 주관주의와 합리주의에 대항했으며, 예술을 저급한 감성학이라는 당대의 미학의 입장에 반대하였다. 근대의 주관주의 및 감성주의 미학과 첨예하게 대립했던 하이데거에게서 예술의 위상은 근대와는 전적으로 다르다. 하이데거의 예술철학은 가다머를 통해 전승되고 확장되었다. 전자에게서 예술은 시와 철학과도 마찬가지로 "존재의 진리"가 생기는 장(場)인 것이다. 그에게 서 예술은 "작품 안에 진리가 자신을 정립하는 것"[37]이고, 예술작품은 곧 "존재자의 진리를 작품 안에 정립하는 것"[38]이다.

고흐의 "농부의 신발"

파르테논 신전

하이데거의 『예술작품의 근원』에서는 예술작품 속에 내재한 철학적 의미를 밝히는데, 예술작품과 사물과의 관계며 예술작품과 "비은폐성(Unverborgenheit)"의 진리와 진리와 예술의 관계를 해명하고 있다. 여기서 하이데거는 고흐의 잘 알려진 그림인 "농부의 신발"을 예로 들면서 예술작품에 내재된 철학적 의미를 밝힌다. "농부의 신발"이라는 도구에 담겨진 도구존재의 의미를 해명한 것이다. 하이데거는 한 켤레의 농촌 아낙네의 신발이 진실로 무엇이며, 또한 무엇으로 존재하는가를 밝히고 있다. 여기서는 예술작품에 내재된 도구존재의 의미와 존재의 진리를 밝히고자 한다. 그런데 이

고흐의 예술작품은 "농부의 신발"이라는 존재자가 자기 존재의 진리를 스스로 드러내고 있는 것이다. 말하자면 "농부의 신발"이라는 이 도구가 어떤 인식론이나 미학이론을 끌어들일 필요도 없이 자기 존재의 비은폐성을 잘 드러내고 있는 것이다. 예술작품 속에서 어떤 존재자가 무엇이며, 또한 어떤 방식으로 존재하는지가 환히 드러난다면, 그것이야말로 예술작품에 비은폐성으로서의 진리가 현현함을 목격할 수 있는 것이다.[39] 여기서 그는 예술작품, 예를 들면, 시, 그림, 신전 속에 내재한 철학적 의미를 밝혀서 예술작품과 사물의 관계 및 진리와 예술의 관계를 해명하였다.

그러면 고흐의 예술작품인 "농부의 신발"은 무엇을 말하고 있는가? 그것은 낡아빠진 이 신발 속에 드러난 비은폐성을 있는 그대로 말하는 것이다. 이 낡아빠진 신발에서는 노동의 역정에 대한 고단함이 버티고 있다. 적적한 농토 위에서 수없이 밭이랑을 오가며 때론 짓궂은 날씨와 모진 풍파를 견디어내면서, 딱딱한 대지와의 만남은 물론 이 대지와의 무언의 싸움(고단한 노동과 휴식 등)을 벌여왔던 것도 드러나 있다. 그러면서 대지의 부름에 응하기라도 하듯이 익은 곡식이 선물로 주어짐을 넌지시 목격할 수 있다. 그러기에 "농부의 신발"이 라는 도구—존재에는 안정된 식량을 마련하기 위한 농부의 근심 걱정이 배어있고 가족의 안녕과 궁핍을 극복하는 기쁨도 스며있다.[40]

이 "농부의 신발"에 드러난 존재의 진리는 누구나 하이데거와 유사하게 읽어낼 수 있고, 또한 누구나 하이데거의 해석에 공감을 표할 수 있다. 그렇게 읽어지고 밝혀진 의미로서 보편타당성이 획득되며, 그러한 보편타당성은 적절한 논증으로 대체되는 것이다. 결코 학문적이고 이론적인 그런 진리가 아니라, 바로 존재의 비은폐성인 것이다. 즉 예술작품으로서의 "농부의 신발"은 학문적이며 이성적인 사실과 그러한 진리에 대해선 아무것도 말해주지 않지만, 이 신발이 지닌 역사성과 인간과의 관계, 그 기여성 및 신뢰성이 그대로 드러내고 있는 것이다. 그러기에 예술작품 속에서 만약 어떤 존재자가 무엇이며, 또 어떻게 존재하는지가 드러난다면, 그것이야말로 예술작품엔 존재의 진리가 현현함을 스스로 밝히는 것이다.[41]

또한 예술적 건축작품인 그리스의 신전에 대한 하이데거의 존재론적·예술철학적 해명을 들어보자. "신전이 거기에 서 있음으로써 신전은 사물들에게는 비로소 사물들의 모습을 밝혀주고, 인간들에게 비로소 그들 자신의 전망을 밝혀준다."[42] 또한 "신전이란 작품은 거기에 서서 세계를 열어놓는 동시에 대지의 품으로 되돌아가 그 세계를 대지 위에 세운다. 이렇게 해서 대지 자체는 비로소 고향과도 같은 아늑한 터전으로서 솟아나온다."[43)

하이데거에 있어서 예술은 "존재의 진리"가 스스로를 예술작품 안에 정립하는 사건이기에, 예술에서 존재사건(Ereignis)이 일어나는 것이다. 그에 의하면, 예술작품이 아름다운 것도 존재의 진리가 작품 안에 정립하고 존재의 빛을 조명하기 때문이다. 즉 "아름다움과 진리는 둘 다 존재와 관련되어 있는데, 그것은 이들이 존재자의 존재를 드러내는 방식에서 그렇다."[44) 이런 점에서 하이데거의 예술철학은 존재론적 관점에서 예술을 존재와 진리의 드러남으로 이해하려는 시도이다. 그는 예술이 단순히 미적 경험을 넘어서 진리의 드러남(aletheia)으로서 중요한 역할을 한다고 주장했다. 그의 예술철학은 주로 예술작품을 통해 진리가 드러나는 과정과 존재의 의미를 탐구하는 데 초점을 맞추고 있다.

하이데거의 전기사유에서 인간의 현사실적 삶에 관심을 가졌다. 후기사유에서 새로운 통찰을 통해 횔덜린(F. Hölderlin), 트라클(G. Trakl), 게오르게(S. A. George) 같은 시인들의 시작품이나 고흐의 예술작품 등이 지닌 철학적 의미를 밝혀내어 예술작품은 비은폐성의 진리를 스스로 드러내고 있는 것이라고 정의하기에 이르렀다. 예술작품과 시작품 해석을 통한 이러한 철학적 노력은 하이데거의 후기사유를 전개한 데에 새로운 이정표가 되었으며, 또한 존재사유의 원천으로 자리잡고 있다.[45)

하이데거의 예술철학에서 핵심적인 개념은 "진리의 드러남"이다. 그는 진리를 단순히 객관적 사실이나 정확한 정보가 아니라, 무엇인가가 "숨겨져 있지 않고 드러나는 것"으로 보았다. 예술작품은 바로 이 진리가 드러나는 방식을 보여주는 중요한 존재로, 예술을 통해 존재가 드러난다고 보았다. 예술작품은 우리가 세계와 존재에 대해 갖고 있는 고정된 이해를 벗어나, 새로운 방식으로 세계를 경험하고 존재의 진리를 보여주는 방식으로 기능한다. 예술은 언어나 과학과 같은 다른 인식의 방법들과 달리, 직접적인 방식으로 존재를 드러내는 독특한 방법이다.

하이데거는 예술작품이 "존재의 개방성"을 보여준다는 점을 강조한다. 예술작품은 세상에 대한 새로운 통찰을 제공하며, 우리가 일상에서 지나치게 익숙해진 세상의 의미를 새롭게 볼 수 있게 만든다. 예술작품은 단순히 감각적 경험을 넘어서, 존재 자체를 나타내는 "열린 장"을 형성한다. 예술작품은 세상에 대해 새로운 의미를 열어주는 문이자, 존재를 드러내는 창이다. 예술을 통해 우리는 세상의 고유한 의미와 그 안에서 존재의 진정성을 재발견할 수 있다. 하이데거는 예술이 자기 자신을 드러내는 방식으로서 중요한 역할을 한다고 보았다. 예술작품은 단지 외부 세계를 재현하는 것이 아니라, 그 안에 내재된 존재의 구조를 드러냄으로써 자기 자신을 표현한다고 주장한다. 예술은 작품을 창조하는 예술가뿐만 아니라, 관람자와의 관계를 통해서도 자기 자신을 드러낸다. 관람자는 작품을 통해 자기 자신을 인식하고, 세계와의 관계를 새롭게 이해하게 된다.

진리의 개념을 환히 밝혀진 "비은폐성"으로 보았던 고대 그리스인들과 하이데거에게서 존재자는 자신의 진리를 스스로 드러내 보이는 것이기에, 우리의 이성적 노력과 판단에 의해서 비로소 드러나는 대상이 아닌 것이다. 그런 노력과 판단으로 찾으려는 진리는 부차적인 사항일 뿐만 아니라, 경이로운 존재자의 비은폐성을 체험하지 못한 이들의 소치일 것이다. 존재의 진리가 개현되는 경이로운 사건에서는 근대가 대상을 주체 앞에 세워 표상하고 이를 범주화시키는 것과는 반대로, 우리가 오히려 존재자의 찬연한 광휘에 의해서 그 앞에 세워지는 것이다.

하이데거는 예술작품을 사물(Ding)로서 중요한 의미를 지닌다고 보았다. 예술작품은 단순한 사물이 아니라, 존재를 드러내는 사물이다. 예술작품은 그 자체로 존재의 중요한 표현이기 때문에, 그 자체의 물리적 특성이 중요한 의미를 가진다. 그는 예술작품이 사물로서 물리적 형태를 가지고 있지만, 그 물리적 형태는 존재의 의미를 나타내는 중요한 상징으로 기능한다고 보았다. 예술작품은 단지 감각적 경험에 그치지 않고, 그 속에서 존재의 본질을 드러내는 중요한 매개체로 작용한다.

하이데거는 무엇보다도 언어를 예술의 중요한 요소로 간주했다. 그는 언어가 존재를 드러내는 방식이라고 보았으며, 예술작품에서 언어는 존재의 의미를 표현하는 중요한 도구로 기능한다고 주장한다. 예술작품은 언어적 표현을 통해 존재를 명확히 드러내고, 이를 통해 관람자는 세계와 존재를 인식할 수 있다. 하이데거에게 언어는 단순한 의사소통 수단이 아니라, 존재가 드러나는 장소이다. 예술작품도 언어적 형식을 통해 존재를 표현하는 중요한 역할을 한다고 보았다. 또한 예술은 시간을 초월하는 방식으로 존재의 진리를 드러낸다.

하이데거는 예술이 인간 존재와 밀접한 관계를 맺고 있다고 보았다. 예술은 단순히 외부 세계의 표현이 아니라, 인간 존재의 깊은 본질을 드러내는 중요한 방식이다. 예술을 통해 인간은 자기 자신을 초월하고, 존재의 의미와 우주적 관계를 이해하는 중요한 기회를 얻는다. 예술은 존재를 드러내는 방식으로 인간의 자기 인식을 돕고, 그로 인해 인간은 자기 존재의 의미를 재구성하게 된다.

하이데거의 예술은 단순한 감각적 경험을 넘어서, 존재가 어떻게 드러나는지를 보여주는 방식이며, 이를 통해 우리는 자기 자신과 세상에 대한 새로운 통찰을 얻을 수 있다. 예술은 언어와 사물을 통해 진리를 드러내며, 이를 통해 인간 존재의 본질과 의미를 탐구하는 중요한 역할을 한다. 예술은 시간적 존재로서의 인간과 존재의 본질에 대해 성찰하고, 존재의 깊은 의미를 새롭게 밝혀내는 매개체로서 기능한다.

윤병렬에 의하면, 청동거울에 디자인되어 있는 사신도는 사방신, 방위신, 수호신 등으로 칭해진 데에서도 분명하듯이, 그야말로 누가 보아도 사방을 수호하고 보살피는 초월적 존재자들이라는 것을 알 수 있다. 말하자면 사신도의 청동거울은 자신이 사방을 수호하고 보살피는 그런 역할을 떠맡고 있음을 스스로 밝히고 있는 것이다. 청동거울이 만들어지던 때에 이러한 초월자들로 하여금 사방(온누리)를 수호하고 보살피게 하는 철학적 세계관이 구축되었던 것이다.

"선사시대의 고인돌은 하이데거의 그리스 신전처럼 하나의 세계를 열어 보이고 있다. 건축된 고인돌은 사물을 불러들이고, 인간과 존재자의 근본적인 만남이 이루어지는 장소를 제공한다. 고인돌은 인간들과 격리된 먼 산골짜기나 산골짜기에 건립되지 않고 들판이나 들판에서 가까운 구릉에 건립되어, 태양의 광채를 그대로 받으며 대지 위에 완강하게 버텨 서서 밤의 어두움과 휘몰아치는 폭풍을 견뎌내며 영겁의 세월을 지키고 있다. 뿐만 아니라 고인돌은 열린 공간을 마련하여 오곡의 곡식들을 비롯한 초목 독수리를 비롯한 많은 새들, 산들에서 뛰노는 짐승들, 뱀과 같이 기어 다니는 것들과 수많은 곤충들이 들락거리며 자신들의 모습을 드러내게 한다. 특히 대지는 자기 위에 현출한 모든 것을 그 자체로 감싸고 보듬는 역할을 수행하고 있다. 이토록 자유롭게 존재자들이 자신의 모습을 드러내고 오므리는 것을 고대 그리스인들은 퓌시스(physis)라고 했다. 말하자면 피지스가 왜곡되지 않게 펼쳐졌던 것이다. 고인돌은 대지 위에 완강하게 서 있으면서 자신이 무엇이라는 것을 드러내고(비은폐성으로서의 진리. A-leheia), 주위의 사물들에게도 자신의 진리를 드러내게 한다."[46]

이런 맥락에서 윤병렬의 선사시대의 성혈 고인돌의 독해(讀解)에 탁월한 이정표가 되는 것은 하이데거의 비은폐성으로서의 진리 개념이라는 점은 말할 필요도 없다. 그는 하이데거의 "농부의 신발" 그림 해석과 "그리스 신전" 해석을 원용하여 고인돌 해석으로 확장시키고 있다. 그리고 하이데거의 예술작품에 대한 존재론적 해석은 청동거울의 사신도를 그와 같이 이해할 수 있게 하는 단초와 지평을 제공하였다.

4) 가다머의 예술철학[47]

가다머(H.-G. Gadamer)는 하이데거를 계승하여 해석학적 철학을 중심으로 예술과 그 미적 경험에 대해 깊이 있는 논의를 펼쳤다. 그는 우선 『진리와 방법』의 전반부에서 기존의 일상적인 역사의식과 미의식을 비판하고, 그때까지 잘 알려지지 않은 자신의 해석학적 역사개념과 예술철학을 그 대안으로 제시한다. 이토록 가다머가 "예술경험에서의 진리물음"으로 논의를 시작한 것은 그가 예술경험을 자신의 해석학 논의의 출발점이자 자신의 주장을 정당화할 수 있는 확실한 증거로 삼았기 때문이다. 그의 미학해석이 근세의 주관주의적인 미학적 의식과는 확연히 다름을 제시한 것이다. 그는 근대의 미학적 의식이 예술경험의 본성으로부터 주어진 것이 아니라, 주관주의적 형이상학에 근거를 둔 반성적 구성물에 불과함을 밝힌다.

가다머에 의하면, 하이데거의 입장을 계승하여 예술경험은 예술작품의 "사태 자체"가 탈은폐 되는 사건에 의해 주어진다. 그것은 하나의 "생기사건"(Ereignis, Geschehen)인 것이다. 예술작품이 의도하고 드러내고자 하는 것은 다름 아닌 사태들이 존재하는 방식, 즉 "존재의 진리"이다. 가다머에게서의 진리에의 접근방식은 주관적으로 확실한 인식에 근거를 둔 근대의 주관·객관적 사고의 한계를 초월해 있다. 진리란 방법적으로가 아니라 변증법적으로 도달된다는 것이 가다머 해석학의 분명한 결론이다. 변증법적 해석학의 목적 또한 존재 혹은 "사태 자체"가 드러나도록(탈-은폐하도록) 하는 데 있다. 가다머의 "철학적 해석학"은 그의 『진리와 방법』 제2부에 집대성되어 있는 데, 여기서 우선 전반부에서 기존의 일상적인 역사의식과 미의식을 비판하고, 그때까지 잘 알려지지 않은 자신의 해석학적 역사개념과 예술철학을 그 대안으로 제시한다.

가다머가 『진리와 방법』의 제 1장에서 부터 "예술경험에서의 진리물음"으로 논의를 시작한 것은 그가 예술경험을 자신의 해석학 논의의 출발점이자 자신의 주장을 정당화할 수 있는 확실한 증거로 삼았기 때문이다. 그가 『진리와 방법』의 서문에서 밝히듯이, 전래의 방식 이를테면, 이성적이고 이론적인 것으로는 결코 도달할 수 없는 진리를 예술작품에서 경험한다는 사실은 모든 이성적 고찰에 맞서는 예술의 철학적 의미를 선포하는 것이다. 이러한 예술경험과 철학경험은 진리가 과학의 전유물이 아님을 선고하는 일이며, 나아가 과학주의를 향해 자신의 한계를 시인하라는 경고도 함께 들어있다. 이리하여 가다머는 과학의 진리개념으로 인해 결코 위축되거나 협소해질 수 없는 미학영역을 구축하고 예술작품을 통해 우리에게 주어지는 진리의 경험을 옹호한다. 우선 가다머는 그의 미학해석이 근세의 주관주의적인 "미학적 의식"과는 확연히 다름을 제시한 것이다. 그는 근세의 "미학적 의식"이 예술경험의 본성으로부터 주어진 것이 아니라, 주관주의적 형이상학에 근거를 둔 반성적 구성물에 불과함을 밝힌다.

가다머의 이러한 의도는 이미 『진리와 방법』(서문(XVIII-XIX))에 밝혀져 있는데, 하이데거에서 시작되고 가다머에게서 집대성된 이러한 미학은 하나의 새로운 미학의 지평을 열었다고 볼 수 있다.

이 단순히 자족적인 주관에 대립해 있는 객관이나 감각적 지각의 대상이 아니라는 사실을 극명하게 보여주는 것이 예술경험인 것이다. 이런 예술경험은 예술작품의 "사태 자체"가 탈은폐되는 사건에 의해 주어지며, 이는 가다머가 말하는 하나의 "생기사건"이다. 예술작품의 진정한 존재의미는 그것이 경험되는 과정에서 경험자를 변화시킨다는 데 있다. 그리고 이토록 경험자를 변화시킬 수 있는 이유는 탈은폐의 진리, 곧 예술작품의 사태 자체가 탈은폐되면서 자신의 힘을 행사하기 때문이다. 예술작품을 접하는 경험은 이 예술작품이 열어주는 하나의 세계에 대한 경험이다. 이러한 경험은 그 예술작품이 가진 세계의 "생기사건"에 의해 주도되었기에 결코 대상의 어떤 단순한 외면적 형식에 대한 주관적 감각의 향유가 아니다.

가다머의 예술철학은 해석학적 전통을 바탕으로, 예술 작품이 우리의 이해와 인식에 미치는 영향을 중심으로 다룬다. 그의 예술철학은 예술이 어떻게 의미를 창출하는지, 그리고 그 의미가 관람자와 작품 간의 상호작용을 통해 어떻게 형성되는지에 초점을 맞추고 있다. 그는 예술작품을 단순한 객체나 자체적인 의미를 가진 대상으로 보는 것이 아니라, 그것을 해석해야 할 대화적 존재로 간주한다. 그는 예술작품을 통해 우리가 새로운 이해를 발견하고, 그 작품이 우리와의 대화를 통해 살아 숨쉬는 존재가 된다고 본다. 예술작품은 객관적 의미를 전달하는 것이 아니라, 관람자와의 상호작용을 통해 진정한 의미를 형성한다고 주장한다. 예술작품은 관람자에게 자기 자신을 드러내도록 요구하고, 그 과정에서 관람자는 자기 자신을 다시 발견하게 된다.

가다머는 예술작품이 단순한 표현이 아니라고 보았다. 예술작품은 자체적인 존재를 가지고 있으며, 그것은 관람자의 해석적 활동을 통해 의미를 부여받는다. 예술작품은 우리가 그 안에서 자기 자신을 반영하고, 세계와의 관계를 성찰하는 기회를 제공한다. 예술작품은 고정된 의미를 전달하는 것이 아니라, 관람자의 참여에 의해 그 의미가 형성되는 과정이 중요하다. 관람자는 예술 작품과의 대화를 통해 의미를 발견하고, 이를 통해 자아를 성찰한다.

가다머는 또한 "해석학적 순환"을 통해 예술작품의 해석이 어떻게 이루어지는지를 설명한다. 여기서 "해석학적 순환"이란 우리가 작품을 해석할 때 부분과 전체가 상호작용하면서 이해가 깊어지는 과정을 의미한다. 즉, 우리는 예술 작품의 부분적인 요소를 이해하며 전체적인 의미를 추론하고, 또한 그 전체를 이해하면서 다시 부분을 해석하는 방식으로 진정한 이해에 도달한다고 본다. 예술작품의 의미는 단번에 확정되지 않고 계속해서 변화한다. 이 과정은 고정된 해석이 존재하지 않음을 시사하며, 예술작품과의 반복적인 대화를 통해 새로운 의미가 끊임없이 발견된다고 주장한다.

가다머는 예술이 진리를 보여주는 방식에 대해서도 중요한 통찰을 제공한다. 예술작품은 인식의 틀을 제시하며, 그 안에서 진리가 드러난다고 보았다. 하지만 이 진리는 객관적 사실이 아니라, 인간 존재와 세계에 대한 이해를 열어주는 진리이다. 예술작품은 현실을 재현하는 것이 아니라, 상상력과 창조성을 통해 새로운 세계와 의미를 열어주는 방식을 제공한다고 보았다. 예술의 진리는 실제 세계의 사실을 넘어서서, 우리의 내적 세계와의 관계에서 새로운 통찰을 가능하게 한다.

가다머는 예술을 인간 존재와 밀접하게 연결된 활동으로 보았다. 예술작품은 단순히 미적 쾌감을 주는 것이 아니라, 인간 존재의 본질적인 질문과 자아 탐구를 자극한다. 예술은 우리가 자기 자신을 발견하고, 세계와의 관계를 새롭게 인식할 수 있는 기회를 제공한다. 예술작품은 우리가 인간 존재와 우주적 의미를 이해하는 중요한 매개체로 작용하며, 그것을 통해 우리는 자기 자신과 세계를 보다 깊이 이해할 수 있다.

가다머는 또한 예술이 소통적 성격을 지닌다고 강조했다. 예술작품은 관람자에게 일방적인 메시지를 전달하는 것이 아니라, 상호작용을 통해 의미를 공동으로 만들어 나가는 과정이다. 예술작품은 관람자가 그 속에 자신의 경험과 이해를 투영하고, 이를 통해 새로운 의미를 만들어가는 과정이다. 예술은 타인과의 소통을 통해 그 의미가 깊어지고, 관람자는 자기 자신과 타인의 경험을 공유함으로써 인간 존재에 대한 더 깊은 이해를 얻을 수 있다. 가다머의 예술철학은 해석학적 접근을 통해 예술작품이 객관적인 의미를 넘어서서 관람자와의 상호작용을 통해 진정한 의미를 만들어가는 대화적 성격을 강조한다. 그는 예술을 단순한 감상 대상이 아니라, 인간 존재와 세계를 탐구하는 심오한 경험으로 보았다. 예술은 관람자와 작품 간의 상호작용 속에서 미적 진리와 인식의 확장을 가능하게 하며, 이를 통해 자기 자신을 성찰하고 세계와의 관계를 새롭게 이해하는 중요한 과정임을 강조한다.

이런 맥락에서 윤병렬은 가다머의 예술철학과 해석학을 원용하면서 자신의 고유한 예술철학적 세계관을 정립하는데 있어서 그 단초와 지평으로 삼고 있음을 확인할 수 있다.

2. 롬바흐의 그림철학과 만나다[48]

윤병렬의 주장에 의하면, 롬바흐는 "그림철학"(Bildphilosophie)"을 통해 철학의 한 영역을 새롭게 개척했을 뿐만 아니라, 인류가 문자 이전에 그림이나 벽화, 신화와 전설, 성혈 성좌도와 상징어 등을 통해 드러낸 "정신의 삶" 및 "그림으로 펼친 사유세계"를 읽어낼 수 있는 계기를 마련하였다는 것이다. 이때까지의 철학자들이 이론적이고 학술적인 노력에 치우쳤다면 롬바흐는 과감하게 비문자적인 표현인문학의 영역을 개척해낸 것이다.[49]

그리스 고대철학과 현대의 현상학 및 하이데거의 존재론을 비롯해서 신화해석과 동양철학에 이르기까지 넓은 철학적 영역을 구축하고 있는 롬바흐는 그림, 특히 문화유적과 철학과의 관련성 여부를 면밀히 검토하여 이를 "그림철학"으로 승화시킴으로써 철학의 새로운 지평을 개척하였다. 롬바흐의 "그림철학"은 단연 인간 정신의 흔적으로 철학이 카테고리에 포함시킨다. 그의 그림철학은 하이데거의 예술작품 분석 또는 사물현상학과 깊은 관련을 맺고 있는 철학이다. 그의 그림철학은 하이데거의 예술작품 분석 또는 "사물(Ding) 현상학"과 깊은 관련을 맺고 있는 철학이다.

롬바흐는 "인류역사에서 문자전통보다 더 오래고 포괄적인 그림전통이 아직까지 철학사를 살펴볼 때, 철학적 분석과 관련된 대상으로 되지 못했다"[50]고 본다. 그의 그림철학이란 펜과 문자, 텍스트와 낱말 등에 의해서가 아니라, 오히려 삶에서 생활방식과 행동양식의 회화적인 표현으로부터 유래한다. 롬바흐는 인간정신의 흔적이 스며있는 암벽화와 동굴벽화 및 신화와 전설, 동화와 문학작품, 시와 의례, 상징과 부호들, 풍습과 통용 용품들에 현존하고 있는 내용에 까지 철학적 분석을 시도하였다.[51]

전술한 바와 같이, 롬바흐에 의하면, 그림이란 단순한 모사가 아니라, "정신의 소인이 찍혀있는 것", "총체적인 것의 생생한 임재", 혹은 "총체적인 것의 직접적인 현현"이다. 말하자면 그림은 이론적 매개나 관계론적인 중간과정을 거치는 것이 아니라, 직접성과 직접적인 봄을 펼치는 것이다.[52] 나아가 그는 "흔적에도 정신은 완전히 현존하며", 그리고 "손상된 텍스트에서도 그 정신을 읽을 수 있다"고 확언했다. 그의 경우 인간정

신의 흔적이 스며든 것이라면- 그것이 동굴벽화와 암벽화든 혹은 신화나 전설이든-
대부분 그림철학의 영역으로 받아들여지고 정신의 소인이 찍혀 있는 것으로 해독한다.

우리가 철학적 방법론으로 도입할 하이데거와 롬바흐의 예술철학은 단연 표현인문
학의 범주에도 수렴될 수 있다. 특히 롬바흐는 "그림철학"을 통해 인류역사에서 문자
전통보다 더 오래된 그림의 세계를, 이를테면 인간정신의 흔적이 스며있는 암벽화와
동굴벽화여 신화와 전설, 동화와 문학작품, 시와 의례에 현존하고 있는 내용까지 다
포함하여[53] 철학의 영역으로 끌어들이는데, 이러한 그림철학은 표현인문학의 아주
적절한 양식인 것으로 여겨진다.[54] 윤병렬은 아래와 같이 그의 예술철학을 정립하는
데 있어서 그 정당성과 이론적 전거로써 롬바흐의 그림철학을 전유(專有)하였음을 확
인할 수 있다.

"이토록 예리한 롬바흐의 진단은 선사시대 성혈 고인돌의 성좌도와 청동거울의 사
신도 및 고분벽화를 이해하는데도 그대로 적용된다. 이들은 자신이 무엇을 말하는지
스스로 그리고 직접적으로 밝혀주기 때문이다. 우리가 그림이나 건축물, 조각이나 벽
화, 나아가 고인돌의 성혈이나 신화, 전설 등을 단순한 사물이 아니라 인간의 혼이 스
며들어 있는 예술작품이라고 여길 때, 롬바흐의 증언대로 거기에는 어떤 방식으로든
살아있는 정신이 녹아있는 것을 목격할 수 있다."[55]

"롬바흐의 시도는 우리의 선사문화를 읽어내는 데에도 고무적이다. 우리는 선사시
대의 고인돌 성좌나 고분벽화에서 철학적인 혼을 읽어내어야 한다. 그냥 '선사시대
의 고인돌이 역사적 유물로 주어져 있다'고 만 하고 아무런 정신적 의미를 발견하거
나 읽어내지 못한다면 그것은 말할 것도 없이 철학적 무지이고 태만이다. 고분벽화와
고대의 천문지리 및 고인돌의 성좌, 청동거울의 그림 등은 지극히 당연하게 철학적으
로 성찰할 가치가 있다. 따라서 이런 표현인문학적 노력은 우리에게 주어진 고대철학
의 재발견을 위한 절체절명의 중대한 과제이다. 더욱이 롬바흐가 구석기의 동물그림
에서 암호와도 같은 내용을 읽어낸 것에 비해 우리의 성혈 고인돌의 성좌도와 고분벽
화, 천문지리, 청동거울 등에 대한 해석은 상상력에 의존하는 위험부담이 퍽 적다. 그

것은 이 자료들이 구석기 시대의 동굴벽화에 그려진 동물그림과는 달리 분명한 철학적 메시지를 담고 있기 때문이다."[56]

윤병렬에 의하면, 롬바흐의 그림해석은 결코 보편타당성을 결여하지 않으면서 새롭고 강력한 예술철학을 부각시킨다는 사실이다. 그리하여 문자에만 의존해 오던 철학사의 전통에 획기적인 변화를 가져왔으며, 문자가 없었던 선사시대의 문화유적과 예술작품에 대해서 —그 해석이 누구나 공감할 수 있는 보편타당성을 갖는 경우에 한해서— 철학적 이해를 할 수 있는 가능성을 갖게 된 것이다. 우리가 청동거울의 사신도를 읽고 해석할 수 있는 것도 이런 이유에서이다. 롬바흐의 "그림철학"은 결코 무리한 규명이나 해석이 아니라 누구나 공감할 수 있는(보편성 획득) 해석인 것이다. 그런데 청동거울에 디자인된 사신도와 빛살 문양의 메시지는 롬바흐가 규명한 암벽화보다 훨씬 확실하기에, 이 사신도가 밝히는 것에 이의를 제기할 사람은 없을 것이다.

무엇보다 롬바흐의 "그림철학"은 하이데거의 사유에서 많은 영감을 얻은 것임에 틀림없다. 롬바흐의 "구조 존재론"은 "존재를 관계론적이고 역동적인 "사건"으로 사유한 하이데거의 사상을 계승하면서 발전시킨 존재론이라고 할 수 있고", 또 그의 그림철학은 하이데거의 "예술작품 분석" 또는 "사물 현상학"과 깊은 관련을 맺고 있는 철학이다."[57] 그러기에 그림철학은 어떤 이론적인 텍스트나 개념이 아니라, 어디까지나 직접적이고 전체적인 방식으로 자신의 세계와 진리를 갖고 있으면서 스스로 이야기하는 것이다. 말하자면 그림철학은 그림 자체가 하는 이야기를 따라가며 이야기하고 사유할 뿐이다. 즉 그림철학은 그림 속에서 스스로 발현하는 명증성과 더불어 작업한다.

롬바흐는 철학자이자 미학자로, 특히 그림과 예술의 철학에 대한 중요한 연구를 남겼다. 그의 그림철학은 예술의 본질과 미학적 경험을 탐구하며, 주로 회화를 중심으로 논의되었다. 그는 또한 헤겔의 변증법적 미학을 바탕으로 예술과 미학을 논의하면서, 그림을 통해 미적 진리와 자아의 자각을 추구하려 했다. 롬바흐의 미학에서 중요한 점은 미적 경험이 자아와의 관계에서 성립한다는 것이다. 그는 예술을 자아의 자각과 관련지어 설명한다. 그림을 관람하는 사람은 작품을 통해 자신의 감정과 내적 상태를 인식하고, 이를 통해 자아를 발전시킬 수 있다고 본다. 이 과정은 감각적인 경험에서 시작해 개념적인 인식으로 나아가는 변증법적인 과정이다. 관람자는 작품을 통해 감각적 체험을 넘어 이성적 통찰을 얻고, 그 통찰을 통해 자아를 인식하게 된다. 롬바흐의 그림철학은 형식과 내용의 변증법적 통합을 중시하며, 그림이 단순히 시각적 재현을 넘어서는 정신적·철학적 경험을 제공한다고 주장한다. 그는 회화를 자아의 자각과 미적 진리의 도구로 이해하고, 그림을 통해 인간 존재의 깊은 의미와 우주적 진리를 추구한다고 보았다. 그림은 감각적 경험과 이성적 통찰의 결합을 통해 인간이 자신을 인식하고 세계와 관계를 맺는 방식을 형성하는 중요한 역할을 한다고 할 수 있다.

롬바흐의 철학적 접근은 그림을 통한 인간의 감각적 경험을 고찰하는 데 집중한다. 그는 그림을 개념적이면서도 감각적인 것, 즉 시각적 형태와 정신적 의미가 결합된 변증법적 존재로 본다. 그는 그림을 단순히 시각적인 대상으로만 이해하지 않고, 그 그림이 내포하는 정신적 진리와의 대화를 통해 이성적 의미를 도출하려고 했다. 그에 따르면, 그림은 단순히 자연의 복사가 아니라, 예술가의 내적 경험을 통해 새로운 진리와 형식을 창조하는 과정이다. 그림은 구상적(형식적인 것)인 세계와 추상적(정신적, 개념적)인 세계가 대립과 조화를 이루는 지점에서 진정한 미적 의미를 찾을 수 있다. 그림은 그 자체로 객관적인 형태를 가진다. 하지만 롬바흐는 형태와 내용이 결합된 예술작품에서 표현된 개념을 중요한 요소로 본다. 그림은 물리적 세계를 재현하는 것 이상으로, 그 속에 심리적·정신적 의미를 담고 있어야 한다고 강조한다. 롬바흐는 그림을 객관화된 주관으로 설명하면서, 예술작품이 관람자의 주관적 해석을 통해 심오한 미학적 가치를 전달할 수 있다고 본다.

롬바흐는 그림을 자기 표현의 언어로 간주한다. 그는 회화가 언어처럼 의미를 전달하는 표상으로서 작용한다고 본다. 회화는 단지 이미지의 재현이 아니라, 그 이미지 속에 담긴 사고와 개념을 표현하는 과정이기 때문에, 회화에는 철학적 의미가 내포되어 있다고 주장한다. 회화의 언어적 성격은 그 자체로 인간 존재의 의미를 해석하는 중요한 도구로 작용한다고 롬바흐는 생각했다. 예술작품은 형식과 내용이 결합하여 정신적 의미를 전달하는 방식으로 이해된다.

롬바흐의 그림철학은 형식과 내용의 결합에서 핵심적인 의미를 찾는다. 그는 예술작품이 형식적인 측면과 내용적인 측면을 모두 갖추어야 진정한 예술적 가치를 지닌다고 보았다. 이 두 요소가 통합될 때, 예술작품은 미적 의미와 철학적 진리를 동시에 전달할 수 있다. 회화에서 형식은 색, 형태, 구도 등 시각적인 요소들이고, 내용은 이 시각적 요소들이 전달하는 개념이나 정신적 가치이다. 이 두 가지가 결합되어야 예술작품이 완전한 표현으로 기능한다고 보았다.

롬바흐는 그림이 미학적 진리를 드러내는 중요한 수단이라고 주장한다. 그림을 통해 우리는 자연과 정신적 세계의 본질을 이해할 수 있으며, 이는 미학적 사고와 철학적 사고를 결합한 통찰을 통해 실현된다. 그는 예술을 진리 탐구의 수단으로 보았으며, 그림은 단순히 아름다움을 추구하는 것이 아니라, 인간 존재와 우주적 의미에 대한 깊은 철학적 질문을 제기한다고 보았다. 그는 그림을 단순히 물리적 세계를 재현하는 것이 아니라, 정신적 의미와 미학적 가치를 표현하는 독립적인 언어로 보았다. 회화는 감각적인 세계를 넘어서 철학적, 정신적 경험을 형성하는 중요한 매개체이다. 따라서 회화는 감각적 표현(이미지)을 통해 보편적 의미와 내적인 진리를 전달한다고 주장한다. 롬바흐는 회화가 표현적이어야 한다고 강조했다. 즉, 회화는 단순히 자연의 모사가 아니라, 예술가의 내적 감정, 정신적 상태와 사유가 외부 세계에 대한 인식과 결합되어 나타나는 과정이라고 봤다. 회화는 예술가의 세계관과 감정적 체험을 시각적 이미지를 통해 정신적 상징으로 변형하는 표현의 수단이다.

롬바흐는 그림을 감각적 경험과 정신적 경험이 결합된 독특한 형태의 미적 경험으로 본다. 회화는 미적 경험을 통해 내적인 자아와 외부 세계의 관계를 형성하는 중요한 매체로, 회화를 감상하는 사람은 감각적 요소를 통해 자신의 정신적 상태나 내면적 세계를 인식하고 변화된 인식을 얻게 된다. 예술작품은 정신적 자각과 심리적 발전을 유도하는 중요한 역할을 한다. 회화는 미학적 진리를 표현하는 수단으로, 물리적 현실을 넘어서서 보편적인 의미나 보편적 진리를 드러내는 역할을 한다. 롬바흐는 그림이 단순한 재현에 그치지 않고, 인간 경험의 정성과 본질적인 의미를 탐구하는 방식을 제공한다고 보았다. 즉, 회화는 감각적 경험을 통해 보편적이고 영원적인 진리를 표현할 수 있다고 믿었다.

윤병렬의 견해에 의하면, 청동거울의 사신도나 고분벽화의 사신도 및 사수도, 나아가 성혈 고인돌의 사수도에서 롬바흐의 "그림으로 펼친 사유세계"와 "그림철학"을 그대로 읽을 수 있다. 여기는 어떤 추측이나 상상이며 분석의 과정을 거치지 않아도 알 수 있는 정신세계, 즉 온 사방을 수호하고 보살피는 세계관을 읽어낼 수 있다. 이를 통해 우리는 선사시대와 고대의 문화유적이나 그림의 세계를 단순한 고고학적 문화유적으로만 보아오던 태도에서 벗어나야 하는 것이다. 그러기에 "선사시대의 역사적 유물들이 주어져있다"고 만 하고, 아무런 정신적 의미를 읽어내지 못한다면 그것은 말할 것도 없이 철학적 무지이고 태만이다. "청동기 시대의 파형동기와 청동거울에 새겨진 사신도, 고구려의 고분벽화에 그려진 사신도 및 사수도와 같은 것이다, 이 전승된 유적의 사신도와 성좌도는 흔적의 차원을 뛰어넘어 말하는 그림(사신도, 사수도)으로 자리잡고 있다."[58]

롬바흐의 그림철학은 윤병렬에 의하면, 청동거울의 사신도 및 고분벽화를 이해하는 데도 그대로 적용된다. 왜냐하면 이들은 자신이 무엇을 말하는지 스스로 그리고 직접적으로 밝히기 때문이다. 우리가 그림이나 건축물이며 조각이나 벽화, 나아가 고인돌의 성혈이나 신화나 전설 등을 단순한 사물로서가 아니라 인간의 혼이 스며있는 예술작품이라고 여길 때, 롬바흐의 증언대로 거기에는 어떤 방식으로든 살아있는 정신이 녹아 있는 것을 목격할 수 있다. 현상학자 롬바흐는 초자연적 의미를 지닌 거석(巨石)으로부터 태초의 형이상학을 읽어내어 고인돌을 건립한 선사시대의 문화를 고급문화들의 일환으로 보고 있다. 그는 돌에게서 말하는 돌과 돌의 세계를 찾아내고 절대자와 초자연의 형이상학을 읽어내었다. 이런 논점을 전유하면서 윤병렬은 위대한 사상과 정신(Geist)은 철학자들의 이론이나 저서 속에서만 나타나는 것이 아니라, 예술작품 속에서도, 시와 신화, 동화 속에서도, 그리스 신전이나 성혈 고인돌, 청동거울의 사신도와 고분벽화에서도 드러난다고 주장한다.

이런 맥락에서 윤병렬이 자신의 철학함에 있어서 고구려의 고분벽화, 고인돌의 성좌도, 청동거울, 수막새 등을 철학적으로 해석함에 있어서 롬바흐의 그림철학에서 영감을 얻고, 그것을 단초와 지평으로 삼아 자신의 예술철학을 펼친 것을 확인할 수 있다.

3. 표현인문학과 만나다[59]

윤병렬은 특히 자신의 논문인 「청동거울과 표현인문학적—현상학적 지평」과 자신의 주저들인 『고구려의 고분벽화에 그려진 한국의 고대철학』, 『고구려 고분벽화에 담긴 철학적 세계관』, 『선사시대 고인돌의 성좌에 새겨진 한국의 고대철학』 등에서 표현인문학적 관점을 제시한다. 그는 문자로 전승되지 못한 수다한 선사의 유적과 벽화며 그림들의 경우, 우선 문자의 세계 밖으로 나가서 그 표현인문학적 의미를 찾아야 한다고 역설한다. 우리가 선사시대의 유적들을 읽기 위해서는 문자와 텍스트의 밖에서 그 표현인문학적 징표를 찾아야 한다는 것이다. 문자로 쓰여진 것만이 철학적 텍스트로 되어야 한다는 법은 없다고 본다. 그리하여 선사의 유적이 드러내는 메시지가 언어와도 같이 분명하다면, 나아가 그 의미해석이 보편성을 획득할 수 있다면, 그것은 당연히 철학적 지평으로 초대될 수 있다는 것이다.

「고구려의 고분벽화와 청동거울에 드러난 사신도의 해석」은 다른 예술작품들에 대한 해석처럼 표현인문학의 지평 위에서 한국 고대철학의 새로운 이정표가 될 수 있다. 표현인문학의 지평에서 전승된 유적이나 자료의 해석을 통해 그 철학적 메시지와 정신적 원형들을 되찾는다면, 그것은 분명 망각되어진 우리의 고대철학을 재발견하는 획기적인 계기가 될 것으로 여겨진다고 이 논문에서 밝히고 있다.[60]

그러면 "표현인문학"(Expressive Humanities)이란 무엇인가? "표현인문학"이란 개념은 결코 이해되기 어려운 철학용어가 아니라, 인간의 인간다움의 제표현들을 다루는 확장된 인문학을 의미한다. "인문학이란 일차적으로 문자 그리고 이차적으로 비문자를 포함한 문화활동을 통해 사람다움의 표현을 모색하는 노력이다."[61] 그리고 "모든 사람은 자기 성취를 할 수 있어야 하며, 그리고 그러한 목표는 모든 사람이 자기 표현을 통해 도달할 수 있다. 따라서 우리는 도달하고자 하는 지점을 표현인문학이라 부르기로 한다."[62] 표현인문학은 인간의 감정, 경험, 상상력 등을 중심으로 인간 존재의 본질을 탐구하는 인문학적 접근 방식이다. 그것은 예술과 문학, 심리학, 사회학 등 다양한 분야를 포괄하면서, 인간의 내적 세계와 그 표현 방식을 중시한다. 즉, 인간이 어떻게 자신을 표현하고 그 표현을 통해 세상과 관계를 맺는지에 대한 이해를 목표로 한다.

표현인문학의 핵심은 "표현"이다. 표현개념은 그동안 이성과 감성의 데카르트적 이분법의 지배를 받아왔다고 생각한다. 인간은 언어로써 이성을 말하지만 감성은 표현으로써 나타낸다. 이러한 전통은 논리실증주의에 의해서도 답습되고 있다. 의미있는 것은 말해질 수 있지만 의미없는 것은 말해질 수 없고 표현될 뿐이라는 것이다. 그리하여 그 전통을 따르는 학자들은 윤리, 미학, 종교 개념들은 말해질 수 없고 표현된다고 했다. 그러나 이제 그러한 이분법이나 의미론은 수용되기 어렵다. 어떠한 감성적 체험이나 어떠한 가치적 경험도 언어적이기 때문이다. 이제 표현개념은 인간의 감성이나 가치경험에 국한될 필요가 없고 인간의 모든 경험에 적용되는 개념이다.[63] 표현이란 인간의 감정이나 사고를 언어, 예술, 행동 등의 방식으로 나타내는 과정과 그 결과물을 중시하는 접근법이다. 이 표현은 개인의 내적 경험뿐만 아니라, 그 경험이 사회적, 문화적 맥락에서 어떻게 형성되고 변형되는지를 포함한다. "모든 활동은 표현이고, 모든 표현은 활동의 한 형식이다."[64]

표현인문학은 표현을 사람다움의 한 충분조건으로 택할 수 있다는 명제를 그 중심 논제로 제안한다. 비문자적인 표현과 문화활동 및 갖가지 "사람다움의 표현을 모색하는 노력"도 표현인문학의 영역에 포함된다. 표현은 "나타냄 또는 나타난 형상이나 모양"이다. 표현은 일반적으로 인간이 기쁨, 슬픔. 행복, 분노와 같은 심리상태를 나타낸 것이다. 표현이 나타냄을 뜻한다고 할 때, 그 나타냄은 양의성을 갖는다. 그 하나는 나타내어지는 결과나 그 내용이고, 다른 하나는 나타내는 행위의 요소이다. 표현이란 단어가 올바로 사용되었을 때, 내용, 수단, 행위 중의 하나를 뜻하는 것은 분명하다.[65] 표현인문학은 철학적 고전 텍스트를 단지 이해하는 데 그치는 이해인문학을 넘어선다. 나아가 그것은 일차적으로 문자, 그리고 이차적으로 비문자를 포함한 문화활동을 통해 사람다움의 표현을 모색하려 한다.

표현인문학은 내적 세계와 그 표현을 중시한다. 인간의 감정, 상상력, 개인의 내적인 경험이 표현의 중심이 되며, 이러한 경험이 예술이나 문학, 심리학적 언어를 통해 어떻게 드러나는지를 탐구한다. 문학, 음악, 미술, 연극 등의 예술적 표현이 중요한 역할을 한다. 예술작품은 인간 경험의 감정적, 심리적 측면을 나타내는 주요 수단으로 간주된다. 예술은 인간의 복잡한 내적 세계를 외부로 드러내고, 그 자체로 인간 존재에 대한 깊은 통찰을 제공한다.

표현인문학에서는 언어와 상징적 표현이 중요한 연구 대상이다. 인간의 내적 경험은 종종 언어나 상징을 통해 표현되고 소통된다. 문학 작품이나 예술 작품에서의 언어적·상징적 요소를 분석함으로써 심리적·사회적 맥락에서 어떻게 의미가 형성되는지에 대한 이해를 제공한다. 표현인문학은 감정과 감각적 경험을 중시한다. 인간의 내면에 존재하는 복잡한 감정은 예술적 표현을 통해 외부로 나타난다. 이는 종종 치유, 자기 이해, 정체성 형성과 관련이 있다. 감정은 인간 경험의 중요한 부분으로서 표현인문학은 이를 깊이 탐구하고 해석하려고 한다. 표현인문학은 개인의 자아와 사회적 맥락을 연결지으면서 개인의 표현이 사회와 어떻게 상호작용하고 영향을 주고받는지에 대해서도 관심을 둔다. 예술작품이나 문학작품은 사회적 갈등, 문화적 변화, 정체성의 형성 등을 반영할 수 있는 중요한 도구이다.

예술은 인간의 감정과 경험을 시각적·청각적·신체적 방식으로 표현하는 중요한 수단이다. 미술, 음악, 무용, 연극 등 다양한 예술 장르는 표현인문학에서 중요한 연구 대상이 된다. 예술 작품을 분석함으로써 인간의 감정, 상상력, 사회적 현실을 어떻게 표현하고 이해할 수 있는지에 대한 통찰을 얻을 수 있다. 표현인문학은 인간 존재의 감정적·정신적·사회적 측면을 깊이 탐구한다. 인간이 경험하는 복잡한 내적 세계를 이해하고, 그것이 예술적 표현을 통해 어떻게 나타나는지를 분석함으로써, 우리는 인간 경험에 대한 보다 풍부하고 다채로운 이해를 얻을 수 있다. 예술적·문학적 표현은 자기 인식과 치유의 과정으로 기능할 수 있다. 예술작품이나 문학 작품을 통해 개인은 자신을 표현하고, 내적 갈등을 해소하며, 정체성과 자아를 형성해 나갈 수 있다. 이는 정신적 건강과도 밀접하게 연결된다. 표현인문학은 개인의 표현을 사회적이고 문화적인 차원에서 해석하려고 한다. 예술과 문학은 사회적 가치, 정치적 이슈, 문화적 규범을 반영하는 중요한 수단으로 작용할 수 있으며, 이를 통해 우리는 사회적 현상을 더 깊이 이해할 수 있다.

예를 들자면, 별에 대한 표현인문학적 설명은 어떠한가? 표현인문학적 접근은 별을 단순한 자연현상이 아니라, 인간의 상상력, 감성, 심리에 깊이 뿌리내린 존재로 다룬다. 별에 대한 표현인문학적 설명은 별을 인간의 문화적·감정적·상징적 맥락에서 이해하고 설명하는 방식이다. 이는 문학, 예술, 철학, 역사 등 인간의 창조적 표현을 통해 별을 어떻게 인식하고 의미를 부여했는지에 대한 탐구이다. 문학작품에서 별은 상징적인 역할을 자주 맡는다. 별은 인간의 희망, 사랑, 운명, 고독 등을 표현하는 중요한 이미지로 사용되며, 종종 목표나 꿈을 나타낸다. 밤하늘의 별을 바라보며, 인간은 자신이 처한 고독을 느끼기도 하고, 우주의 무한함과 자신의 존재에 대한 깊은 성찰을 하기도 한다. 카프카(F. Kafka)나 고흐의 그림에서 별은 인간의 내면적 갈등과 우주적 고립감을 표현하는 중요한 소재로 다뤄진다.

예술에서 별은 미학적이고 상징적인 의미를 지니며, 그 자체로 아름다움, 영감을 주는 대상, 우주의 경이를 표현하는 요소로 사용된다. 별은 그 자체로 빛의 존재로서 광채와 형태에서 미적 아름다움을 지닌 대상이다. 고흐의 "별이 빛나는 밤에"와 같은 작품에서 별은 형상화된 아름다움이자, 우주의 신비로운 측면을 탐구하는 매개체로 등장한다. 이러한 작품에서는 별이 단순한 자연물이 아니라, 감정과 심리를 표현하는 중요한 요소로 다뤄진다. 예술에서 별은 희망, 목표, 끝없는 가능성을 상징하는 경우가 많다. 예를 들어, 별은 "길을 인도하는 등대"로 묘사되기도 하며, 내면의 빛이나 영감을 주는 존재로 해석되기도 한다.

철학에서 별은 존재론적·형이상학적 질문을 다루는 중요한 소재가 된다. 하늘과 우주의 구조를 이해하는 데 있어 별은 인간 존재에 대한 심오한 질문을 던지는 중요한 상징이다. 별은 인간이 자신의 존재와 우주적 위치를 이해하려는 노력의 일환으로 등장한다. 별은 인간의 존재의 의미, 우주적 질서에 대한 질문을 제기한다. 하이데거 같은 철학자는 인간이 시간과 공간을 어떻게 경험하는지와 별을 통해 인간 존재가 우주 안에서 어떤 의미를 지니는지를 탐구하려고 했다. 별은 영원히 빛나는 존재로서 인간이 가진 시간적 한계와 죽음을 대비시키는 상징으로 다뤄진다. 인간은 별을 통해 자신의 유한성과 무한성에 대한 철학적 사유를 하게 된다. 별은 영원한 존재로서 인간에게 영적 탐구와 불사의 상징을 제시한다.

많은 문화에서 별은 신화적·상징적인 존재로 자리 잡고 있으며, 인간의 운명과 신성과 연결된다. 별은 여러 신화에서 신의 의지, 운명의 표시, 또는 영웅의 전설과 연관이 있다. 고대 이집트, 그리스, 메소포타미아 등 여러 고대 문명에서 별은 신성한 존재로 숭배되었다. 별은 종종 신들의 눈이나 신성한 메시지로 여겨졌다. 예를 들어, 고대 메소포타미아의 "길가메시 서사시"(Epic of Gilgamesh)에서는 별이 운명을 예고하는 중요한 신비한 신호로 등장한다. 많은 문화에서 별자리는 신화적 이야기와 연결되어 있으며, 각 별자리에는 고유한 신화적 이야기나 상징적 의미가 부여된다. 예컨데, 오리온 자리나 북두칠성은 고대 문화에서 영웅이나 신성한 존재와 관련된 신화를 담고 있다.

윤병렬은 표현인문학적 통찰을 자신의 예술철학의 정당성과 그 전거로 내세우고 있다. 비문자적인 표현과 문화활동 및 다양한 "사람다움의 표현을 모색하는 노력"도 표현인문학의 영역에 포함되기에, 그림이나 여러기지 예술활동, 고분벽화와 청동거울의 사신도, 하이데거가 『예술작품의 근원』에서 밝히는 고흐의 그림인 "농부의 신발"과 "그리스의 신전"과 같은 건축물, 현대의 다양한 매체를 통한 창작활동, 사진예술과 여행스케치도 단연 인문학의 영역에 속한다고 할 수 있다.[66] 또한 "문화유산이 반드시 문자로 존재하는 것만은 아니다. 한 문화는 철학, 문학, 역사, 어학, 예술로만 존재하는 것이 아니라, 수많은 가시적 건물, 기념탑, 제품들과 무형적인 다양한 형태의 제도나 전통으로 남는다."[67]

이런 맥락에서 윤병렬은 표현인문학의 지평 위에서 고분벽화의 해석과 고인돌의 성혈에 대한 해석과 청동거울에 드러난 사신도의 해석을 통해 한국 고대철학의 새로운 이정표를 찾고자 했다. 이는 전승된 유적이나 자료를 표현인문학의 지평에서 해석함으로써 그 기획의도와 지성의 흔적 및 정신적 원형들을 되찾아내는 작업은 분명 망각된 우리의 고대철학을 재발견하는 획기적인 계기가 될 수 있을 것이라고 확신했던 것이다.

4. 엘리아데의 종교철학과 만나다[68]

윤병렬의 주저들과 『혜초의 기행문과 철학』과 종교관련 논문들에서 이런 관점을 발견할 수 있고, 종교적 지평을 자신의 철학세계와 연결시키고 있음을 확인할 수 있다. 특히 그가 한국의 전래동화, 청동거울, 고분벽화, 고인돌의 성좌도 및 사수도를 해석함에 있어서 그것들이 함축한 한국문화 속에 내재하는 종교적 지평과 차원을 부각시켰다. 특히 윤병렬은 학문적인 차원에서 엘리아데의 종교철학적 관점을 원용한다.

잘 알려져 있듯이, 엘리아데(M. Eliade)는 인간을 "종교적 존재"(homo religiosus)라고 규정한다. 이러한 인간관은 인간이 본질적으로 종교적이라는 것이고, 종교가 곧 인류의 삶 속에 있는 보편적인 현상임을 천명하는 것이다. 여기서 종교라는 말은 물론 지상에 이미 틀지어진 제도권 내에서의 종교만을 말하는 것이 아니다. 종교는 결코 어떤 특정한 종교의 "독특한 것"이라거나 교의 내지는 자기 주장이나 절대성이 아닐 뿐만 아니라, 어떤 특정한 종교만의 색채를 드러내거나 그러한 종교가 정치화되고 문화화 된 것이 아니다.

윤병렬은 기독교 유신론자이지만 타종교들에 열려있었다. 또한 학문적 차원에서는 엘리아데의 종교철학을 지지하면서 원용하였다. 엘리아데의 종교개념은 기존의 종교개념들보다 훨씬 더 근원적인 물음이다. 그에 의하면 인간은 어떤 형태로든 초자연적인 것과 자연적인 것과 초인간적인 것, 신적인 것과 영원한 것과의 접속을 통해 삶을 영위하고, 만약 이러한 초월자와의 연관을 맺지 않으면 살 수 없다. "종교적 인간"은 거룩한 세계 속에서만 진정한 실존을 가질 수 있고, 또 이와 같은 세계에서만 살 수 있다.

엘리아데의 "종교적 인간"은 "성스러운 것"으로 가득찬 분위기 속에서 살려는 욕망을 지니고 살아가는 존재이다. 물론 이때의 "성스러운 것"이란 우리가 통념으로 생각하는 것, 즉 어떤 현실과 거리를 두는 것과 달리, 오히려 탁월하게 현실적인 것이며, 권능이요, 효율성이며, 생명과 풍요의 원천이기도 하다. 그는 객관적인 실재 속에 거주지를 잡고, 환상이 아닌 현실적이고 유효한 세계 속에 살려는 욕망을 지니고 있다. 종교적인 인간은 성스러운 세계 속에서만 진정한 실존을 가질 수 있으며, 또 그러한

세계 속에서만 살 수 있다.[69]

종교적 인간은 되도록 신들과의 교섭이 가능한 곳에 살기를 원하며 신들과 가까이에서 살기를 원한다. 인간은 누구나 "태초의 완전성에 대한 향수"를 갖고 있으며 근원을 향한 향수를 갖고 있다." 그리고 "종교적 인간의 심원한 향수는 '신적인 세계'에서 거주하려는 것"[70]이다. 엘리아데에 의하면 인간이 어떤 공간에 거주하려고 할 때, 어떤 방식으로든 사전에 그 공간이 성화되어야 한다. 말하자면 거주하는 공간이 되려면, 미리 이 공간이 성스러움의 존재질서 속으로 들어갔을 때 가능하다는 것이다.

"종교적 존재"에서 인간은 자신의 존재와 삶이 결코 우연적이거나 무의미한 것이 아닐뿐 아니라, 이 세상에서 일회용의 삶으로 끝내는 것도 아님을 확신할 수 있다. 그는 코스모스의 외부나 변방에 거처하는 것이 아니라, 코스모스의 중심에 자신의 존재 기반을 확보하고, 또 여기서 자신의 주거공간을 성화시켜 나가는 것이다. 그의 거주 공간은 신적인 것과 인간적인 것이 연결되는 공간이고, 또 초월이 가능한 공간이다. "전통사회의 인간은 오로지 위로 향하여 열려진 공간, 지평의 돌파가 상징적으로 보증되고, 따라서 다른 세계, 즉 초월적 세계와의 교섭이 제의적으로 가능해지는 공간에서만 살 수 있다는 것이다."[71]

인간에게서 종교는 예술행위나 질서생활 그리고 문화와 윤리적 생활의 추구와 마찬가지로 인간의 삶 속에 본질적으로 포함되어 있다. 따라서 종교는 원시적 형태의 종교이던, 고등종교이던 하나의 보편적 현상이라 할 수 있다. 특히 종교는 엘리아데의 많은 저작들에서 자명하게 드러나듯이, 어쩌면 인간의 가장 오래된, 가장 강력한, 가장 절실한 갈망의 형태로 볼 수 있을 것이다. 종교적인 것의 특징은 그러기에 일상성이 한계에 봉착하면서 비일상성의 위력이 저 일상성을 지배하는 경우이며, 속(俗)의 차원이 초극되어 성의 차원에 이르거나 거꾸로 성(聖)의 차원이 속의 영역에 침투해 들어가 이 속의 영역을 변화시키고 지배하는 것이다. 그러나 인간은 주지하다시피 지상에서 살아가는 한, 성과 속 중에서 어느 한쪽에만 치우쳐 살아갈 수는 없다. 어떤 형태로던 인간은 구조적으로 완전히 속을 벗어나 살 수는 없는 것이다.

종교의 본질과 종교적 경험을 탐구한 엘리아데의 종교철학은 신화, 의식, 성스러움과 같은 개념을 중심으로 인간의 종교적 경험을 이해하려는 시도를 담고 있다. 그의 종교철학은 인간 존재와 세계를 성스러움과 세속성의 대립을 통해 해석하려고 하며, 인간이 종교적 경험을 통해 초월적 실재와 접속하고자 하는 본능적인 경향을 설명한다. 엘리아데의 종교철학은 종교적 경험의 본질과 그 인간 존재에 대한 깊은 통찰을 제시하며, 종교학뿐만 아니라 인류학, 심리학 등 다양한 분야에서 중요한 영향을 미쳤다. 종교적인 존재로서의 인간에게 바람직한 삶은 그가 속에서 살지만 성을 원형으로 하고 이성을 본래적이고 궁극적인 것으로 하여 살아가는 것이다.

"궁극적인 것에 대한 향수와 열망은 어쩌면 인간이 열망하고 욕구하는 것이 총체에 가까울 것이다. 이러한 향수와 열망은 그러기에 마치 모든 인류에게 공동으로 들어있는 유전자처럼 원시에서부터 지금까지, 또 앞으로도 계속 살아서 활동하는 유전자와도 유사할 것이다."[72]

초월자 및 절대자와의 접촉에 의해서만 진정한 삶을 영위할 수 있다는 "종교적 존재"로서의 인간에게 지상적 거주함의 진정한 의미는 속된 굴레에서 벗어나 성스러운 존재질서 속으로 들어가는 것이다. 엘리아데는 종교의 핵심적 특징 중 하나로 상징과 의식을 강조했다. 그는 종교적 상징이 인간에게 초월적 의미와 연결을 제공한다고 보았다. 종교적 상징은 성스러운 것을 일상적인 것을 통해 표현하려는 인간의 노력으로, 상징을 통해 인간은 물리적 세계와 초월적 세계를 연결시킬 수 있다. 엘리아데에게 신화는 단순한 이야기나 허구가 아니다. 신화는 성스러운 세계와의 연결을 실현하는 수단이며, 인간은 신화를 통해 초월적 실재와의 접속을 경험한다. 신화는 인간 존재의 본질적인 의미를 해석하는 중요한 방법론으로 작용하며, 인간은 신화를 통해 근원적 진리를 깨닫고, 그것을 일상적인 삶에 적용한다. 신화는 인간의 존재를 초월적인 차원으로 인도하며, 신화 속에 내포된 원형적 상징은 인간이 경험할 수 있는 가장 깊은 진리를 제공한다.

엘리아데는 종교적 상징이나 의식의 기원과 그 원형을 중요하게 여겼다. 그는 종교적 상징이 원형으로서 인간의 심리적·문화적 뿌리와 연결된다고 보았다. 이러한 원형은 인간 존재의 보편적 구조를 반영하며, 종교적 상징은 인류의 기원과 본성을 나타내는 중요한 지표로 작용한다. 인간은 이러한 원형적 경험을 통해 자신의 존재와 세계를 이해하고, 이를 통해 초월적 진리를 발견하려고 한다.

엘리아데의 종교철학은 성스러움과 세속성의 구분, 신화적 시간과 역사적 시간의 대비, 종교적 상징과 의식의 중요성을 중심으로 인간의 종교적 경험을 탐구한다. 그는 인간이 종교적 의식과 신화를 통해 성스러운 세계와 접촉하고, 이를 통해 초월적 실재를 인식한다고 보았다. 그의 철학은 신화, 종교, 의식, 상징을 통해 인간의 내적 세계와 초월적 세계의 연결을 이해하려는 심오한 탐구로, 종교학과 철학의 중요한 이론적 기초를 마련한 것이다.

예컨대, 별에 대한 종교철학적 시각은 무엇인가? 별에 대한 종교철학적 시각은 별을 단순한 물리적 천체로 보지 않고 신성, 영적 상징, 그리고 신과 인간의 관계를 이해하는 중요한 요소로 바라보는 관점이다. 종교철학에서는 별이 신의 피조물로서, 또는 우주의 질서와 신성의 표시로서 의미를 갖는다고 해석한다. 이 시각은 특정 종교나 영적 전통에 따라 다르게 해석될 수 있지만, 일반적으로 다음과 같은 주요 측면을 포함한다. 별은 신의 피조물이자, 하늘의 메시지를 전달하는 상징적 존재로서 중요한 의미를 가지며, 인간과 신, 우주와의 관계를 이해하는 데 중요한 역할을 한다. 이 시각에서는 별이 영적 경험과 신의 뜻을 깨닫는 매개체로 기능하는 중요한 요소로 다뤄진다.

이런 맥락에서 윤병렬의 독자적인 철학은 엘리아데의 종교철학과 연관이 있다. 그의 철학에는 종교철학이 철학함의 단초와 지평이 되고, 사유의 지향점으로 나아가게 한다. 그리고 예술철학, 그림철학, 표현인문학, 종교철학은 그의 독창적인 사유를 펼치는 "사유의 도구"로 원용되고 있음을 제 3부에서 확인할 수 있을 것이다.

1) 윤병렬은 현상학 수업을 통해 세상과 사물, 그리고 자연과 우주를 바라보는 "철학적 눈"을 뜨게 된 것이다. 그는 현상학 수업을 자신의 "사유의 묘판"으로 삼아서 이후에 아래 논문들을 완성하였음을 확인할 수 있다. ① 「후설 현상학에서의 세계이해 : 보편지평으로서의 세계」, 철학 62, 한국철학회, 2000. ② 「고대 그리스와 후설 현상학에서의 세계개념」, 철학과 현상학 연구 제23집, 한국현상학회 2004. ③ 「청동거울에 새겨진 사신도 세계관에 대한 현상학적 이해」, 철학연구 제 65집, 고려대학교 철학연구소, 2022. 이 논문들에 대한 세밀한 각주는 평전의 성격을 지닌 글이라 생략함을 밝혀둔다.

2) 소광희, 「아우구스티누스의 시간론: 시간의 의식 내재화의 효시」, 소광희외 저, 『고전형이상학의 전개』, 철학과 현실사, 1995. 132쪽.

3) 윤병렬은 하이데거의 존재론 수업을 자신의 "사유의 묘판"으로 삼아서 이후에 아래 논문들을 완성하였음을 확인할 수 있다. ① 「하이데거의 "존재사"와 "비은폐성"으로서의 진리」, 존재론연구 제2집, 한국하이데거학회 1997. ② 「존재에서 존재자로? : E. 레비나스의 존재이해와 존재오해」, 현상학과 현대철학 제21집, 한국현상학회 2003. ③ 「레비나스의 하이데거 윤리학 비판과 하이데거의 존재사유에 드러난 윤리학」, 철학과 현상학 연구 22권 22호. 한국현상학회 2004. ④ 「하이데거의 존재사유에서 고향상실과 귀향의 의미」, 현대유럽철학연구 제16집, 한국하이데거학회 2007. ⑤ 「하이데거에게서 피지스 개념의 복권과 사물의 존재에 대한 탈근대적 접근」, 철학탐구 제46집, 중앙철학연구소 2017. ⑥ 「『왕오천축국전』의 행간에서 읽는 혜초의 기행문학과 철학 —하이데거의 현사실성의 해석학과 존재사유를 중심으로—」, 철학탐구 제65집, 중앙철학연구소 2022.

4) M. Heidegger, *Holzwege*, Frankfurt a.M. 1977. 195쪽 이하. 참조.

5) M. Heidegger, *Was ist Metaphysik?*, Frankfurt a.M. 1949, 21쪽. 참조.

6) H. Diels, *Die Fragmente der Vorsokratiker*, Hildesheim 1974. (Herakleitos, Nr.123).

7) M. Heidegger, "Ein Brief über den Humanismus". Bern 1947. 16쪽.

8) M. Heidegger, *Einführung in die Metaphysik*, Tübingen 1953. 78쪽.

9) M. Heidegger, *Vorträge und Aufsätze*, Pfullingen 1954. 157~175쪽.

10) M. Heidegger, 이선일 옮김, 「이정표 2」, 한길사, 2005. 8쪽

11) 윤병렬은 가다머의 해석학 수업을 자신의 사유의 묘판으로 삼아서 이후에 아래 논문들을 완성하였음을 확인할 수 있다. ① 「고대 그리스와 하이데거의 사유에서 선포와 개시의 해석학」, 현대유럽철학연구 제12집, 한국하이데거학회 2005. ② 「하이데거의 전기사유에서 '들음'의 해석학적 위상」, 현대유럽철학연구 제14집. 한국하이데거학회 2006. ③ 「가다머에게서 하이데거 해석학의 유산과 "철학적 해석학"」, 현대유럽철학연구 제15집, 한국하이데거학회 2007. ④ 「고대 그리스의 헤르메노이티케와 하이데거의 해석학 개념」, 현대유럽철학연구 제19집, 한국하이데거학회 2009.

12) M. Heidegger, *Sein und Zeit*, Tübingen 1977. 38쪽.

13) H.–G. Gadamer, *Text und Interpretation*, München 1983(GW II), 27쪽, 59쪽.

14) 윤병렬은 그리스 철학 수업을 자신의 "사유의 묘판"으로 삼아서 이후에 아래 논문들을 완성하였음을 확인할 수 있다. ① 「고대 그리스와 후설 현상학에서의 세계개념」, 현상학과 현대철학 제23집, 한국현상학회 2004. ② 「플라톤과 하이데거 및 고구려의 고분 벽화가 표명한 '사방'으로서의 코스모스」, 현대유럽철학연구 제10집, 한국하이데거학회 2004. ③ 「고대 그리스와 하이데거의 사유에서 선포와 개시의 해석학」, 현대유럽철학연구 제12집. 한국하이데거학회 2005. ④ 「고대 그리스의 헤르메노이티케와 하이데거의 해석학 개념」, 현대유럽철학연구 제19집, 한국하이데거학회 2009. ⑤ 「플라톤 철학의 선–형이상학적인 구조」, 철학탐구 제29집. 중앙대학교 중앙철학연구소 2011. ⑥ 「소크라테스와 플라톤에게서 디오니소스적인 것의 존재」 철학탐구 제30집, 중앙대학교 중앙철학연구소 2011 ⑦ 「아리스토파네스의 소크라테스 풍자는 정당한가? : 그의 『구름』에서의 소크라테스 혹평에 대한 반론」, 철학탐구 제32집, 중앙철학연구소 2012. ⑧ 「장자와 플라톤의 위상학적 인식론을 통한 근대 인식론의 딜레마 극복– 장자의 『장자』와 플라톤의 '동굴의 비유'를 중심으로—」, 한국학 제41권 1호, 영신아카데미 한국학연구소 2018.

15) Byeong–Yeol Yun, *Der Wandel des Wahrheitsverständnisses im Denken Heideggers – Untersuchung seiner Wahrheitsauffassung im Lichte des husserlschen und griechischen Denkens*, Shaker Verlag, Mass Market Paperback – 3 May 1996.

16) 윤병렬, 「고구려 고분벽화에 담긴 철학적 세계관」, 지식산업사, 2020. 20쪽.

17) 아래 내용은 윤 선생이 박사학위논문에 대한 「철학과 현실」에 게재한 자신의 "논문 소개글"이다. 윤병렬, 「하이데거의 사고에 있어서 진리이해의 변화– 후설과 고대 그리스 철학의 조명에서 하이데거의 진리파악에 대한 검토」, 철학과 현실 통권 30호, 철학문화연구소, 철학과 현실사, 1996, 274~282쪽.

18) 정대현 외 지음, 『표현인문학』, 생각의 나무, 2000, 20쪽.

19) 여기서는 윤병렬의 저작들과 논문들에 깃들어 있는 자신의 고유한 철학의 정립을 위해 사용된 예술철학적 관점을 정리해서 서술해 보고자 한다. 예술철학과 관련된 논문과 저서들은 다음과 같다. ① 「플라톤과 하이데거 및 고구려의 고분 벽화가 표명한 '사방'으로서의 코스모스」, 현대유럽철학연구 제10집, 한국하이데거학회 2004. ② 「거주함'의 철학적 지평—하이데거의 사유와 고구려의 고분벽화를 중심으로—」, 현대유럽철학연구 제11집, 한국하이데거학회 2005. ③ 『고구려의 고분벽화에 그려진 한국의 고대철학』, 철학과 현실사, 2008. ④ 『한국 해학의 예술과 철학』, 아카넷, 2013. ⑤ 「'말하는 돌'과 '돌의 세계' 및 고인돌에 새겨진 성좌」, 정신문화연구 제143호, 한국학중앙연구원 2017. ⑥ 『선사시대 고인돌의 성좌에 새겨진 한국의 고대철학의 재발견』, 예문서원, 2018. ⑦ 「고구려 고분벽화에 담긴 철학적 세계관– 한국 고대철학의 재발견—」, 지식산업사, 2020. ⑧ 「혜초의 오언시와 하이데거의 시작(詩作)해석」, 철학연구 제134집, 철학연구회 2021.

20) 박창범, 『하늘에 새긴 우리 역사』, 김영사, 2004, 108쪽.

21) 강학순, 『박이문의 둥지를 향한 철학과 예술의 여정』, 미다스북스, 2014, 218쪽.

22) 같은 책, 211쪽.

23) 박이문, 『이카루스의 날개와 예술』, 민음사, 2003, 75쪽.

24) 김우창, 『법 없는 길』(전집 제 4권), 민음사, 2006, 99쪽.

25) M. Heidegger, *Unterwegs zur Sprache*, Frankfurt a.M.1985(GA 12), 185쪽.

26) 박이문, 『철학전후』, 문학과 지성사, 2012, 87쪽.

27) 박이문, 『문학과 언어의 꿈』, 민음사, 2003, 153쪽.

28) 윤병렬, 『선사시대 고인돌의 성좌에 새겨진 한국의 고대철학』, 예문서원, 2018, 57쪽.

29) 윤병렬, 같은 책의 제 4장 6절에서 "칸트의 '반성적 판단력'과 '공통감'에 의한 자연에의 새로운 접근"을 다루고 있다. 1) 칸트의 인식론과 일월성신의 세계 2) '반성적 판단력'과 '공통감', 3) 자연과 숭고한 것. 4) 칸트의 '자연의 최종목적'에 대한 반론과 일월성신의 목적론적인 성격. 428~447쪽. 또한 저자의 「고구려 고분벽화에 담긴 철학적 세계관–한국고대철학의 재발견』, 제 12장 3절에서 "칸트의 '반성적 판단력'과 '공통감'에 의한 자연에의 새로운 접근"을 다루고 있다.

30) I. Kant, 백종현 옮김, 『판단력 비판』, 아카넷, 2009, 162~163쪽.

31) 같은 책, 20절.

32) 위의 책, 39절, 42절, 59절.

33) 윤병렬, 『선사시대 고인돌의 성좌에 새겨진 한국의 고대철학』의 제 1부 2장, "셸링과 하이데거. 롬바흐의 예술철학과 표현인문학", 53~80쪽. 『고구려 고분벽화에 담긴 철학적 세계관: 한국고대철학의 재발견』의 제 2장, "고분벽화의 표현인문학과 예술철학", 45~62쪽.

34) H. J. Störig, *Kleine Weltgeschichte der Philosophie 2*, Frankfurt a.M. 1969, 122쪽.

35) F.W.J. Schelling, *Sämtliche Werke I/3*, Stuttgart, 1856–1861.

36) 윤병렬, 『선사시대 고인돌의 성좌에 새겨진 한국의 고대철학』의 제 1부 2장, "셸링과 하이데거. 롬바흐의 예술철학과 표현인문학" 53~80쪽, 윤병렬, 『고구려 고분벽화에 담긴 철학적 세계관: 한국고대철학의 재발견』의 제 2장, "고분벽화의 표현인문학과 예술철학" 45~62쪽. 제 9장, "사방"으로서의 코스코스– 플라톤과 하이데거 및 고구려의 고분벽화의 사방세계. 265~280쪽.

37) Heidegger, *Der Ursprung des Kunstwerkes*, Stuttgart 1988, 31쪽.

38) 같은 책, 30쪽.

39) 같은 곳.

40) 같은 책, 27쪽 이하 참조.

41) 위의 책, 30쪽 참조.

42) M. Heidegger, 신상희 옮김, 『이정표 1』, 한길사, 2008, 57쪽.

43) 같은 책, 56쪽.

44) M. Heidegger, *Nietzsche I*, Pfullingen 1961, 231쪽. 윤병렬, 「청동거울에 새겨진 사신도 세계관에 대한 현상학적 이해」, 철학연구 제65집, 고려대학교 철학연구소 2022. 139쪽.

45) 윤병렬, 『선사시대 고인돌의 성좌에 새겨진 한국의 고대철학』, 57쪽.

46) 위의 책, 65쪽 이하.

47) 윤병렬, 「가다머에게서 하이데거 해석학의 유산과 "철학적 해석학"」, 현대유럽철학연구 제15집, 한국하이데거학회 2007.

48) 윤병렬, 『고구려 고분벽화에 담긴 철학적 세계관: 한국고대철학의 재발견』의 제 2장 고분벽화의 표현인문학과 예술철학, 48쪽 이하. 『선사시대 고인돌의 성좌에 새겨진 한국의 고대철학』의 제 1부 2장, 셸링과 하이데거, 롬바흐의 예술철학과 표현인문학, 53~80쪽, 제 3장 2절, 롬바흐의 '돌의 세계'와 '말하는 돌' 88~95쪽.

49) 윤병렬, 『선사시대 고인돌의 성좌에 새겨진 한국의 고대철학』, 67쪽 이하.

50) H. Rombach, *Leben des Geistes*, Freiburg, Basel, Wien. 1977. 8쪽.

51) 같은 곳.

52) H. Rombach, *Strukturontologie: Eine Phänomenologie der Freiheit*, Freiburg/München, 1971. 321쪽.

53) H. Rombach, 위의 책, 8쪽 . 참조. H. Rombach, 전동진 역, 『아폴론적 세계와 헤르메스적 세계』, 서광사, 2001. 340쪽 이하.

54) 윤병렬, 「청동거울에 새겨진 사신도 세계관에 대한 현상학적 이해」, 133쪽.

55) 윤병렬, 『선사시대 고인돌의 성좌에 새겨진 한국의 고대철학』, 70쪽.

56) 같은 책, 75쪽.

57) 전동진, 「롬바흐의 그림철학」, 하이데거 연구 제7집, 하이데거학회 2002. 18쪽. 전동진, 『생성의 철학: 하이데거의 존재론과 롬바흐의 생성론』, 서광사, 2008, "그림철학은 하이데거의 '예술작품' 분석 또는 '사물(Ding)' 현상학이 도달한 동일성과 유일성의 존재론을 잇고 있는 철학"이라고 볼 수 있다."(17쪽).

58) 윤병렬, 「청동거울에 새겨진 사신도 세계관에 대한 현상학적 이해」, 135쪽.

59) 윤병렬, 『선사시대 고인돌의 성좌에 새겨진 한국의 고대철학』의 제 2장. "셸링과 하이데거, 롬바흐의 예술철학과 표현인문학," 53~80쪽, 제 3장 2절. 롬바흐의 '돌의 세계"와 '말하는 돌'. 88~95쪽. 윤병렬, 「고구려 고분벽화에 담긴 철학적 세계관: 한국고대철학의 재발견」의 제 2장. "고분벽화의 표현인문학과 예술철학."

60) 윤병렬, 「청동거울에 새겨진 사신도 세계관에 대한 현상학적 이해」, 133~134쪽.

61) 정대현 외 지음, 『표현인문학』, 276쪽.

62) 같은 책, 6쪽.

63) 같은 책, 391쪽.

64) 같은 책, 280쪽.

65) 같은 책, 291쪽 이하.

66) 윤병렬, 「청동거울에 새겨진 사신도 세계관에 대한 현상학적 이해」, 133쪽 이하.

67) 정대현 외 지음, 위의 책, 22쪽.

68) 윤병렬, 「고구려 고분벽화에 담긴 철학적 세계관: 한국고대철학의 재발견」의 제 3장 2절, "엘리아데의 성화된 거주" 74~77쪽. 윤병렬, 『감동철학 우리 이야기 속에 숨다』, 이담북스, 2009. 153~159쪽. 여기서 "종교적 인간, 그리고 인간과 초인간의 결혼"에서 엘리아데의 종교철학을 논한다.

69) M. Eliade, 이동하 역, 『성과 속』, 학민사, 1996. 26쪽, 58쪽.

70) 같은 책, 58~59쪽, 80~81쪽.

71) 같은 책, 39쪽.

72) 윤병렬, 『감동철학 우리 이야기 속에 숨다』, 158쪽.

"윤병렬 철학"의 창조:

"철학의 집"을 세우다

윤병렬은 독일유학을 통해 사유의 묘판과 사유의 도구를 확립했다. 그것들을 자신의 "철학의 집"을 세우가 위한 기초와 도구로 원용하였다. 그의 핵심 연구주제는 한국의 고대철학의 재발견과 한국전통문화 속에 내재한 한국인의 심층철학의 탐구였다. 그 이유는 한국고대철학 속에 한국적 사상의 원형이 깃들어 있다고 생각했기 때문이다. 그리하여 먼저 선사시대 고인돌의 성좌에 새겨진 한국의 고대철학과 고구려의 고분벽화에 담긴 철학적 세계관을 탐구하였다. 말하자면 그는 고인돌의 성좌도와 고구려의 고분벽화에서 현상학적이고 해석학적 관점을 통해 고대 한국인의 실존적 삶의 세계를 읽어내고자 하였다. 그 다음으로 한국전통 문화 속에 내재된 한국인의 삶의 형식이 깃들어 있는 한국철학의 정수를 찾고자 하였다. 이런 연구들을 연동시키고 확장시켜 동서융화철학과 상호문화철학의 구상과 그 실천을 모색하였다.

1장

한국 고대철학를
재발견하다:

한국철학의 원형을 찾아서[1]

전술한 바와 같이, 윤병렬은 서양의 현상학, 존재론, 해석학 분야를 전공하였으나, 소개하는 차원을 넘어서 그것들을 원용하여 고대 한국의 고분벽화, 고인돌, 황검보검, 청동거울, 수막새, 규원사화 등을 독보적으로 해석하고 연구하였다. 그의 관점은 우리의 역사를 사대주의에 경도된 『삼국유사』와 불교로 편향된 『삼국사기』의 범주를 벗어나 유라시아 북방의 초원문화와 연계된 고대문화를 찾아야 한다는 입장이다. 그는 특히 2005년 세계문화유산으로 등재된 고구려의 고분벽화가 정신문화적 비중이나 역사적 가치와 규모 면에서 중국의 돈황이나 고대 인도의 간다라의 문화에 비견되거나 앞선다는 사실에 주목했다.

고대 한민족의 내밀한 정신문화를 부각시켜 그 우수성과 보편적 가치를 밝히고, 이러한 내용들이 중국과는 근간을 달리한 독특한(sui generis) 것임을 밝히는 것이 윤병렬의 평생의 연구목표였다. 그러나 한국 고대철학 연구자 대부분이 유학 전공으로서 불교나 도교도 중국에서 들어온 것들을 연구하고 있다. 우리 학계에서 고인돌이나 고분벽화를 철학적으로 해석하는 노력은 전무한 편이다. 이것을 한민족의 고유한 문화의 뿌리에 대한 망각, 즉 고대 한국인의 고매한 정신문화를 망각하고 있음을 개탄하면서 그는 기존의 역사적 · 회화적 · 실증적 연구들과는 질적으로 다른 독자적인 연구를 통해 바로 잡고자 했다.

최근 이병렬 선생의 『하늘의 길, 고인돌에 새기다』(2025)에서는 한반도의 선사시대의 고인돌연구를 통해 인간이 우주를 어떻게 인식하고, 그 인식을 어떻게 삶의 자리 위에 투영해왔는지를 추적한다. 그는 일제 강점기에 이루어진 고인돌 연구에서 자행된 역사왜곡을 지적하면서, 그것을 넘어서서 윤병렬과 사유의 궤를 같이 하면서 고인돌연구 바로잡기를 역설한다.

"일제 강점기 동안 일본학자들은 아시아의 선사시대와 고대문화를 연구한다는 명목으로 한반도 전역에서 대규모 고인돌 조사와 발굴을 진행했다. 그러나 이들의 연구는 단순한 학문적 탐구에 그치지 않고, 한반도와 중국 북동부에 대한 식민지 지배를 정당화하려는 제국주의적 의도를 내포하고 있었다. 한반도의 고인돌을 일본고대사와 연결지으려 했으며, 이를 일본역사와 정체성의 일부로 편입시키고자 했다."[2]

　　고인돌에 새겨진 별자리 연구에 있어서 이름이 동일한 윤병렬 선생과 이병렬 선생은 전공분야는 다르지만, 그 필요성과 그 중요성에서 있어서 생각의 궤를 같이 한다. 고분벽화 연구는 1990년대 후반에야 비로소 남한에서 시작되었고, 고인돌은 고(古)천문학자 중 소수만이 관심을 갖고서 연구하고 있는 실정이다. 우리나라 고인돌 중에 최근에 유네스코에 등록된 것들이 전남 화순, 전북 고창 및 인천 강화의 고인돌로서 2000년에 유네스코 세계문화유산에 지정되었다. 고인돌이 제작된 연대는 오래된 것으로는 평양과 한반도 중남부에 위치한 고인돌로서 대체로 기원전 11세기 이후로부터 철기시대 이전에 해당하는 기원전 3세기까지 시기에 집중되었다. 고인돌은 오랫동안 고고학적 유물로 연구되었지만, 최근에 와서는 천문학자들이 흥미를 끌게 된 것은 고인돌 덮개돌에 그려진 별자리 그림, 즉 성좌도 때문이다. 그런데 고인돌을 연구해 보면 고인돌과 천문과의 관계는 우연이 아니었고, 필연적이었을 것이라는 점을 발견할 수 있게 된다.[3]

　　이제 윤병렬이 재발견한 "선사시대 고인돌의 성좌에 새겨진 한국의 고대철학"과 "고구려의 고분벽화에 담긴 철학적 세계관"을 살펴보도록 하자.

1. 선사시대 고인돌의 성좌에 새겨진
한국의 고대철학

윤병렬의 주저인『선사시대 고인돌의 성좌에 새겨진 한국의 고대철학』(2019년)을 살펴보자. 저자가 독일 유학시절 책과 전시회를 통해 접한 고구려의 고분벽화와 여러 별자리들, 사신도와 사수도의 체계를 보고 느꼈던 전율을 되새기며 쓴 책인『고구려의 고분벽화에 그려진 한국의 고대철학』의 연장선 상에서 탄생한 저술이다. 저자 윤병렬은 고인돌 덮개돌에는 성좌도(星座圖) 내지 천문도가 새겨져 있는데, 이것은 고도의 정신문화, 곧 철학을 말해준다고 주장한다.

선사시대에 무슨 철학이냐고? 그러나 이런 제목이 붙기까지는 고뇌에 찬 저자의 저술배경이 도사리고 있다. 우리는 한국의 고대철학이라고 하면 고작 중국에서 들어온 유교와 불교 및 도교를 중점에 세우고, 그 주변은 토착신앙과 같은 것으로 치부한다. 과연 우리에게 중국에서 유입된 것 말고는 말할 수 있는 게 없는가? 저자는 한반도의 고인돌 유물과 유적이 들려주는 별자리 이야기와 그 속에 깃든 고대인의 생각들에서 우리 정신사의 뿌리를 찾고자 했다.

"사람들은 결코 미개했던 적이 없었다"는 롬바흐의 말을 저자는 누누이 강조한다. 선사시대의 미개인조차도 결코 미개하지 않았다는 생각! 바로 여기에서 이 책의 여정이 시작된다. 따라서 문자로 남아 있는 기록이 전하지 않는다고 해서 철학이 없었던 것은 아니다. 유교와 불교 그리고 도교의 가르침이 전해지기 전에도 한반도에는 이미 사람들이 살고 있었고, 사람인 이상 그들도 생각이라는 것을 하지 않을 수 없었다. 생각하고 고민하는 것은 그 자체로 이미 철학하는 행위이다.

저자에 의하면, 선사시대의 사람들을 철학의 세계로 이끈 것은 하늘이었다. 거기에는 미명(未明)의 천지를 밝혀 줄 다채로운 빛들이 있었다. 밤하늘을 밝혀 주는 수많은 별들과, 그 가운데 가장 빛나는 달과, 사방을 밝게 채우는 한낮의 우뚝한 태양 그리고 하늘 세계의 빛나는 존재들을 통해 사람들은 어둠을 물리치고 길을 찾고 위안을 얻었다. 그래서 사람들은 저 경이롭고 숭고한 존재들을 기렸고, 그것을 돌에다 그림으로 새겼다는 것이다. 고인돌 덮개에 별자리를 새긴 것은 망자의 고향이 하늘의 별세계란 것을 천명한 것이다. 여기에서 성혈 고인돌에 새겨진 성좌도 해석을 통해 저자는 우리의 고대철학에로의 접근을 시도했다.

강화도 삼거리 고인돌(출처: 글로벌이코노믹)[4]
(북두칠성과 북극성이 새겨진 고인돌)

양수리 고인돌의 성혈(性穴)(출처: 글로벌이코노믹)[5]

저자에 의하면, 문자가 없던 시절에 사람들은 그들의 경외감을 돌에다 새겼다. 예를 들면, 선사시대의 고인돌, 동굴벽화, 암각화 등이다. 문자로 남아 있는 기록이 전해지지 않는다고 해서 철학이 없었던 것은 아니다. 그것들은 선사시대 사람들의 생각을 우리에게 들려주는 "말하는 돌"들이다. 그 중에서도 고인돌은 우리 주변에 머무르면서 자신들의 몸에 새겨진 옛사람들의 비원(悲願)을 속속들이 들려준다. 한반도 일대를 포함한 고조선의 옛 땅에는 전 세계 고인돌 유적의 3분의 2이상이 분포해 있다고 한다. 저자는 한반도에 산재한 고인돌을 찾아서 온 땅을 누비며 고인돌의 별자리 흔적에 새겨진 고대인의 생각들을 밝혀내고자 했다.

일반적으로 거석문화, 환상열석이라고 하면 대명사처럼 등장하는 영국 솔즈베리(Salisbury) 평원의 스톤헨지(Stonehenge), 프랑스의 브르타뉴(Bretagne) 지방에 있는 고인돌, 지중해의 말타(Malta)에 있는 거석 신전, 칠레의 이스터(Easter)섬에서 일정한 방향을 응시하고 있는 모아이(Moai)들 모두 때론 신비스럽기도 하고, 때로는 영감의 원천이 되기도 한다. 하지만 그것들은 안타깝게도 오늘날의 철학개념이 요구하는 수준에 맞는 뚜렷한 철학을 읽어내기는 퍽 어렵다.

그럼에도 불구하고 이 모든 선사유적과는 달리 분명하게 읽을 수 있는, 그래서 그때의 철학적인 메시지를 읽을 수 있는 선사유적을 우리는 갖고 있다는 것이 저자의 작업가설이다. 한반도와 고조선 지역에 흩어진 약 5만기 이상이나 되는 고인돌과 선돌들이 있다. 고인돌에 새겨진 사수도(해, 달, 북두칠성, 남두육성), 청동기 시대의 청동거울에 새겨진 사신도(四神圖: 청룡, 백호, 주작, 현무), 그리고 고구려의 고분벽화에 그려진 사신도가 이에 해당한다. 저자에 의하면, 이 성좌들의 표현인문학적 의미해석은 이 책의 핵심테마를 이루며, 오늘날에도 여전히 생생하게 살아 있는 철학일 뿐만 아니라 인류에게 큰 위치를 차지하는 내용들이다. 사신도와 사수도에 함축된 표현인문학은 결코 단순한 회화가 아니라, 그것들 속에 각인된 보살핌의 철학적 세계관에서 우리는 롬바흐가 천명한 명제, 즉 "사람들은 결코 미개한 적이 없었다"를 간파할 수 있다는 것이다.

저자에 의하면, 고인돌은 돌로 만든 고대 무덤으로, 주로 청동기 시대에 형성되었으며, 한국, 만주, 중국 북부 등지에서 발견된다. 고인돌의 구조는 보통 상석(큰 돌)을 평평하게 놓고, 이를 지지하는 여러 개의 기둥돌이 있는 형태이다. 이 구조는 고대 사람들이 사후 세계와 죽은 자의 영혼에 대해 가지는 신념을 반영하고 있다고 볼 수 있다. 고인돌을 해석학적 시각에서 바라보면, 그것은 단순히 고대의 무덤을 넘어서, 고대 사람들의 문화적 · 종교적 · 사회적 신념과 세계관을 반영하는 상징적 텍스트로 볼 수 있다. 고인돌을 해석하는 과정은 그 시대 사람들이 가진 세계관, 사후 세계에 대한 믿음, 권력과 사회적 지위 등을 고려하여 의미를 구성하는 과정이다. 고인돌은 그 시대의 문화적 "지평"을 이해하려는 노력에서 중요한 역할을 하며, 우리는 그것을 통해 고대 사람들의 심리적 · 영적 삶을 엿볼 수 있다.

저자가 재발견한 위의 사신도와 사수도를 통한 "보살핌의 철학적 세계관"은 그야말로 인간을 비롯해 온 코스모스를 보살피고 수호한다는 것이다. "보살핌의 철학"이란 온누리를 수호하고 보살피며 지킨다는 뜻이다. 이런 관점은 전쟁이나 투쟁조차도 발전을 위한 변증법의 요인이 되는 서구의 철학과는 판이한 대조를 이루고 있다. 다시 말하자면, 사신도와 사수도를 통해 온누리를 보살피고 수호하는 철학적 세계관은 충돌과 전쟁을 기반으로 하는 서구의 변증법 체계(헤라클레이토스, 헤겔)와는 근원적으로 다르기에, 인류 정신사에서 새롭게 조명되어야 할 것으로 여겨진다.

이런 점에서 성혈(性穴) 고인돌에 새겨진 사수도와 청동거울의 사신도, 나아가 고분 벽화의 사신도와 사수도에는 "보살핌의 철학"과 더불어 불멸사상과 천향사상, 경천사상, 귀향의 철학 등 인간의 궁극적인 문제가 다뤄지고 있다. 인간은 자연스럽게 의미를 부여하면서 삶을 영위한다. 동양인들은 하늘에 각별한 의미를 부여해왔다. 하늘은 자연과학적인 하늘만이 아니라, 초자연적이고 인격적인 속성도 갖고 있는 것으로 여겨졌다.[6]

저자는 한반도 고대 철학의 자생성과 고유함을 강조한다. 이런 주장은 바로 "국수주의"란 비판에 맞닥뜨린다. 그는 "한겨레"와의 인터뷰에서 이렇게 말한다.

"우린 외국에서 온 유교와 불교, 도교만 중심축에 앉히고 이것이 전통철학의 전부인 양 착각해요. 고구려 몰락 이후 불교와 유교가 우리 정치와 종교의 중심이 된 탓이죠. 우리도 중국 못지 않게 보편학으로서 철학을 발전시킨 나라라는 걸 세계에 알리고 싶어요. 인류의 보편적 가치인 철학에 우리도 기여한 바가 있다는 거죠."[7]

우리의 선사시대 사람들이 고도의 정신문화를 갖고 있었음을 시인하지 않을 수 없다. 하늘과 하늘의 별들에 대해 겸허한 숭경심으로 가득 차 있던 그들은 별자리에 각별한 의미를 부여하여 성혈 고인돌을 통해 온 코스모스를 수호하고 보살피는 상징체계를 수립시켰다. 그들은 하늘과 별들의 세계를 의미가 가득한 세계로 보았고, 그런 세계를 자신들의 삶과 연결시켰던 것이다. 이러한 세계관은 인간과 자연의 공존과 상생으로 승화시켰음을 짐작할 수 있다는 것이 저자의 지론이다.

저자에 의하면, 선사시대의 고인돌과 고구려의 고분벽화가 세계문화유산으로 등록되었지만, 그것에 대한 인문학적 연구가 일천하다는 것이다. 오늘날 고도의 과학성이 전제되는 철학적 의미를 찾아내기는 쉽지 않지만, 포기해서는 안된다는 입장이다. 거기서 저자는 풍부한 문화적 의미를 찾을 수 있다는 것이다. "말할 수 없는 것에 대해선 침묵해야 한다"는 비트겐슈타인의 경고를 우리는 결코 무시해선 안된다. 침묵하고 있는 선사유적에 대해 황당한 사견이나 터무니 없는 주장, 또는 신화적이고 문학적인 상상력을 액면 그대로 철학이라고 우길 수는 없는 것이다. 그러나 말할 수 있는 것, 더 나아가 말해야 하는 것에 대해서 침묵하고 있다면, 그것은 용서할 수 없는 학문적 태만이고 무지인 것이다.

2. 고구려의 고분벽화에 담긴 철학적 세계관

이제 윤병렬의 또 다른 주저인『고구려의 고분벽화에 담긴 철학적 세계관』에 대해서 그의 핵심적인 주장을 살펴보도록 하자. 고구려의 고분벽화는 철학적으로 규명하기 쉽지 않아도 우리를 경탄케 하고 압도하며 신비감을 불러일으키는 요소가 많다. 지금까지 우리는 주로 고분벽화의 역사(학)적 의미와 회화적 의미를 규명하는 데에 집중해왔다. 그러나 여기에만 그쳐서는 안 되고, 그 정신문화적이고 철학적인 의미를 읽어내어야 한다. 우선 저자는 약 1,500년 이상이나 지속되어 온 우리 민족의 고분벽화에 대한 문화망각 현상에 대해 우려한다. 우리는 너무나 오랫동안 문화단절이 있었기에, 고분벽화의 존재의미를 망각하고 있었다. 그 이유는 삼국시대에는 전쟁이 잦았고, 고려 때에는 불교가 지배하던 시대여서 부처님의 가르침이나 내세의 극락세계 등이 주요 관심사였기 때문이다. 더우기 유교가 지배하던 조선에서는 현실정치나 윤리가 주요 이슈였기 때문이다.

저자에 의하면, 우리에게 한국의 고대철학이라고 하면 중국에서 유입된 불교와 유교 및 도교를 받아들여 재생산하고 재창조하여 학문의 꽃을 피운 것도 큰 의미를 갖고 그 중심축을 이룬다. 그러나 문자로 전승되지 않은 것에서도 얼마든지 철학의 꽃을 피울 수 있다는 것이다. 어떤 역사적 전승을 그것이 엄청난 역사적인 사실과 내역을 갖고 있을지라도, 그것이 단지 역사서술이나 자료설명 및 유물제시의 차원에만 머물고 있다면, 저 위대한 역사적 전승을 철학의 대열에 올릴 수 없다. 그 의미와 내용, 그 생명력과 혼을 펼칠수 있을 때만이 비로소 생명이 깃든 정신문화의 지평을 열 수 있다는 것이다.

저자의 시각에서 보자면, 덕흥리 고분의 사신도(동청룡, 서백호, 북현무, 남주작)와 사수도(日月南北斗)에는 온누리를 수호하고 보살피는 철학적 세계관이 깃들어 있음을 엿볼 수 있다. 특히 덕화리 2호분의 벽화는 주실과 천장의 전면에 걸쳐 회를 바른 후 그려졌다. 네 벽면에는 사신도와 인물풍속도를 같이 그렸고, 천장에는 해·달·별들과 여러가지 구름무늬 및 넝쿨무늬를 서로 어울리게 그렸다. 특히, 별그림은 모두 주실의 팔

각괴천장에 그려져 있다.그런데 이러한 별그림들은 거의 모든 고분에 한 개 또는 몇 개의 성좌들과 개별적인 별 몇 개가 그려져 있을 뿐, 덕화리 제2호분에서처럼 10여개의 별자리에 해당하는 72개의 별들이 그려진 것은 보기 드물다. 이 고분에는 천상세계가 반영되어 9천(天)과 28수(宿) 등 당시 사람들이 중요시하던 별자리와 개별적인 별들이 정확하게 그려져 있다. 이 고분에 그려진 28수를 통해 고구려에는 6세기경에 이미 「천상열차분야지도(天象列次分野之圖)」와 같은 높은 수준의 천문그림이 있었을 뿐만 아니라, 천문지식이 이미 일반인에게 보급되었음을 알 수 있다.[8]

윤병렬은 고대 한국인의 정신적 원형을 내포하고 고구려의 고분벽화에 드러난 철학적 의미를 추적하고 이를 세계정신사적 지평 위로 올리는 일이 필요하다. 우리 고유의 문화적 텍스트를 방치하지 말고 세계철학적 시각에서 읽어내는 것은 긴급한 과제이다. 고구려의 고분벽화가 세계문화유산으로 등록됨에 따라 인류에게 공감이 되는 정신문화적이고 철학적인 의미를 밝혀내어야 한다는 것이 그의 연구목적이었다

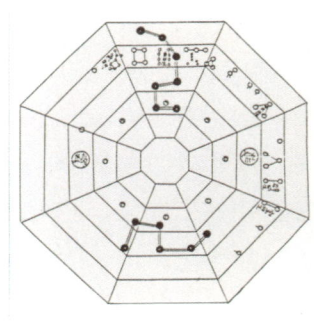

덕화리 제2호분 성수배치도[9]

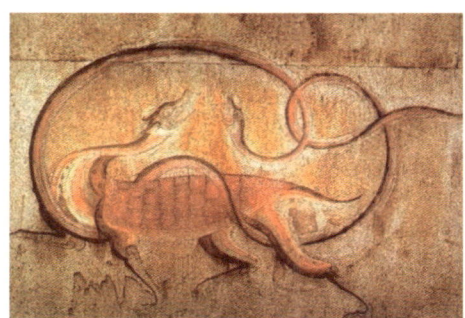

강서대묘의 사신도(현무도)[10]

고구려인들은 또 죽음을 하늘의 영광으로 나아가는 것으로 보았기에 고대 그리스 신화의 사후세계처럼 어둡고 슬프게 그리지 않았다. 한반도 고대인들은 죽으면 영혼이 북두칠성으로 가서 오래 놀다가 은하의 강을 건너 남두육성으로 돌아간 뒤 삼신할매가 엉덩이를 두들기면 다시 지상으로 온다고 믿었다. 고구려인들은 하늘 나라(천공)에 유토피아를 그렸고, 그들은 땅과 하늘, 빛과 어둠이란 이원론을 극복하고 온 우주

를 하나로 보았다.

저자에 의하면, 벽화가 그려진 고분은 인류의 문화유산이 된 만큼 아주 훌륭한 독특성을 갖고 있다. 세계에 흩어져 있는 수많은 동굴벽화나 무덤벽화는 동물의 그림이거나 해독이 불가능한 문자와 기호가 대부분이며, 대체로 알 수 없는 상징적 의미를 담은 그림으로 나타난다. 이를테면 세계문화유산으로 등록된 프랑스 베제르 계곡(Vézère Valley)의 동굴벽화와 라스코 동굴(Lascaux Caves)의 후기 구석시대의 동굴벽화는 생동감은 있지만, 단순한 동물들에 대한 그림이다. 또 세계문화유산으로 등록된 노르웨이 알타(Alta)의 바위그림도 사냥꾼과 어부 무리들을 묘사한 그림이 대부분이고 색채도 단순한 주황색이 주종을 이룬다. 또한 유럽의 구석기 문화의 말기인 마들렌(magdalenian) 시기에 스페인과 남프랑스의 수많은 동굴에 그려진 암벽화들도 대부분 동물그림들이다. 이러한 그림들에서 비록 예술적이고 문화적인 큰 가치는 발견할 수 있지만, 어떤 분명하고 심오한 철학적 메시지를 주워 담기는 어렵다. 그러나 고구려의 고분벽화는 분명한 문화적 · 사상적 메시지를 갖고 있으며, 그 예술적이고 종교적이며 형이상학적인 의미를 심오하고 신비롭게 그려내고 있다.

저자에 의하면, 일반적으로 고분벽화는 단순히 고대의 그림이 아니라, 그 당시 사람들의 사회적 · 정치적 · 종교적 · 심리적 상태를 엿볼 수 있는 중요한 텍스트로 해석될 수 있다. 우리가 고분벽화를 해석할 때 그것이 가진 심층적 의미를 파악하려고 노력해야 한다. 해석학적 시각에서 한국의 고분벽화는 단순히 과거의 예술작품이 아니라, 그 시대 사람들의 경험과 의미를 드러내는 중요한 문화적 텍스트이다. 고분벽화는 그 자체로 상징적이고 역사적인 의미를 담고 있으며, 이를 이해하려면 문화적 맥락과 역사적 배경을 고려한 해석이 필요하다. 고분벽화 속의 이미지와 상징은 그 시대 사람들의 세계관과 사후 세계에 대한 믿음을 반영하는 중요한 자료이다. 오늘날 우리가 그것들을 어떻게 해석하느냐에 따라 그것들 속에 내함된 다양한 의미를 발견할 수 있다.

저자에 의하면, 고분벽화는 그야말로 벽화인 만큼 문자로 전승되지 않은 편이어서, 어떤 엄격한 논리나 이론적 주장이며 명제의 형태로 그 정신적 내용이 제시되지 않는다. 그러나 벽화로 표현된 것을 표현인문학의 차원에서 접근하여 해독할 수 있다는 것이다. 그 접근 방법론으로 저자는 현상학자 롬바흐와, 셸링과 하이데거의 예술철학으로부터 길 안내를 받았다. 예술을 곧 철학의 본질적인 것을 드러내는 유기체로 본 셸링과 예술을 "존재의 진리"가 발현하는 장(場)으로 파악한 하이데거는 저자로 하여금 벽화를 다시 보게 한 전범(典範)이 되었다.

전술한 바와 같이, 특히 "흔적"에서도 "정신의 소인이 찍혀 있는 것"으로 읽어내는 롬바흐는 그림과 철학과의 관련 여부를 세심히 검토하고서, 이를 "그림철학"으로 승화시켜 철학의 새로운 지평을 개척하고 있다. 그의 "그림철학"은 저자의 고분벽화 해석에도 결정적인 시사점을 제공한다. 롬바흐는 예술적인 그림을 위시하여 암벽화와 동굴벽화며 신화와 전설, 동화와 문학작품, 시(詩)와 의례에 현존하고 있는 내용에 대해 철학적 분석을 시도하고서, 이를 통해 "그림철학"의 영역을 개척한 것이다. 롬바흐에 의하면, 그림이란 전통적으로 이해해 온 단순한 모사의 차원이 아니라, "정신의 소인이 찍혀있는 것", "총체적인 것의 생생한 임재", 혹은 "총체적인 것의 직접적인 현현"으로서 어떤 방식으로든 살아있는 정신이 녹아 있는 것으로 파악된다. 이런 면에서 고구려의 고분벽화는 지나친 상상력을 동원하지 않아도 해독되고 이해될 수 있는 명쾌한 철학적인 메시지를 담고 있다는 것이 저자의 주장의 요체이다.

저자에 의하면, 고구려의 고분벽화에는 범상치 않는 철학적 테마가 그려져 있다. 심오한 철학이 그려진 고분벽화는 한국고대철학을 새롭게 정립할 수 있도록 하는 획기적인 계기를 마련해주고 있다. 고분벽화에는 천착한 철학적 문제들이며, 우리들뿐만 아니라 인류에게 보편적으로 중요한 테마들이 담겨있다. 거기에는 생활세계의 철학, 축제문화, 고향과 귀향의 철학, 죽음의 철학, 인간의 궁극적인 문제, 신선사상을 중심으로 하는 초월자에 관한 철학, 원시도교의 철학, 문명창조론, 천문사상, 우주론, 이원론의 극복, 융합변증법, 불멸론, 보살핌의 철학 등등 세계철학사에서 굵직하고 심오하게 다뤄지는 테마들이 깃들어 있음을 확인할 수 있다는 것이다. 동시에 저러한 테마들은 한국의 고대철학의 지평을 펼치는 획기적인 사건이라고 할 수 있다. 특히 고분벽화를 통한 고구려인들의 세계관은 별자리의 성좌도를 통해 드러내고 있으며, "사신도─사수도의 체계"를 통한 "보살핌의 철학"은 세계 철학사의 지평에서도 중요한 테마들이다.

저자에 의하면, 고분벽화에 그려진 철학과 종교의 피할 수 없는 과제인 인간의 불멸성과 자유며 초월자의 존재에 관한 성찰은 한국 고대철학의 깊이를 재조명하게 한다. "불멸성"(immotrtality)은 플라톤과 칸트를 비롯한 많은 철학자들에게서 "철학의 근본과제"로 받아들여졌다. 고구려의 고분벽화에는 우리의 상식을 뛰어넘는 다양한 세계와 철학적 세계관이 그려져 있다.[11]

　저자는 고구려 고분벽화에 나오는 상상의 동물인 주작·현무·청룡·백호가 그려진 사신도와 별자리(태양과 달, 북두칠성, 남두육성)그림의 기원을 한반도 선사시대 유물인 고인돌에서 발견된 별자리 구멍(성혈)과 연결지어 해명한다. 고분벽화에 나오는 동서남북 네 방위를 지키는 사신도와, 하늘 세계의 동서남북을 주재하는 천문체계인 사수도(태양·달·북두칠성·남두육성)에서 저자가 찾은 철학은 "영혼 불멸사상과 보살핌 사상"이다. 한반도 고대인들이 인간을 포함해 온 누리를 보살피고 수호하려고 했고, 죽음을 절대적인 허무와 종말로 보지 않고 불멸사상을 가지고 있었다는 것이다.

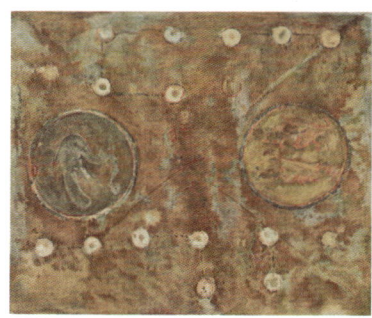

고구려 고분벽화–장천 1호분 일월성수도[12]
(해, 달, 북두칠성, 남두칠성)

덕흥리 고구려 고분벽화[13]

　저자는 2500년 전 청동기 시대 고인돌 덮개돌에 파인 구멍을 북두칠성과 남두육성 같은 별자리로 분석한 국내 고천문학자들의 연구 결과를 전유하여, 선사시대에 쌓인 별자리 지식과 그 사유체계가 고구려 고분벽화로 이어졌다고 본 것이다. 이런 가설을 토대로 "고대 한국인의 철학적 세계관"에 대한 그의 사유가 펼쳐진다. 흔히 그림이나 유물로 철학을 읽어내는 연구를 "표현인문학"이라고 한다. 그는 고구려 이전 문헌이 남아 있지 않지만 벽화나 고인돌로 고대 그리스나 중국 못지 않았던 고대 한국인의 철학적 지혜를 읽어낼 수 있다는 결론에 도달한 것이다.

2장

한국 전통문화 속에 내재된
한국철학을 만나다[14]

윤병렬은 한국 전통문화 속의 해학 이야기와 전래동화 및 신화 이야기에 깃들어 있는 한국인의 심층철학을 찾고자 했다. 이런 시도는 "이야기 철학"(Philosophy of narrative)과 연결점을 지니고 있으며, 대표적인 이야기 철학자들로는 리쾨르(P. Ricoeur)나 제임스(H. James) 등이 있다. 그들은 이야기와 서사가 인간 경험의 본질적인 부분이라고 주장하며, 이야기를 통해 우리가 어떻게 의미를 구성하고 삶을 이해하는지에 대해 깊은 성찰을 했다. 이야기 철학은 인간 경험과 존재의 이해에 중요한 역할을 한다는 것을 밝혀낸다. 그것은 인간이 삶과 세상을 어떻게 이해하고 해석하는지에 있어서 이야기나 서사의 구조가 매우 중요한 요소라고 주장한다.

저자에 의하면, 문자가 발견되기 이전에, 그러니까 선사시대로부터의 중요한 메시지는 이야기(신화, 설화)의 형태로 전해졌다는 것이다. 심지어 구약성서의 모세오경도 이야기로 구전되어 오다가 모세에 의해 문자화된 것이다. 우리에게 친숙한 "단군신화"나 "나무꾼과 선녀" 이야기의 경우도 마찬가지다. "단군신화"도 마찬가지겠지만 "나무꾼과 선녀" 이야기를 자세히 들여다보면 거기엔 인간의 궁극적인 문제가 다뤄지고 있다. 거기에는 플라톤의 신화 못지않게 의미심장한 내용이 들어있음을 발견할 수 있다는 것이다.

이야기 철학의 주요 특징은 다음과 같다. 인간은 자신과 세상에 대한 경험을 단순히 사건의 나열로 받아들이는 것이 아니라, 그 경험을 의미 있는 이야기로 구성한다. 그 이야기를 통해 우리는 자신이 누구인지, 무엇을 의미하는지를 이해하려고 한다. 이야기 철학에서는 개인이 자신의 정체성을 형성하고 세계와의 관계를 이해하는 방식으로 이야기를 중요하게 여긴다. 이야기 철학에서는 이야기 안에서 일어나는 사건과 등장인물들의 상호작용을 통해 의미가 생성된다. 특히 이야기의 구조나 방식(예: 시작, 중간, 끝)이나 서사의 전개가 의미의 중요한 부분을 차지한다. 이를 통해 우리는 사건들의 원인과 결과를 이해하고, 그 속에서 인간 존재에 대한 깊은 통찰을 얻을 수 있다. 이야기 철학은 또한 우리가 속한 사회와 문화에서 이야기가 어떻게 기능하는지도 탐구한다. 다양한 문화에서 전해지는 신화, 전설, 역사적 이야기들은 그 사회의 가치와 믿음을 전달하고, 공동체의 정체성을 형성하는 중요한 역할을 한다. 결국 이야기 철학은 우리가 살아가는 방식, 타인과의 관계, 그리고 존재의 의미를 이야기라는 형식을 통해 이해하고 풀어내려는 철학적 노력이라 할 수 있다.

1. 한국 해학의 예술과 철학 이야기

이제 윤병렬의 이야기 철학과 연관된 저서인 『한국 해학의 예술과 철학』에서 재발견한 한국의 전통문화 속의 철학이 무엇인지를 살펴보도록 하자. 여기서는 그동안 독특한 웃음을 선사하는 장르 정도로 인식되던 해학(諧謔)을 예술과 철학의 지평에서 재조명하고자 시도했다. 또한 그는 해학을 한국 고대에서부터 전승된 고유한 문화로 간주한다. 그것을 서구 문화콘텐츠와의 비교 고찰을 통하여 그 보편적 가치를 드러내고 되살릴 것을 제안한다. 위의 저서의 목적은 전승된 해학을 잘 드러내고 치밀하게 분석하여 오늘날 현대인에게도 새롭게 다가갈 수 있도록 하는데 있다. 특히 예술과 철학의 지평에서 그것들을 재조명하여 그 위상과 가치를 확실히 해명하는 것이 저자에게는 긴요한 과제로 여겨진다.

저자에 의하면, 한때 유행했던 웰빙문화와 오늘날의 요란스러운 힐링문화 이전에, 원초적 역사에서부터 전승되는 우리 민족의 해학문화는 삶에 대한 긍정, 이웃에 대한 열린 태도, 불의에 대한 질타, 비극적 세계관을 초극하는 마력을 배태하고 있다는 것이다. 한국의 해학은 그 자체로 개인뿐 아니라 타자 및 공동체를 위한 치유의 기능을 지닌 예술과 철학의 양식인 것이다. 따라서 한국의 해학은 아주 고유하고 독특한 가치를 지니고 있으며, 세계 지평 위로 드러날 만큼 보편적 호소력을 갖고 있다. 더욱이 그것은 현대인들에게 절실하게 필요한 문화와 예술 및 철학의 한 양식임이 분명하다.

저자에 의하면, 한국의 해학은 아득한 옛날부터 탁월한 해학가나 민중들에 의해 이야기나 전설, 동화, 민화, 마당놀이, 탈춤, 판소리 등의 양식 속에 감칠맛나는 말투와 풍자, 재치, 기교로 포장되어 전래되었다. 우리의 문학, 민담, 소설, 동화, 민화, 탈춤, 판소리, 농악 한마당 놀이 등에도 해학이 농축되어 있다. 탈춤판에서는 주인공과 구경꾼들 모두 신명이 난다. 바로 이 신명이 암울한 일상을 달래고 초월하게 하는 능력을 주는 것이다. 그러기에 신명은 일상의 암울하고 고단한 처지를 잊게 하는 마술적이고도 초인간적인 에너지이다.

저자에 의하면, 말할 것도 없이 이렇게 끈질긴 생명력으로 전승된 해학은 우리의 고귀한 문화유산으로 한국인의 문화 유전자라고도 할 수 있다. 이러한 문화유산을 통해 한민족의 정신세계에 도도하게 흐르는 속성을 읽어낼 수 있다는 것이다. 해학은 우리의 평범한 사람과 밀착되어 있다. 생활예술과 종합예술 및 철학적 혼이 깃들어 있는 해학은 오늘날의 인문학과 문화 및 예술과도 자연스럽게 접목될 수 있다. 해학은 독특한 장르다. 해학은 비극과 희극의 어느 편에 분류될 것도 아니고 단순한 유머나 웃기는 얘기도 아니다. 그러나 그것은 인생살이에서 크나큰 역할을 수행하고 있다. 해학은 인생을 온화하게, 긍정적이고 유쾌하게, 관대하게, 슬기롭게 해주는 명약이다. 해학은 그 속에 여유와 따뜻함, 인생을 멋있게 하는 의미가 내재되어 있기에 결코 단순한 웃음이나 재미, 일회용의 즐거움이 아니다.

저자에 의하면, 해학은 품위있고 멋있으며 기지와 재치로서 지성과 슬기 및 교양을 일깨우는 마력을 겸비하고 있다. 해학은 상대방을 이기고 능가하겠다는 뜻이 아니라, 상대방(타자, 청중, 관객)과 한마당을 이루고 하나가 되겠다는 것이다. 삶을 긍정하는 세계관과 삶의 역동성이 자연을 거스르거나 인생을 얕잡아 보는 태도가 전혀 아니기에, 우리는 신명문화를 고귀하고 심오한 철학이 있는 문화로 인식해야 한다. 그리고 이런 문화를 일으키는 인간을 "해학적 인간"이라고 일컬을 수 있다. 원초적 역사에서부터 전승된 해학문화는 삶에 대한 긍정, 역동적이고 적극적인 태도, 이웃에 대한 열린 태도, 타자와 융화하고 일체감을 이루어가는 방식, 불의에 대한 질타, 비극적 세계관을 초극하는 마력을 배태하고 있다. 한국의 해학은 그러기에 그 자체로 개인뿐 아니라 타자 및 공동체를 위한 치유의 기능을 지닌 양식이다.

저자는 인간을 "해학적 인간"과 "놀이하는 인간"으로 규정했다. 인간의 본질을 유희하는 측면에서 파악한 호이징가(J. Huizinga)의 "놀이하는 인간(homo ludens)"은 "해학적 인간"과 비교 가능한 널리 알려진 개념이라고 할 것이다. "놀이에서 필연적으로 발생하는 즐거움은 긴장으로 변할 뿐 아니라 정신의 고양으로 변한다. 놀이는 자유분방함과 무아경의 두 극단 사이에서 움직인다."[15]

저자에 의하면, 해학은 오늘날 대중매체에서 쏟아내는 각종 오락프로그램의 값싼 웃음이니 유머와는 현저한 차이를 드러낸다. 해학이 선사하는 웃음은 싸구려 웃음이 아니라 내용이 있고 때로는 깊은 의미가 있는 값비싼 웃음이며, 그러면서도 억지를 부리거나 인위적이지 않은 자연스러운 웃음이다. 해학은 웃음을 자아내는 품위있는 언어와 행동의 표현이다. 그런 언어와 행동의 표현은 상대방의 허를 찌르며 웃기든 배꼽이 빠지게 웃기든 낄낄거리게 웃기든 눈물을 찔끔거리게 웃기든 호감과 연민을 불러일으키고 상대방(타자, 청중, 관객)을 끌어안아서 하나가 되게 하는 무해한 웃음이다. 우리 옛이야기에 등장하는 기지(奇智) 넘치는 인물들을 하나의 인간 군상으로 개념화한다면, 우리는 이들을 "해학적 인간"이라 일컬을 수 있다는 것이다. 대동강 물을 팔아먹은 봉이 김선달이나 고을 원님을 꼼짝 못하게 만든 정수동은 이러한 인간 유형에 속한다. 놀이와 해학은 그것이 목적하는 바가 자연스레 생산되는 재미와 기쁨, 여기서 발산되는 웃음이라는 점에서 서로 비슷하다. 그러나 해학에서 유발되는 웃음은 단순히 놀이가 불러일으키는 웃음과는 차이가 난다. 해학의 웃음에는 품위 있고, 멋있으며 기지와 재치로서 지성과 슬기를 일깨우는 마력을 겸비하고 있기 때문이다. 신명나는 해학은 이 모든 것을 초탈하게 하고, 원만하고 정상적이며 에너지 넘치는 삶으로 바꾸어 주는 역할을 수행한다.

이러한 해학의 차별성은 예술작품들에서 어떻게 드러날까? 저자는 동서양의 미술, 문학작품들에서 보이는 해학을 비교하며 이를 검토한다. 결론부터 말하자면 서양에도 해학의 요소가 있기는 하지만 우리나라의 해학만큼은 아니라고 한다. 라파엘로(S. Raphaelo)의 「갈라테아의 승리」와 루벤스(P.P. Rubens)의 「레우키포스 딸들의 약탈」 등의 미술작품, 아리스토파네스(Aristophanes)의 희극들과 세르반테스(M.de Cervantes)의 『돈키호테』 등의 문학작품은 우리 나라의 김득신·김홍도·신윤복 등의 민화작품 또는 구전되거나 『고금소총』 등의 작품집으로 전해오는 동화 속의 해학에 미치지 못한다는 것이다.

저자는 이러한 해학이 가져다 주는 웃음의 차별성을 분명히 드러내고자 지면의 상당 부분을 한국 전래동화의 분석에 할애한다. 기지로 위기의 순간을 벗어나는 이야기, 부패한 권력을 조롱하는 이야기, 처참한 순간을 견디어내는 이야기 등 문학작품이 빚어내는 해학적인 특성들을 독자들로 하여금 넓고 깊게 사유하게끔 돕고 있다. 해학은 앞서 말했듯이, 또 다른 차원의 웃음을 만들어낸다. 이는 해학의 효용이라고도 부를 수 있는 것인데, 저자에 의하면 해학에는 삶의 "치유 기능"이 있다고 본다. 우리 옛말에 "웃음이 곧 명약"이라는 말도 이러한 해학의 효용을 잘 설명하는 말일지 모른다. 예로부터 '한(恨)'은 우리 민족 고유의 정서였고, 남다른 심리적 · 육체적 질병인 '화병'은 이 한이 쌓이는 데서 말미암는다. 그러나 우리 겨레는 지혜롭게도 '해학'이라는 분출구를 만들어서 스스로를 승화시키고 달관하는 모습을 보였다. 여기에는 초월의 의지가 숨어 있다고 할 수 있다.

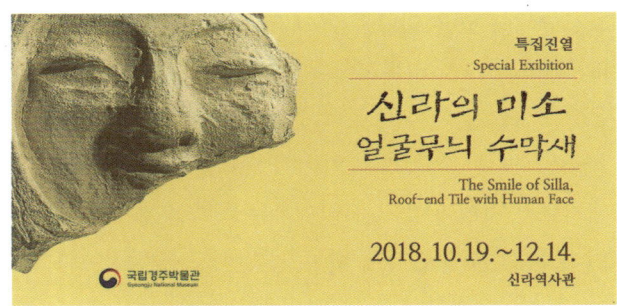

국립경주박물관, "신라의 미소" 특별전시[16)]

이러한 해학은 저자에 의하면 단연 철학의 지평을 형성한다는 것이다. 단순히 웃고 그치는 데 있는 것이 아니라, 오히려 삶을 긍정하고 멋있게 추진하도록 하며, 인간의 영혼을 온화하게 하고 공동체의 분위기를 아름답게 한다. 공옥진 여사가 병신춤으로 승화한 삶의 애환에도 해학이 녹아 있고, "신라의 미소(얼굴무늬 수막새)"에 깃든 가식 없고 온화한 미소에도 해학은 스며 있다. 비극이 단순히 비극적인 정황을 드러내는 것에서 그치는 것이 아니라 그 정황을 통해 초월이 획득된다는 야스퍼스의 『비극론』은 해학의 초월적인 속성과 마주하는 것이다. 그러나 철학사에서는 "해학"을 철학적 지평 위로 올리지 못했다.

저자에 의하면, 우리 선조들의 해학은 그들의 직접적이고 진솔한 삶 속에서 생겨나고 길러진 것으로서 그 속에는 그들의 생활상 뿐만 아니라 처세, 정겨움, 지혜와 영감도 녹아있다고 본다. 그런데 놀라운 것은 해학에는 이토록 인간을 승화시키는 위대한 힘이 있음과 동시에 인간으로 하여금 평범함과 중용으로, 단순 소박함으로 나아가게 하는 마력이 들어 있다. 저자는 해학 속에 깃든 속성인 평화와 평등, 여유와 관대함, 화해와 친근, 기쁨과 웃음 등은 인간의 본래적이고 천성적이며, 그런 면에서 유가적 위계질서를 비롯한 어떤 이데올로기보다 더 보편적인 것이고 상위의 것이라고 본다. 그는 진하게 농축된 해학의 세계를 들여다보고, 이를 통해 인간의 본질규명으로서의 해학이 단순히 웃기는 이야기의 차원이 아니라, 삶을 긍정하고 윤택하게 하며 삶의 어둡고 부정적인 면을 초탈하게 하는 속성을 갖고 있음을 부각시키고 있다.

물론 해학에는 웃음이 뒤따른다. 저자에 의하면, 거기에는 품위와 기지가 있으며, 타자(상대방, 청중, 관객)와 화합하고 어울리며 조화하여 하나가 되고 한마당을 이루는 대의가 있다. 톡 쏘는 풍자나 익살을 대동하는 경우에도 타자를 끌어안아 하나되는 내용과 은근한 지혜가 들어 있다. 해학은 화합하고 어울리며 조화하는 농(弄)을 통해 품위있는 웃음과 행위를 통해 일종의 좋고 멋있는 삶을 일궈내는 것이다. 해학은 인생을 온화하게, 긍정적이고 유쾌하게, 관대하게, 슬기롭게 해주는 명약이다. 해학 속에는 여유와 따뜻함, 인생을 멋있게 하는 의미가 내재되어 있기에 결코 단순한 웃음이나 재미나 일회용의 즐거움과는 다르다. 해학은 품위있고 멋있으며 기지와 재치로서 지성과 슬기 및 교양을 일깨우는 마력을 겸비하고 있고, 타자와 화합하고 어울리며 조화하는 특성을 갖고 있다.

위 저서는 해학의 숨은 뜻을 드러내어 그 철학적 깊이와 예술적 가치를 강력하게 부각시키면서 유머나 엔터테인먼트, 각종 오락보다도 질적으로 차원이 전혀 다른 것임을 밝히려고 한다. 우리의 전통에서 문학적 · 문화적 · 예술적인 여러 양식 속에 해학이 전승되어 왔지만, 이를 철학적 중량으로 재어보고 그 중요성과 가치를 철학적 지평에서 파악한 것은 찾아보기 어렵다. 그러나 해학은 그 어떤 철학사의 전통이나 철학자의 주장, 이데올로기나 이론 논쟁, 또 어떤 제도권이나 강단철학에도 얽매이지 않는다. 해학 속에는 자연 가운데서 살아가는 백성들의 진솔한 이야기와 뼈대있는 철학이 녹아있다. 따라서 사람들의 실생활에서 결코 파괴되지 않은 해학이야말로 철학과 우리의 삶을 연결해주는 좋은 교두보의 역할을 수행하는 것이다.

저자에 의하면, 결국 해학은 단연 예술과 문학 및 철학의 지평을 형성한다. 해학은 결코 단순히 웃기는 이야기가 아니다. 전래동화에서부터 촌철살인 같은 지혜나 지식이 들어 있고 이 지혜와 지식이 기지며 웃음과 조화되어 있다. 이런 해학은 삶을 긍정하고 촉진할 뿐만 아니라 그 삶마저도 소박하고 온화한 방향으로 이끈다. 또한 실망하거나 절망한 자에게 재생의 에너지를 제공하는 역할도 수행하고 아름다운 공동체를 형성하는 등 타자를 이웃으로 벗으로 삼는 마력을 갖고 있다. 한국의 해학문화는 삶에 대한 긍정, 불의에 대한 질타, 비극적 세계관을 초극하는 마력을 갖고 있다. 저자는 결국 한국의 해학은 그 자체로 개인뿐 아니라, 타자·공동체를 위한 치유 기능을 지닌 예술과 철학의 양식이라고 규정한다.

2. 전래동화와 신화에서 길어오는 한국의 심층철학

윤병렬의 저서인 『감동철학 우리 이야기 속에 숨다: 전래동화와 신화에서 길어 오는 한국의 심층철학』(2009)은 전래동화와 신화 속에 내재된 진주와도 같은 고귀한 철학적인 테마들을 발굴하고, 그 심층적인 측면을 온당하게 부각시키고 있다. 그 다음엔 이를 다시 세계적인 철학의 지평에서 논의하고 이해할 수 있도록 보편적인 테마들을 확실하게 드러내고 있다.

저자에 의하면, 민요, 설화, 전설, 동화 등에는 개인을 초월한 민중의 정신이 반영되었다고 본다. 전래된 동화와 신화 속에서 우리는 예사롭지 않은 철학적 내용들을 목격하게 된다. 이런 내용들은 단순히 일회적으로 심금을 울리는 데 그치는 것이 아니라, 우리의 삶과 정신세계를 들여다보게 하는 깊은 뜻을 안고 있다. 더욱이 그 속에는 우리 인생의 궁극적인 문제들과 세계관 및 우주론, 운명과 미래 등 아주 긴요한 철학적 테마들로 엮여져 있다. 아주 오랜 옛날부터 전래된 동화와 신화는 아직 문자가 없는 시대이거나 문자로 전하기 어려운 시대에 입에서 입으로 전승된 경우가 많았다. 그때엔 동화라거나 신화라는 분류도 없었기에, 어린이 전용이라기보다는 중요하고 고귀한 정신적 메시지를 후세에 전승하기 위해 탄생되었을 것이다.

이 저서의 기획은 바로 전래동화와 신화 속에 내재된 고귀한 철학적인 테마들을 세계적인 철학의 지평에서 논의하고 이해할 수 있도록 보편적인 테마들을 확실하게 드러내는 데 있다. 이 보편적인 테마들이란 모든 인간들에게 공감이 되는 그런 테마들로서 세계철학의 지평 위에서 논의되고 이해되는 그런 테마들인 것이다. 바로 이런 테마들이야말로 철학사에서 중요하게 다루는 핵심적 관건이기 때문이다. 전래 동화와 신화 속에 깃들어 있는 철학은 말하자면 세계철학의 지평 위로 올릴 만한 충분한 보편성과 고귀한 내용을 갖고 있다. 전래동화의 세계를 들여다 보고 그 철학적인 혼을 찾아내는 작업은 아직 미미한 상태이다. 전래동화를 단순한 역사적 전승으로만, 혹은 소년소녀의 동화로만 치부하지 말고, 그 의미와 내용, 그 생명력과 혼, 그 가치와 비밀을 펼쳐내고 이를 철학과 정신문화의 지평 위로 가져와야 한다.

이 책은 6개의 장(章)으로 구성되어 있는데, 제1장에서는 "바보 온달과 평강공주"를 통해 무한한 가능성과 잠재력을 가진 인간이 실제로 그 가능성과 잠재력이 실현되는 인간학을 밝히고, 제2장에서는 오늘날 21세기에서 인류 지성사의 흐름에 레비나스(E. Levinas)의 이타주의 철학이 부각되고 있음을 언급한다. 이러한 철학이 우리의 전래동화와 신화에도 이미 오래 전부터 각인되어 있음을 실례를 통해 밝힌다. 전래동화 속엔 이타주의에 관한 이론과 주장이 아니라, 그 실천적인 양식이 적나라하게 드러난다. 인간이 절대적으로 분리되는 것은, 즉 동물로서의 인간을 따를 수 없는 절대적인 영역은 인간이 동물과는 달리, 이타주의 유전자를 가졌다는 것이다. 이러한 이타주의 유전자를 통해 인간의 본래적인 근원과 고향이 신적인 것임을 추론할 수 있다. 제3장에서는 "나무꾼과 선녀"를 통해 인간의 궁극적인 문제, 인간의 모든 노력과 열망의 총합에 관계된 문제를 다룬다. 제4장에서는 전래동화 "삼년고개"를 통해 논리학의 문제를 다루며, 제5장에서는 전래 동화와 신화 속에서 우리에게 오래전 부터 전승된 효사상을 찾고, 마지막으로 제6장에서는 참으로 독특한 우리의 "강님 도령" 신화를 통해 여러 가지 의미심장한 테마들을 다루고 있다.

저자에 의하면, 일반적으로 신화는 거짓된 것, 상상의 산물, 그럴듯하게 꾸며낸 이야기로 치부된다. 그러나 그것은 인간의 규범적인 모델, 범례, 원형이다. 그렇다면 과학과 로고스로 응답할 수 없는 영역들, 신적이고 초자연적이며 초인간적인 것에 대한 설명이 필요한 경우에 인간은 철학과 종교며 신학과 신화로 방향을 돌리지 않을 수 없다. 인간들이 지닌 천차만별의 다양한 경험의 세계, 독특성, 고유성, 초논리성, 초월성은 로고스만이 아닌, 즉 논리적 객관성을 초월하는 신화에 의해 가능하다. 일상세계의 속이 아닌 비일상적인 성스러움의 영역은 이미 신화의 세계에 속해 있다.

저자에 의하면, 플라톤에게서 신화는 해체된 것이 아니라, 초합리적 로고스의 세례를 받고 거듭 태어난 것이다. 신화는 초합리적 로고스를 운반하는 수레의 역할을 수행하는 것이다. 철학을 일컬어 신과 인간을 매개하고 하늘과 땅을 매개하는 이리스(Iris)로 본 플라톤의 철학개념은 온당한 것으로 보인다. 이리스는 제우스(Zeus)와 헤라(Hera)의 사신으로서 신적인 것을 인간들에게 전하고, 또 지상에서의 인간적인 것을 신에게 알린 것이다. 그래서 이리스는 하늘과 땅. 신과 인간을 잇는 중매자의 역할을 한 것이다.

저자에 의하면, 문자언어로 전할 수 없는 시대의 철학적이거나 종교적인 메시지는 대부분 신화의 옷을 입은 채 전승되었다는 것은 신화연구가들의 지배적인 견해이다. 그것은 고귀한 정신적 내용을 감싸고 보호하고 지킨 집과 요새의 역할을 한 것이다. 특히 근세철학 이래로 신화는 미신으로 비과학적이고 원시적인 사유패턴으로 야만적인 삶의 형태로 낙인찍혔다. 그리고 과학은 한 걸음 더 나아가 신화를 몰아내는 데 선봉으로 나섰다. 오늘날에는 역설적으로 과학최고주의와 과학만능주의 및 과학제국주의가 건설되어 스스로 신화가 되었다.

위 저서에서 그려진 초지상적이고 초과학적인 사건도 마찬가지로 신화의 형태로 그 의미가 전달된 것이다. 그러기에 신화를 다짜고짜로 "원시적 사유의 패턴"으로 일축하는 것이 얼마나 경솔한 태도인가! 신화가 비과학적이라기 보다는 비과학적인 것을 해명하고 이해하려는 몸부림 속에서 태동된 경우도 있음을 망각해서는 안된다. 위책에는 이미 무언의, 그리고 은폐되지 않은 메시지가 있고, "형이상학적 존재"인 인간의 그러한 형이상학적인 갈망에 대한 답변이 들어있다. 즉 여기엔 형이상학적인 존재로서의 인간의 요청에 대한 응답이 하나의 모델의 형태로 개시되어 있는 것이다. 여기서 종교적 인간이 갖는 모든 향수와 열망이며 욕구에 응답하고 있는 것이다. 종교적인 존재로서의 인간에게 바람직한 삶은 그가 속(俗)에서 살지만 성(聖)을 원형으로 하고, 이 성을 본래적이고 궁극적인 것으로 하여 살아가는 것이다. 야스퍼스에게서 신화는 초월적인 현실을 해독하는 암호이고 윙크인 것이다. 그렇다면 신화는 초월적인 내용을 담고 있는 비밀스런 집인 것이다.

저자에 의하면, 특히 "나무꾼과 선녀"는 종교적인 인간이 갖는 모든 향수와 열망이며 욕구에 응답하고 있는 것이다. 여기서는 종교적 인간에게 향수와 열망과 욕구의 상태에만 머물러 있지 않게 하고 그 향수와 열망과 욕구의 결과가 어떤지를 보여주는 것이다. 나뭇꾼은 존재론적 갈망을 해결하고 초월자와 교류하며 초월자와 함께 가족을 이루고 시간의 경계선을 넘어 영원의 뜰에 거주하는 모범을 보이고 있다. 나뭇꾼은 지상적인 시공의 한계와 사멸성에 유폐되지 않고 열려진 코스모스 속에서 궁극적인 의미를 호흡하는 그러한 존재로 거듭난다.

3장

동서융화철학을
모색하다:

철학의 회통[17]

윤병렬은 서양철학을 전공하였으나 거기에 머무르지 않았다. 그는 일관되게 서양철학과 동양철학 및 한국 고대사상과의 소통과 융화를 추구하면서 동서융화의 철학과 상호문화철학을 구축하고자 진력했다. 나아가 그는 산문과 기행문, 시와 그림이며 사진 등을 철학적인 성찰과 융합시켜보고서 이러한 형태가 어떤 새로운 문학과 철학의 장르로 발전되면 좋겠다는 생각을 하였다. 그런 시도들은 철학의 내적 사이, 그리고 철학과 비철학 사이의 회통의 작업에 해당한 것이었다.

1. 하이데거와 도가의 철학

윤병렬은 동서융화의 철학의 예시로서 『하이데거와 도가(道家)의 철학』(2021)을 펴냈다. 여기서는 "하이데거와 도가의 철학"은 결코 단순한 동서비교철학에서 접근하여 논의하거나 분석할 대상이 아니다. 오히려 다소 낯선 용어이지만 동서융화철학 내지는 동서퓨전철학의 차원에서 접근하는 것이 온당한 것으로 보인다. 왜냐하면 "하이데거와 도가"는 오늘날의 세계화 시대에 "문명의 공존"(H. Müller)을 모범적으로 드러내 보이며, 또한 동서양의 차이를 극복하고 "철학의 항구성(philosophia perennis)"을 유감없이 드러낸 사례라고 볼 수 있기 때문이다. 하이데거는 도가의 철학에 대해서 각별한 관심을 가졌으며, 존재망각이나 형이상학으로 전락하지 않은 "시원적 사유"를 발견하였다.

이 책에서 저자는 "세계화 시대에서의 동서융화철학"을 모색하면서, 특히 "하이데거와 도가의 동서 융화철학"을 주제화 한다. 여기서는 동서양 모두가 서로의 차이를 인정하고 상호보완하는 방식으로 접근하면 더 훌륭한 "세계화 시대"를 구축할 수 있을 것이라고 생각으로 논의를 시작한다. 저자는 하이데거의 사유와 도가의 철학과의 대화를 동서융화철학의 한 전범으로 간주한다. 무엇보다 동서양의 사상교류는 서로 대등한 위상을 갖고서, 또한 각자의 정체성을 망각하지 않은 채, 보편학이란 철학의 공통분모에 참여하는 것이 온당한 것으로 보인다.

"'존재망각'과 '고향상실'에 대한 하이데거의 경고는 도가의 경고와도 유사한 성격을 갖는데. 이러한 경고는 인류의 미래를 위한 하나의 이정표로 여겨진다. 하이데거와 도가철학에의 접근과 동양인들의 하이데거 철학에로의 접근은 '세계화 시대'에서의 동서 융화철학을 위한 새로운 전형을 보여주고 있다."[18]

하이데거는 중국인과 함께 노자의 『도덕경』을 번역해 보기도 하고, 일본인과 『언어로의 도상에서』 대담을 나눈 적도 있으며, 한국인 조가경 교수와의 만남을 비롯해 태국인 승려와도 대담도 존재한다. 저자에 의하면, 동서퓨전철학 논의는 하이데거의 동양사상에 대한 태도, 특히 도가철학에의 접근에서 그 좋은 본보기를 엿보게 한다는 것이다. 그 이유는 하이데거가 노자의 철학을 결코 제3자의 입장에서 혹은 동서양을 비교하는 태도로 일관하지 않고, 오히려 열린 자세에서 성실하고 진지하게 접근하여 서구적 형이상학과 존재망각에 빠지지 않은 다른 시원적 사유를 긍정적으로 받아들이고 있기 때문이다.

특히 "서양의 노자"로 비유되는 하이데거는 동양인들과 폭넓은 만남과 대화를 통하여 무엇보다도 동양적 사유에서는— 특히 도가의 사유세계에 현저하듯이— 서구의 강단철학과 관념론에 등장하는 "표상적 사유"와 형이상학적인 사유로부터 자유로우면서 선—논리적인 직관적인 통찰과 선—존재론적인 체험이 있음을 간파했다.

저자는 동서융화철학을 동서퓨전철학으로 교정한다. 여기서 퓨전(fusion)의 사전적 의미는 "융합", "융해"라는 뜻을 갖고 있는데, 서로 융합한다는 것은 결코 각자의 정체성을 지우고 섞어버리는 것이 결코 아니다. 세계화 시대의 만남과 대화의 장(場)을 일구고 개척하는 주체는 결코 서구만이 아니다. 모든 정당한 특수와 개별이 소외되지 않고 선한 의지를 갖고서 보편에 참여할 때 비로소 '세계화'의 의미는 더 풍요롭게 되는 것이다. 동서가 서로 대등한 위상을 가지고 열린 체계에서 자유롭게 소통하고 융화하는 것이 세계화 시대의 문화교류에 상응하는 것이다.

전술한 바와 같이, 하이데거는 중국인과 함께 노자의 『도덕경』을 번역하는 등 각별한 관심을 기울였다. 그는 『노자 도덕경』의 제15장에 나오는 한문의 두 구절(孰能濁以靜之徐淸 孰能安以久動之徐生: 누가 능히 탁류를 고요하게 정지시켜서 천천히 맑게 할 수 있겠는가/ 누가 능히 안정한 것을 천천히 생동하게 할 수 있겠는가)을 자신의 연구실에 걸어 놓았으며, 브레히트(B. Brecht)의 노자 시(詩)를 좋아했다.

하이데거는 노자에게서 "사유할 가치가 있는 것"을 발견했는데, 서구적인 형이상학과 "존재망각"에로 전락하지 않은 "다른 시원적 사유"를 목격하고서, 이를 자신의 언어로 재창조하였다. 하이데거가 서구의 찌든 주체중심의 사유에서 벗어난 것, 서구에서는 도무지 낯선 무(無, Nichts)와 빔(虛, Leere)의 사유를 펼친 것, 길(道: Weg)의 개념에 독특한 의미를 부여한 것, 무위자연(無爲自然)의 개념이 독해되지 않으면 쉽게 이해되지 않는 "초연한 내맡김(Gelassenheit)" 등은 그야말로 도가의 철학과 깊이 연루된 것으로 보인다. 그런가 하면 그의 철학은 동양의 철학자들에게도 많은 호감을 불러 일으켰는데, 엘버펠트(R. Elberfeld)가 지적하듯이, "하이데거는 동아시아에서 영접되었을 뿐만 아니라, 그의 전 사유노정에서 아시아 철학자들과의 대화가 동반된 첫 유럽의 대철학자이다."

주지하다시피, 하이데거의 사유노정은 형이상학과 존재망각에로 전락하지 않은 "시원적 사유"를 찾아가는 노력이다. 그 과정에서 소위 존재망각에 연루된 서구의 전통형이상학은 하이데거의 해체적 칼날을 피하기 어려웠다. 그러나 그는 이 시원적 사유를 찾아가는 길에서 동양의 노자를 알게 되었고, 도가의 사유를 자신의 사유세계에 기꺼이 수용하여 자신의 언어로 옮기거나 재창조하였다. 그는 도가에게서 존재망각이나 형이상학 이전의 "숙고적 사유"를 발견하였던 것이다.

저자에 의하면, 파크스(G. Parkes)는 하이데거와 노자의 사유가 "예정조화"라도 된 듯이 유사성을 보인다고 진단하며, 미국의 한국계 철학자 조가경 교수 또한 그 둘 사이의 "신비에 가득 찬 상응"과 철저한 근친성을, 프리쉬만(B. Frischmann)은 하이데거와 도가 철학의 여러 상응점들을 지적한다. 심지어 뒤셀도르프 대학의 마이 교수(R. May)는 도가의 사유가 하이데거에게 "은폐된 출처(verborgene Quelle)"라고까지 규명한다. 저자의 위의 저서는 그 신비에 가득 찬 상응이나 예정조화가 무엇인지 다양한 주제들을 중심으로 밝히고자 하였다. 이로써 양자 사이에서 동서비교철학의 차원을 뛰어넘는 동서융화철학의 면모를 드러내고자 하였다.

위의 저서에서는 세계화로 인해 문화와 사상의 교류가 활발히 일어나는 오늘날 동서융화철학에 대하여 고찰하는 것에서부터 시작하여 존재론, 형이상학, 언어철학, 해체적 사유, 인식론 등 각각의 철학적 주제들에 대하여 한 장(章) 또는 여러 장을 할애하여 하이데거와 도가철학의 사유를 세밀하게 살피고 그들의 유사성을 탐색하면서 그 깊이를 숙고해 보고 있다. 도(道)와 존재의 의미, 무와 빔의 사유, 상식을 뛰어넘는 언어철학, 부정 존재론, 길의 철학적 의미, 시원적 사유, 탈─형이상학, 도와 존재의 퓌시스적 특성, 무위자연과 초연한 내맡김 등에서 양자의 유사성과 근친성을 목격할 수 있다는 것이 저자의 견해이다.

저자에 의하면, 하이데거와 도가는 인류가 숭배해 온 물신주의와 과학기술문명이 인류의 미래를 밝히는 등불이 아니라, 오히려 공허한 니힐리즘에로의 길잡이에 불과하다고 폭로한다. 오늘날 인류가 직면한 생태계 위기와 환경문제의 원인은 서구의 이원론적 인간중심주의 세계관이 전제되어 있는데, 이 이원론엔 주인의 위치를 갈취한 인간이 자연을 대상화시키고 인간주체의 소유물과 아류로 삼은 데 있는 것이다. 이러한 패러다임에 전 세계가 빠져 있으며, 인류는 "존재망각"과 "대도상실(大道喪失)"에서 연유된 자연파괴를 가속화시켜 가고 있다. 과연 인간은 자연을 착취하고 정복할 권리가 있는지 물어야 한다. 자연 외에는 인류의 고향이 없는데도 인류는 자신의 요람을 무덤으로 만들어가고 있다. 하이데거와 도가의 사유는 인류가 만든 문명이 지나치게 인위 조작적이고 자연착취에 탐닉한 나머지 그 폐해가 결국 부메랑이 되어 문명의 위기로 되돌아옴을 지적한다. 인류는 그러나 이들의 경고에 아랑곳하지 않고 니힐리즘에로의 가속 페달을 밟고 있다.[19]

저자는 "세계화 시대에서의 동서융화철학"을 모색하면서, 특히 "하이데거와 도가의 동서융화철학"을 주제화 한다. 여기서는 동서양 모두가 서로의 차이를 인정하고 상호

보완하는 방식으로 접근하면 더 훌륭한 "세계화 시대"를 구축할 수 있을 것이라고 생각으로 논의를 시작한다.

"오늘날 '세계화 시대'에 동서양의 철학을 세계철학의 지평 위에서 고찰하는 것은 시대에 부합될 뿐만 아니라 필요한 것으로도 보인다. '세계화의 시대'에는 문화제국주의에 입각한 지배적이고 일방적인 이념이나 사상도 부적합할 뿐만 아니라 개별적이고 특수한 문화를 결코 도외시할 수 없는 것이다. 서로 대등한 위상을 갖고 열린 체계에 자유롭게 소통하고 융화하는 것이 '세계화 시대'의 장을 일구고 개척하는 주체는 결코 서구만이 아니다. 모든 정당한 특수와 개별이 소외되지 않고 선한 의지를 갖고서 보편에 참여할 때 '세계화'의 의미는 더 풍요롭게 되는 것이다. 〔…〕 동서양의 철학은 서로 다른 문화 권역에 바탕을 두고 있지만, 또 이러한 바탕 위에서의 소위 '동서 비교철학'은 비교와 차이에 역점을 두지만, 철학이 '보편학'이라는 측면에서, 또한 인류를 위한 철학이라는 면에서는 차이가 없다. 오늘날 세계화의 시대에 동양철학과 서양철학은 각기 폐쇄적인 체계 속에 가두어두어서는 안 된다. 철학은 보편학이고, 그것은 전 인류와 관련되기 때문에 서로 대화하고 교류해야 하며, 그야말로 보편성을 지향해야 하기 때문이다."[20]

2. 동서융화철학의 실천

윤병렬이 동서융화철학과 상호문화철학에 관한 대표적인 논문들을 살펴보고자 한다. 먼저 「장자와 플라톤의 위상학적 인식론을 통한 근대 인식론의 딜레마 극복」이란 논문에서 근대인식론 극복을 위한 동서철학의 융합과 동서 문화철학의 상호성을 고찰한다. 근대의 인식론이 섬세하고도 방대하게 구축되었다는 것은 주지의 사실이다. 합리론과 경험론 및 칸트의 비판론은 예외 없이 인식의 문제에 깊이 천착하고서 우리의 철학사에 확고한 인식론의 영역을 개척한 것이다. 그럼에도 불구하고 주·객 이원론에 빠진 근대의 인식론에는 적잖은 문제가 수면 위로 떠오르고 있다. 무엇보다도 주·객 이원론의 도식에 따라 인식주체는 획일화되고 보편화 내지는 전체주의화되었으며, 인식대상 또한 위의 구도와 같이 획일화되었다. 물론 경우에 따라 보편성을 획득하는 인식도 존재하겠지만, 인식은 구체적인 개별자에 의해 각자적으로 수행되기에 획일화하기 어려운 문제가 남아 있는 것이다. 인식주체의 지적이고 영적인 수준에 따라 혹은 서로 다른 직관에 따라 인식되고 이해되는 인식대상의 차원도 다른 것이다. 인식가능과 인식불가능 사이에 혹은 저차원의 인식과 고차원의 인식 사이에는 천차만별의 인터벌이 존재하는 것이다. 이런 인식주체와 인식대상의 질적 차이를 고려하지 않은 것은 실로 근대 인식론의 스캔들이라고 하지 않을 수 없다.

그런데 놀랍게도 우리는 오히려 근대 이전에, 고대그리스의 플라톤과 동양의 장자에게서 근대 인식론의 딜레마에 대한 대안과 해결책이 마련되어 있음을 목격한다. 여기서는 플라톤의 "동굴의 비유"와 "선(線)의 비유" 및 장자의 『莊子』를 통해 근대인식론의 딜레마를 극복해보고자 하였다. 플라톤에게서 동굴세계의 각 단계에 처한 사람들에 따라, 노자에게서 상등의 인사와 중등의 인사 및 하등의 인사(도덕경 제41장)에 따라, 또 장자에게서 중인(衆人)과 서인(庶人)이라는 부류와 성인(聖人), 지인(至人), 진인(眞人)이라는 부류들 사이에는 서로 다른 인식의 인터벌이 분명히 존재한다. 이런 인식주체와 인식대상의 질적 차이를 고려하지 않은 것은 실로 근대 인식론의 커다란 딜레마라고 하지 않을 수 없다. 그러나 우리는 플라톤과 장자의 위상학적 인식론을 통해서 근대 인식론의 스캔들을 극복할 수 있다고 본다.

다음으로 「혜초의 오언시와 하이데거의 시작」에서 동·서의 시를 비교한다. 혜초의 왕오천축국전에는 사실에 입각한 여행기록만 있는 것이 아니라 다섯 편의 시(詩)도 있다. 펠리오(P. Pelliot)와 같은 이는 이 시들이 특별한 문학적 가치를 갖지 못하고, 심지어 "그것은 아예 수록하지 않은 것만 못하다"는 식으로 혹평을 가했지만, 그러나 이러한 혹평은 퍽 지나친 것으로 보이며 문학적·철학적 의미를 읽지 못한 소이인 것으로 보인다. 물론 횔덜린(F. Hölderlin)과 같은 시인은 당대에 괴테와 쉴러(F. von Schiller)로부터도 인정을 받지 못했지만, 철학자 하이데거로부터 "시인 중의 시인"으로 거듭난 사실을 참조할 때, 펠리오 한 사람의 평가에 휘청거릴 필요는 없는 것이다. 펠리오의 견해와는 정반대로, 혜초의 이 다섯 편의 시야말로 그의 『왕오천축국전』을 역사적인 기행문의 차원을 넘어 문학적 · 철학적 가치를 읽게 하고 그의 사유세계와 순례정신을 엿보게 한다.

"인간은 시적으로 거주한다"고 까지 규명한 하이데거는 시작과 사유의 근친적 관계를 통찰하고 시적 언어의 특수한 위상과 역할을 밝힌다. 우선 하이데거는 시원적 언어의 의미를 고대 그리스어인 로고스에서 찾는데, 이 로고스는 존재개현을 가능하게 하는 "보게 함"이라는 본질적 기능을 갖고 있다. 언어의 이러한 독특한 본질과 기능으로부터 "언어는 존재의 집이다" 라고 하이데거는 규명한다. 특히 하이데거에게서 시작은 "정적의 소리 없는 울림"과 같은 존재의 "침묵언어"에 대한 응답하는 행위로서, 이러한 시작에 "존재의 진리"가 개시되는 사건이 일어나는 것이다. 따라서 시적인 언어는 존재의 경험을 가능하게 하는 언어라는 사실을 염두에 둘 때, 우리는 혜초의 시작세계에서 의미심장한 문학적 · 철학적 의미를 읽을 수 있다. 그런데 하이데거의 시작해석은 그 어떤 자신의 이론이나 주장을 전개하는 것이 아니라, 시인의 편에서 시구(詩句)를 심층적으로 읽고 사유하는 것이다.

윤병렬은 하이데거의 "시작(詩作) 해석"에 입각해 혜초의 오언시에 배태된 존재사유에 관해 성찰해보고, 그의 순례여행과 여로에 스며있는 탈존적 사유를 조명해 보았다. 혜초의 시들은 결코 어떤 번지레한 수식어와 형용사들로 짜맞춰진 문장들이 아니라, 시정신에 입각해 창조되어진 포에지(Poesie, ποίησις)이다. 하이데거의 시작 해석처럼 혜초의 시도 "정적의 울림"과도 같은 존재의 "침묵언어"에 상응해 창조되어진 것이라고 하지 않을 수 없다. 문학작품이나 예술작품에 대한 평가를 정확하게 하는 논리적 척도는 없다. 그러나 지나친 자의적 평가를 극복할 수 있는 것은 사람들의 공감과 공명에 의거해 볼 수 있다. 위대한 예술작품이나 노벨문학상의 작품들은 결코 어떤 자의적 평가에 의한 것이 아니라, 사람들의 공감과 공명에 의해 인간성을 승화시키는 위대한 정신적인 작품으로 평가받기 때문이다. 칸트는 그의 『판단력 비판』에서 "공통감각"(sensus communis)에 의해 미적 세계가 보편성을 획득할 수 있다고 하였다. 혜초의 시들도 그렇게 공감과 공명을 불러일으키는 작품이다.

우리는 하이데거의 시작 해석을 통해 펠리오의 혹평과는 전혀 다르게 시가 존재사유와 긴밀히 연계되어 있으며, 이런 존재사유에 입각해 세계를 더욱 심층적으로 들여다볼 수 있음을 목격하였다. 하이데거는 구체적으로 횔덜린과 트라클 및 게오르게와 릴케 등등 시인들의 시를 해석하면서 시의 위상을 재평가하였다. 특히 하이데거는 시적 언어가 "정적의 소리 없는 울림"과 같은 존재의 "침묵언어"에 응답하여 창조된 포에지임을 역설하였다. 이런 포에지로서의 시적 언어는 "사물을 보게 하는" 독특한 기능을 수행하는 것이다. 거기엔 시인의 부름에 의하여 환기된 존재자가 존재의 열린 장에서 존재자로 존재하게 되는 놀라운 사실을 목격하게 한다. 우리는 하이데거의 "시작 해석"에 입각해서 혜초의 시를 재음미하면서 그의 놀라운 문학적 · 철학적 시정신을 엿볼 수 있다.

또한 윤병렬은 「악의 근원과 "선악의 피안" 및 악의 존재에 대한 대응책―셸링과 니체 및 바롱댄스와 "신라의 미소"를 통한 고찰―」에서 다음과 같이 논한다. 선악의 문제는 인류의 시작에서 종말에 이르기까지 끊이지 않는 철학(존재론, 형이상학, 윤리학)과 신학 및 종교의 테마임에 틀림없을 것이다. 일찍이 아우구스티누스(St. Augustinus)는 악의 근원에 대해 깊이 사색했으며 자신의 방식대로 이 물음에 대해 답변을 얻었지만, 이 답변이 물론 모든 사람들에게 다 해당되는 보편적인 것이라고 할 수는 없을 뿐만 아니라, 선악의 문제는 각자의 인간과 직접적인 관련이 있기에, 늘 미완의 형태로 머물 수밖에 없는 특징을 갖고 있다. 셸링은 악의 근원이 인간의 자유의지와 깊이 연루되어 있음을 타진하고, 니체는 그러나 전승된 도덕을 송두리째 부인하면서 "선악의 피안"에 거주할 것을 권고하고 있다. 여기서는 선악이 즉자존재의 형태로 존재하고 있음을 역설하고, 인도네시아 발리(Bali)섬의 바롱댄스(Barong Dance)에 드러난 선악의 끝없는 싸움을, 즉 선악은 세계 및 인간의 운명과 깊이 연루되어 있고 피안적인 것보다는 차안적이라는 것을 밝힌다. 특히 악에 대처하는 발리인들의 방식과 얼굴무늬 수막새의 "신라의 미소"를 통해 악령에 대응하는 신라인들의 독특한 사유세계를 고찰해 보았다.

반기든 혹은 반기지 않든 선악의 문제는 인간의 운명과 깊이 연루되어 있다. 또 철학사는 이런 존재론적이고 종교적인 문제를 결코 소홀히 다루고 있지 않다. 한편으로 아우구스티누스와 셸링 및 니체의 철학이 이론적인 영역을 차지하고 발리의 바롱

댄스와 "신라의 미소"는 구체적으로 생활 세계에서 악에 대처하는 방식을 드러내 보인다. 바롱댄스는 결국 인간세상이 선이나 악으로만 지배되는 것이 아니라, 말하자면 이 둘은 항상 함께 존재한다는 것을 표명하는 것이다. 나아가 이 둘의 싸움은 이 세상에서나 한 인간에 있어서도 마찬가지라는 것이다. 그러기에 발리 사람들은 선의 상징인 바롱과 악의 상징인 랑다(Rangda)에게 모두 경배를 하며 제물을 바치고 있으며, 신에 대한 숭배를 최고의 행복으로 여긴다고 한다.

섬뜩한 악령에게 미소로서 대처하는 "신라의 미소"는 이들 중에 아주 독특한 방식이라고 할 수 있다. 인간은 선악의 문제를 등지고 살 수는 없다. 어떠한 삶을 펼치든 선악의 문제는 인간의 운명처럼 밀착되어 있다. 물론 니체에게서 초인은 "선악의 피안"에 거처한다고 하지만, 즉 선악의 카테고리를 넘어서는 초인과 성자, 차라투스트라와 디오니소스가 존재하겠지만, 그러나 선악이 우리 인간들에게서 차안적인 문제가 되는 것은 운명적인 사건이라고 하지 않을 수 없다. 험상궂은 모습으로 악에 대처하는 것이 동서양의 일반적인 방식이지만, 신라인들은 그러나 독특하게도 미소로서 악에 대처하고 있는 것 이다. 얼굴무늬 수막새의 "신라의 미소"와 해학의 기질 넘치는 토우들을 통해 악령에 대처하는 신라인들의 독창성을 엿볼 수 있다.

4장

상호문화철학을
수행하다[21)]

인간은 생활세계 안에서 혼자 존재하지 않으며, 다른 자아들과 함께 생활세계를 공유한다. 생활세계는 공동체를 이루는 사회이고 문화세계이다. 후설은 상호주관적인 "원초적 영역"에서 선험적 자아는 다른 선험적 주관들의 영향을 받을 뿐만 아니라, 그들에게 영향을 받으면서 그러한 영역이 형성됨을 지적한다. 이러한 원초적 영역은 하나의 객관적인 세계로서 나 자신도 그 안에 포함될 뿐만 아니라 누구에게나 동일한 하나의 세계인 모나드(monad) 공동체이다. 그러기에 이 모나드 공동체는 상호주관적으로 정립한 공동체이고 객관적인 세계이다.

윤병렬이 본격적으로 상호문화철학에 관심을 가진 것은 독일 본(Bonn)대학에서의 열린 한국문화 체험행사(대금연주)가 영향을 어느정도 끼친 것을 확인할 수 있다.

"여러 다양한 음악은 결국 보편적인 음악─예술이 밖으로 드러난 모습이기에 이들은 고귀한 것임에 틀림없다. 그러기에 다양한 음악들은 저 예술혼을 구체적으로 현상의 세계에 드러내는 기관들로서 편파 없이 다 소중히 여겨져야 한다. 다들 귀중한 도구이므로 우리는 이들을 갖고 무모한 우열싸움을 벌이는 소꿉놀이를 해서는 안된다. 그러나 세상은 예술이나 문화뿐만 아니라 거의 모든 부분에서 청군─백군 식의 파벌 장난을 벌이고 있다. 이런 현상은 고매하고 성숙된 경지에 이르지 못한 사람들이 빚어내는 촌극인 것이다. 마치 동양인이나 서양인이 '인간'이란 보편 속에서 통일을 이루고 하나가 되는 것처럼, 동양음악과 서양음악도 결국 예술혼 속에 하나 되어 통일을 이루는 것이다. 이러한 음악의 보편적인 성격을 뒷받침하기라도 한 것처럼 이 강연장에는 예술을 사모하고 즐기려는 사람들로 가득찼다. 악기나 음악양식은 다르지만 아름다움이 현실화되는 데에는 전혀 이론의 여지가 없다는 태도를 이들은 갖고 있을 것이다. 이같이 보편성을 추구하는 것을 계속한다면 우리는 음악뿐 아니라 다른 여러 분야에서도 아름다운 조화를 이룰 수 있을 것이다."(『산책로에서 만난 철학』)

윤병렬은 상호문화철학의 지평에서 여러 저서와 논문들을 발표했다. 그는 상호문화철학의 기초를 현상학자 후설(E. Husserl)과 발덴펠스(B. Waldenfels)에게서 찾는다. 이를테면 후설에게서 잘 표명된 "상호주관성"과 "상호문화성"이 기본적으로 잘 전개되고 또 잘 보장되고 있다. 후설은 "상호문화성"을 "상호주관성"의 연장선에서 파악하고 있다. 발덴펠스는 이런 후설의 현상학을 확장시켜 "상호문화성"을 제일철학의 테마로 승화시켰다.[22] 여기서는 윤병렬의 저서 『혜초의 기행문과 철학』과 그의 논문인 「문화의 위기 및 상호문화성과 반─상호문화성 ─상호문화성의 위협에 대한 현상학적 고찰」을 통해서 상호문화철학에 대한 입장을 살펴보고자 한다.

1. 혜초의 기행문과 철학

윤병렬의 상호문화철학을 드러내는 『혜초의 기행문과 철학』을 먼저 살펴보도록 하자. 현재 프랑스국립도서관에 소장되어 있는 세계 4대 여행기 중 가장 오래된 여행기인 『왕오천축국전』이다. 이는 승려이자 구도자인 혜초가 인도를 비롯한 40여 개국을 4년(723~727) 동안 여행하면서, 즉 2만 km가 넘는 길을 도보로 걸으면서 경험한 것을 기록한 기행문이다. 무려 1,200년 동안 중국 돈황의 천불동에 잠자고 있었는데, 1908년에 프랑스인 동양학자인 펠리오(P. Pelliot)에 의해 최초로 발견된 혜초의 기행문에는 그가 여행한 곳의 지리, 정치, 종교. 경제적 상황, 생활양식(식생활, 복식 등), 문화, 언어 등 다양한 정보들을 기록하고 있다. 더욱이 혜초 당대의 역사뿐만 아니라 동서양의 교역로에 관한 귀중한 정보를 담고 있다. 말하자면 『왕오천축국전』은 8세기 인도와 중앙 아시아의 정치 · 국제정세 · 지리적 상황 · 사회 · 문화 · 종교 · 경제적 상황 등을 담고 있는 유일한 사료로 알려져 있다. 더욱이 기행문에는 인도뿐만 아니라, 아랍과 페르시아의 사회적 정황들을 관찰하여 기록한 내용들도 있다.

윤병렬에 의하면, 혜초는 승려의 관점에만 머문 것이 아니라, 문명탐험가의 모습으로 세상을 관찰하고 기록하고 있다. 그것은 정치, 경제, 역사, 지리, 국민들의 처한 상황을 기록했으며, 나아가 종교적 관점을 벗어나서 서정적인 5편의 오언시도 남겼다. 결국 혜초는 8세기의 인도, 중앙아시아, 아랍, 페르시아, 히말라야 산맥 주변의 부족들의 삶의 양식과 당대의 세계의 다양한 정신을 탐험하고 기록한 한국인이었다. 이런 점에서 위 저서에서는 기존의 시각들과는 달리, "문명탐험가" 및 "세계 속의 한국인"으로서의 혜초를 바라보고자 한다.

"혜초는 8세기경 세계의 절반을 탐험한 세계인이고 세계 속의 한국인이었다. 여기서 세계인이란 협소한 내국인의 카테고리를 벗어나 세계시민답게 세계를 알고자 낯선 세계 속으로 들어가 삶을 함께 한 사람이라고 할 수 있다. 그는 중국과 인도뿐만 아니라 아시아 대륙의 서쪽 끝까지 순례하고 그 견문록을 남겨 문명교류사에 개척자이자 동시에 선구자 역할을 하였다. 그는 히말라야 산맥의 수다한 나라들뿐만 아니라, 중앙아시아와 아랍 및 이슬람의 세계로 나아간 첫 한국인일 것이다."[23]

저자에 의하면, 『왕오천축국전』에 대한 기존의 연구들은 주로 원본에 대한 고증과 주석 및 번역작업, 나아가 혜초의 전기와 그가 여행한 나라들, 특히 8세기의 인도와 중앙아시아에 관련된 기행에 관한 연구들이다. 그러나 이 책에서는 혜초의 여행기를 독해(讀解)함에 있어서 문헌학과 서지학의 차원을 넘어선다. 저자는 "혜초를 읽으려면 텍스트 바깥으로 나가야 한다"는 새로운 방법론을 제시한다. 이것은 텍스트에만 얽매여서는 안된다는 뜻이다. 그 이유는 보통 사람이 결코 따라할 수 없는 수고와 고통이 수반된 구법(求法)여행은 텍스트 밖에 있기 때문이다. 텍스트 밖에서 인간의 한계와 시ㆍ공의 한계를 초월한 피안여행을 읽지 못한다면, 결코 혜초를 읽지 못한다는 것이 저자의 지론이다.

위의 책은 기존의 연구들을 바탕으로 다소 낯선 영역, 즉 철학적 세계로 독자들을 안내하고자 한다. 여기서는 혜초의 깨달음을 향한 구법여행에 동반된 철학적 사유에 초점을 맞추고자 한다. 혜초에게서 온갖 고행을 기꺼이 감내하면서 경계를 허물면서 쟁취하는 해탈과 자유가 개시되기에, 저자는 이 책의 제목에 "철학"이란 용어를 덧붙인 것이다. 『왕오천축국전』에는 혜초의 인생과 철학, 역사와 지리, 문화와 문학 등도 포괄하고 있다. 그가 감행했던 순례여행은 깨달음이 주목적이었기에 철학(사유와 인식과 존재론)과 결부된다는 것이 이 책의 핵심주장이다.

경계를 넘는 것은 철학적 용어로 초월이며, 혜초는 이 초월을 여행을 통해 몸소 펼쳐 보인 것이다. 따라서 혜초의 여행은 시간과 공간의 장벽을 허물면서 해탈의 자유와 기쁨을 구체적으로 펼쳐 보여준 하나의 거대한 사건이다. 이 해탈과 자유야말로 모든 고등종교의 본질일 뿐만 아니라, 지혜를 추구하며 살아가는 사람들의 삶의 목적이라고도 할 수 있다. 그런데 혜초가 이룩한 해탈은 그 어떤 정적인 것에서가 아니라, 온몸이 투입된 구법여행 내지 피안여행으로 쟁취된 것이다.

저자의 해석에 의하면, 혜초의 여행은 단순한 답사여행이나, 의례적인 순례여행이 아니라, 오히려 차안의 세계와 '신화적 작별'을 하고 피안의 세계로 나아가고자 하는 목숨을 건 피안여행, 즉 철학적 초월을 위한 여행이었다. 혜초는 수평선 저쪽까지, 가시적 세계의 피안에서 시간과 공간의 모든 경계를 허물어뜨리고 깨달음의 여행을 감행했던 것이다. 그는 두발로 걸어서 국경의 경계도 허물고, 배고픔과 위험, 야수와 도적떼의 위협, 더위와 파미르고원의 추위, 타클라마칸 사막의 가혹함 등등 온갖 장애를 비웃으며 깨달음의 여행을 감행했다. 여기서 중요한 것은 혜초의 온 마음과 목숨을 건 순례여행 내지 구법여행! 그것은 이 책의 저자의 일생을 바친 철학에로의 삶의 여정과 유사성이 있다는 점이다.

저자는 자신이 전공한 서양의 하이데거 철학을 통해서 혜초의 기행문을 철학적 지평 위에서 더욱 깊이 이해하고 해석하고자 한다. 여기서는 혜초의 구법여행과 기행문을 하이데거의 "현사실성의 해석학"과 "존재사유"에 입각하여 재조명해 보았다. 동양에서의 깨달음은 그것에 도달한 사람의 존재에 심층적 변화가 일어남을 전제한다. 여기서는 혜초의 한계를 초월한 경험과 하이데거의 존재경험의 친연성을 밝히고자 하였다.

위의 저서 5장에서는 "세계문명교류의 젖줄이자 문명보고로서의 실크로드"를 상호문화적인 시각에서 그 의미를 고찰한다. 실크로드(silk road)란 말은 주로 동서양간의 교역로 중 스텝지대의 초원길과 인도양을 통해 이어지는 바닷길을 제외한 사막과 오아시스 일대의 도시들을 거치는 교역 경로 전체를 지칭하는 것이다. 여러 방면에서 독자적으로 문화의 꽃을 피운 실크로드 지역의 역사는 적어도 동서문화의 공존과 교류 차원에서 크게 재평가되어야 한다는 것이 저자의 입장이다. 실크로드는 단순히 동서문명을 전달하는 통로나 가교 역할에 그치는 것이 아니라, 오히려 동서문명교류의 젖줄이자 보고(寶庫)이다.

이런 점에서 저자에 의하면, 실크로드는 하이데거가 하이델베르그(Heidelberg) 다리를 장소의 존재론적 관점에서 해명한 것처럼, 주위의 모든 지역들을 결집하여 모아들이고 동과 서를 오가게 길을 마련해준다. 실크로드는 자신의 방식대로 사방, 즉 하늘, 땅, 인간적인 것, 신적인 것들을 결집하여 모아들인다. 여기서 신적인 것은 우리에게 낯설게 여겨지지만, 이를 지역과 인종과 종교와 국가들을 초월해 교류를 가능케 해주는 초자연적인 힘과 정신으로 이해할 수 있는 것이다. 실크로드는 사방에게 하나의 터전을 베풀어주는 그런 방식으로 사방을 결집하며 모아들이는 것이다. 실크로드에 의해 비로소 장소(Ort, place)가 성립하게 되어 사람들이 모이고 오가며 문명교류를 하고 상업행위를 하며 오아시스 도시들을 건립한 것이다. 특히 신라의 고분에서 발견되는 각종 유리제품과 황금제품 등은 실크로드를 통하여 동유럽과 서역의 문물이 신라에 많이 들어왔음을 말해준다.

이런 맥락에서 저자는 특정 종교의 경계를 넘어서서 상호문화적인 시각으로 문명탐험을 하였던 "혜초"를 재발견하였다. 그리고 상호문화의 교류의 장이었던 "실크로드"를 동아시아 사유와 적극적으로 대화하고, 타문화에 열려있던 하이데거의 "장소존재론"을 통해 그것의 상호문화적 의미를 부각시켰다. 이로써 오늘날 국경의 장벽이 무너진 글로벌화된 다문화사회에서 필요한 상호문화철학의 중요성과 그 과제를 적실하게 제시하고 있다. 이제 상호문화철학의 이론적인 배경과 상호문화성 개념과 그 의미를 천착한 저자의 논문을 직접 살펴보도록 하자.

2. 문화의 위기 및 상호문화성과 반-상호문화성
— 상호문화성의 위협에 대한 현상학적 고찰[24]

1) 상호문화성으로의 행보

발덴펠스(B. Waldenfels)에 의하면, 후설 현상학에서 선험적 주관성은 선험적 "상호주관성"으로, 이는 다시 상호주관적인 선험적 사회성으로 확장되어, 급기야는 "상호문화성"의 지평을 열었다. 따라서 우리는 "상호문화성"의 논의를 "상호주관성"에 대한 논의의 연장선에서 파악할 수 있다.[25] "상호문화성"은 물론 "제일철학의 테마"인 것이다.[26] 이러한 상호문화성이야말로 세계화의 시대에 가장 시급한 근간이라고 하지 않을 수 없다.

오늘날처럼 개방된 세계질서에서 국가와 국가 간에, 민족과 민족 간에, 또 서로 다른 문화들 사이에 교류가 이루어지는 때에 "상호문화성"에 대한 논의는 대단히 의미 있는 것으로 보인다. 물론 오래전부터 "문화이론"이나 문화철학이며 문화 자체에 대한 것이나 문화일반, 나아가서는 어느 일정한 혹은 특정한 문화에 대한 논의는 끊임없이 이어져 왔다. 또 최근에는 문화제국주의나 "문화전쟁"과 같은 섬뜩한 용어와 자본주의적 성격을 띤 "문화독점" 내지는 "문화상품"이며 문화사절과 같은 구호도 사회에 나뒹굴고 있지만, "상호문화성"과 그 가능성에 대한 논의는 거의 희박한 실정이다.

그러나 후설에게서 상호문화성과 또 그 가능성에 대한 논의가 시작되어, 세계화 논쟁이나 문화들의 교류며 갈등 및 충돌이 빈번한 세계사의 흐름에 생생한 시사점을 제공하고 있다. 이러한 철학적인 기반 위에서 세계화는 이루어져야 하고, 강대국의 부당한 논리나 경제와 무역의 자국 이익에만 혈안이 된 그런 세계화는 근절되어야 하는 것이다.

"상호문화성"이란 오르트(E.W. Orth)도 밝히듯이, "통상 사회적—공간적으로 제한된 서로 다른 문화들(또는 문화권들) 상호간의 개방성과 또 그로 인한 공동작업의 가능성을 의미한다."[27] 그런데 이러한 상호문화성과 그에 관한 공동작업이 가능하기 위해선 우선 첫째로, 다른 문화들의 고유성과 이방성이 근원적으로 그리고 철저하게 인정되어야 한다. 타자의 고유성과 이방성을 철저히 인정해야 한다는 것을 강조한 후설의 현상학엔 이미 레비나스(I. Levinas)의 "타자의 철학"에 대한 근간이 마련되어 있다고 볼 수 있다.

다른 문화들의 고유성을 전제로 하여 상호문화성은 그 존재의미를 부여받는다. 또한 타자는 후설에게서 "다른 나(alter ego)"이고, 나는 이 타자에게 타자가 되며, 타자들은 의미 있는 세계의 구축에 참여하는 "세계구성의 동역자"[28]이기에, 고유문화와 이방문화 사이에도 또 특수문화와 보편문화 사이에도 그런 관계가 지켜져야 한다. 물론 우리는 이러한 상호문화성을 토대로 세계적 문화담론에 참여하고 리드하며, 나아가 문화생산과 문화창조에 기여할 수 있는 사고모형을 발견하고 개발해야 한다.

낯선 이방문화나 이방인과의 만남엔 우선 생생하고 다양한 체험과 느낌을 — 사람에 따라 — 갖게 될 것이다: 섬뜩한, 매혹적인, 낯선, 혐오스러운, 어리둥절한, 기묘한, 무서운, 곤혹스런, 공포스런, 기타 등등. 그러나 현상학적으로 특별히 의미있는 것은 우리가 이때 의식의 자극으로 말미암아 예사롭고 일상적이며 관습에 젖은 태도로부터 의미변화를 가져올 수 있는 것이다. 세속적이고 세속에 얽매인 나의 의식세계에서 벗어나 (순간적일 수도 있지만) 초월적인 경험을 하게 되는 것이다. 또한 이때의 의식은 타자와의 생생한 대면으로부터 발생한 것이므로 생생하게 살아있는 "원본적 의식"에 의해 얻어진 이방체험인 것이다.

상호문화성과 그에 관한 공동작업을 위해선 둘째로, 서로 다른 문화들(고유문화와 이방문화들)이 추구하고 수렴하는 이상을 향한 공동적인 작업이 구체적으로 요구되는 것이다.[29] 상호문화성을 위해선 구체적으로, 그리고 "점차적으로 더 넓은 이해가능성을 마련해야 하는 것이다."[30]

나에게 뿐만 아니라 모든 이에게 세계가 주어져 있는 것처럼, 문화세계 또한 나에게 뿐만 아니라 모든 이에게 접해질 수 있는 것이다.[31] 보편적 문화세계는 따라서 하나의 보편지평의 형태를 갖기에 상호문화성을 위해선 하나의 이상적인 모델로서 또한 과제로서 주어져 있다. 이러한 바탕 위에서 고유문화 뿐만 아니라 이방문화가 자연스레 존립하게 되는 것이다. 보편지평으로서의 문화세계라는 개념은 (그러기에 개별적 문화세계에는 결코 다 주어지지 않는!) 이미 저러한 여러 문화세계들을 포괄하고 있다.

나와 타자가 상호주관성을 이루듯이, 고유문화와 이방문화는 상호문화성을 실현할 수 있는 것이다. 상호문화성을 위해선 "이방경험"이 필요하고, 또 이 이방경험을 위해선 이방의 문화를 가진 인류와 그 문화들 속으로의 "감정이입"이 있어야 한다.[32] 상호문화성이 실현되는 곳에는 서로 다른 문화를 간직한 사람들 사이에 문화의 "뒤얽힘"이 일어난다. 이때 서로 다른 문화들 사이에 "완전한 일치"나 "전적인 괴리"는 거의 불가능한 것으로 보이고, 또 어떤 한 쪽이 다른 쪽을 잠식하거나 침략 내지는 소멸하는 극단적인 경우를 (이를테면, 백인들에 의해 침략되고 거의 소멸된 마야와 잉카문화) 제외하면 상호문화의 교류가 이루어지는 것이라고 볼 수 있다.

특히 오늘날의 "국제화 시대"에는 여러 형태의 문화교류가 이루어지고, 또 이방문화에 열려있는 계층이 늘어나기도 하고, 이국적인 것에 매력을 느끼는 사람도 많이 있다. 미국의 흑인음악(특히 고향인 아프리카에서 강제로 끌려와 비참한 노예생활을 하면서 삶의 고뇌로부터 우러나온 음악이나 재즈)이 서구와 기타 다른 대륙의 사람들에게 심금을 울리고, 아프리카의 조각품이나 토산품이 다른 문화에 속한 사람들에게 감동을 주며, 동양의 불교가 서양에 선풍적 인기를 가져오고, 학술 교류나 스포츠 교류며 관광을 통한 이방문화에 대한 이해 넓히기, 이방적 음식문화를 통해 이방에 대한 애호심 갖기 등등 이러한 모든 것은 상호문화성을 실현하고 확대해 나가는 데에 분명히 어느 정도로 기여한다. 특히 오늘날 이국적 음식이나 소위 "퓨전 음식"은 이국문화에 대한 긍정적인 반향을 일으키기도 한다. 건강에 대한 우수한 정보는 여러 문화권에서 긍정적으로 받아들일 것임에 틀림 없다.

그러나 우리가 한 지구 위에 살면서 상호문화성에 입각해 "세계동포주의"(Stoa)를 일구어낼 수 있을지는 여전히 의심스럽다. 무엇보다 그 역량이 극히 미미하기 때문이다. 또 이와 반면에 반–상호문화적인 세력도 구석구석 요소 요소에 박혀있어, 이것이 인류를 위태롭게 하고 도탄에 빠뜨린 것을 세계사는 분명히 보여주고 있다: "원시문화"(혹은 소위 "야만문화"나 "미개발 문화")와 "선진문화"라는 터무니 없는 분류와 문화적 편애, 아프리카 문화에 대해서, 또 아시아 문화에 대해 문화적 우월감을 갖는 서구인들, 소위 강대국에 의해 주도되고 번창했던 잔인한 식민지 문화, 백인들에 의해 소멸되어 간 잉카와 마야문화, 끊임없이 종교와 인종 간에 일어나는 충돌, 기타 등등. 그런데 앞으로 이러한 문화적 갈등과 충돌이 일어나지 않으리라고 누가 장담할 수 있을 것인가.

앞에서도 언급되었듯 헌팅턴(S. Huntington)에 의해 지적된 『문명의 충돌』은 팩트에 입각한 현재 진행형임을 우리는 쉽게 목격할 수 있다. 따라서 상호문화성에로의 행보가 그리 단순하지 않다. 실로 부버(M. Buber)의 『나와 너』처럼 서로의 존재를 위해서도 타자의 존재가 필수적으로 전제되어야 하는 것처럼 인격적인 관계로 승화되어야 하는데, 고유문화와 이방문화 사이에도 이런 인격적 관계가 전제되어야만 한다.

따라서 반–상호문화성의 위협에 대해, 상호문화성의 적들에 대해, 철저한 대책과 교육이 모든 영역에서 이루어져야 하는 것이다. 여기엔 이국적인 것과 이방에 대해 긍정하는 태도(토속적인 것도 결국 이방의 눈에는 이방적인 것으로 나타남으로), 이방의 문화와 존재방식에 대해 긍정하는 태도, 어떠한 토속적인 문화도 보편적인 문화세계(이념적인!!)에 대해 개별적인 문화일 따름이라는 것 등이 근원적으로 교육되어져야 하는 것이다. 어떠한 개별자나 국가며 문화권도 보편자로 될 수는 없다. 이는 그저 이들이 오로지 보편자의 적나라한 부분이기 때문에 절대자의 위치로 군림해서는 안 된다.

보편자와 절대자의 위치에 군림하는 문화제국주의는 이미 타락된 형태로서 어떤 경우에도 허용되어서는 안 된다. 문화제국주의의 형태에서 진전한 상호문화성은 존재할 수 없다. 마치 '세계'만이 보편지평이며 총체이고 그 외의 어떠한 개별적인 (또는 부분적인) 세계가 결코 그 위치를 점령할 수 없는 것처럼, 허용될 수 없음을 우리는 분명하게 파악할 수 있다. 절대성과 총체성을 띈 것은 우리의 어떤 지평에 드러난 세계가 아니라 이념적 열린 지평을 가진 세계 자체 뿐인 것처럼, 어떠한 개별의 혹은 몇몇의 문화도 결코 절대성과 총체성을 주장하거나 요구해서는 안되는 것이다.

2) 상호문화성의 가능성과 반–상호문화성

후설의 "상호주관성의 현상학"은 타자아의 존재를 구체적으로 드러낸다. 선험적 자아는 세계를 타자아들과 함께 경험한다. 나는 세계를 나의 어떤 개인적인 종합적 형성물로서가 아니라, 우리 모두가 접할 수 있는 "상호주관적"인 세계로서 경험한다. 문화들(고유문화와 이방문화 및 다양한 개별문화들) 사이의 관계도 문화적 교류가 존재하는 한 그러하다. 세계의 존재의미는 나를 위해서만이 아니라 타자아를 위해서도, 나아가서는 "모든—사람에 대하여—거기에—존재함"이다.[33] 인간은 생활세계 안에서 혼자 존재하지 않으며 타인들과 함께 생활세계를 공유한다. 생활세계는 공동체를 이루는 사회세계이고 문화세계이다.[34]

누구나 그리고 어떤 공동체도 자신들의 고유한, 친숙한, 잘 알려진 고유문화를 갖게 되는데, 이것을 문화이해와 경험에 있어서 근원 토대라고 한다면, 이 토대 위에서 이방문화 또는 낯선 세계의 문화를 접하고 습득하여 이해를 넓혀갈 수 있을 것이다.[35] 그리하여 우리는 고유문화의 경계를 넘어 문화세계의 지평확대를 가져올 수 있고, 또 서로 다른 이방문화와 공동체를 형성 할 수 있을 것이다. 이미 여기엔 상호문화성에 입각한 교류가 깊이 개입되어 있다.

그러나 우리는 동일한 맥락에서 역설적으로 고유문화며 고유세계든, 또는 이방문화와 이방세계든 결코 "'전체의 세계'가 아니라 '단면'일 따름인 것"[36]을 알 수 있다. 이는 —앞에서도 언급했듯이— 지배적인 "문화제국주의"를 건설하고 절대화를 선언해서는 안 된다는 것을 시사한다. 어떤 문화든 지평확장은 가능하다. 그러나 아무리 확장해도 그것을 특수세계이고 개별세계이며, 그러니 만큼 이런 세계에 고유한 지평이 있을 따름이다.

또한 아무리 지평을 확장한다고 해도 그 지평은 보편지평으로, 또는 총체지평으로 될 수는 없는 것이다. 총체지평은 무한히 열려있는 지평이기 때문이다. 총체지평은 여러 다양하고 특수한 지평들을 다 포괄하고도 더 포괄할 수 있는 여백이 있다. 그러기에 지평확장을 무모하게 시도한다고 해도 그것은 결코 총체지평으로 될 수 없는 것으로, 오히려 더 이상 날아갈 수 없는 이카로스(Icarus)의 비행과도 같을 것이다. 개별자가 개별자임을 망각하고 보편자임을 선언한다거나 개별세계가 다른 개별세계들의 척도로 절대화 되어 보편자임을 자처하는 곳에 질서는 무너지고 위험이 도사리게 되는 것이다. 보편지평 또는 세계전체는 열려진 지평으로 존재하기에 개별자의 보편선언 내지 전체선언은 이미 모순임이 드러난다.

그런데, 우리가 살고 있는 이 시대는 상호문화성이나 상호주관성에 귀를 기울이는가? 서로 공동체를 형성하고 타자아와 타문화를 공동지평에다 놓고 보편성에 대한 이해를 찾고 있는가? 물론 어느 정도는 그러할 것이지만 오히려 그 반대현상이 뚜렷하다. 서로 문화우월성에 대한 각축전을 벌이고 거기에다 정치와 자본주의적 경제논리도 가담하여 "문화제국주의"를 위한 "문화전쟁"을 벌이고 있지 않은가! 우리는 그러기에 후설의 지평으로서의 세계개념과 문화세계를 새로운(또는 전혀 다른) 각도에서 해석할 필요가 있다. 그래서 우리는 "문화제국주의"와 "세계정부"에 대해 경고 메시지를 보여야 한다.

"상호주관성"이나 "상호문화성"이란 개념은 두말할 것도 없이 철저한 상호성과 주관성 및 개별성의 바탕 위에서 성립가능한 것이다. 또한 생활세계 내에서는 다양한 "특수세계"가 형성되어 있음을 우리는 지적했다. 이를 통해 우리는 시대와 문화권에 대하여 어느 특정의 시대와 문화권에 해당하는 개별적이고 다양한 다수의 문화세계들이 가능하다는 것을 알 수 있다. 즉, 각각 다른 시대와 문화권에 상응하는 다수의 문화세계들이 역사적 특수세계의 형태로 또는 문화적 특수세계의 형태로 구성됨을 알 수 있다.

이를테면, 우리는 고대 그리스 문화권에 있어서 그리스인들의 문화세계, 중세 로마 문화권에 있어서 로마인들의 문화세계, 현대 독일 문화권에 있어서 독일인들의 문화세계, 힌두인들의 문화세계, 중국인들의 문화세계, 그리고 현대 한국문화권에 있어서 한국인들의 문화세계가 다수의 다양한 역사적이고 문화적인 특수세계들로서 가능함을 여실히 알 수 있다.[37] 후설은 특별히 지리적으로 격리되어 있는 어느 외딴 섬에 살고 있는 작은 종족들의 생활세계를 역사적이고 문화적인 특수세계의 예로 들기도 한다.[38] 다수의 다양한 역사적 문화적인 특수세계들이 가능하다는 것은 이들 세계의 문화권에 통용되는 다수의 다양한 고유하고 상대적인 진리들과 가치규범들이 가능하다는(따라서 인정되어야 하는) 것이다.

물론 생활세계가 보편성으로도 구성된 것처럼 문화적인 보편성[39]도 우리는 찾을 수 있다. 즉, 여러 다양한 문화들은 서로 상대적이고 이질적인 것임에도 불구하고 서로 "보편적인 구조"[40]를 갖고 있는데, 이를테면 "비록 서로 다르게 파악되더라도 공간형태, 운동, 감각적인 성질과 같은 것들처럼 공통된 생활세계적 대상들은 그들에게나 우리에게나 동일화될 수 있게 한다"[41]

문화들의 보편성을 드러내는 것은 각 문화들의 공속성과 공통분모 내지는 공감성

　　　　　　　　　　　　　　　　　　　　　　　제3부 "윤병렬 철학"의 창조

을 드러내는 것이지, 어떤 하나의 또는 몇몇의 문화가 척도로 둔갑하여 보편화로 선언하고 절대화하는 것이 아니다. 또한 "세계지평" 내지는 "보편지평"만이 전체인 반면에, 여기에 속한 여러 개별적인 지평들은 개별적인 지평일 따름이지 전체일 수는 없는 것이다.[42] 남의 문화를 잠식하고 절대화를 선언하는 그런 "문화제국주의"니 세계정부는 근원적으로 불가능함을 우리는 알 수 있다.

후설 현상학에서 "상호주관성"은 상호존재성과 공동체 형성의 기반을 드러내어 주며, 또한 "상호문화성"은 한 세계에 살면서 무모한 장벽을 쳐놓고 세력다툼을 벌이는 갖가지 유령과 같은 이름들(이를테면, 제3제국, 세계정부, 세계제국, Pax Romana, Pax Amerikana, 선진제국, 야만제국 등)을 허락하지 않는다. 이와 더불어 후설 현상학의 세계이해에서도 우리는 어떤 우월세계나 절대세계로의 분리와 지배를 인정하지 않는 ─ 개별성의 인정에 근거한 다원적 세계와 상대적인 세계 ─ 기틀이 마련되어 있음을 발견한다.

우리는 (개인이든 국가든) 한 지구위에 '한 세계'에 살 따름이다. 각자는 자기의 고유한 권한의 한 세계─ 상대적 ─에 살면서 한 세계를 구성했기에 우열에 의한 지배나 절대권 행사는 용납되지 않는 것이다. 이 각자의 세계는 곧 자기의 지평을 가진 세계로서 그 고유성과 독자성이 인정되어야 하며 동시에 이 각자의 세계는 반대로 세계총체가 아닌 만큼 절대화 되어서는 안되는 것이다. 이기적이고 절대적인 (또한 "유럽중심주의"적인) 세계는 후설 현상학에서 그 근거를 상실하게 된다. 그러기에 위에서 거론한 세계제국주의니, 세계정부니, 제 3제국이니 "야만제국"이니 선진─미개발의 격리와 같은 장벽은 후설 현상학에서 무너지고 모든 국가들과 민족들이며 문화들이 "한 세계"의 이념에 참가하게 되는 것이다.

우리는 문화를 비교할 때에도 어떤 한 문화를 전체로서 혹은 절대적 척도로서 다른 문화와 비교해서는 안되는("문화의 차이는 있어도 문화의 우열은 없다": 레바-스트로스(C. Lévi-Strauss))처럼 어떤 개인이든 국가든 문화권이든 "전체"로서 혹은 "절대"로서 군림해서는 안되는 것을 분명히 해야 한다. 그러면서도 지상의 세계사적 흐름은 헌팅턴의『문명의 충돌』에서도 잘 지적되듯이 냉정한 문명·문화의 전쟁이 예고되어 있는 것이다. 오늘날 우리는 정치·군사 경제의 우위를 앞세워 지배권과 영향력을 행사하려는 (그래서 세계제국의 행세를 하려는) "문화전쟁"을 파악하고 있다.

이러한 철학사적 흐름을 염두에 둘 때 "상호주관성"과 "상호문화성"이며 "세계총체"를 근간으로 하는 보편적이고 포용적인 "현상학적 태도"는 오늘날 유행하는 철학사조가 (비록 절대적인 지배와 합리주의에 바탕을 둔 유럽의 정신을 인정하지 않는 긍정적인 측면을 갖고 있지만) 남의 철학을 인정하는 데에 궁색하여 때려 부수는 데에만 전념 하는 것에 반해, 또 스스로 '과학의 시녀'의 탈을 쓰고 상품가치론적 경쟁에 에너지를 탕진하는 미국의 철학적 사조에 반해, 남을 수용하고 남의 세계를 인정하는 ―또 그 바탕에서 한 이웃으로서의 인류 세계를 지향하는― 바람직한 철학적 모델이 될 수 있을 것으로 보인다.

3) 보편지평과 총체로서의 세계

어떤 특정한 문화는 모든 문화를 대체할 수 없다. 그것은 어디까지나 개별문화로서 보편문화의 한 부분집합일 따름이다. 물론 좋고 선량한 어떤 개별문화가 타자에게 자유로운 선택에 의해 받아들여질 경우, 이 문화는 확장될 수 있다. 그러나 이런 확장은 어디까지나 한계가 있다. 따라서 원리적으로 문화제국주의는 존재해서는 안되며, 그 어떤 문화도 문화의 헤게모니를 쥐어서는 안 된다. 그런 부당한 요구는 대체로 교양이 없고 무식하며, 탐욕스럽고 전체주의적인 정치가들에 의해 회자되기도 한다.

이와 같이 그 어떤 지상의 세계도 보편지평과 총체로서의 세계를 주장할 수 없다. 그것은 총체로서의 세계에 부분집합일 따름이다. 후설의 지평구조로서의[43] '세계'는 곧 세계가 결코 우리와 무관하다거나 유리되어 있지 않고 유기적 관계를 갖는 세계다. 우리는 이 '세계'와 직접적 연관을 갖고 경험하며 생동하고 그 안에서 산다. 세계의 본질적인 구조는 그렇다면 어떤 우리와 무관하고 격리된 관념론이나 형이상학에서 찾아지는 것이 아니라 저러한 생생한 지평 속에서 찾아져야 한다. 후설의 세계에는 "세계 뒤의"[44] 어떤 또 다른 세계가 근원적으로 허용되지 않는다.[45]

후설의 "세계"는 결코 하나의 존재자, 하나의 객체처럼 존재하지 않는다. "사물들이나 객체들은 그때마다 (어떤 존재 확실성의 양태에서) 우리에게 타당한 것으로 '주어진' 것이다. 그것마저도 근원적으로 세계지평 내에서 사물들로서 또한 객체들로서 의식된 한에 있어서 주어진 것이다."[46] 여기서 우리는 세계 내의 사물들이며 객체들과 세계 자체와의 존재방식에 대한 차이를 알 수 있다.[47] 모든 것은 무언가 우리에게서 지평으로 의식된 세계로부터의 무엇이다. 이 지평은 다른 한편으로 오로지 존재하는 객체를 위해서만 의식되고, 특별히 의식되지 않은 객체들은 실제적일 수 없다.[48]

사물은 우선 자신의 시·공간적 지평을 갖는다. 공간적 지평은 곧 우리가 그 안에서 살고 또 모든 영역으로 더 넓은 경험의 개방된 가능성을 제공하는 우리의 "주변세계"인 것이다. 이러한 주변세계는 그렇다면 곧 우리가 접할 수 있는 "세계"의 한 "단면"과 다름 아니다. 그런데 특이한 것은, 지평으로서의 세계는 결코 어떤 굳게 한정된 것이 아니라, 모든 영역으로의 확장이 가능하여 항상 세계의 새로운 영역이 접해질 수 있는 것이다. 사물은 또한 공간에서처럼 시간적으로 연장 가능한 지평을 갖는다. 이를테면 여기에 있는 이 캠퍼스는 벌써 이전에도 자신의 장소에 터잡고 서 있었으며 또한 미래에도 (최소한 어느 일정기간 동안) 동일한 캠퍼스로 터잡고 있기에 우리는 또 다시 이 강의실에 거할 수 있는 것이다.[49]

시·공의 지평과 마찬가지로 "세계"는 개별적인 지각활동들의 지평으로서의 세계다. 지각활동도 또한 지향적 대상을 넓혀 나가며 지평을 확장할 수 있다. 그리하여 후설의 지평적 "세계"는 모든 개별적인 정립에도 순응하는 포괄적인 신념의 토대이고 "총체지평"이다. 그러기에 "세계 전체"는 대상영역들의 총합이 아니라 모든 지평들을 위한 "보편지평"인 것이다. 즉 말하자면, 그것은 "지시연관"에 의한 모든 것이 서로 연결된 나의 가능성들의 포괄적인 활동공간인 것이다.[50]

우리의 실제적인 경험에는 언제나 이미 세계가 지평으로서 함께 주어져 있다. 즉, 모든 대상경험은 그때마다 실제로 감각되고 파악되는 것 이상의 것, 즉 "스스로 거기에 주어져 있는 것의 이상의 것"[51]을 함께 가지고 있다. 이 "이상의 것"을 후설은 "내적 지평"과 "외적 지평"의 둘로 나눈다.[52] 모든 사물에 대한 지각은 지평적으로 수행된다, 즉 말하자면 내적이고 외적인 지평과 관련하여 예료하면서 수행된다는 것이다. 세계는 개별적인 대상의 경험으로부터 또 이 경험 속에서 드러나며 지평을 예료하고 면밀히 규명하는 것을 수행하는 곳에 나타난다.

그런데 생활세계적 태도를 가진 자로서의 우리가 실제로 생활세계에서 활동하고 경험하는 세계는 생활세계의 전체라거나 모든 가능한 지평들의 지평인 "보편지평"이 아니라, 항상 구체적이고 실제적인 그리고 개별적인 "특수세계들"이다. 현재적인 특수세계는 그때마다 원본적으로 스스로 주어져 있는 반면에, "보편지평"[53]은 비대상적 방식으로 우리와 관계한다.[54] 그러면서도 "보편지평"으로서의 세계는 여기서부터 모든 현상성과 개방성의 지평이 파생될 수 있는 근원현상적 토대를 형성한다.[55]

후설은 『위기』의 "부록 17"에서 "생활세계"에 대해 일정한 목적이나 목표가 추구됨으로써 구성되는 여러 가지 "특수세계들"에 관해 논의한다. 이를테면 하나의 직업을 가진 인간인 우리에게는 그 자체로 폐쇄된 하나의 직업지평이 구성된다. 이 직업세계엔 그에 고유한 현실성과 가능성들이 주목되고 또 그 자체의 고유한 작업세계를 갖고 있다. 이러한 특수세계는 그 과제의 지평이 아무리 개방적이라고 할지라도 유한한 작업세계와 또한 그에 알맞는 관심의 지평이 구성되는 것이다.

물론 이러한 특수세계는 생활세계의 한 단면인 그때마다의 현재적인 세계이다. 생활세계적 "세계지평"의 지평성은 개방적이고 생동적인 데에 있는데, 이는 바로 생활세계에서 구성되는 특수세계가 그 자체 내에서 임의성을 갖기 때문이다. 또한 어떤한 특수세계는 자신의 개별성과 고유성으로 말미암아 폐쇄된 지평으로 구성되지만 동시에 다른 특수세계들을 지시함으로써 (이를테면, 우리가 "교수사회"라는 특수세계를 논의한다면 자연히 여기에 속한 교수는 "그때마다"(jeweils) 해당하는 대학사회나 자신의 가족사회 및 전공에 관계된 특수사회와 여기에 관계되는 취미사회 등등을 지시하게 된다.) 생활세계의 개방성이 구성된다. 따라서 특수세계의 폐쇄성이 구성되는 곳에서 동시에 역설적으로 생활세계의 개방성도 구성된다.[56]

이러한 특수세계의 성격에 비해 생활세계는 궁극목표이고, 또 항상 "앞서 주어져 있는" 세계이며 본질적으로 개방되어 있다. 또한 이 생활세계에서 궁극목표라는 것은 그 내용상 결코 대상화될 수 없다. 이 궁극목표는 그러기에 오직 그때마다 현재적인 세계의 일정한 내용에서만 표현될 뿐이다. 무한히 개방된 생활세계와 보편지평이 다 드러나지도 또 대상으로 주어지지도 않는 반면, 특수세계로서의 그때마다의 현재의 세계가 지각과 지평 타당성을 통하여 다만 "표현"될 뿐이라면, 즉 세계내적인 현상방식들을 통한 세계의 표현만 있다면, 세계가 그 자체로는 또한 (무엇보다도) 전체로는 결코 주어지지 않는다는 것을 암시하고 있는 것이다. 그렇다면 "세계내적인 것"의 내적이고 외적인 지평들은 "세계지평"[57]의 한 단면일 것으로서 이 세계지평으로서의 세계와 구별되는 것이다.

"세계지평"은 후설이 말하듯이 개방되고 무한한 지평을 가진 세계인 것이다: "이 세계 내에서 살아가는 인간은 (이 가운데는 물론 자연을 관찰하는 인간도) 모든 그의 실천적이고 이론적인 질문을 오직 세계에 제기할 수 있었으며, 개방되고 무한한 미지성의 지평을 지닌 세계에만 이론적으로 관계할 수 있었다."[58] 후설의 "세계"는 결코 그 자체로 폐쇄된 세계가 아니라 모든 영역으로 무제한 개방된 세계인 것이다.

이처럼 모든 영역으로 무한하게 개방된 우주로서 또는 "총체지평"으로서의 개방된 세계속에서 지평은 모든 영역으로 확대될 수 있고, 우리들의 경험세계 또한 한없이 확대될 수 있는 것이다.[59] 이렇게 무제한으로 개방된 세계는 그러나 결코 어떤 불확실한 미궁이나 아무런 성격을 지울 수 없는 무절제의 혼돈으로 진행하는 것은 아니다. 그것은 이런 진행 속에서도 "보편적인 것과 세계일반을 위해 본질적으로 필수불가결한 존재의 양식과 경험의 상관적인 것이 변하지 않는, 가능하게 주어지는 세계의 무제한적 진행인 것이다".[60]

우리는 세계가 "세계지평"으로, "총체"로 구성되어 있음을 간접적으로 파악할 수 있다: 어떤 사물이 그와 함께 주어진 기체들의 무리와 더불어 외적지평에 따라 하나의 지각세계를 형성한다면, 즉 세계가 거기서 단지 한 단면으로 표현된다면, 생활세계는 하나의 단면 이상이라는 것, 하나의 "총체"를 형성한다는 의미가 들어있다. 그리고 세계가 단면적으로 구성된다는 바로 그 점에 세계를 총체적 타당성으로 경험한다는 의미가 터잡고 있다. 즉 어떤 사물이 우선은 다만 이 단면적 주위환경으로부터 부각되기는 하나, 동시에 총체성이라는 세계의 의미가 그를 통해 함께 구성되는 것이다.

세계가 지평 구조적으로 존재하는 후설의 세계개념에서 한편으로 세계는 총체적 전형들을 표현하는 기능적인 역할을 하고 또 다른 한편으론 존재타당성의 변경(또는 가치전도)과 수정도 가능하게 되는 변하지 않는 "토대–존재"로서의 개방성의 역할을 함을 우리는 알 수 있다.[61] 세계의 의미가 이처럼 총체성에 있다면 세계는 결코 원본적으로 혹은 그 전체가 우리에게 주어질 수 없다. 후설은 총체성을 우선 "우주"[62]로서, 실재적 존재자들과 현전하고 있는 존재자들의 '전체'로서, 모든 지평들의 전체인 그러한 "세계지평"으로서 파악한다.[63] 세계가 실재적인 존재자들이며 현전하고 있는 존재자들의 총체라는 것은 세계지평에서 세계가 표현되며, 생동하는 변화 속에서 그때마다 다르게 표현되는 (또한 **표현될 수 있는**) 것을 의미한다. 총체성으로서의 세계는 그렇다면 결코 대상으로 될 수 없는 "토대−존재"로서 모든 변화에 대하여 근본적으로 존립한다.

　무한한 지평을 가진 후설의 "세계"는 곧 "세계지평"이고 "보편지평"이라서, 아무리 우리 쪽에서 지평확대를 할지라도 결코 그러한 '세계지평'은 고갈될 수 없으며, 또 그러한 확대된 지평도 저 세계의 단면에 불과한 것이다. 그런데 이러한 지평확대마저도 엄밀한 의미에서 보편지평으로서의 세계의 존재로 말미암아 가능한 것이다. "세계지평"을 다 경험할 수 없는 것은 원리적으로 불가능한 것이 아니라 우리가 실제로 이를 다 수행할 수 없기 때문이다. 그러기에 모든 경험가능한 것의 '총체지평'은 어떤 하나의 또는 몇몇을 포함하는 지평들에 갇혀 있는 것이 아니어서 다 드러내어질 수 없는 것이다.

　그러면서도 후설의 세계는 "단일체" 또는 "전일체"이면서 "전체"[64]이고 또 "총체" 또는 "세계 총체"[65]인 것이다.[66] 후설의 단일체이면서 총체인 "세계"는 고대 그리스의 세계개념, 즉 하나이면서 전체인 세계를 떠올린다. 후설의 "세계"가 모든 존재자들의 총집합으로서가 아니라, 더 이상 보다큰 총체의 부분일 수 없는 "총체"로 규명됨으로서[67] 고대 그리스적 세계개념과 유사한 성격을 띤다.

　세계의 전일체성을 후설은 다음과 같이 설명하고 있다: "세계 내에 함께 존재하는 모든 것은 인과적 보편질서에 의해 일반적이고 직간접적인 공속성을 가지며, 이 공속성에서 세계는 하나의 단순한 전부가 아니라 전일체성이고, (비록 무한하나) 하나의 총체인 것이다."[68] 여기서 우리는 후설이 괄호 안에 쓴 '비록 무한하나'라는 표현을 주목할 필요가 있다. 즉 후설이 생각하는 "총체"라는 것도 결국 이런 저런 존재자들을 다 끌어 모아 놓은 것을 다 포괄한다는 뜻도 아니며, 자신의 부분들을 다 포함하는 것도 아니어서, 총체로서의 세계자신이 원본적으로 다 주어질 수 없는 것을 의미하고,[69] 개별지평 혹은 "특수세계"를 통해 그 단면과 부분만이 표현된다는 것을 시사한다.

　다시 말하면, 우리가 흔히 얘기하고 대하는 세계는 사실은 세계 자체도 아니고 총체로서의 세계도 아닌 것이다. 그것은 엄밀한 의미에서 세계총체라는 포괄적 전체 지평 안에서 우리에게 주어져 있는 하나의 세계상에 불과한 것이다. 그러기에 우리가 흔히 세계라고 부르는 것은 세계의 ’전체 지평'의 한 부분 내지는 "세계 자체의 한 단면"인 것이다. 우리는 이런 세계의 한 단면을 체험할 수 있을 따름이지 전체를 체험할 수 없다. 세계 전체는 결코 우리의 지향적 체험의 한 대상 내지는 하나의 개별적인 존재자의 형태로 존재하지 않기 때문이다.

우리가 이때껏 논의한 것은 개별적 세계가 세계 전체로 될 수 없고 또 보편지평으로서의 세계로 될 수 없듯이 개별적 문화 또한 총체문화 내지는 문화제국주의로 될 수 없다는 것을 원리적으로 밝힌 것이다.

5. "중국의 「한중일 고대 청동기전(展)」에 드러난 음흉한 꼼수"[70]

최근 중국 베이징 국가 박물관이 "한중일 고대 청동기전(展)"을 통해 우리 국립중앙 박물관이 제공한 전시 연표에서 무단으로 고구려와 발해를 삭제해버리고, 고조선의 건국연대를 기원전 2333년이라고 명시한 것을 "고조선 연대: ?~기원전 108년"이라 고 조작하였다. 이런 중국 측의 저의는 고조선 역사 전체를 부정하고, 자기들이 중국 의 지방정권이라고 여기는 고조선 말기의 위만조선만 인정하겠다는 것과 고구려와 발해의 역사를 통째로 자기들의 역사로 취급하는 역사 도둑질을 버젓이 자행하겠다 는 태도이다. 우리 측에서 전시회를 개최한 중국 측에 시정을 요구하자 "학술 문제는 학술 영역에서 전문적인 토론과 소통을 할 수 있고 정치적 조작을 할 필요가 없다."(조 선일보, 2022.9.19, A 35)는 터무니 없는 변명을 했다. 과연 중국이 토론과 소통을 해왔으 며 정치적 조작을 하지 않았는가? 동북공정은 중국의 국가 차원에서 추진한 것이다. 블랙홀처럼 그냥 자기네와 조금만 관련이 있어도 자기 것이라고 흡입해버리는 전체 주의적 발상을 대놓고 해왔던 것이다.

오랫동안 치우를 무슨 악마처럼 그려내더니 최근엔 그것도 자기네 것이라 하고, 홍 산문명−요하문명이 황하문명과 다를 뿐만 아니라 더 오래된 것을 알고는 이것도 자 기네 것이라고 우겨버린 것이다. 그냥 블랙홀처럼 집어삼키겠다는 것이다. 고구려의 옛 땅을 자기네들이 현재 점령하고 있다는 이유로 그곳의 역사 유적에 중국의 것이라 는 딱지를 붙이고, 고구려가 중국의 지방정권이라는 간판을 내걸며, 관광하는 한국인 에게는 출입을 금지하는 엉큼한 짓을 자행하고 있는 것이다.

중국의 역사 도둑질을 마냥 우스꽝스럽다고 그저 무시만 하고 있어서는 안 된다. 최근 반중감정을 일으켰던 사안들을 들여다보자. 한국의 김치를 단순하게 절인 채소 인 파오차이라고 하여 중국이 김치 원조라는 식으로 세계에 떠들어대며, 삼계탕이나 상추쌈, 심지어 한복과 단오절 등의 원조가 중국이라는 식으로 우긴다. 그런가 하면 한국의 성씨가 중국에 있다는 것만으로 한국인의 뿌리가 중국인이라거나, 고분에서 낯선 유물이 나오면 중국 황제의 하사품이라는 식으로 몰고 간다. 그야말로 전체주의 블랙홀이다. 이러한 태도는 중국역사에서 이미 오래전부터 굳어져 온 중화사상이라는 유전자이다. 중국만이 천하 중심이고 천자국이며, 사방은 모두 야만(동이東夷, 북적北狄, 서융西戎, 남만南蠻)이라는 극도로 오만한 태도인데, 중화사상은 어쨌든 이 야만국들을 굴복시켜 조공을 바치게 하거나 찍소리 못하게 만든다는 것이다.

이 중화사상에는 이웃 국가들과 진정한 친구가 될 수 없다는 내용이 이미 고착되어 있다. 친구인 척 하는 것은 쇼이거나 병법의 일환일 따름이다. 오로지 병법의 일환인 쇼를 모르는 것은 곧 화를 입게 되고 폭삭 망하는 것이다. 이를테면 티벳에 당나라 공주를 시집보내 티벳이 안심하고 있었을 때 귀신같이 집어 삼켜 중국으로 만들고, 한나라 또한 공주를 흉노에게 시집보내어, 흉노가 친구겠거니 하고 안심하고 있을 때 벼락같이 집어삼키는 것이다. 춘추전국시대부터 날마다 전쟁을 해왔으니 병법에 달인이 되었고, 삼국지니 수호지니 하는 유명한 책들은 모두 다 사람 죽이는 전쟁이야기들로 가득 찼다.

우리의 조선시대도 소위 소중화(小中華)에 중독되어 저 흉노를 중국 따라 야만이라고 하지 않았던가? 안타깝게도 중국의 나팔수 노릇한다고 흉노를 천대시하다가 병자호란 같은 끔찍한 화를 입고 만 것이다. 유교는 선사시대 구석기부터 발원한 우리의 유구한 역사에서 조선시대에 한정되는데도, 이것이 마치 한국 전체 역사에 가까운 것처럼 착각하고 소중화와 공자왈(孔子曰), 맹자왈(孟子曰)하는 훈고학에 치우쳐 있기에, 역사의 "나무만 보고 숲은 못 보는" 외눈깔 소행을 저지르고 있다. 아이러니컬하게도 인의예지를 신봉한 이웃나라들(중국, 일본)은 한결같이 정복과 침략을 일삼아 우리를 고통 속에 빠뜨리고, 우리 위에 군림하여 억압하지 않았던가? 유교에는 저 인의예지만 있는 것이 아니라 소위 천자 중심의 중화사상도 있고, 보편적 정의나 진리보다 더 높은 권력자의 자의(恣意)를 중심으로 하는 권력지상주의도 있다. 우리는 이 후자의 잔인한 모습은 모르고 있는 실정이다.

심각한 문제는 안일한 태도로 일관하는 우리의 태도인 것이다. 우리는 뭘 모르고 공자왈 맹자왈만 되뇌고 있다. 2017년 미국의 트럼프 대통령은 시진핑이 "한국은 역사적으로 중국의 일부"라고 말한 것을 전했는데, 왜 우리 정치가들은 입도 벙긋하지 못하고 있었을까?(!) 친중한다고 호들갑 떨다가 돌아온 게 그건데, 아무런 대꾸도 못하고 있었으니 이거야말로 울화통 터지는 일이고 국민의 가슴에 상처를 안기는 것이다. 고시공부하여 출세한 사람들이라 자기 나라 역사도 모르는 사람들이 왜 정치를 하는가!

확실히 황하문명보다 앞선 고조선의 홍산문명—요하문명이 그 유물로 자명하게 드러났는데도, 그런데 이제는 이 문명조차도 자기네 것이라고 도둑질하는 데에 혈안인데도, 우리는 "그런가 보다"하는 방관적 자세를 취하고 있고, "강 건너 불구경"을 하고 있는 처지다. 왜 한국고대사 역사교과서 하나 새롭게 기술하지도 않고 방관자의 자세로 일관하고 있는가! 우리 사학계는 오래전부터 사대주의 사학과 식민주의 사학에 물들어 있었기에, 저 홍산문명과 같은 새로운 사실이 등장하면 무슨 야사(野史)인 것처럼 치부해버리고 마는 실정이다. 중국은 대놓고 역사와 문명을 훔치고 동북공정을 통해 만리장성을 압록강까지 끌고 오며, 고구려를 손아귀에 넣고 있으며, 일본은 역사교과서 왜곡을 통해 자국의 입맛에 맞게 조작하는데, 우리는 있는 그대로의 역사마저 제대로 밝히지 못하고 있다. 역사가들도 정치가들도 꿀먹은 벙어리 같다.

---

1) 이 주제와 관련된 윤병렬의 저서들과 논문들은 다음과 같다. 『고구려의 고분벽화에 그려진 한국의 고대철학』, 『고구려 고분벽화에 담긴 철학적 세계관』, 『선사시대고인돌에 새겨진 한국의 고대철학』, 「'말하는 돌'과 '돌의 세계' 및 고인돌에 새겨진 성좌」, 정신문화연구 제143호, 한국학중앙연구원 2017. 「청동거울에 새겨진 사신도 세계관에 대한 현상학적 이해」, 철학연구 제65집, 고려대학교 철학연구소 2022. 「'거주함'의 철학적 지평—하이데거의 사유와 고구려의 고분벽화를 중심으로—」, 현대유럽철학연구 제11집, 한국하이데거학회 2005. 「수막새에 새겨진 선악의 철학 —신라의 미소, 수막새를 통한 고찰—」, 문화재 제53권 제1호, 국립문화유산연구원 2020.
2) 이병렬, 『하늘의 길, 고인돌에 새기다』, 홀리데이북스, 2025. 32쪽.
3) 김광태, 「고인돌과 북두칠성」, 충남과학 저널 35(1), 충남대학교, 2018. 22쪽.
4) https://www.g-enews.com/ko-kr/news/article/news_all/20170809062336309e8b8a793f7_1/article.html
5) https://www.g-enews.com/ko-kr/news/article/news_all/20180709092826699e8b8a793f7_1/article.html
6) 홍대신문, '서양철학입문' 윤병렬 교수가 추천하는 『선사시대 고인돌의 성좌에 새겨진 한국의 고대철학』, 홍익대학교, 2019.9.10.
7) 한계레신문, "고분벽화 고인돌에 새겨진 '고대 한국인의 지혜' 놀라워요", 2020. 5.10.
8) 윤병렬, 「고구려 고분벽화에 담긴 철학적 세계관: 한국고대철학의 재발견」, 305~311쪽. https://terms.naver.com/entry.naver?docId=534837&cid=46619&categoryId=46619 참조.

9) https://terms.naver.com/entry.naver?docId=534837&cid=46619&categoryId=46619

10) https://news.bbsi.co.kr/news/articleView.html?idxno=3043348

11) 참조. 대학지성 In&Out(http://www.unipress.co.kr). 저자가 말하다_『고구려 고분벽화에 담긴 철학적 세계관: 한국고대철학의 재발견』(윤병렬 지음, 지식산업사, 2020.)

12) https://baekjemuseum.seoul.go.kr/출처: 한성백제박물관 제공

13) https://www.kookje.co.kr/news2011/asp/newsbody.asp?code=0500&key=20160820.2201219494

14) 이 주제와 관련된 윤병렬의 저서 등과 논문들은 다음과 같다. 『한국 해학의 예술과 철학』, 『감동철학, 우리 이야기 속에 숨다』, 「『나무꾼과 선녀』에서의 종교현상학」, 철학과 현상학 연구 제18집, 한국현상학회 2002. 「타자를 위한 싸움 : 레비나스의 윤리학과 한국의 전래동화에서 이타주의 철학을 읽다」, 신학지평 제25집, 안양대학교 신학연구소 2012.

15) J. Huizinga, 이종인 역, 『호모 루덴스-놀이하는 인간』, 연암서가, 2010. 38쪽.

16) https://blog.naver.com/gymuseum/221380068730

17) 이 주제와 연관된 윤병렬의 저서들과 논문들은 다음과 같다. 『하이데거와 도가 철학』, 『혜초의 기행문과 철학』, 「퓌시스 · 존재 · 도(道)-헤라클레이토스 · 하이데거 · 노자의 시원적 사유」, 존재론 연구 제5집, 한국하이데거학회 2000. 「노자적인 것과 비-노자적인 것」, 인문과학연구 8권, 안양대학교 인문과학연구소 2000. 「플라톤과 하이데거 및 고구려의 고분 벽화가 표명한 '사방'으로서의 코스모스」, 현대유럽철학연구 제10집, 한국하이데거학회 2004. 「노자와 하이데거의 사유에서 부정존재론에 관한 소고」, 현대유럽철학연구 제30집, 한국하이데거학회 2012. 「노자와 하이데거의 동서퓨전철학」, 현대유럽철학연구, 동서사상 제12집, 경북대학교 인문학술원 2012. 「악의 근원과 "선악의 피안" 및 악의 존재에 대한 대응책 —셸링과 니체 및 바룽댄스와 "신라의 미소"를 통한 고찰—」, 존재론 연구 제37집, 한국하이데거학회 2015. 「하이데거와 도가철학의 근친적 사유세계」, 정신문화연구 제142호, 한국학중앙연구원 2016. 「장자와 플라톤의 위상학적 인식론을 통한 근대 인식론의 딜레마 극복」, 정신문화연구 제50호, 한국학중앙연구원 2018. 「혜초의 오언시와 하이데거의 시작(詩作)해석」, 철학연구 제134집, 철학연구회 2021. 『왕오천축국전』의 행간에서 읽는 혜초의 기행문학과 철학 —하이데거의 현사실성의 해석학과 존재사유를 중심으로—」, 철학탐구 제65집, 중앙대학교 중앙철학연구소 2022.

18) 윤병렬, 『하이데거와 도가의 철학』, 서광사, 2021. 20쪽.

19) 참조. 대학지성 In&Out(http://www.unipress.co.kr. 저자가 말하다-『하이데거와 도가(道家)의 철학』(2021).

20) 윤병렬, 『하이데거와 도가철학』, 27쪽.

21) 이 주제와 연관된 윤병렬의 저서들과 논문들은 다음과 같다. 『혜초의 기행문과 철학』, 「문화의 위기 및 상호 문화성과 반-상호 문화성 : 그 위협에 관한 현상학적 고찰」, 철학과 현상학 연구 제13집, 1999. 「퓌시스 · 존재 · 도(道)-헤라클레이토스 · 하이데거 · 노자의 시원적 사유」, 「악의 근원과 "선악의 피안" 및 악의 존재에 대한 대응책 —셸링과 니체 및 바룽댄스와 "신라의 미소"를 통한 고찰—」, 「『왕오천축국전』의 행간에서 읽는 혜초의 기행문학과 철학 —하이데거의 현사실성의 해석학과 존재사유를 중심으로—」, 「장자와 플라톤의 위상학적 인식론을 통한 근대 인식론의 딜레마극복」, 「혜초의 오언시와 하이데거의 시작(詩作)해석」, 「하이데거와 도가철학의 근친적 사유세계」, 「노자와 하이데거의 사유에서 부정존재론에 관한 소고」, 「노자와 하이데거의 동서퓨전철학」, 「노자적인 것과 비-노자적인 것」, 「문화의 위기 및 상호 문화성과 반-상호 문화성: 그 위협에 관한 현상학적 고찰」, 「플라톤과 하이데거 및 고구려의 고분 벽화가 표명한 '사방'으로서의 코스모스」 등이다. 『혜초의 기행문과 철학』, 「거주함의 철학적 지평—하이데거의 사유와 고구려의 고분벽화를 중심으로—」, 현대유럽철학연구 제11집, 한국하이데거학회 2005. 「악의 근원과 "선악의 피안" 및 악의 존재에 대한 대응책 —셸링과 니체 및 바룽댄스와 "신라의 미소"를 통한 고찰—」, 존재론 연구 제37집, 한국하이데거학회 2015.

22) B. Waldenfels, "Erfahrung des Fremden in Husserls Phänomenologie", in: Phänomenologische Forschungen 22, Hamburg 1989. 46쪽

23) 윤병렬, 『혜초의 기행문과 철학』, 소명, 2024. 144쪽.

24) 이 장(章)은 윤병렬 선생이 원래 『철학과 현상학 연구』 제13집(한국현상학회 1999)에 실린 자신의 논문(「문화의 위기 및 상호 문화성과 반-상호 문화성 : 그 위협에 관한 현상학적 고찰」, 철학과 현상학 연구 1999)을 대폭 수정하고 보완한 것이다. 이 글은 저자의 미발표 원고이다. 위 논문의 요약본은 "Interkulturalität und Anti - Interkulturalität— eine phänomenologische Betrachtung über die Möglichkeit der Interkulturalität" in Jung—Sun Han Heuer und Seongha Hong(hrsg.), Grenzgänge, Orbis Phänomenologicus, (Königshausen und Neumann 2011).에 상당 부분 게재되었다.

25) 상호주관성의 문제는 후설이 큰 비중을 둔 테마였다. 그의 전집 제 XIII, XIV, XV권(『상호주관성 I』, 『상호주관성 II』, 『상호주관성 III』)에서 엄청난 분량으로 다루고 있을 뿐만 아니라, 다른 저서들에서도 비중있게 다루고 있다. 현상학이 단순한 주체철학이나 주관성의 철학 내지 자아론(Egologie)과 독아론(Solipsismus)으로 오해되어서는 안되기 때문에, 상호주관성의 현상학에 많은 비중을 둔 것은 당연한 귀결로도 보인다. 물론 후설은 이런 우려나 오해를 무색하게 할 정도로 상호주관성의 철학을 일찍부터 도처에서 개진하였다. 최근에 이종훈 교수는 위에서 언급된 후설의 방대한 전집 제 XIII, XIV, XV권의 중요한 대목들을 한글로 번역하여 『상호주관성』(한길사 2021)을 출간하였다.

26) B. Waldenfels, "Erfahrung des Fremden in Husserls Phänomenologie", in Phänomenologische Forschungen 22, 46쪽 참조.

27) E.W. Orth, "Die Vieldeutigkeit des Kulturbegriffs und seine mögliche Bestimmung im Rahmen der Intentionalitätstheorie", in: 『현상학과 상호문화성』, 40쪽(한국현상학회 창립 20주년 기념 국제학술회의, 1998년 10월 10일, 연세대학교).

28) E. Husserl, Zur Phänomenologie der Intersubjektivität: Dritter Teil: 1929-1935, Kern Iso,(hrsg.) Den Haag 1973.(Hua. XV), 551쪽.

29) E.W. Orth, 위의 논문, 참조.

30) E. Husserl, Cartesianische Meditationen und Pariser Vorträge. Den Haag 1950. 136쪽.

31) 같은 책, 135쪽. 참조.

32) 같은 책, 138쪽. 참조.

33) 같은 책, 94쪽 이하. 참조.

34) E.W. Orth교수는 위에서 거론된 논문에서 문화개념의 다의성과 상호문화성의 차원에서 이방문화에 열려있고 배워야 한다는 논의를 펼쳤는데, 이는 후설 현상학에 입각해서 오늘날 '문화전쟁' 시대에 시사하는 바가 큰 것으로 보인다.

35) L. Landgrebe, Der Weg der Phänomenologie. Gütersloh 1963. 51쪽 이하. 참조.

36) 같은 책, 52쪽.

37) E. Husserl, Die Krisis der europäischen Wissenschaften und die transzendentale Phänomenologie. Eine Einleitung in die phänomenologische Philosophie. Walter Biemel(hrsg.). The Hague, 1976(Hua. 6). 이후 『위기』로 표기. 142쪽, 175쪽, 258쪽 참조. 조관성, 「자연과 문화의 만남 : 생활 세계 개념의 해석과 재구성」 철학과 현상학 연구 제10집, 한국현상학회 1998. 55쪽 이하. 참조.

38) E. Husserl, Zur Phänomenologie der Intersubjektivität. Texte aus dem Nachlass. Dritter Teil. 1929~1935. The Hague 1973. (Hua. 15.) 232쪽 참조.

39) 『위기』. §36. 참조.

40) 같은 책, 142쪽. 참조.

41) 같은 곳.

42) B. Waldenfels 교수도 한국현상학회 창립 20주년 기념 국제학술회의(1998.10.10 연세대)에서 그의 발표논문 Phänomenologie und Interkulturalität을 통해 어떤 하나의 개별적 문화도 전체로서 다른 문화와 비교될 수 없다는 것을 강조했다. 이는 후설도 누누이 강조하듯이, 전체는 오로지 개방된 지평으로만 가능하기 때문이다. 하나의 문화적 척도가 전체로 선언되는 데서, 보편적인 것의 관점이 하나의 보편적인 관점으로 격상되는 곳에 월권이 시작되는 것이다. 『현상학과 상호문화성』, 7쪽. 참조.

43) 지평의 개념에 대해선 헬트(K. Held)가 적절하게 밝히고 있다: "지평(Horizont)이란 어원적으로 한계선(Begrenzungslinie), 한계(Grenze)를 뜻한다. 하나의 지평은 실제적(faktisch)으로 모든 것이 자신의 내부에서 대상으로 일어나는지를 확정하지는 않지만, 그러나 자신의 내부에서 나타날 수 있는 것을 대체로 규정한다."(K. Held, Einleitung zu E. Husserls Phänomenologie der Lebenswelt, 34쪽. E. Husserl, Phänomenologie der Lebenswelt. Ausgewählte Texte II: Husserl, Edmund - Logik und Ethik, Klaus Held(hrsg.), Stuttgart 2021.)

44) "Hinterwelt"는 니체의 형이상학비판에 관한 용어이다.

45) L. Landgrebe, Der Weg der Phänomenologie, 48쪽 참조.

46) 『위기』, 146쪽.

47) 『위기』, 146쪽. 참조.

48) 같은 곳.

49) L. Landgrebe, *Der Weg der Phänomenologie*, Gütersloh 1963. 42쪽. 참조.

50) E. Husserl, *Phänomenologie der Lebenswelt*, 38쪽.

51) E. Husserl, *Erfahrung und Urteil: Untersuchungen zur Genealogie der Logik*, Ludwig Landgrebe(hrsg.), Hamburg 1999. 27쪽.

52) "한 대상에 관해서 현재 주어진(것) 이상의 여러 가능적 규정들의 지평을 내적 지평이라고 한다. 이에 대해서 외적 지평이란 현재 경험되고 있는 대상을 넘어서 이것을 둘러싸고 있는 다른 여러 대상들의 총체를 말한다.": 한전숙, 『현상학』, 민음사 1996. 230쪽. "내적지평"과 "외적지평"에 관해선 후설의 『경험과 판단』, 217쪽 이하, 165쪽. 참조. 한전숙, 같은 책. 229쪽 이하. 참조.

53) "보편지평"으로서의 세계에 대한 자세한 논의를 L. Landgrebe, 위의 책, 41~62쪽. 참조.

54) W. Marx, 이길우역, 『현상학』, 서광사, 1990. 202쪽. 참조.

55) "보편지평"과 "개방성의 차원"(Offenbarkeitsdimension)으로서의 "세계"는 하이데거의 존재개념을 밝히고 이해하는 데에 중점이 된다고 헬트(K. Held)는 지적한다. 더 나아가 그는 하이데거가 "개방성의 차원"으로서의 세계를 구성하는 의식을 "존재"로 대체했다고 주장한다: K. Held, "Heidegger und das Prinzip der Phänomenologie", in: A. Gethmann–Siefert und O. Pöggeler(hrsg.): *Heidegger und die praktische Philosophie*, Frankfurt a.M. 1988. K. Held, *Heidegger und das Prinzip der Phänomenologie*, 120쪽 참조. 헬트(K. Held)와 비슷하게 토이니센(M. Theunissen)도 후설의 세계개념을 하이데거의 존재개념과 관련지어 해설하고 있다. M. Theunissen,"Intentionaler Gegenstand und ontologische Differenz. Ansätze zur Fragestellung Heideggers in der Phänomenologie Husserls", Philosophisches Jahrbuch 70 (2), 1962, 344~362쪽.

56) 특수세계에 대한 논의를 W. Marx, 위의 책, 193~203쪽. 참조. 조관성, 「자연과 문화의 만남 – 생활세계 개념의 해석과 재구성」, in: 한국현상학회 편, 『자연의 현상학』, 철학과 현실사, 1998. 49~55쪽. 참조.

57) E. Husserl, 『위기』, §37~§47. 참조.

58) 같은 책. 50쪽.

59) L. Landgrebe, 위의 책, 53쪽. 참조.

60) 같은 책. 54쪽 이하.

61) 세계의 다양한 지평적인 구조를 다음과 같은 곳에서 참조: 『위기』, 141쪽, 145쪽 이하, §49. 152쪽"무한하고 생동하는 지평"(unendlicher, lebendiger Horizont), 167쪽(가능한 경험의 지평), "개방된 지평"(152쪽, 165쪽, 167쪽, 256쪽), "끝없이 개방된 지평으로서의 세계"(34쪽, 152쪽). 또한 『경험과 판단』, §8~§9 참조.

62) universum이란 어원상 하나의 단일체로 결합된 전체이다.

63) E. Husserl, *Ideen zu einer reinen Phänomenlogie und phänomenlogischen Philosophie. Erstes Buch: Allgemeine Einführung in die reine Phänomenologie*. Walter Biemel(ed.). The Hague 1950.(Hua Ⅲ), 356쪽 참조, 『위기』, 148쪽 이하. 참조.

64) 『위기』, 148쪽.

65) 같은 책, 29쪽, 358쪽. 참조.

66) 세계의 다양한 존재방식에 대해선 K. Schuhmann, *Die Fundamentalbetrachtung der Phänomenologie*, The Hague 1971. Ⅶ장 참조.

67) W. Marx, 『현상학』, 195쪽.

68) 『위기』, 29쪽.

69) 참조, W. Marx, 위의 책, 197쪽.

70) 윤병렬, (시평) 대학지성, 2022. 10. 2.

제4부

"윤병렬 철학"의
의의와 평가

먼저 "윤병렬의 철학"이 지닌 긍정적인 의의에 대해 먼저 살펴보고자 한다.

첫째, 그의 철학은 한국철학의 원형을 재발견하여 그 정체성을 밝히고자 하였다. 선사시대, 청동기 시대, 고조선, 고구려 시대에 걸쳐 발견되는 성혈 고인돌에 새겨진 사수도와 청동거울의 사신도, 나아가 고분벽화의 사신도와 사수도에는 "보살핌의 철학"과 더불어 "불멸사상", "천향사상", "경천사상", "귀향의 철학" 등 인간의 궁극적인 철학적인 문제가 다뤄지고 있음을 발견했다. 그의 연구는 서양의 대표적인 "예술철학"과 롬바흐의 "그림철학" 그리고 "표현인문학" 등을 통해 문화적 유적 해석에 대한 철학적 논거가 확보되어 있음을 확인할 수 있다.

둘째, 우리의 전통문화 속에는 이야기 철학과 해학 속에 예술과 철학이 내재되어 있음을 밝히고자 하였다.

셋째, 그의 철학은 기존의 철학의 분과와 범위를 넘어서서 철학의 스펙트럼을 그림철학, 이야기철학, 여행철학, 통합인문학으로 까지 확장하는데 기여하고 있음을 확인할 수 있다.

넷째, 그의 철학은 동서융화의 철학과 상호문화철학 담론에 기여할 수 있다. 이는 동·서양을 관통하고 상호문화적으로 회통하고자 하는 "세계 속의 한국철학의 모색"이다.

다섯째, 그의 철학은 21세기 새로운 사고모형으로서의 "헤르메스 철학"을 제시한다. 동시에 "기연적 주체"에 기반한 새로운 사유모형을 탐색한다.

그러나 "윤병렬 철학"이 가지고 있는 한계와 문제점도 있다. 그러한 것은 앞으로 학문적 반론과 토론의 과정을 통해 보완되고, 더욱 치밀한 논리와 합리적 논증으로 완성되어야 할 과제에 속한다.

1장

한국철학의 정체성을 확립하다

1. 한국 고대철학을 재발견하다

전술한 바와 같이, 윤병렬은 서양의 현상학, 존재론, 해석학 분야를 전공하였으나, 소개하는 차원을 넘어서 그것들을 원용하여 선사시대와 한국고대의 고인돌, 고분벽화, 황검보검, 청동거울, 수막새, 규원사화 등을 독보적으로 해석하고 연구하였다. 그의 관점은 우리의 역사를 사대주의에 경도된『삼국유사』와 불교로 편향된『삼국사기』의 범주를 벗어나 유라시아 북방의 초원문화와 연계된 고대문화를 찾아야 한다는 입장이다. 그는 특히 2005년 세계문화유산으로 등재된 고구려의 고분벽화가 정신문화적 비중이나 역사적 가치와 규모 면에서 중국의 돈황이나 고대 인도의 간다라의 문화에 비견되거나 앞선다는 사실에 주목했다.

이는『오래된 미래』의 저자 노르베리-호지(Helena Norberg-Hodge)의 주장처럼, 오래된 전통적인 것이 미래적 가치에 부합할 수 있다는 사실을 보여주는 좋은 예시에 속한다. "즉 지역적인 것, 작은 것, 친밀한 것, 자연적인 것, 인간적인 것을 지향하는 추세는 결국 자연이 승리할 것이라는 사실, 세계를 정말 돌아가게 하는 것은 돈이 아니라 이와 같은 보다 깊은 가슴 속의 힘이라는 사실을 알려준다."[1]

윤병렬의 연구의 방향타는 서양에서 배운 현상학, 존재론, 해석학, 예술철학 및 한국에서 접한 표현인문학을 도구로 삼아서 한국 고대사상의 특수성을 자문화중심주의로 치우치지 않고, 상호문화적으로 소통하여 공감을 얻어낼 수 있는 철학의 보편적 지평으로 올려놓고자 하는 시도로 수렴된다. 그는 한국적인 것, 즉 한국고대의 문화와 역사 그리고 사상과 종교에 천착하면서도 세계적 관점을 확보하기 위해 인간의 보편성에 호소했고, 나아가 서양철학과의 소통과 융화를 끊임없이 추구했다.

이로써 윤병렬은 잊혀지고 망각된 "한국 고대철학"을 다시 재발견해야 한다는 소명감을 가졌다. 여기서 "재발견"이란 한국의 고대철학이 고분벽화가 그려진 그 때에도 있었다는 것이고, 망각되고 있었던 그 때의 한국 철학의 원형을 오늘날 재발견한다는 뜻이다. 다시 말해 우리는 고구려의 고분벽화에 표현되어 있던 한국의 고대철학을 재발견해야 한다는 것이다. 그것은 바로 고대 한국인들이 지녔던 인간과 천하사방을 수호하고 보살피는 철학적 세계관이다. 김재철 선생의 리뷰에서 언급한 것처럼, 윤 선생은 고구려의 고분벽화에서 현상학적이고 해석학적 관점을 통해 고대 한국인의 실존적 삶을 읽어내고, 건축함—거주함—사유함 속에 담긴 사방세계의 존재사건에서 한국의 고대철학을 숙고하려고 시도하였다.[2]

그는 "술이부작"(述而不作)의 입장을 견지하면서 그의 독창적인 연구를 진행하였다. "술이부작"은 『논어』의 술이편(述而篇)에 나오는 말이다. 공자의 성품은 겸손하여 자신의 저술을 두고서 "나는 옛사람의 설을 저술했을 뿐 창작한 것은 아니다" 라고 하였다. 윤병렬도 고대 한국에서 이미 철학적 세계관이 존재했었고, 그것을 본인이 창조한 것이 아니라, 재발견한 것이라고 주장하는 셈이다. 이와 같이 윤병렬은 한반도 고대철학의 자생성과 고유함을 강조한다. 그러나 그의 저러한 주장은 바로 '문화적 국수주의'란 비판에 맞닥뜨린다. 그는 '한겨레'와의 인터뷰에서 이렇게 말한다.

"우린 외국에서 온 유교와 불교, 도교만 중심 축에 앉히고 이것이 전통철학의 전부인 양 착각해요. 고구려 몰락 이후 불교와 유교가 우리 정치와 종교의 중심이 된 탓이죠. 우리도 중국 못지않게 보편학으로서 철학을 발전시킨 나라라는 걸 세계에 알리고 싶어요. 인류의 보편적 가치인 철학에 우리도 기여한 바가 있다는 거죠."[3]

"고구려의 고분벽화는 결코 어떤 세상의 예술활동의 일환으로서의 회화가 아니다. 고구려인들은 이 고분벽화를 통해 그들의 사상과 문학, 철학과 종교, 천문사상 등을 드러내었는데, 이 벽화에는 놀랍게도 '위대한 정신의 소인이 찍혀 있는' 철학적 메시지를 읽게 해 준다."[4]

윤병렬은 저러한 고대 한국정신 문화의 유산을 선사시대부터 인류가 결코 미개한 원시인이 아니라, 고도의 정신문화를 겸비하고 있었음을 보여주는 방증이라고 본다. 이런 추론의 근거로 롬바흐(H. Rombach)의 다음과 같은 주장을 그는 전유한 셈이다. 즉 "사람들은 결코 '미개'했던 적은 없었다."[5] 특히 "존재의 진리는 예술작품과 시에서 드러난다"는 하이데거의 사유를 전유했다. 한국 고대에는 서양의 그리스나 고대 중국, 인도에 비해 내세울 만한 철학자가 없지만, 그렇다고 한국고대 문명에서 철학적 사유가 존재하지 않았다고 보기는 어렵다는 것이 그의 일관된 주장이다. 그는 철학자 중심의 철학이 아니라, 오히려 당대의 문화적 유물, 유적, 유산 속에 깃든 한국 고대 철학을 재발견하고자 하였다.

"실로 우리의 역사가 고대 중국이나 인도 및 그리스와 같은 나라들에 견주어 뒤떨어지지 않지만, 우리 고유의 고대철학은 인도와 중국으로부터 전래된 불교나 도교 및 유교와 같은 종교철학적인 사상들을 제외하면 문헌상으로는 빈약한 편이다. 더구나 B.C. 6세기부터의 고대 중국이나 고대 그리스의 수많은 철학자들의 반열에 세울 만한 우리의 고대철학자를 언급하기는 퍽 어려운 편이다. 그러나 결코 실망만 하고 앉아 있을 수는 없다. 철학자 중심의 고대철학이 아닌, 고분벽화나 전승된 이야기며 역사적 유물과 유적을 바탕으로 하는 내용중심의 철학은 얼마든지 재발견하고 재정립할 수 있기 때문이다. 필자는 오래전부터 이러한 과제에 대해 고민해 왔으며, 우선 고분벽화에서 한국의 고대철학을 읽어내는 것을 하나의 시급한 과제로 생각했다."[6]

윤병렬은 고구려의 고분벽화에서 고대 한국인의 정신적 원형을 발견하기 위해 다음과 같은 연구를 계속했다. 2004년부터 "한국 고대철학"에 매진하여 고인돌에 새겨진 별자리 체계 연구와 고구려 고분벽화 속에 새겨진 한반도의 고대철학의 고유성을 재발견하고자 했다. 이로써 고대 한국인의 철학적 세계관을 찾고자 했다. 그러나 한국 고대철학 연구자 대부분이 유학 전공으로서 불교나 도교도 중국에서 들어온 것들을 연구하고 있다. 우리 학계에서 고인돌이나 고분벽화를 철학적으로 해석하는 노력은 전무한 편이다. 고분벽화 연구는 1990년대 후반에야 비로소 남한에서 시작되었고, 고인돌은 고천문학자 중 소수만이 관심을 갖고 연구하고 있는 실정이다. 이것을 저자는 한민족의 고유한 문화의 뿌리에 대한 망각, 즉 고대 한국인의 고매한 정신문화를 망각하고 있음을 개탄하면서 독자적인 연구를 통해 바로 잡고자 했다.

윤병렬에 의하면 고조선인이나 고구려인들은 세상을 매우 긍정적으로 보았고, 또한 온 우주를 유기적으로 보면서 인간을 "코스모스 안에서 의미있는 존재"라고 생각했다는 것을 확인할 수 있다는 결론에 도달했다. 고분벽화에 대한 철학적 세계관을 재발견하기 위한 연구들을 집대성한『고구려 고분벽화에 그려진 한국의 고대철학』(2008)과 그것의 증보판인『고구려 고분벽화에 담긴 철학적 세계관』(2020)은 고구려의 고분벽화에 드러난 철학적 의미를 추적한 보기 드문 연구서이다. 이를 세계정신사적 지평 위로 올리고자 하는 저자의 절실한 문제의식에서 그것들은 저술되었다. 여기서 고구려의 고분벽화는 분명한 문화적 · 사상적 메시지를 지니고 있으며, 그 예술적 · 종교적 · 철학적인 의미를 심오하고 신비롭게 그려내고 있음을 다음과 같이 밝히고 있다.

"고구려의 고분벽화는 고대 한국인의 정신적 원형을 내포하고 있다고 말할 수 있는 비밀을 간직하고 있다. 거기엔 고대 한민족의 예술혼과 정신문화며 한국 고대철학의 의미가 농축되어 있다. 이제 우리는 고분벽화의 역사(학)적이고 회화적인 의미의 차원을 넘어 그 정신문화적이고 철학적인 의미를 읽어내어야 한다."[7]

저자에 의하면, 고분벽화에 드러난 테마들은 우리의 생활세계나 거주함, 축제, 사방(四方)으로서의 코스모스, 고향과 귀향의 철학 등등 우리의 삶과 친숙해 있는 것들이다. 물론 고분벽화가 함축하고 있는 심오한 철학적 의미들이 쉽게 우리 시선 안으로 다 들어오지는 않는다. 왜냐하면 특별한 그림이나 고분벽화는 감추어진 의미를 지니고 있고, 그런 감추어진 의미는 그림과 벽화에서 상징언어로 표현되었기 때문이다. 그러기에 그는 암호와도 같은 상징언어로 해독하는 것이 무엇보다 중요한 과제라고 여겼다. 그는 대상이 지닌 특수성과 해석의 보편성이 훼손되지 않는 조건 하에서 이루어지는 연구를 지향했다.

"고분벽화가 존재하고 있다는 것만으로 고인돌과 청동거울과 같은 유물이 있다는 사실만으로는 철학이라고 해서는 안될 뿐만 아니라 철학이 될 수는 없다. 그러나 이들의 은폐된 의미를 찾아내고 해석하면서 그 제작 의도와 정신적인 배경을 읽어내는 곳에서, 또한 그 해석의 보편성을 획득하는 과정에 철학은 둥지를 틀게 되는 것이다."[8]

또한 윤병렬은『선사시대 고인돌의 성좌에 새겨진 한국의 고대철학』에서 여타의 다른 선사유적과는 달리 분명하게 읽을 수 있는, 그래서 그때의 철학적인 메시지를 읽을 수 있는 선사유적을 우리는 갖고 있다고 주장한다. 한국에 산재한 고인돌에 새겨진 사수도 성혈(性穴)과 청동기 시대의 청동거울에 새겨진 사신도를 예시로 든다. 우리나라의 고인돌 시대는 석기에서 청동기를 지나 초기 철기 시대에 걸친 긴 시대로서, 고조선과 삼한, 삼국시대 초기까지 이어진다고 한다. 고인돌은 전세계적으로 분포하지만 한반도 약 35,000~40,000여 기의 고인돌이 발견되어 한반도가 거속문화의 중심지였다는 것은 확인된 바 있다.

성혈은 바위그림의 한 종류로 돌의 표면에 파여져 있는 구멍을 말한다. 성혈은 주로 고인돌(支石墓)의 덮개돌이나 자연 암반에 새겨진다. 이런 성좌들이 내함하고 있는 의미는 오늘날도 여전히 생생하게 살아 있는 철학일 뿐만 아니라, 인류문명사에 큰 위치를 차지하는 내용들이다. 사신도와 사수도의 표현인문학은 결코 단순한 회화가 아니다. 이들에게 각인된 보살핌의 철학적 세계관에서 우리는 롬바흐가 천명한 명제, 즉 "사람들은 결코 미개한 적이 없었다"를 간파할 수 있다.

"강촌 고인돌의 덮개돌에는 남두육성과 관련된 것으로 보이는 12개의 바위구멍이 새겨져 있다. 덮개들의 남쪽 끝에는 남두육성을 상징하는 6개의 바위구멍이 있으며, 동쪽에서는 남두육성 아래의 별들에 대응하는 3개의 바위구멍, 서쪽에서는 또다른 별자리를 나타내는 3개의 바위구멍이 있다.〔…〕고창 강촌 고인돌의 성혈과 고구려 고분벽화는 남두육성과 전갈지리, 오리온 자리 일부 별자리를 동일하게 묘사하고 있다. 이는 청동기 시대 고창의 선사인들과 철기시대 사람들이 남두육성과 별자리에 대해 비슷한 인식을 가지고 있었음을 보여준다."[9]

윤병렬의 해석에 의하면, 사신도와 사수도를 통한 보살핌의 철학적 세계관은 그야말로 인간을 비롯해 온 코스모스를 보살피고 수호한다는 것을 보여준다. 온누리를 수호하고 보살피며 지킨다는 것은 ─이를 "보살핌의 철학"이라 규명할 것이다─ '전쟁'(polemos)이나 '투쟁'조차도 발전을 위한 변증법의 요인이 되는 서구의 철학과는 판이한 대조를 이루고 있다. 다시 말하자면 사신도와 사수도를 통해 온누리를 보살피고 수호하는 철학적 세계관은 충돌과 전쟁을 기반으로 하는 서구의 변증법 체계(헤라클레이토스, 헤겔)와는 근원적으로 다르기에, 인류정신사에서 새롭게 조명되어야 할 것으로 여겨진다.

성혈 고인돌에 새겨진 사수도와 청동거울의 사신도, 나아가 고분벽화의 사신도와 사수도에는 "보살핌의 철학"과 더불어 "불멸사상", "천향사상", "경천사상", "귀향의 철학" 등 인간의 궁극적인 문제가 다뤄지고 있다. 인간(인류)은 자연스럽게 의미를 부여하며 삶을 영위한다. 동양인들은 하늘에 각별한 의미를 부여해서 그것은 자연과학적인 하늘만이 아니라, 나아가 초자연적이고 인격적인 속성도 갖고 있는 것으로 여겨졌다.

윤병렬은 한국 고대문명의 특수성을 보편성으로 지양하고자 하는 노력을 아끼지 않았다. 그의 입장은 통합인문학을 주창하는 박희병 선생의 입장과 조응하고 있다. "설사 특수성이 수승(殊勝)하다 할지라도 주체적 학문만이 진정한 학문이며, 학문의 본령 안에 있다고 말할 수 있다. 그것이 갖는 특수성은 고양된 보편성의 훌륭한 자산이자 풍부한 원천이 된다. 따라서 주체적 학문의 특수성은 방기되거나 타매(唾罵)할 대상이 아니다. 다만 그것을 더 넓은 보편성으로 견인하고 지양하려는 고민과 노력이 요청될 따름이다."[10] 또한 일반적으로 통용되고 있는 서양인들의 입장과 관점이 반영된 보편은 제한된 보편이다.

"그 보편 속에는 우리의 입장, 우리의 고민, 우리의 경험, 우리의 특수성이 꼭 반영되어 있지는 않다. 그러므로 그 보편은 '제한된 보편'이다. 이 제한된 보편을 좀 더 고양된 보편으로 끌어올리기 위해서는 우리의 시공간을 적극적으로 고려하면서 주체적으로 개념과 이론을 만들어 내는 방법 밖에 없다."[11]

결국 윤병렬의 철학적 여정은 한국의 고대철학과 한국전통 문화 속의 철학을 세계에 알리고자 하는 강렬한 철학적 소명감으로 점철되어 있다. 그는 우선 고구려의 고분벽화에서 한국 고대의 정신문화의 소인(消印)을 발견한다. 나아가 그 소인을 통해서 고대 한국인의 철학을 해독(解讀)해내고자 한다. 고분벽화의 성좌도들, 사수도, 고조선의 성혈 고인돌 덮개돌에 새겨진 성좌도나 청동거울의 사신도 등에서 한국 고대철학의 원형을 재발견하고자 한다. 윤병렬은 고대 한민족의 내밀한 정신문화를 부각시켜 그 우수성과 보편적 가치를 밝히고, 이러한 내용들이 중국과는 근간을 달리한 것임을 밝혀야 한다는 것이 그의 평생의 연구목표였다.

2022년 10월 8일에 개최된 대규모의 고인돌이 밀집돼 있는 전북 고창에서 열린 "고인돌 학술제"에서 연구자들은 고인돌이 세계에서 가장 오래된 천체 관측 기구이자 천제단이라고 발표했다. 고인돌이 청동기시대 이전으로 훨씬 거슬러 올라가 세계 6대 문명이 꽃핀 "삶의 공간"이었다는 것이다. 한반도는 세계 최대규모 거석 유적지이고, 고인돌은 철학·천문·문화 등 종합박물관이라는 것이다. 고창 고인돌은 한반도가 세계 6대문명에 해당하는 "문명의 요람"이며, "세계 최고의 거석 문명을 일군 고대 한반도 문명의 발상지"임을 시사한다. BC 3000년 전후 신화, 역사 체계, 성문법, 문자, 계획도시 등 "문명의 요람"으로 보기 위한 여러 기준 가운데 청동기 문화의 유무가 주된 기준으로 인식돼 왔다. 따라서 우리나라가 세계 거석 유적(고인돌·선돌·환상석·열석·피라미드 등)의 50% 이상, 고인돌 유적의 60% 이상을 보유해 6대 문명에 포함될 자격이 충분하다는 견해도 있다. 현재 남아 있는 고창 고인돌은 2,000여 기로 2000년 전남 화순과 강화도 고인돌과 함께 유네스코 세계문화유산에 등록되었다.[12]

윤병렬의 고인돌 연구에 대한 정당성을 뒷받침해 줄 수 있는 의미있는 연구서가 최근에 나왔다. 향토 지리학자인 이병렬 선생은 문화·역사·지리의 문맥으로 독창적으로 고인돌 연구서를 내놓았다. 그의 저서, 『하늘의 길 고인돌에 새기다』(2025)는 단순히 고인돌 연구성과를 정리한 책이 아니라, 인간이 우주를 어떻게 인식하고, 그 인식을 어떻게 삶의 자리 위에 투영해왔는지를 추적한다. 고인돌 유물과 유적은 선사시대의 사람들은 땅의 기운과 하늘의 움직임을 동시에 고려하며 공간을 구성하였음을 나타내고 있다는 것이다. 땅은 단순한 물리적 배경이 아니었고, 하늘은 추상적 개념이 아니었다. 그 둘은 긴밀하게 연결된 하나의 생태적·우주적 질서였으며, 고인돌은 그 중심축에서 인간과 자연, 삶과 죽음을 매개하던 거석 장치였다. 기존 학계에서는 고인돌을 단지 무덤의 일종으로 규정하며, 그 배치나 방향성에 천문·지리적 원리가 작용했을 가능성은 거의 다루지 않았다. 그러나 이병렬 선생은 고인돌의 배치가 단순한 상징이나 우연이 아니라, 태양의 절기와 북두칠성, 남두육성, 은하수와 같은 별자리를 기준으로 한 정교한 구조였음을 실증하고자 했다. 그는 고인돌 연구가 고고학과 천문학을 넘어 인문학 및 철학적 연구를 포함한 학제적 연구가 필요함을 다음과 같이 역설하고 있다.

"이러한 고인돌들은 고대인들이 천문·지리를 결합하여 자연과의 조화를 이루려 했던 방식을 보여주는 중요한 사례다. 단순한 천제단의 구조물이 아니라, 그 안에 담긴 심오한 지식과 상징성을 이해하는 것이 필요하다. 이를 위해서는 고고학적 연구를 넘어 천문학, 지리학, 인문학 등 다양한 학문을 융합하는 학제적 접근이 필수적이다. 특히, 현상학적 관점에서 고인돌의 장소성과 천문·지리 배치원리를 깊이 이해하는 것이 중요하다."[13]

이병렬에 의하면, 고인돌은 선사인의 우주관, 자연관, 인간관이 집약된 일종의 "거석 코드(Megalithic Code)"라는 주장이다. "거석 코드"는 하늘을 관측하고 그것을 땅에 새기려는 인류 공통의 본능적 행위라는 것이다. 그것은 비단 한반도에 국한된 현상이 아니었다. 이집트의 피라미드, 마야의 신전, 잉카의 마추픽추 같은 세계 여러 문명에서 발견되는 거석 구조물들, 또한 해와 별의 움직임을 토대로 땅 위에 질서를 새겨 넣은 인류의 공통된 시도였다는 점에서 일맥상통한다. 해와 별을 관찰하며, 그것을 기반으로 삶의 터전을 조직해가는 인간의 직관은 인류 보편의 지혜이자 본능이며, 문자가 존재하지 않던 시대에 하늘과 소통하려는 '우주의 언어'였는지도 모른다.[14]

이병렬의 말처럼, 고인돌은 "지리적 유산"이자 "천문적 유산", 동시에 "정신적 유산"이다. 거석은 단순한 구조물이 아니고, 인류가 하늘을 바라보며 삶을 조율해 온 우주인 고인돌은 단지 죽은 자의 무덤이 아니었다. 그것은 선사인이 별을 보고 삶의 방향을 새긴 "하늘의 지도"였다. 위 책은 고인돌에 대한 기존 통념에 정면으로 도전하는 역작으로, 선사시대 한반도인의 천문지리적 인식과 공간철학, 우주관과 자연관을 입체적으로 복원한다. 별이 말하는 길, 그 길은 지금도 우리를 이끈다는 것이 그의 일관된 입장이다.

이병렬은 고인돌을 단지 과거의 유물로 보지 않는다. 그는 고인돌을 "별이 빛나는 창공을 보고, 갈 수가 있고 또 가야만 하는 길의 지도"였다고 말한다. 그리고 그 길은 오늘날을 사는 우리에게도 여전히 유효하다는 것이다. 우리는 과거를 돌아봄으로써 미래를 비춰야 한다. 고인돌은 인간이 어떻게 하늘을 보고 살아왔는지를 말해주는 거울이다. 그것은 "시간의 거울"이며, "방향의 나침반"이다. 특히 주목할 만한 것은 고인돌 덮개돌에 새겨진 성혈을 "천상열차분야지도", "천문유초" 등 고대 천문서와의 비교 연구를 통해 이 성혈들이 임의의 장식이 아닌 별자리의 구성과 대응된 "하늘의 표식"임을 입증했다. 이 책은 고인돌을 통해 한민족의 문화적 뿌리와 세계관, 그리고 우주적 인식의 깊이를 되새기게 한다. 동시에 단절된 과거의 조각을 잇는 문화적 복원이며, 인류사의 공간철학을 새로 쓰는 작업이기도 하다.[15]

또한 이병렬에 의하면, 일제 강점기부터 고인돌이 그저 청동기시대 족장 무덤이라는 잘못된 가설이 지배하면서 우리 고대 문명이 제대로 평가받지 못하고 있다는 것이다. 고인돌은 단순한 무덤이 아니라 실상 한반도가 "세계 6대 문명"에 포함될 수 있음을 증명하는 것이다.

"선사시대 사람들에게 고인돌은 단순한 무덤이 아니라, 하늘과 땅, 그리고 인간을 연결하는 신성한 장소이자 길이었다. 이곳에서의 활동은 선사인의 시간과 공간에 대한 질서를 확인하고, 우주적 원리를 표현하는 행위였다. 고인돌이 위치한 공간은 그 자체로 고유한 정체성과 상징성을 지닌 경관으로 자리 잡았으며, 이는 이후 한반도의 풍수지리와 건축문화에 큰 영향을 미쳤다"[16]

이런 맥락에서 우연하게도 이름이 똑같은 이병렬의 연구는 윤병렬의 고인돌 연구서의 주장과 상응한 결론에 이르렀음을 알 수 있다. 이로써 후자의 연구는 이 분야의 전문가들의 평가가 뒤따르겠지만, 이병렬의 저러한 연구결과를 통해 그 정당성이 일부 확보될 수 있다고 본다. 물론 그의 연구는 "예술철학"과 롬바흐의 "그림철학" 그리고 "표현인문학" 등을 통해 고인돌 해석에 대한 철학적 논거가 확보되어 있음을 확인할 수 있다.

2. 철학의 스펙트럼 확장에 기여하다

1) "그림철학"의 가능성 제시

윤병렬이 자신의 철학함에 있어서 고구려의 고분벽화, 고인돌의 성좌도, 청동거울의 사신도, 수막새 등을 철학적으로 해석함에 있어서 롬바흐의 그림철학에서 영감을 받고서 그것을 원용하여 자신의 예술철학을 펼친 것을 확인할 수 있다. 롬바흐는 그림철학을 통해 철학의 한 영역을 새롭게 개척했을 뿐만 아니라, 인류가 문자 이전에 그림이나 벽화, 신화와 전설, 성혈성좌도와 상징어 등을 통해 드러낸 "정신의 삶" 및 "그림으로 펼친 사유세계"를 읽어낼 수 있는 계기를 마련하였음을 강조한다. 지금까지의 철학자들이 이론적이고 학술적인 노력에 치우쳤다면 롬바흐는 과감하게 비문자적인 표현인문학의 영역을 개척해낸 것이다.[17]

그리스의 고대철학과 현대의 현상학 및 하이데거의 존재론을 비롯해서 신화해석과 동양철학에 이르기까지 넓은 철학적 영역을 구축하고 있는 롬바흐는 그림, 특히 문화유적과 철학과의 관련성 여부를 면밀히 검토하여 이를 "그림철학"으로 승화시킴으로써 철학의 새로운 지평을 개척하였다. 롬바흐의 "그림철학"은 단연코 인간 정신의 흔적으로서 그것을 철학의 카테고리에 포함시킬 수 있다. 그의 그림철학은 하이데거의 "예술작품 분석" 또는 "사물 현상학"과 깊은 관련을 맺고 있는 철학이다.

윤병렬이 철학적 방법론으로 도입한 하이데거와 롬바흐의 예술철학은 단연 "표현인문학"의 범주에도 수렴될 수 있다. 특히 롬바흐는 "그림철학"을 통해 인류역사에서 문자 전통보다 더 오래된 그림의 세계를, 이를테면 인간정신의 흔적이 스며있는 암벽화와 동굴벽화, 신화와 전설, 동화와 문학작품, 시와 의례에 현존하고 있는 내용까지 다 포함하여 철학의 영역으로 끌어들인다.[18] 이러한 그림철학은 표현인문학의 아주 적절한 양식인 것으로 여겨진다.[19] 윤병렬은 자신의 예술철학을 정립하는 데 있어서 그 정당성과 이론적 전거로써 롬바흐의 그림철학을 원용하고 있다.

윤병렬에 의하면, 롬바흐의 그림해석은 결코 보편타당성을 결여하지 않으면서도 새롭고 강력한 예술철학으로 부각시킨다고 본다. 그리하여 문자에만 의존해 오던 철학사의 전통에 획기적인 변화를 가져왔으며, 문자가 없었던 선사시대의 문화유적과 예술작품에 대해서는 그 해석이 누구나 공감할 수 있는 보편타당성을 갖는 경우에 한해서만, 그 철학적 이해를 할 수 있는 가능성을 갖게 된 것이다. 우리가 청동거울의 사신도를 읽고 해석할 수 있는 것도 이런 이유에서이다. 롬바흐의 "그림철학"은 결코 무리한 규명이나 해석이 아니라 누구나 공감할 수 있는 해석인 것이다. 그런데 청동거울에 디자인된 사신도와 빛살문양의 메시지는 롬바흐가 규명한 암벽화보다 훨씬 확실하다. 따라서 이 사신도가 밝히는 것에 이의를 제기할 사람은 없을 것이라고 윤병렬은 확언한다.

윤병렬은 롬바흐의 견해에 비춰볼 때, 청동거울의 사신도나 고분벽화의 사수도, 나아가 성혈 고인돌의 사수도에서 "그림으로 펼친 사유세계"와 "근본철학"을 그대로 읽을 수 있다고 본다. 즉 어떤 추측이나 상상이며 분석의 과정을 거치지 않아도 알 수 있는 정신세계, 즉 온 사방을 수호하고 보살피는 세계관을 읽어낼 수 있다는 것이다. 이를 통해 우리는 선사시대와 고대의 문화유적이나 그림의 세계를 단순한 고고학적 문화유적으로만 보아왔던 태도에서 벗어나야 하는 것이다. 그러기에 "선사시대의 역사적 유물들이 주어져 있다"고만 하고 아무런 정신적 의미를 읽어내지 못한다면, 그것은 말할 것도 없이 철학적 무지이고 태만이다.

"그런데 이러한 선사유적들과는 달리, 이 모든 흔적만을 남긴 선사유적들과는 달리 분명하게 읽을 수 있는, 그래서 그때의 정신적이고 철학적인 메시지를 읽을 수 있는 (선사)유적을 우리는 갖고 있다! 청동기 시대의 파형동기와 청동거울에 새겨진 사신도, 고구려의 고분벽화에 그려진 사신도 및 사수도와 같은 것이다. 이 전승된 사신도와 성좌도는 흔적의 차원을 뛰어넘어 말하는 그림으로 자리잡고 있다."[20]

이런 점에서 윤병렬은 철학의 대상범위가 문자로 된 텍스트에 제한되는 것이 아니라, 정신의 외화인, 즉 비문자인 그림, 상징, 유물, 유적, 풍습까지 확장되어야 한다는 것을 주장한다. 더 나아가 그는 한국적 그림철학의 일단(一端)을 구체적으로 보여줌으로써 철학의 스펙트럼을 확장시킨 것이다.

2) "이야기 철학"의 전개

윤병렬은 한국 전통문화 속의 해학 이야기와 전래동화 및 신화 이야기에 깃들어 있는 한국인의 심층철학을 찾고자 했다. 인간의 인간다움 내지 위대함이란 언어를 구사할 수 있는 능력과 신화를 창조할 수 있는 능력 및 이야기를 만들어 낼 수 있는(스토리 텔링) 능력에 있다고 본다. 이런 시도는 "이야기 철학"과 연결점을 지니고 있다. 그는 『감동철학, 우리 이야기 속에 숨다』(2009)에서 다음의 6개의 소주제를 가지고 전래동화와 신화 이야기에서 한국의 심층철학을 길어올리고자 했다: 기적의 인간학─바보 온달과 평강공주, 전래동화에서 이타주의 철학을 읽다, "나뭇꾼과 선녀"에게 심층철학을 묻다, "삼년고개"와 사람을 살리는 논리학, 강요된 효의 아픔과 자발적인 효의 아름다움, 강님도령─염라대왕 끌고와 최후의 재판을 열다.

그리고 『한국 해학의 예술과 철학』(2013)에서 문학으로 승화된 해학(전래동화에 등장하는 호랑이를 중심으로)이야기, 민화 속의 해학이야기, 탈춤의 해학과 예술이야기를 다루고 있다. 윤병렬에 의하면, 해학과 자연 가운데서 살아가는 백성들의 진솔한 이야기와 뼈대 있는 철학이 녹아있다는 것이다. 따라서 사람들의 실생활에서 결코 괴리되지 않은 해학이야말로 철학과 우리의 삶을 연결해주는 좋은 교두보의 역할을 수행하는 것이다.

대표적인 서양의 이야기 철학자들로는 리쾨르(P. Ricoeur)나 제임스(H. James) 등이 있다. 그들은 이야기와 서사가 인간 경험의 본질적인 부분이라고 주장하면서 이야기를 통해 우리가 어떻게 의미를 구성하고 삶을 이해하는지에 대해 깊은 철학적 성찰을 한다. "이야기 철학"은 인간 경험과 존재의 이해에 중요한 역할을 한다. 이 철학적 접근은 인간이 삶과 세상을 어떻게 이해하고 해석하는지에 있어서 이야기나 서사의 구조가 매우 중요한 요소라고 주장한다.

특히 리쾨르는 이야기가 인간의 경험과 존재 이해에서 중요한 역할을 한다고 강조한 철학자이다. 그의 철학에서 이야기는 단순히 흥미로운 이야기나 문학적 장치로 끝나는 것이 아니라, 인간이 자신과 세계를 어떻게 이해하고 해석하는지를 깊이 있게 설명하는 중요한 요소이다. 리쾨르의 철학에서 이야기가 가지는 의미와 중요성은 다음과 같다. 그는 "자기 이야기(self─narrative)"의 개념을 통해 이야기가 개인의 정체성과 깊은 연관이 있음을 주장하면서 "이야기 정체성"을 논한다. 인간은 자신을 이해할 때 자신의 삶을 일관된 이야기로 구성한다. 우리가 경험한 사건들이 시간적으로 배열되고 의미를 부여받을 때, 그것들은 단순한 사건의 나열이 아니라, 하나의 연속적인 내러티브로서 우리의 자아와 정체성을 형성한다. 예를 들어, 한 사람의 인생이 어떻게 전개되었는지 이해하려면 그 사람의 과거, 현재, 미래를 어떻게 이어나갈지를 이야기의 형태로 연결하는 과정이 필요하다. 이를 통해 우리는 삶에 의미를 부여하고, 자신이 누구인지를 이해하려고 한다. 따라서 자기 자신을 하나의 이야기로서 바라본다는 점에서, 이야기 철학은 자기이해와 밀접하게 연결된다.

리쾨르는 시간을 이야기로 해석하는 방식에 대해서도 중요한 통찰을 제시했다. 시간은 단순히 흐르는 물리적 차원이 아니라, 인간이 경험하는 삶의 사건들을 서사적으로 이해하는 방식에 따라 다르게 경험된다고 보았다. 우리가 과거의 사건을 되새기고, 현재의 상황을 해석하며, 미래를 계획하는 과정에서 이야기는 우리의 시간 경험을 조직하고 의미화하는 중요한 역할을 한다. 이를 통해 인간은 시간의 흐름 속에서 자신을 어떻게 이해할지, 변화하는 상황 속에서 어떻게 대응할지를 이야기의 형식으로 풀어낸다. 또한 리쾨르는 이야기의 또다른 중요한 기능으로 타자와의 관계를 들 수 있다. 그는 인간이 다른 사람들과의 상호작용을 통해 자신을 더 잘 이해하고 형성한다고 보았다. 타인은 다른 사람의 이야기 속에서 자신의 정체성이나 삶의 방향을 새롭게 발견하거나 재구성할 수 있다. 따라서 이야기 속에서 우리는 타인의 삶의 이야기를 들으며, 공감을 통해 인간 존재에 대한 깊은 이해를 확장할 수 있다.

특히 리쾨르는 이야기의 서사적 진리와 윤리적 가치를 강조한다. 이야기는 사실을 나열하는 것이 아니라, 의미와 해석을 통해 진리를 구성한다. 그는 진리를 논리적 추론이나 실험적 증명만으로 이해할 수 없다고 보고, 서사를 통해 인간 경험의 진리를 밝혀내고자 한다. 예를 들어, 성경 속 이야기나 문학 작품을 통해 우리는 인간 존재의 깊은 윤리적이고 존재론적 문제를 성찰할 수 있다. 서사적 진리는 인간 경험의 윤리적이고 감정적인 측면을 포함하고 있기 때문에, 이를 통해 더 풍성한 인간성을 이해할 수 있다. 특히, 이야기는 단순한 회고가 아니라, 미래 지향적으로 인간의 존재와 경험을 재구성하는 도구로서 기능한다.

요약하자면, 리쾨르의 철학에서 이야기는 단순한 서술의 도구가 아니라, 자기이해,

시간의 경험, 타자와의 관계, 진리와 윤리적 성찰 등 다양한 측면에서 인간 존재를 형성하고 이해하는 핵심적인 방식이다. 이야기 속에서 우리는 자신을 발견하고, 세계를 해석하며, 인간적인 의미를 찾아가는 여정을 떠날 수 있다. 이야기는 우리 존재의 깊이를 드러내는 서사적 도구로서 중요한 철학적 의미를 갖고 있다.

일반적으로 "이야기 철학"의 주요 특징들은 다음과 같다. 인간은 자신과 세상에 대한 경험을 단순히 사건의 나열로 받아들이는 것이 아니라, 그 경험을 의미 있는 이야기로 구성한다. 그 이야기를 통해 우리는 자신이 누구인지, 무엇을 의미하는지를 이해하려고 한다. "이야기 철학"에서는 개인이 자신의 정체성을 형성하고 세계와의 관계를 이해하는 방식으로 이야기를 중요하게 여긴다. 또한 "이야기 철학"은 이야기 안에서 일어나는 사건과 등장인물들의 상호작용을 통해 의미가 생성된다. 특히 이야기의 구조나 방식이나 서사의 전개가 의미의 중요한 부분을 차지한다. 이를 통해 우리는 사건들의 원인과 결과를 이해하고, 그 속에서 인간 존재에 대한 깊은 통찰을 얻을 수 있다. "이야기 철학"은 또한 우리가 속한 사회와 문화에서 이야기가 어떻게 기능하는지도 탐구한다. 이를테면, 다양한 문화에서 전해지는 신화, 전설, 역사적 이야기들은 그 사회의 가치와 믿음을 전달하고, 공동체의 정체성을 형성하는 중요한 역할을 한다. 결국 이야기 철학은 우리가 살아가는 방식, 타인과의 관계, 그리고 존재의 의미를 이야기라는 형식을 통해 이해하고 풀어내려는 철학적 노력이라 할 수 있다.

윤병렬에 의하면, 문자가 발견되기 이전에, 그러니까 선사시대로부터의 중요한 메시지는 이야기(신화, 설화)의 형태로 전해졌다는 것이다. 심지어 구약성서의 모세오경도 말과 이야기로 구전되어 오다가 모세에 의해 문자화된 것이다. 우리에게 친숙한 "단군신화"나 "나무꾼과 선녀"의 이야기의 경우도 마찬가지다. "단군신화"도 마찬가지겠지만 "나무꾼과 선녀"를 자세히 들여다보면 거기엔 인간의 궁극적인 문제가 다뤄지고 있기에 플라톤의 신화 못지않게 의미심장한 내용이 들어있다는 것이다. 따라서 윤병렬이 위의 저서들을 통해 전개한 "이야기 철학"은 철학의 스펙트럼을 확장하고 있음을 확인할 수 있다. 그것은 기존의 그 어떤 철학사의 전통이나 철학자의 주장, 이데올로기나 이론 논쟁과 제도권의 강단철학을 넘어선다.

3) "여행철학"의 정립

산책 다음으로 여행은 윤병렬에게는 사유의 샘이었다. 근대의 수학자이자 철학자인 데카르트도 여행과 모험을 통해 수학적 탐구를 계속했다는 사실은 잘 알려져 있다. 그에게 철학함과 여행함은 동전의 양면이었던 것이다. 현대의 철학자 하이데거도 자신의 생애가 "존재의 이웃으로 나아가는 길 위의 나그네로 머물 것이다"라고 고백한다. 이들과 같이 "인간은 근원적으로 나그네이고, 인생살이 자체가 여행이다"라는 것이 우리 사유 나그네의 지론이다. 흔히 여행은 문학과 문화 및 철학과 예술의 요람이라고 하는데, 우리의 나그네도 이 사실을 그대로 공감하고 체험할 수 있었다. "사람은 본만큼 느끼고, 느낀만큼 안다"는 것이 그의 일관된 생각이었다.

윤병렬은 『배낭 속에 담아온 철학자의 사유여행』에서 철학은 여행과 깊은 관계가 있다고 한다. 즉, 여행을 통해 철학과 문학의 창조적인 성찰이, 예술과 종교의 사유가 엮여져 나온다고 본 것이다. 여행 중에 눈앞에 보이는 무엇보다 삶의 고귀한 의미를 주워 모아 배낭 속에 담고 새로운 인생길도 찾을 수 있다. 위의 저서는 남태평양과 동남아시아의 아름다운 바다와 섬을 여행하며 느꼈던 경탄과 경외심을 미학적·문학적·철학적으로 옮기고 음미해 본 그의 여행체험 이야기이다.

그는 새로운 세상과 비전으로 머리를 채우고, 새로운 풍경이 시야를 장악하고, 낯선 것에 압도당하길 바라는 마음으로 여행을 시작했다. 태국의 푸껫[21]에서부터 시작한 그의 여행은 사이판, 발리, 코타키나발루, 코사무이, 세부, 보홀, 치앙마이, 팔라완 등 자연이 주인인 신비한 휴양지로 이어졌다. 여행은 그의 세파에 지친 맘과 몸을 비워내고, 비워진 자리를 다시 채우고 답답했던 시야를 트이게 해주었다. 여행지를 오가고 노닐며 사유를 전개하고 신선한 정서를 경험하면서 그의 배낭은 여행철학과 사유의 기쁨으로 채워졌다. 그로 인해 새로운 삶의 비전이 시작된 것이었다.

여행은 휴식을 넘어 그에게 여행철학과 사유를 품어내고 펼치게 해주었다. 여행지의 기억이 하나 둘 쌓이면서 고단했던 강사시절을 버티게 해준 여행은 논문과 저서집필로 이어졌다. 그리고 그것은 여전히 단단하면서도 유연한 철학의 세계로 그를 이끄는 원동력이 되었다. 여행은 이렇게 한 사람의 삶과 철학이 나아갈 새로운 비전을 제시하였던 것이다. 나아가 여행이 선사하는 놀라운 변화들 이를테면, 자유와 해방, 심기일전과 재충전, 체념과 극기, 새로운 변화의 모색, 평화와 기쁨을 체득하고, 이를 중심으로 윤병렬은 여행철학에 관한 정의를 세우고자 하였다. 한마디로 그에게 여행은 잠자던 오감을 살아나게 하는 묘약이었다.

"새로운 세계와 조우하고 자연이 연기하는 무대에서 장단을 맞춰보라. 지친 심신을 석양의 노을빛으로 채색해 정상을 되찾고, 인생길에서 쌓은 무거운 짐을 바닷물에 내려놓으며, 품고 있던 울화를 태양빛에 말려버리고, 말 못할 고독도 꽃향기와 원시림에 묻어 놓겠다는 마음가짐만 있어도 여행길은 참으로 즐거울 것이다. 〔…〕 인생은 여행하는 존재다. 누구나 태어나면서부터 자신의 여로를 가야하기 때문이다. 인생은 어딘가로 떠밀려 간다. 자신의 의도와 상관없이 인생은 어디론가 움직이고, 어딘가를 향해 나아가고 있다. 인생은 항상 여행 중이다. 인생자체가 항해다."(『배낭 속에 담아온 철학자의 사유여행』)

또한 윤병렬의 유작인 『혜초의 기행문과 철학』(2024)에서는 혜초의 구법여행를 철학적으로 읽어내면서 자신만의 "여행철학"을 전개하였다. 신라인 혜초는 4년(723~727) 동안 40개국 방문하고 『왕오천축국전』을 남겼다. 혜초의 여행은 시간과 공간의 경계와 장벽을 허물고 해탈의 자유와 기쁨을 구체적으로 체험한 사건이며, 이는 또한 우리에게 펼쳐 보인 하나의 거대한 사건이다. 이 해탈과 자유야말로 모든 고등종교의 본질일 뿐만 아니라 지혜를 추구하며 살아가는 사람들의 삶의 목적이라고도 할 수 있다. 그런데 혜초가 이룩한 해탈은 그 어떤 정적인 것에서가 아니라, 온몸이 투입된 피안여행으로 쟁취된 것이기에, 이를 우리는 "동적인 해탈"이라 규명할 수 있다. 문명탐험가와 순례자로서의 혜초는 저자에게 큰바위 얼굴이었다.

『왕오천축국전』에는 혜초의 인생과 철학, 역사와 지리, 문화와 문학 등도 포괄하고 있다. 그가 감행했던 순례여행은 깨달음이 주목적이었기에 철학, 즉 사유와 인식과 존재론과 결부된다는 것이 이 책의 핵심주장이다. 이 유작은 기존의 연구들을 바탕으로 다소 낯선 영역, 즉 철학적 세계로 독자들을 안내하고자 한다. 이 저서에서는 혜초의 깨달음을 향한 구법여행에 동반된 철학적 사유에 초점을 맞추고자 한다. 혜초에게서 온갖 고행을 기꺼이 감내하면서 경계를 허물면서 쟁취하는 해탈과 자유가 개시되기에, 이 저서의 제목에 "철학"이란 용어를 덧붙인 것이다.

윤병렬은 우선 파르메니데스, 플라톤, 혜초, 괴테, 휠덜린, 마르셀, 헤세, 호퍼, 박이문 등의 생애와 작품을 통해 "여행과 사유의 친연성"을 발견한다. 특히 철학사에서 고대 그리스의 파르메니데스는 철학을 여행의 형식으로 기록한 바 있다. 아리스토텔레스와 그의 제자들은 리케이온(Lykeion) 정원을 거닐며 철학적 사유에 탐닉했다. 헤세의 『싯타르타』라는 작품도 만약 그가 인도여행을 하지 않았더라면 탄생하지 못했을 것이다. 프랑스 실존주의 철학자인 마르셀(G. Marcel)은 인간을 "여행하는 존재자"(homo viator)로 규정했다. 마르셀에 의하면, 인간은 유랑하는 자, 즉 도상에 존재하는 것을 멈추지 않는 자이다. 인간은 목적 없이 배회하는 것이 아니라, 여행을 통해 실존적 상승충동을 느끼는 나그네라는 것이다. 따라서 우리 나그네의 여행은 철학함과 바로 직결된다. 그는 여행하면서 철학하고, 철학하면서 여행한다.

"철학과 가장 긴밀히 연결되어 있는 활동이 무엇일까? 독서나 사색, 대화처럼 정적인 것을 떠올리는 경우가 많겠지만, 놀랍게도 철학과 가장 닮아 있는 활동은 여행이다. 새로운 세계와 만나고 자신을 발견하는데 여행만 한 것이 없기 때문이다."(M. 베테니티. S. 포지 편저, 『여행, 길위의 철학』)

또한 윤병렬은 호퍼(E. Hoffer)의 『길 위의 철학자—떠돌이 철학자의 삶에 관한 에피소드—』를 통해 많은 여행철학에 대한 깊은 영감을 받았다. 호퍼는 비제도권의 재야 철학자로서 평생 동안 떠돌이 노동자로 살면서 보통 사람은 상상할 수 없을 만큼 책을 읽고, 깊이 사색하면서 독학으로 독자적인 철학사상을 수립했다. 호퍼는 말한다. "나는 언제나 길을 떠난다. 그곳에 인간의 삶이 있기 때문이다." 세계적 문호 괴테도 1년 9개월 동안 혼자서 한 이탈리아 여행의 목적은 "내가 보는 대상들에 비추어 나를 재발견하는 것"이었다고 고백한다. 코넬료의 『연금술사』의 산티아고가 보물을 찾아 사막을 헤매고 다닌 그 기나긴 여행도 실은 자기 자신을 찾는 여행이 되었고, 말하자면 자아의 신화를 찾아 나선 여행이었다. 우리의 사유 나그네의 여행목적도 그것들과 결코 다르지 않았다. 그리고 여행은 여행하는 이가 그의 몸으로 쓴 자신의 인생 역사의 한 페이지임을 밝히고 있다.

윤병렬이 직접 다녔던 동남아 및 남태평양의 섬들에로의 여행과 그리고 수없이 여러 곳들을 탐방한 국내 고인돌탐사 여행은 그의 삶의 분수령과 변곡점을 만들었다. 왜냐하면 그가 감행한 2003년 동남아 겨울여행은 우선 여행을 감행하는 사람이 자신을 전적으로 도정에 투입시키는 여행이었고, 또 자신의 인생의 여로가 뒤바뀌거나 달라질 수 있었던 여행이었기 때문이다. 여행을 통해서 인간은 자신의 인생길을 찾아가는 존재이고, 길을 찾기 위해 몸부림치는 여행하는 "나그네 존재"임을 그의 삶을 통해 보여주었다. 그의 유학길도 하나의 구도적 여행이었다. 그리고 독일에 유학하면서 서유럽 뿐만 아니라, 북유럽(네덜란드, 북해, 덴마크) 등지로 여행하면서 생생한 유럽의 역사적 현장과 자연환경 및 현지의 다양한 문화를 체험하였다. 특히 북해로의 여행에서는 자연에서 만나는 초자연적인 것을 직접 체험한 것을 여행기로 남기고 있다. 이런 맥락에서 "철학적 사유는 골방이나 연구실에 틀어박혀 작업하거나 '강단철학'에 매몰될 필요가 없는 것이다"라고 그는 확언한다. 이로써 그는 철학의 범위를 여행철학으로까지 확장시켰음을 엿볼 수 있다.

4) 통합인문학적 연구에의 기여

윤병렬은 철학의 스펙트럼 확장의 모색, 이른바 그림철학, 이야기 철학, 여행철학의 전개는 오늘날 한국 인문학계에서 제시되는 "통합인문학"의 시도와 내적으로 연결된다. 오늘날 디지털 문명이 인간과 인간, 인간과 사물이 관계 맺는 방식, 인간과 앎의 관계, 앎의 습득방식 및 앎의 의미, 인간의 사유에 큰 변화를 낳는 시점에서 인문학은 확장되고 통합적인 관점에서 연구되어야 할 시점에 놓여있다. 특히 통합인문학을 주창한 박희병 선생은 분과학문의 한계와 전공 이기주의를 넘어서고자 했다. 그는 전공 이기주의와 연관된 분과학문의 폐단을 다음과 같이 비판한다. 그는 한국 대학 내에 잔존하고 있는 학문의 기득권도 통합인문학적 연구를 방해한다는 것을 지적한다.

"자신이 편한 데 안주하고, 자신이 편한 것을 주장하고 고집하며, 자신에게 익숙한 것을 진리라는 이름으로 포장하는 것, 이것이 바로 학문의 기득권이다, 그리고 이 학문적 기득권은 학과 이기주의 내지 전공 이기주의와 결합되어 부단히 재생산된다."[22]

박희병 선생에게 통합인문학은 일반적으로 분과학문의 경계를 넘어 인문학을 통합적으로 연구하는 학문으로 규정된다. 통합인문학은 첫째, 기존 인문학의 한계(경계) 및 외연을 확장하려는 시도이다. 둘째, 기존 인문학의 토대를 심화하려는 시도이다. 그러면 통합인문학에서 "통합"(unificaton)은 어떤 의미인가?

"통합인문학에서는 주체와 대상, 주체와 텍스트의 관계가 '통합적'으로 설정된다. 이 점에서 통합인문학에서의 '통합'은 '이중적' 의미를 갖는다. 즉 분과학문의 통합이라는 의미와 주체와 대상의 통합이라는 의미, 이 이중의 의미를 갖는다."[23]

"좁은 의미의 통합인문학은 이 점에서 인식과 존재, 존재와 실천, 주체와 대상, 삶과 윤리를 통합적으로 이해한다고 말할 수 있다."[24]

방법적으로 볼 때 통합인문학이 말하는 통합은 몇겹의 중층적 의미를 갖고 있다. 첫째는 분과의 통합이고, 둘째는 주체와 객체의 통합이며, 셋째는 이성과 감성의 통합이고, 넷째는 이해와 비판의 통합이다. 그러면 통합인문학의 과제는 무엇인가? 통합인문학은 인간, 인간의 정신적 외화(外化)의 여러 양식들, 텍스트에 대한 전일적 성찰과 해석을 그 구경(究竟)의 과제로 삼는다. 통합은 분과학문의 통합, 주객의 통합(나와 대상의 존재론적 통합), 이성과 감성의 통합, 이해와 비판의 통합이다.

이런 맥락에서 윤병렬의 방법론적 모색은 통합인문학의 규정과 일맥상통하고 있다. 따라서 그의 철학의 스펙트럼의 확장의 모색은 "통합인문학"의 필요성과 정당성을 공감하고 옹호하는데에 일조하고 있다. 그 이유는 윤병렬의 철학적 콘텐츠에는 철학, 역사, 문학, 예술, 종교 등의 경계가 사라지고, 서로 융화되고 통합되어 있기 때문이다. 물론 통합(unification)과 융합(fusion)에 대한 개념을 달리하는 견해도 있음을 결코 간과 해서는 안된다. "학문의 융합은 통합과 다르다. 그것은 모든 학문이 하나의 기초

학문으로 통일되는 것이 아니라, 두 개 이상의 학문이 함께 녹아서 새로운 학문으로 탄생하는 것이다."[25]

결국 윤병렬의 철학은 기존의 철학의 분과와 범위를 넘어서서 철학의 스펙트럼을 그림철학, 이야기철학, 여행철학, 통합인문학으로까지 확장하는데 기여하고 있음을 확인할 수 있다.

3. 동서융화철학과 상호문화철학을 실천하다

동서융화철학은 일반적으로 동양과 서양의 철학적 사고를 결합하여 새로운 관점이나 철학적 체계를 창출하는 사상이다. 이 철학적 접근은 두 문화적·지적 전통의 장점을 결합하고, 상호보완적인 방법으로 인간 존재, 세계, 진리 등에 대해 깊이 탐구하려는 목적을 가지고 있다. 그것의 주요 특징은 상호보완적인 사고이다. 동양철학과 서양철학은 각각 고유의 특징과 방법론을 가지고 있는데, 동서융화철학은 이 두 가지를 결합하여 서로의 부족한 부분을 보완하려고 한다. 예를 들어, 서양은 주로 이성적 분석을 강조하고, 동양은 직관적이고 통합적인 접근을 중요시한다. 이를 융합하여 새로운 관점을 제시하려고 한다.

동서융화철학은 특정 철학적 문제를 다룰 때, 동양의 자연관이나 존재론적 사고와 서양의 논리적·분석적 사고를 함께 사용하여 문제를 보다 폭넓게 이해하려고 하는 종합적인 접근을 한다. 이 철학은 문화적 통합을 지향하는데, 동양과 서양 각각의 문화적 배경과 가치관을 존중하면서, 양쪽의 사고체계가 어떻게 서로를 풍요롭게 할 수 있는지를 탐구한다. 오늘날 동서융화철학은 다양한 분야에서 유용하게 활용될 수 있다. 예를 들어, 인공지능, 환경 문제, 윤리학 등 현대의 복잡한 문제를 해결하기 위해 동서양의 철학적 아이디어를 융합하려는 시도가 이루어지고 있다. 동서융화철학은 단순히 두 철학을 나열하는 것이 아니라, 각 철학의 핵심 개념을 서로 접목시키고, 더 넓은 시각에서 인간 존재와 세계를 이해하려는 지적 시도이다.

윤병렬은『하이데거와 도가철학』에서 하이데거의 노자사유와의 만남을 동서융화철학의 모범적인 사례로서 밝히고자 한다. 그는 동서융화철학을 동서퓨전철학으로도 명명한다.

"노자와 하이데거는 서로 시공간적 간격이 컸음에도 불구하고, 동서융화철학의 모범을 보여주었다고 할 수 있다. 물론 이는 하이데거가 도가철학에 귀를 기울이고 다가간 데서 기인한다. 특히 하이데거가 노자의 사유를 수용하고 재창조하는 과정에서 오늘날의 세계화 시대에 걸맞은 동서 융화의 모범을 보이고 있다."[26]

"'동서퓨전철학'은 서로 대등한 주체성을 갖고서 조화로운 장을 열어가는 것이다. '동서퓨전철학'은 하이데거의 동양사상에 대한 태도, 특히 도가철학의 접근에서 그 좋은 본보기를 엿보게 한다. 하이데거는 노자의 철학을 결코 제 3자의 입장에서 혹은 동서양을 비교하는 태도로 일관하지 않고, 열린 자세에서 성실하고 진지하게 접근하여 서구적 형이상학과 존재망각에 빠지지 않은 '다른 시원적 사유'를 긍정적으로 받아들인 것이다. 또 이와 역으로 그의 사유는―엘버펠드의 지적대로― 동양의 세계에도 많이 수용되어 동서문화 교류의 계기를 마련하기도 하였다."[27]

또한 상호문화철학은 일반적으로 서로 다른 문화 간의 상호작용과 대화를 중심으로 발전한 철학적 접근이다. 이 분야는 다양한 문화적 배경을 가진 사람들 간의 이해와 존중을 증진시키기 위해, 문화 간 차이를 고려하면서도 공통된 인간의 가치를 탐구하려고 한다. 상호문화철학은 전통적인 서구 중심적 철학에서 벗어나 다양한 문화의 철학적 전통을 인정하고, 이를 평등하게 다루려는 특징이 있다. 서구 철학의 이론을 다른 문화적 맥락에 적용하기보다, 다양한 문화의 철학적 사고 방식을 존중하고 이해하려는 접근을 취한다. 상호문화철학은 철학적 사고가 특정 문화의 틀에 갇히지 않고, 다양한 문화적 배경에서 나오는 문제들을 다룰 수 있도록 반성적 사고를 촉진한다. 이를 통해 철학은 보다 폭넓고 다각적인 관점을 수용하게 되며, 세계화 시대의 다양한 사회적 · 정치적 문제를 해결하는 데 기여할 수 있다. 상호문화철학의 궁극적인 목표는 다양한 문화들을 서로 존중하며, 각 문화의 철학적 전통과 가치를 공평하게 다루는 것이다. 이를 통해 문화 간의 갈등을 줄이고, 평화롭고 공정한 사회를 구축하는 데 기여하려고 한다.

윤병렬은 상호문화철학의 기초를 현상학자 후설과 발덴펠스(H. Waldenfels)에게서 찾는다. 이를테면 후설에게서 잘 표명된 "상호주관성"과 "상호문화성"이 기본적으로 잘 전개되고 또 잘 보장되어야 한다는 입장이다. 후설은 "상호문화성"을 "상호주관성"의 연장선에서 파악하고 있다. 발덴펠스는 이런 후설의 현상학을 확장시켜 "상호문화성"을 제일철학의 테마로 승화시켰다.[28] 인간은 생활세계 안에서 혼자 존재하지 않으며, 다른 자아들과 함께 생활세계를 공유한다. 생활세계는 공동체를 이루는 사회이고 문화세계이다. 후설은 상호주관적인 "원초적 영역"에서 선험적 자아는 다른 선험적 주관들의 영향을 받을 뿐만 아니라, 그들에게 영향을 받으면서 그러한 영역이 형성됨을 지적한다. 이러한 원초적 영역은 하나의 객관적인 세계로서 나 자신도 그 안에 포함될 뿐만 아니라, 누구에게나 동일한 하나의 세계인 모나드 공동체이다. 그러기에 이 모나드(monad) 공동체는 선험적 우리가 상호주관적으로 정립한 공동체이고 객관적인 세계이다.

이런 맥락에서 윤병렬의 동서융화철학적이고 상호문화철학적인 시도는 적실하고 필요한 일이다. 따라서 그의 『혜초의 기행문과 철학』은 서양철학의 도구를 통해 혜초의 기행문에 담겨있는 철학의 다원적 보편성을 재발견한 독창적인 연구성과물이다. 앞으로 한국정신 문화의 위대한 전통과 유산이 어떻게 세계인들에게 전달되어 상호문화적으로 영향을 미치면서 공감을 불러일으킬 수 있을까? 위의 저서는 그 방법을 제시하고 있는 하나의 소중한 모범적 사례로 여겨진다.

윤병렬은 서양철학을 전공하였으나, 거기에 머무르지 않는다. 그는 일관되게 서양철학과 동양철학 및 한국고대사상과의 소통과 융화를 추구하면서 동서융화의 철학과 상호문화철학을 구축하고자 진력한다. 나아가 그는 산문과 기행문, 시와 그림이며 사진을 철학적인 성찰과 융합시켜보고서 이러한 형태가 어떤 새로운 문학과 철학의 장르로 발전되면 좋겠다는 생각을 하였다. 그런 시도들은 철학과 철학 사이, 그리고 철학과 비철학 사이의 회통의 작업에 해당되는 것이다.

2장

미래사유의
모형을 제시하다

이 장에서는 윤병렬이 남긴 그의 미래사유의 모형으로 제시한 "헤르메스 철학"과 "기연적 주체에 기초한 새로운 사고"에 대한 그의 미발표논문을 소개한다. 그의 미래 사유에 대한 비전은 대안 없는 해체와 출구 없는 비판으로 치닫고 있는 철학계에 새로운 대안철학의 하나로 자리매김될 수 있을 것이다. 물론 그의 입장의 정당성과 의의에 대해서는 비판과 논쟁이 있을 수 있다. 하지만 동·서양을 관통하고 상호문화적으로 회통하고자 하는 그의 "세계 속의 한국철학의 모색"은 후학들이 이어받아 발전시켜야 할 과제임에 틀림없다.

1. 21세기의 새로운 사고모형으로서의 헤르메스 철학[29]

1) 헤르메스와 그의 세계

헤르메스(Hermes)의 부도덕한 측면을 제거하면 여러 측면에서 그는 21세기의 사고모형에 모범이 되고 표준이 되는 그런 주체이다. 우선 첫째로 문화적인 측면에서, 즉 "이동하는 인간"(homo mobilis)과, 일정한 공간이나 이념에 갇혀 있지 않고 그 경계를 허물고 넘나드는 데에서 유목민적인 것이다. 나아가 시공간 초월적인 혹은 시공간 편재적인 유비쿼터스의 측면에서 헤르메스는 21세기 문화의 모범과 표준이 된다. 둘째로 다재다능한 주체성의 측면에서 헤르메스는 새로운 주체개념의 탄생을 고지한다. 번역자와 통역자, 신과 인간의 중재자, 이 세계와 저 세계를 부지런히 들락거리고 여러 세계들의 경계를 넘어들며 일하는 자, 여행의 안내자이며 위기에 처한 자의 구제자 등에서 헤르메스는 21세기에 적합한 주체상이다. 그러기에 우리는 헤르메스적 주체를 21세기에 잘 어울리는 새로운 주체개념으로 규명한다.

아폴론의 이복동생인 헤르메스의 모습은 형과는 전적으로 대조적이다. 우선 출생지부터가 서로 아주 대조적이다. 아폴론이 탄생한 곳은 "환하게 밝은 곳", "탁 트인 곳", "명백하게 드러난 곳"이란 의미를 가진 델로스(Delos) 섬인데 반해, 헤르메스는 어두운 동굴에서 태어났다. 그는 티에폴로(G.B. Tiepolo)의 그림에도 잘 표현되어 있듯이, 뱀 두 마리가 서로를 휘감고 있는 마법의 지팡이(Kerykeion)를 갖고 있으며, 날개 달린 신발과 모자를 착용하고 있다.

헤르메스는 거인족 티탄(Titan)인 아틀라스의 딸 마이아와 제우스 사이에서 태어났는데, 날 때부터 워낙 영리하여 주위로부터 귀여움을 많이 받았으며, 제우스가 낳은 다른 사생아들에 비하면 파격적이었다. 이를테면 제우스의 다른 사생아들은 제우스의 아내 헤라로부터 불같은 질투와 저주를 받았는데, 헤르메스는 그러나 이와는 전혀 대조적으로 그녀로부터도 귀여움을 받고서 그녀의 무릎에 앉아 그녀의 젖을 먹고 자랐다고 한다. 이런 영리한 헤르메스의 모습은 복잡 다양하고 혼란스런 세계에서조차 창조성과 탁월성을 요구하는 21세기에 아주 적합한 주체의 상으로 보인다.

헤르메스는 동굴에서 태어난 바로 그 날에 강보에서 빠져나와 동굴 밖으로 나왔는데, 때마침 엉금엉금 기어가고 있는 거북이를 보고서 기발하고 창조적인 발상을 하게 된다. 헤르메스의 세계는 창조적인 세계인 것이다. 여기서 그는 거북이의 딱딱한 등껍질을 이용해 그 당시엔 이 세상의 것으로 들리지 않았던 소리를 공명현상으로부터 얻는 한 악기를 발명하는데, 그것이 곧 비파(Lyra)이다. 언젠가 그의 형 아폴론이 이 비파음악에 정신이 팔려 소 50마리와 맞바꿀 것을 제안하자, 그는 이 제안에 순순히 응하지 않고 마법의 지팡이 케리케이온과 또한 자신이 도둑임을 알아내는 점치는 기술까지 끼워주면 거래에 응하겠다고 하였는데, 결국 악기에 안달이 난 아폴론은 퍽 밑지는 장사를 하고 말았다.

마법의 지팡이 케리케이온은 이제 헤르메스의 것이다. 이 지팡이는 서로 대립하며 휘감겨 있는 두 마리의 뱀이 새겨져 있는데, 이때 대립하는 것이란 이를테면 하늘과 땅, 지상과 지하, 신과 인간, 삶과 죽음 등이 그것이다. 그렇다면 케리케이온은 하늘과 땅, 지상과 지하, 신과 인간 사이를 오가면서 서로 대립하는 것을 중재하고 화해시키는 헤르메스의 과업을 가장 잘 드러내는 상징물이다.

헤르메스의 이복형이면서 태양의 신과 빛의 신인 아폴론은 주지하다시피, 고대 그리스의 영역을 벗어나 서양문화의 주류를 대변한다. 서양문화의 근간인 이성중심주의는 아폴론에 뿌리를 두고 있기 때문이다. 세계의 중심[30]을 지키고 있던 용 퓌톤을 퇴치하고 델포이 신전의 주인공이 된 아폴론은 그의 활로서 그에게 거슬리는 모든 것을 쏘아 맞추어 떨어뜨리며, 어두운 것을 제거하고 불순한 모든 것을 정화한다. 어둡고 나쁜 것, 불순한 것에 대한 승리자인 아폴론은 코스모스 내의 모든 것에 대해 질서를 부여하며 왜소하고 허약한 것을 무대 밖으로 쫓아낸다.

아폴론과 헤르메스의 세계는 롬바흐가 "세계와 반대세계"[31]라고 칭할 정도로 지극히 대조적이다. 이들은 서로 상반된 것들, 이를테면 명쾌한 밝음과 신비스런 어두움, 보편성과 독특성, 하나의 세계와 다양한 세계들, 일률적이고 고정적인 질서와 혼돈 속에서 창조적으로 발생하는 역동적 질서 등과 같은 것들을 대변한다. 그러나 롬바흐의 헤르메스나 니체의 디오니소스는 너무 배타적 성격을 갖고 있다. 한쪽이 다른 한쪽의 적대관계에 놓여있는 것이다. 단순히 "너 죽고 나 살자!"는 식으로 혐의를 덮어 씌우는 것은 온당하지 못하다. 타자의 존재를 인정하고 그 장점을 수긍하면서 공존하는 것이 없기에 안타까울 따름이다.

헤르메스는 무엇보다도 오늘날 상업자본주의가 활성화된 시대에 적합한 모델이 되는 거래의 대가이다. 저 케리케이온이라는 마법의 지팡이는 원래 아폴론의 것이었다. 이 마법의 지팡이를 비롯해 그가 원하는 것을 습득하는 과정을 보면 그가 거래의 대가임을 여실히 알 수 있다. 그런데 이런 거래를 태어나자마자 얼마 안 있어 그의 이복형 아폴론과 성사시킨 것인데, 그것은 그러나 페어플레이에 의한 거래는 아니었다. 헤르메스가 태어나서 제일 먼저 한 일은 도둑질이었다. 그는 이복형 아폴론의 소 50 마리를 훔쳤는데, 그것도 소를 뒷걸음치게 하여 그 자취를 묘연하게 하여 추적하지 못하게 했다. 그렇게 해놓고서는 시치미를 뚝 떼고서 동굴의 강보에 누워 잠자는 척 하고 있었으나, 아폴론의 예언술을 피해 갈 수는 없었다. 형 아폴론이 도둑질에 대한 책임을 추궁하자 그는 태어난 지 얼마 안 되어 그런 사실을 전혀 모른다고 잡아떼었으나 허사였다. 아폴론은 이 사실을 아버지 제우스에게 고소하였고, 제우스는 헤르메스에게 돌려줄 것을 명령했다.

그런데 헤르메스는 거인족들과의 전쟁에서 제우스를 도운 공로로 제우스의 사신이 되면서 그의 대단한 역량과 위상이 새롭게 주어진다. 그는 제우스의 뜻을 인간들에게 전하고, 신적인 언어를 통역하여 인간들이 알아들을 수 있도록 한다. 또 반대방향으로 인간세계의 상황을 제우스에게 고하고, 제우스의 심부름을 하느라 온갖 경계를 허물고 땅과 하데스의 세계를 오간다. 제우스는 헤르메스로부터 큰 도움을 받았는데, 그가 거인족들로 구성된 아버지 크로노스의 세대와 싸우다 위기에 처했을 때 헤르메스의 도움으로 위기를 넘겼던 것이다.

헤르메스는 특히 인간의 운명과 관련된 메시지를 가져오고, 이를 들을 수 있는 사람들에게 전한다. 헤르메스의 헤르메노이에인(hermeneuein)은 그 선포되는 것이 아직 사람들에겐 알려지지 않은, 그러나 인간의 운명과도 관련된 중요한 내용이 담긴 메시지이기에, 이러한 선포는 동시에 "비은폐성"에로의 개시이고 "밖으로–내어놓는다"의 의미를 가진 해석이다. 그는 사람들에게 긴장이 되는 소식을 가져와 사람들이 그들의 지성으로 들을 수 있는 말로 선포한다.

헤르메스와 연루된 해석학엔 인간의 이해능력을 초월해 있는 신적인 언어나 명령을 인간의 지성이 파악할 수 있는 인간의 언어로 통역해 주는 기능과 관련되어 있다는 것이다. 헤르메스의 선포는 따라서 결코 무의미한 어떤 전달이 아니라, 인간의 운명과도 관련된 신의 명령이나 언어를 번역하고 해명하여 인간의 언어로 들려주는 것이다. 인간은 이러한 헤르메스의 언어를 듣고 그 언어에 담긴 메시지를 실행함으로서 운명의 굴레에서 벗어날 수 있었던 것이다.

그러기에 고대 그리스적인 의미의 "해석학"엔 어떤 신적이고 천상적인 비밀을 이해하려는 의도가 담겨있고, 또한 이 천상적인 비밀이 사람들에게 전해져야 한다는 의미가 담겨있다. 그렇지만 인간들로선(시인이든 철인이든) 신의 뜻을 밝히거나 해석하기가 어려운 데다, 그 해석들마저 다양하였기에, 이는 곧 "해석학"의 문제거리였다.[32] 플라톤은 그의 『법률후편』[33]에서 여러 종류의 기술적인 앎(techne) 중에 특별히 신들의 뜻을 묻고 해명하는 테크네를 "헤르메노이티케"(hermeneutike)라고 했는데, 여기엔 신들의 뜻을 인간들이 이해하는 말로 해석하고 알리는 것도 포함되어 있다. 이러한 헤르메노이티케는 따라서 일종의 예언(술)과도 같은 성격을 띠고 있는데, 이를 해명하고 또 백성에게 알리는 사역(使役)을 당시엔 주로 시인들이 담당하였다.

이토록 헤르메스를 부각시키고(롬바흐), 또 디오니소스를 절대적인 신으로 승격시키면서(니체), 아폴론은 그러나 그 위상이 꺾이기 시작했다. 유럽 근대문명의 병폐를 아폴론 문화로 그 탓을 돌리는데, 이는 큰 오해인 것이다. 무엇보다도 아폴론의 고향인 고대 그리스에서는 전혀 부정적이지 않았기 때문이다. 근대 유럽은 오히려 아폴론을 망각하고 왜곡한 것이다. 무엇보다도 아폴론을 헤르메스며 디오니소스와 적대관계로 끌고가는 것은 위험하다. 아폴론에게도 초이성·초합리주의는 말할 것도 없고 아름다운 음악의 세계가 펼쳐지기 때문이다. 악기가 오죽 좋았으면 아우 헤르메스와 부당한 거래를 했단 말인가. 아폴론에겐 9명의 뮤즈들이 속해 있다.

그런데 이성중심주의와 주체중심주의가 극단화된 근대의 사유에서부터 탈근대를 부르짖은 현대의 철학자들은 —이를테면 니체를 필두로 하여 하이데거와 포스트모더니스트들— 대부분 지나친 아폴론 중심의 문화에 대하여 거부반응을 일으켰다. 그리고선 탈–아폴론적, 말하자면 탈–이성중심주의와 탈–형이상학 및 탈–근대와 탈–변증법과 같은 테마를 그들 사유의 중심점으로 삼았다. 유럽문화의 발전과 함께 지배권을 획득한 아폴론적 원리는 합리성, 확실성, 보편성, 투명성, 공개적인 것, 질서 및 지배 등을 원리로 삼고 있으며, 아폴론적인 명료성 의지와 질서 지향의 형태들인 과학과 기술은 바로 아폴론적 원리가 극단적으로 드러난 유형이라고 할 수 있다. 이런 아폴론적 문화의 첨단화에서 오늘날 극단적인 과학주의(과학만능주의, 과학제국주의, 과학전제주의, 과학최고주의)가 꽃피우고 있으며, 더욱이 이런 과학이 공학 및 기술과 결탁하여 부를 가져오는 요인이 되자 온 세계가 과학을 종교 이상으로 신봉하는 시대로 접어 든 것이다.[34].

물론 그렇다고 과학이 전적으로 부정적일 수는 결코 없다. 과학이 인류를 위해 봉사하고 긍정적인 기여를 하고 있다는 사실을 부인할 수 없기 때문이다. 그러나 문제는 과학의 제국주의적 절대화인 것이다. 롬바흐도 이를 온당하게 지적하고 있다. "과학문명은 나름대로의 위대함과 권리와 효용성을 가지고 있으며, 심지어 나름대로의 매력도 가지고 있다. 하지만 자신의 절대성에 관한 기만으로 인하여 자신의 매력을 점점 더 상실하고 있다."[35]

이러한 극단적인 과학주의(실증과학이나 경험과학을 포함하여)가 지배하는 세계에서 진리란 다름 아닌 과학적 진리를 말하며, 비과학적인 것은 미신으로 혹은 원시적 사유의 패턴으로 몰려 배척의 대상으로 되고 말았다.[36] 그런데 이러한 극단적인 과학주의는 비과학적인 것에 대해 결코 관대한 태도를 보이지 않을 뿐만 아니라, 오늘날의 다원주의를 비웃으며 제 3의 입장이나 여타의 초과학적 내지는 비-과학적 태도를 인정하지도 않고, 과학적 진리만을 진리로 인정하겠다는 등 매우 위험한 비민주적 태도를 내보이고 있다. 그들은 과학의 명제만이 참된 명제라며 진리의 독점을 꾀하고 현실에 대한 발언권을 자기네들만 갖겠다고 외치며 과학으로 풀 수 없는 수수께끼는 없다고 장담한다.

2) 헤르메스적 원리와 문화

우리가 해석학 개념의 어원을 안다면 헤르메스라는 이름은 그리 낯설지 않다. 우리에게 잘 알려진 '해석학'(Hermeneutik) 개념은 대체로 '해석하다'와 '전하다', '선포하다', '밝히다'와 '해명하다'(erklären), '통역하다'와 '번역하다' 등으로 번역되는 헤르메노이에인(hermeneuein: ἑρμηνεύειν)과 그 명사형인 헤르메네이아(hermeneia: ἑρμηνεία)로 알려져 있으며, 이들 두 용어는 또한 날개 달린 사자(使者)인 헤르메스(Hermes)와 연결되어 있다는 것이다.[37] 팔머는 헤르메노이에인을 3가지 유형으로 분류하여 번역하고 있다. 첫째는 "말로 크게 '표현하다', 즉 '말하다'(to say)"이고, 둘째는 "하나의 상황을 설명할 때와 같이 '설명하다'(to explain)"이며, 셋째로 "외국어를 번역할 경우에서처럼 '번역하다'(to translate)"이다.[38]

제우스(Zeus)의 사자인 헤르메스는 인간의 운명과 관련된 메시지를 가져오고, 이를 인간들이 알아들을 수 있는 언어로 번역하여 사람들에게 전한다. 그가 전하는 소식(헤르메노이에인)은 아직 사람들에겐 알려지지 않은, 그러나 인간의 운명과도 관련된 중요하고도 긴장이 되는 그런 메시지다. 이런 신화적 메시지에 바탕을 두고 있는 원초적 의미의 "해석학"엔 어떤 신적이고 천상적인 비밀을 이해하려는 의도가 담겨 있고 또 이 천상적인 비밀이 사람들에게 개시되고 전해져야 한다는 의미가 담겨 있다. 그렇지만 인간들로선 신의 뜻을 밝히거나 해석하기가 어려운데다, 그 해석들마저 다양하였기에, 이는 곧 "해석학"(hermeneutike)의 문제거리였다.[39] 헤르메스의 의미는 그러나 여기에만 국한되지 않고, 더욱 심층적이고 본래적인 의미를 내포하고 있음을 —앞으로 우리가 자세히 논의하겠지만— 롬바흐는 그의 많은 저서들을 통해 밝히고 있다. 롬바흐는 헤르메스가 —이때까지의 아폴론 중심적 사고에서 벗어나— 오늘날 현대에 적합한 신이라고 역설하였다.

하이데거도 이와 유사하게 새로운 신의 도래를 언급하고 있다. 그는 1976년 5월 31일 슈피겔지(Spiegel)와의 인터뷰(제30권 23호)에서 현대의 세계를 생명력이 상실된 세계로 규명하고서 "이제는 오직 신(神)만이 우리를 구원할 수 있다"는 다소 섬뜩한 진술을 하였다. 생명력을 상실한 시대에, "세계의 밤"[40]이 지배하는 "궁핍한 시대"[41]에 —이제 인간의 인위적이고 작위스런 노력으로는 불가능한— 새로운 신만이 세계를 구원할 수 있다는 것으로 해석되기에, 역으로 세계를 구제하기 위해서는 그런 "새로운 신"이 필수적이라는 것이다.

하이데거가 인간의 "존재망각"과 "고향상실" 현상을 개탄하고서 —앞에서 언급했듯이— "이제는 오직 신만이 우리를 구원할 수 있다."[42]고 할 때, 이러한 발언 속에는 기존의 세계관, 특히 근세의 이성중심주의와 주체중심주의, 특히 여기서 증축된 형이상학의 극단화와 과학기술문명의 헤게모니야말로 까맣게 죽은 세계라는 선고가 들어 있다. 그렇다면 인류의 미래를 대비하여 정신적 대안을 마련하는 것은 단순한 인류의 과제 차원이 아니라 하나의 운명적 사건이 되는 것이다.

롬바흐는 "새로운 신", 즉 "도래하는 신"이 오직 미래로부터만 도래하는 아직 알려지지 않은 신이 아니라, 이미 과거에 있었던, 그러나 철저하게 외면당하고 추방당한 신 헤르메스라고 선언한다.[43] 롬바흐의 진단에 의하면 현대세계가 생명력을 상실한 것은 바로 헤르메틱을 상실했기 때문이다.

"현대사회가 생명력을 상실했다면, 그것은 현대세계가 헤르메틱을 상실했기 때문이다. 시인과 철학자가 서양의 기술과 과학과 문명의 세계를 〔…〕 죽음의 세계로 체험한다면, 그들이 본래 찾고 있는 것은 다름 아닌 바로 새로 소생하는 헤르메틱일지도 모른다."[44]

헤르메틱(Hermetik)이란 용어는 —이 책의 번역자가 언급하듯이— 문맥에 따라 헤르메스적 문화, 헤르메스적 세계, 헤르메스적 예술, 헤르메스적 현상, 헤르메스학, 헤르메스 철학, 헤르메스적 운동, 헤르메스적 성격 등으로 풀어쓸 수 있다.[45] 헤르메스학(Hermetik)을 획기적으로 철학의 지평 위로 올린 롬바흐는 "헤르메틱이 현대문화의 본래 관심이라는 것, 그리고 헤르메스적 원리를 잡지 못하면 현대도 잡지 못한다."[46]고 천명한다. 롬바흐에 의하면, 이 헤르메스의 세계가 근대 이래로[47] 계속 대두되고 있는데, 이를테면 전통의 아폴론적 주류세계에 대한 "끊임없는 새로운 반대세계들"[48], 낭만주의의 도래, 유겐트(Jugend) 양식과 청년운동의 세계, 블랙 파워(black power)의 세계와 국제적 청년운동에 이르는 모든 헤르메스적 저항운동, 나아가 동양의 다양한 명상문화, 요가운동, 선(禪)운동도 헤르메스적 세계인 것이다.[49] 합리적으로는 규명하기 어려운 기연적 사유도 단연 이러한 헤르메스의 영역에 귀속된다고 볼 수 있다.

서구의 "이성중심주의"가 근대에 이르러 극도에 달하여 탈근대(Postmodernism)를 비롯한 현대사상의 태동이 저 근대의 극단적 이성중심주의에 대한 반동에 있다면, 헤르메스적 세계관은 지금까지 지배적이었다고 할 수 있는 저 이성중심주의의 아폴론적 세계관에 대한 대안 내지는 보완이 될 수 있는 것이다. 롬바흐의 헤르메스는 아폴론적 세계에 대한 확실한 대안이고 "도래하는 신"[50]이다.

일찍이 니체가 세계를 아폴론적 세계와 디오니소적 세계로 나눈 것은 우리에게 잘 알려져 있다. 아폴론은 태양의 신이라 태양 아래에선 사물들이 적나라하게 노출되어 그 어떤 비밀스럽거나 은폐된 것, 신비로운 것이 존재할 수 없다. 밝은 태양 빛에 의해 모든 것이 드러나기 때문이다. 그러기에 아폴론적 세계상은 질서와 이성이 지배하는 사회라고 할 수 있다. 반면 디오니소스는 포도주의 신이다. 술을 적당히 마시면 자유와 해방감을 느낄 수 있지만, 취하면 세상이 어지럽고 모든 게 헷갈리고 어렴풋하다. 이런 측면에서 디오니소스적인 세계상은 감성적이고 충동적이며, 어둡고 비밀스런 모습을 갖는다. 이에 비해 헤르메스의 모습과 그의 의미하는 바는 다양하다.

롬바흐에 의하면, 현대 유럽의 문화는 지나치게 헤르메스적 문화를 망각하고서 아폴론 위주의 문화를 발전시켰다. 그런데 여기서 아폴론 위주의 유럽문화는 결국 정치 · 경제 · 군사 · 문화 · 과학기술 · 교육시스템 등등 거의 모든 영역에서 온 세계에 그 영향력을 주도하기에 결국 유럽문화는 세계문화의 헤게모니를 쥐고 있다고 봐도 과언이 아닐 것이다.[51] 롬바흐는 그러기에 외면당하고 사라져버린 헤르메스의 문화에 대하여 한탄하고 있는 것이다.[52]

특히 근대의 인간주체중심주의 이데올로기는 자연을 정복의 대상으로 삼았을 뿐만 아니라 생명이 없는 사물로 전락시켰다. 더욱이 산업혁명 이후 자연이 인간의 부를 창출하는데 중요한 자원으로 자리매김하게 되자, 자연에 대한 착취와 정복은 가중화되어 갔다. 자연파괴와 생태계 위기며 인간의 "고향상실"은 이미 오래 전부터 추진되어온 것이다. 그러나 이런 폐단을 아폴론적 문화로 돌리는 것은 무책임한 일이고, 부당한 책임전가이다. 말하자면 아폴론 문화가 성행했던 고대 그리스에서는 아무런 문제가 아니었기 때문이다.

롬바흐의 진단에는 아폴론적 문화가 유럽문화의 꽃을 피웠지만, 승리의 개가를 부르기도 전에 전지구는 온갖 모순과 황폐화, 방향상실, 환경파괴, 생태계 위기, 인간성 위기, "고향상실"과 "존재망각" 등등 구제불능의, 그래서 "이제는 오직 신만이 우리를 구원할 수 있다."는 상황으로 전락하고 만 것이다. 물론 아폴론에게 지나친 탓을 덮어씌우는 것은 온당하지 않은 것으로 보인다. 아폴론 문화가 살아 생동했던 고대 그리스에서는 전혀 이러한 부정적 징후가 나타나지 않았기 때문이다. 그러기에 아폴론이란 미명 아래 잘못 발달시킨 유럽인들의 왜곡된 아폴론 문화인 것이다. 롬바흐는 아폴론적인 유럽문화가 자연을 학대하고 헐벗게 만들었다고 지적하는데, 이러한 지적은 동서양의 문화를 비교해 볼 때 지극히 자명한 사실로 여겨진다.

"인류 역사상 모든 문화는 자연을 고유하고 무궁무진한 표현가치를 지닌 커다란 힘으로 보았다. 하지만 아폴론적인 유럽문화만은 유일하게 자연을 '벌거숭이' 존재로, 더 이상 아무런 할 말이 없는 단순히 확정 가능한 존재로 환원시켰다."[53]

롬바흐는 칸트에게서도 이성은 재판관이 되었고, 자연은 유죄판결을 받는 처지가 되었다고 지적한다. "이성은 항구적 법칙에 따라 판단하는 원리들을 가지고 앞서 가면서 이성 자신의 물음에 대답하도록 자연을 강요해야만 하고, 마치 걸음마를 가르치는 줄로 유아를 이끄는 것처럼 오직 자연이 이성을 마음대로 조종하게 해서는 안 된다는 것을 그들(과학자들)은 파악했다."[54]

이토록 자연의 황폐화를 일으킨 과학기술문명이 발현된 지점을 롬바흐는 "아폴론적 존재결정"[55]이라고 규명하고서, 이런 결정의 제한성은 "헤르메스적 세계로부터만 파악될 수 있다"[56]고 지적한다. 그런데 롬바흐에 의하면 아폴론적 원리가 이때껏 지나친 권력횡포를 일삼아 왔다. 그래서 헤르메스적 원리를 추방시켰지만, 그러나 결코 헤르메스를 멸할 수는 없는 것이다. 헤르메스는 은폐된 채 생존해있기 때문이다. 헤르메스적 원리는 결코 정복당하지 않고, 패배당하지 않으며 은폐된 채 살아서 그 반대급부를 키워나가는 것이다. 아폴론적 원리와 문화가 지배력을 상실하고 더 이상 실효성을 갖지 못할 때, 헤르메스는 "도래하는 신"[57]으로 다가오는 것이다.

롬바흐는 헤르메스가 근원이 된 철학적 헤르메틱에서 현대 인류의 위기를 극복하고 또 그 대안적 사유와 새로운 삶의 방식을 모색하고자 한다.[58] 롬바흐에 의하면 이 철학적 헤르메틱이라고 하는 헤르메스학은 헤르메스에게서 직접적으로 유래하는 "학"으로서 —비록 이 개념도 "해석학"처럼 헤르메스로부터 형성되었지만— 밝히고 드러내며 개방하는 "해석학"과는 상반적인 은폐성의 "학"인 것이다.[59] 말하자면 "해석학이 개방성과 비은폐성의 "학"이라면 헤르메틱은 폐쇄성의 "학"이다."[60] 아폴론이 "나타남의 신"[61]이라면 헤르메스는 "은폐되어 있는 신"[62]이다. 또한 전자가 공공성에 주력한다면, 후자는 고유성에 치중하고, 전자가 이해가능성에 주력한다면, 후자는 이해 불가능성에 주의력을 기울인다.[63]

헤르메스는 한편으로 "21세기의 사고모형"에 아주 적합한 주체의 모범임을 목격한다. 그러나 다른 한편으로 도둑질을 하거나 야비한 거래를 하는 것은 온당하지 않은 것으로 보이며, 따라서 유일하게 헤르메스를 아폴론 대안으로 보는 것은 부당한 것으로 보인다. 이런 점을 감안하면 헤르메스의 뛰어난 능력을 인정할 만하다. 복잡하고 다양한 세계를 오가고 넘나들면서 여러 가지 얽히고 설킨 문제들을 능란하게 해결해야 하는 것이 현대인의 삶이다. 현대인은 사이버 세계를 결코 외면할 수 없을 뿐만 아니라, 이 사이버 세계와 현실세계도 능란하게 지배할 수 있어야 하는 것이 오늘날 요구되는 주체의 상이다. 그러기에 사이버 세계와 현실세계를 자유자재로 들락거리고 두 세계를 중재하는 능력을 겸비하는 방식은 헤르메스적 주체이다. 더욱이 피로를 멀리 한 채 생동감 있게 이런 저런 세계를 기웃거리며 능란한 중재와 거래를 일구어내는 헤르메스적 삶의 방식은 소위 21세기의 "유목민적 세계관"에 적합할 뿐만 아니라, 시간과 공간의 제한을 허무는 유비쿼터스적 세계관에도 뛰어난 모델로 적용된다.

헤르메스 스스로가 "목자의 신"으로서 인류문명 발전사의 수렵과 채집의 단계를 넘어 유목문화를 잉태케 한 동기인데, 그의 형상은 가끔 숫양을 안고 있는 모습과 함께 묘사된다.[64] 그는 가축을 돌보고 가축과 함께 이동하며 방목한다.[65] 특히 21세기는 정보사회와 정보문화의 영향에 따라 강력한 노마디즘(nomadisme)[66]의 시대와 또 이를 뛰어넘는 유비쿼터스의 문화시대를 열고 있다.

현대의 정보사회에서는 폐쇄적이고 정체된 시간과 공간이 아니라 "블루 오션"을 일구어낼 수 있는 사이버스페이스를 구축하고, 인터넷을 통한 탈영토화를 일구어내고 있으며, 정보와 교통의 발달로 인해 전 지구가 하나의 마을로 변한 "지구촌"의 시대를 열고 있다. 그런가 하면 기업들은 "다국적 기업"과 같은 유형으로 지구촌 내의 특정한 경계(국경)를 넘어 더 넓은 열린 공간으로 나아간다. '지구촌'이라는 용어 자체가 지구를 어떤 전체주의적 폐쇄공간으로서가 아니라,[67] 탈중심화되고 분사화된, 탈영토화된 유목적 개방공간으로 변했음을 말하고 있다.[68] 지구촌에 노마디즘의 시대가 도래하였고, 그 위에 "유비쿼터스"의 문화가 증축되어가고 있다.

노마디즘과 유비쿼터스의 모델뿐만 아니라 다재다능한 헤르메스의 세계는 변화된 시대와 세계상에 적합하며, 그의 인간과 초인간 사이의 중재능력과 인간을 위한 길 안내자의 모습은 새로운 길을 찾는 인류에게 모범으로 다가온다. 더욱이 그는 과잉의 아폴론 문화와 그 폐해에 대해 하나의 대안적 모델이 되는 것이다. 이성중심주의와 유럽중심주의 및 주체중심주의는 곧 과잉된 아폴론문화의 산물이고, 인류는 지금 대안적 세계상을 찾고 있는 것이다.

헤르메스는 신들의 사자이고, 신들의 언어를 인간의 언어로 통역하는 통역자이며, 또 이를 인간에게 전하는 전령이고, 두 세계와 양자를 중재하는 중재자이며, 위험에 처한 자의 보호자이고 축복을 주는 자이며, 나아가 죽은 사람이 하데스로 건너가는 것을 돕는 "영혼의 안내자"이고 여행자들의 보호자이다. 헤르메스는 위기에 처한 자를 구제하는 구제자의 위치에 서기도 하는데, 이를테면 제우스가 그리스 신화에서 최고의 거대괴물로 알려진 티폰에게 힘줄을 빼앗겨 사로잡혀 있을 때 헤르메스는 이 힘줄을 되찾게 해주어 결국 티폰을 물리치는데 공헌을 한 것이다.

헤르메스는 제우스의 사신이면서 통역자와 번역자로서 이 세계와 저 세계를 급히 건너다니며 신의 메시지를 전하기 위해, 또 이 메시지를 통역하여 전하기 위해 급히 건너다니는 자이다. 따라서 그는 이 세계와 저 세계의 경계를 넘나들고 뛰어넘는 자이기에, 모든 문턱 체험과 경계 체험은 헤르메스적인 것이다.[69] 그는 날아다니면서 많은 일을 한다.[70] 헤르메스적 정신은 그러기에 비상의 정신이라고 할 수 있다.[71] 이런 헤르메스의 정신은 합리적으로는 도출되거나 해명되지 않을 것이고, 그와 같은 비상을 할 수 있는 자만이 경험할 수 있을 것이다. 그런데 이런 저런 세계를 빠르게 건너다니고 또 이런 저런 세계의 경계를 허물고 많은 일을 하는 헤르메스적 모형은 현대의 노마드적이고 유비쿼터스적 문화의 원류라고 할 수 있을 것이다. 그런데 "영혼의 안내자"이면서 여행자의 보호자, 신의 사자, 통역자, 신과 인간의 중재자, 능란한 유목민, 두 세계를 자유자재로 넘나드는 역동적인 전령, 거래의 대가, 길 안내자, 동반자 등등 수없이 많은 타이틀을 가진 헤르메스의 인도를 따라가면 무슨 세계가 나타날까? 아마도 우리가 도달하는 세계는 비록 합리적으로는 설명되지 않고 미지의 은폐되고 어두운 세계들일 수 있지만, 그러나 우리가 일상적으로는 경험하지 못하는 독특한 세계와 한없이 풍요로운 자유의 세계를 목격하게 될 것이다.

더욱이 현대의 정보사회와 정보문화, 사이버스페이스와 가상실재의 세계, 유비쿼터스와 유목주의 시대는 여러 각도에서 헤르메스의 세계를 추종하고 이 헤르메스의 세계를 구현하고 있다. 정주(定住)의 세계에서 벗어나 끊임없이 유목하는 세계, 시간과 공간의 경계를 허무는 유비쿼터스, 엄청나게 빠른 속도의 정보송출과 유통, 실재세계와는 구분되는 어둡고 비가시적인 사이버세계에서의 의사소통, 그것도 밝게 드러난 실재의 얼굴 대 얼굴이 아닌 상태에서의 커뮤니케이션 전 과정은 이를테면, 정보의 생산, 송신, 수신, 교류, 소비에 이르기까지 헤르메스와 친숙한 세계인 것이다.

앞에서 논의한 헤르메틱을 바탕으로 우리는 21세기를 헤르메스와 관련짓고자 한다. 흔히 21세기를 문화의 세기라고도 하는데, 이 문화의 세기에서 내용상의 특징을 이루는 것은 다음과 같은 것들이다. 정보문화와 정보사회의 역량에 힘입어 끊임없이 변화경천을 일삼는 측면에서 유목민적 시대라고도 하고, 헤르메스처럼 여러 세계들을 부지런히 들락거리는 의미에서의 반－정주적인, 즉 "이동하는 인간"을 부각시키기도 하며, 초시공적 혹은 시공 편재적인, 나아가 포스트－해체주의적인 유비쿼터스 문화로 칭하기도 한다.

이런 21세기의 세계상에 가장 잘 어울리는 신은 아폴론의 이복형제인 헤르메스이다. 헤르메스는 제우스의 사자로서 부지런히 신과 인간의 사이를 오가며 그 중재역할을 수행하지만, 상업과 거래의 신이기도 하고 여행의 신이기도 하다. 헤르메스는 마치 앞에서 언급한 아바타처럼 다양한 얼굴을 지닌 신이다. 또한 문화가 다양성을 근간으로 한다는 측면에서도 헤르메스는 21세기에 적합한 신이다. 헤르메스적 주체는 직무를 능란하게 처리하는 주체이고 문화창조의 주체이다. 그러기에 롬바흐와 유사하게 이경덕 교수도 21세기의 문화를 헤르메스적이라고 규명한다.

"흔히 21세기를 문화의 세기라고도 하고, 끊임없이 변한다는 측면에서 유목민적인 시대라고도 한다. 이런 21세기의 특징에 가장 잘 맞는 신은 헤르메스라고 할 수 있다〔…〕. 헤르메스는 매우 다양한 얼굴을 지닌 신이다. 문화가 다양성을 기초로 한다는 점에서도 헤르메스는 21세기에 잘 어울리는 신이다."[72]

특히 20세기 이래에 미학의 세계에서 헤르메스적 원리의 대두는 역력하다. 20세기 이후 미학세계는 조형예술과 고전주의에서 벗어나 모든 다양한 문화영역으로 퍼져나간 여러 유형들, 이를테면 초현실주의, 미래파, 다다이즘, 다원주의, 추상예술 등은 헤르메스적 세계를 드러내고 있다[73]. 특히 21세기의 다원주의 예술과 문화, 계산된 예술로부터 해방되어 문화적 예술적 무정형을 외치는 앵포르멜(Informel)[74], 시간성과 비물질화 및 유동성이 잘 드러난 백남준의 비디오 아트, 동서양이 융합된 백남준의 예술세계[75], 근대의 아폴론적 이성중심주의에 대항해 탈근대와 해체를 선언하는 포스트모더니즘 예술 등은 헤르메스의 세계를 강력하게 부각시키고 있다.

3) 아폴론과 헤르메스의 공존

롬바흐에 의하면, 헤르메스적 세계는 이른바 작고 약한 것, 비−질서, 어둠과 은폐성에 대한 아폴론적 배척이 아니라 포용이며, 이들에 대한 부정이 아니라 긍정을, 하나의 일률적 세계가 아니라 다양한 세계를 근본특징으로 하고 있다.[76] 이런 다양한 세계들 사이의 차이가 받아들여지고 존중되는 평화로운 공동체, 다양한 문화와 종교들의 향연이 펼쳐지는 새로운 사회의 도래를 기획하는 헤르메스적 세계는 문화다원주의를 표방하는 21세기의 사고모형에 적합한 것이다.

그런데 롬바흐가 "아폴론적 세계"의 대안으로 제안된 "헤르메스의 세계"는 의아하게도 서구엔 아주 미미하게 명맥을 이어온 반면, 동양에선 활발하게 전개되어온 것이다. "인류사적으로 볼 때 헤르메스적 사유는 주로 동양의 사유에서 발달해왔고 해석학적 사유는 서양의 사유 속에서 보다 활발히 전개되어 왔다."[77] 여기에 덧붙여 롬바흐는 헤르메스적인 동양적 사유가 보다 더 "오래되고 심원한 사유방식이다."[78]고 지적한다. 헤르메스적이고 동양적인 사유방식의 깊이를 간파하는 롬바흐에게서 우리는 "유럽중심주의"에서 벗어나 21세기에 적합한 사고모형의 발판을 마련한다. 그것은 아폴론과 헤르메스 중에서 한 쪽을 배척하고 외면하는 것보다는, 혹은 이와 반대로 한 쪽을 척도로 삼거나 절대화하고 교조주의화하며 이데올로기화하는 것보다는 ―만약 그렇지 않다면 역사가 증언하듯 필경 아킬레스건으로 전락해버리고 몰락의 블랙홀로 빨려들고 만다― 평화로운 공존과 조화를 이루게 하는 것이다.

"이것이냐 저것이냐"의 양자택일 문화에 깊이 뿌리박은 유럽의 문화에는 서로 공존하고 화해하는 "이것뿐만 아니라 저것도"의 포용과 융화가 원천적으로 결핍되어 있다. 그것은 그리스 신화에서 주신 가문의 친부살해라든가 구약성서에서의 카인의 동생에 대한 살해에서부터 소름 돋는 적대와 배타의 문화인 것이다. 서구인들은 이를 되레 발전원리로 받아들이는데, 진화론의 "적자생존의 원리"에까지 뿌리박혀 있다. 그러나 깊이 들여다보면 세상의 대립자들은 타자의 존재를 자신의 존재근거로 삼는다. 이를테면 아름다움과 추함, 높음과 낮음, 앞과 뒤, 있음과 없음, 강함과 약함, 화와

복, 영예와 치욕, 큼과 작음, 삶과 죽음 등등 수없이 많은 대립자들은 대립하면서 상생하는 원리를 잘 밝혀 주는데, 노자는 이를 상반상생(相反相生)의 원리로 승화시킨다.

"천하 사람들이 다 아름다운 것을 아름답다고 알지만 그것은 추악한 것이 있기 때문일 뿐이다. 다 착한 것을 착하다고 알지만 그것은 불선(不善)이 있기 때문일 뿐이다. 그런 까닭에 있는 것과 없는 것은 서로가 낳는 것이고, 어려운 것과 쉬운 것은 서로가 성립시키는 것이다. 긴 것과 짧은 것은 서로 형태를 드러내기 때문이며, 높은 것과 낮은 것은 서로의 고하(高下)가 가지런하지 않기 때문이다. 음(音)과 성(聲)은 서로가 있어야 조화를 이루고, 앞과 뒤는 앞이 있어야 뒤가 따르는 것이다."[79]

노자가 천명한 것처럼 이들 각각의 대립하는 짝은 상대방의 존재를 자기 존재성립의 근거로 삼고 있는 것이다. 말하자면 대립하는 양자는 서로의 존재를 필요로 하는데, 한쪽이 없으면 대립하는 다른 쪽도 존재하지 못하는 것이다. 실제로 낮은 것이 없으면 높은 것도 존재할 수 없고, 있음이 없으면 없음도 있을 수 없으며, 앞이 없으면 뒤도 없는 것이다. 이처럼 서로 상반(相反)되는 대립 짝을 자기 존재성립의 전제로 삼는 것을 상반상성(相反相成) 혹은 상반상생(相反相生)의 원리인 것이다. 이러한 상반상성 혹은 상반상생의 원리에 따라 타자의 존재를 인정하고 받아들이는 것이 온당한 것이다. 그것도 결코 변증법의 파트너로서가 아니라(이것이야말로 유럽인과 유럽중심주의의 아킬레스건이다), 더불어 살아가는 이웃으로서 그리고 그런 전제에서 자기 자신이 존재하기 위해서이다.

적어도 아폴론적 세계를 배척하거나 해체하지 않는 범위 내에서 ―아폴론적 세계에서 전적으로 부정적인 것만을 지적할 수 없을 뿐만 아니라, 이 아폴론적 세계를 오해한 소지가 많이 남아 있으므로― 우리는 이때껏 소외당하고 외면당한 헤르메스적 세계를 21세기 시고모형의 지평 위로 올린다. 물론 일방적으로 아폴론적 세계를 타파하거나 침몰시키고서 헤르메스적 세계로 대체하는 것이 아니라 ―그렇지 않다면 또 다른 독단주의나 전체주의가 도사릴 위험이 따르게 된다― 두 세계의 조화와 공존에서 우리는 21세기의 사고모형에 적합한 성숙한 문화다원주의를 정립할 수 있다.

성숙과 상승은 굳이 서구적인 변증법적 투쟁(헤라클레이토스, 헤겔)이라거나 동물적인 적자생존의 원리(다윈), 기존의 가치에 대한 무자비한 망치질(니체)[80], 타자가 건축한 집에 대한 일방적이고 무자비한 허물기(해체주의), 냉전이데올로기, 유럽중심주의 및 백인중심주의와 식민주의 등에서 주어지는 것이 아니다. 오히려 융합과 퓨전의 원리에서, 서로가 서로의 존재를 인정하면서 서로를 위하는 가운데 세계는 한 걸음 더 완전을 향해 나아가는 것이다. "높은 수준에서는 세계들이 더 이상 투쟁하면서 서로 관계를 맺는 것이 아니라 서로 도우면서 관계를 맺는다. 그리고 그렇게 될 때만 역사는 인간적이 된다."[81]고 롬바흐는 지적한다.

"너 죽고 나 살자!"는 서구적 다윈적 적자생존의 원리보다는,[82] 투쟁에서 승리한 자를 적자로 세우는 헤겔의 변증법적 원리보다는, 또 이러한 원리들로부터 서구에서 일반화된 승자독식의 원리보다는 서로 조화롭게 공존하고 상부상조하면서 상승하는 것이다. 서양과 동양, 아폴론적 세계와 헤르메스적 세계, 밝음과 어둠, 질서와 창조, 존재와 생성의 세계들로부터의 융합과 퓨전에서, 함께 목소리를 내고 조화롭게 울리어 심포니의 음악을 만들어내는(Sym-phonie: συμ-φωνία) 그런 콘서트의 철학이 우리의 21세기 과제인 것이다.

동양과 서양이 함께 목소리를 내고 조화롭게 울리는 그런 작품세계의 한 예를 우리는 백남준의 작품세계에서 엿볼 수 있다. 예술가 백남준은 그의 작품에서 동서양의 두 세계를 공존과 상승의 지평으로 끌어 올리고 있다. 특히 1974년 암스테르담의 스테데릭 미술관에서 발표된 그의 작품 "TV 부처"는 동서양의 융화와 공존사상을 잘 드러내고 있다. 부처상 앞에 TV와 카메라가 놓여있고, 카메라에 담긴 부처의 모습이 다시 TV 화면에 나타나는데, 관조하는 자신의 모습을 부처가 TV 화면을 통해 바라보고 있는 것이다. 이 작품에서 백남준은 한 편으로 동양의 부처와 동양적인 정신을, 다른 한 편으로 서구적인, 즉 과학기술문명의 산물인 TV를 한 시공에서 만나게 하고 서로 융합하는 메시지를 전하고 있다. 동양의 정신과 멜로디를 서구의 악보로 드러낸 작곡가 윤이상의 경우도 뛰어난 융화의 사상을 보여주고 있다. 이러한 구체적인 노력에서 동양과 서양은 서로 융화의 길로 들어서고 서로 이웃이 되는 것이다.

유럽중심주의와 이성중심주의에 대한 비판과 반성은 하이데거와 포스트모더니즘 및 레비나스의 사유에서 명백히 드러난다. 롬바흐도 이들에 못지않게 유럽중심주의와 아폴론중심주의를 비판하고서 노발리스의 "밤의 찬가"를 중심축으로 하여 헤르메스적 세계를 전면에 내세운다:

"이천년 이상 유럽의 정신사는 빛과 진리, 그리고 질서의 이념에 의해 지배를 받아왔다. 모든 노력은 최고의 명석함, 최종적 규정성, 절대적 선 그리고 모든 본질 사정의 완전한 시현(Offenbarung)이라는 목표점에서 절정에 달한다. 세부적으로는 어떠하든, 세계사는 그에 따르면 결국 모든 것이 '백일 하에' 드러나야만 하는 그러한 법칙 아래 표상되었다."[83]

그러면서 롬바흐는 노발리스의 "밤의 찬가"에서처럼 사람들에게서 잘못 이해되고 망각되어져간 밤의 세계를 드러낸다.

"노발리스의 '밤의 찬가'의 제2찬가는 밤이 사람들에 의해 이제까지 망각되어 왔거나 잘못 이해되어 왔던 일군의 현상들의 의미근거요 상징이라는 것을 보여준다. 자세히 살펴보면 이 현상들은 바로 [⋯] 가장 중요한, 가장 포괄적인 그리고 가장 근원적인 사건들— 사랑, 삶, 죽음, 그리고 탄생 —로서 발견된다."[84]

유럽의 정신사가 아폴론적 이데올로기에 의해 지배되고 헤르메스적 어둠의 세계를 망각했다는 롬바흐의 지적에 우리는 한 편으로 동의할 수 있다. 더욱이 유럽의 정신사(특히 근대의 유럽)가 왜곡된 아폴론적인 세계에만 치중하고 그 이데올로기만 지배적이게 한 것엔 철저하게 반성해야 할 것으로 여긴다. 그러나 아폴론적인 세계를 전적으로 폐기할 수는 없다. 아폴론적인 빛과 밝음, 진리와 질서를 세계 내에서 결코 추방할 수 없기 때문이다.

아폴론과 헤르메스는 같은 아버지를 둔 형제이다. 상처나고 결손된 동료를 척결하는 것은 사자와 치타스와 같은 야수의 세계에서는 가능하겠지만, 인간적이고 초인간적인 세계는 그럴 수 없다. 우리는 "밤의 찬가"만 부르고 있을 수는 없고, 또 "디오니소스 찬가"(니체)만 불러서도 안 된다. 낮과 밤이 온전한 하루를 일구어가고, 또 그렇게 세월을 엮어가듯이 아폴론과 헤르메스를 화해시키고 공존토록 해야 한다.

정작 노발리스는 "밤의 찬가"를 부르면서도, "성스럽고 신비로운 밤의 세계"(제1찬가)를 노래하고 밤이 창조적인 세계의 어머니임을 직시하면서도(제4찬가) 결코 빛의 세계를 외면하거나 업신여기지 않았다. "빛은 수많은 변화를 불러일으키고 또 무한한 관계들을 맺어주기도 하고 끊기도 하며, 그의 신비스런 천상적 영상을 지상의 모든 존재자들에게 드리운다. 오직 그의 현존만이 풍만한 세계의 경이로운 영광을 계시한다."(제1찬가)[85] 이처럼 노발리스는 그의 "밤의 찬가"를 빛에 대한 찬가로부터 시작한다. 빛은 왕으로 불리고, 빛은 지상의 모든 생물 뿐만 아니라 사물과 무생물에까지, 그리고 하늘의 별들에까지 생명의 원천이다. 이 부분은 플라톤의 "태양의 비유"와도 유사하다. 말하자면 빛은 모든 자연현상에 생명력과 영혼을 불어넣어주는 신적인 능력을 갖고 있는 것이다. 노발리스는 "밤의 찬가"를 부르기 위해 빛을 저주하지 않았다.

하이데거는 잘못 발전되어 왜곡된 아폴론적 세계관, 즉 이성중심주의적인 형이상학의 역사를 "존재망각(Seinsvergessenheit)"의 역사로 규명했지만, 그렇다고 획일적인 반─이성중심주의나 어둠의 세계며 은폐성만 부각시키진 않았다. 그는 "숨김으로서의 은폐성"을 존재자의 모든 밝은 개시성보다 더 근원적인 것으로 파악하면서[86] 은폐성과 함께 비은폐성(A-letheia: Un-verborgenheit)의 존재사를, 그리고 이 둘의 상호작용을 동시에 수용한다.[87]

물론 우리는 롬바흐나 노발리스에게서처럼 밤의 낮에 대한 근원성을 인정할 수 있다.[88] 마치 창세 이전의 '흑암'과 무(Nichts)의 상태나 고대 그리스 신화에서의 카오스 상태처럼. 그러나 여기 '흑암'과 무(無)며 카오스가 각각 다름 아닌 흑암으로, 무로, 카오스로 규명되고 밝혀지며 받아들여지고 파악되며 이해된 데에는 그만큼의 존재와 빛에 의존하고 있다는 사실을 잊어서는 안 된다. 동양의 노자도 유(有)에 대한 무(無)의 근원성과 우선성을 피력한다: "천하만물은 유(有)에서 나오고, 유(有)는 무(無)에서 나온다."[89] 롬바흐는 낮에 대한 밤의 근원성을, 밝히고 드러내는 "해석학"에 대하여 은폐하고 감추는 "헤르메스학(Hermetik)"의 근원성과 우선성을 주장한다.

"밤이 낮보다 더 근원적이지 않은가? 빛이 빛일 수 있기 위해서는 결국 보다 광대한 어둠으로부터 빛나 오르는 것이어야만 하지 않는가? 모든 현실은, 그의 공간이 얼마나 엄청난 것이든 그보다 더욱 엄청난 무(無, Nichts)의 공간 안에 삽입되어 있으며, 존재는 모든 것에 선행하는 무에 대항하면서 자신을 두드러지게 함으로써 비로소 존재하는 것이 아닌가? 〔…〕 빛과 존재보다 근원적인 것은 밤과 무다. 이것은 보다 근원적이고 보다 광대하다. 물론 낮을 자신의 테두리와 가능조건으로서 전제하는 어둠 현상도 존재한다는 것은 의심의 여지가 없다. 하지만 이 낮은 그 안에서 그가 빛나 오를 수 있는 보다 깊고 보다 압도적인 어떤 다른 어둠을 전제한다."[90]

우리는 밝음에 대한 어둠의 우선성을, 유에 대한 무의 우선성을, 로고스에 대한 카오스의 우선성을, 낮에 대한 밤의 우선성을 인정할 수 있다. 그러나 아폴론과 헤르메스를 위의 도식에 넣을 수는 없다. 헤르메스는 아폴론의 형이 아니고 이복동생이고 또 같은 형제이며, 같은 아버지의 아들들이기 때문이다. 아쉽게도 유럽의 문화는 이들을 상생하는 이웃으로 승화시키는 그런 문화를 일구어내지 못했다.

4) 아폴론과 헤르메스의 창조적 지평융합

우리는 롬바흐에게서, 그리고 많은 포스트모더니스트들에게서 아폴론의 부정적인 모습을 —마치 그가 세계를 다 망쳐놓은 것처럼— 수없이 보았다. 아폴론, 즉 빛과 밝음의 신은 나쁜가? 명확성이나 개방성 및 밝음과 합리성은 이제 필요없다는 것인가? 그런데 엄밀히 따져보면, 결코 아폴론 때문에 유럽의 문화가 망가지고 타락된 것이 아니라, 유럽인들이 아폴론을 잘못 이해하고 잘못 발전시켰기 때문이다. 그들이 잘못 발전시켜놓고선 탓을 아폴론에게 돌리는 꼴이다. 그들이 그토록 탓하고 매도하는 근대의 인간중심주의와 주체중심주의 및 이성중심주의가 아폴론의 산물인가? 결코 그렇지 않다!

아폴론의 이복동생인 헤르메스와의 관계에서도 그는 결코 뒤처지거나 경쟁에서 뒤떨어지지 않는다. 그도 헤르메스 못지않게 긍정적인 모습을 갖고 있으며, 그도 인류에게 이바지한 바가 헤르메스에 못지않다. 더욱이 도둑질을 자행한 헤르메스의 소행에 대하여 눈감고 그를 오직 긍정적으로만 치켜 올리는 것은 결코 바람직하지 않다. 그런데 아폴론이 자신의 소떼를 훔친 헤르메스를 탓하는 것이 잘못인가? 그는 그러나 엄하게 벌할 수 있었음에도 불구하고 그렇게 하지 않았다.

그는 도둑질을 해놓고서 시치미를 떼고 거짓말을 일삼는 헤르메스를 벌하지 않고, 오히려 헤르메스의 악기(비파)에 감탄하여 케리케이온이라는 마법의 지팡이와 도둑질을 알아낸 점술 및 소떼를 주고 그 악기를 갖는 거래를 했는데, 이기적 입장에서 이런 거래를 평가하면 밑진 장사이겠으나, 다른 측면에서 그는 훨씬 후한 모습을 하고 있는 것이다. 또 여기서 자명하게 드러나듯이 아폴론은 결코 깡마른 합리성의 대명사가 아니다. 그는 음악을 너무나 사랑하여 그러한 부당한 거래를 감수한 것이다.

하기야 흥부보다는 이기주의적인 놀부가 선호되는 세상에 헤르메스의 도둑질이 오히려 능력이 있는 사람으로 칭해지기도 한다. 그러나 그런 경우라면 우리는 아폴론 문화와 헤르메스 문화 사이뿐만 아니라, 그 어떤 다른 경우에도 화해와 조화며 융합과 공동체적 합의도 이루어낼 수 없다. 오늘날 다원주의의 시대에는 그 어떤 독단주의나 개인의 영웅적 헤게모니보다는 타자를 긍정하는 태도가 필수불가결한 요소이다.

헤르메스의 소 도둑질 사건 외에도 아폴론과 관련된 사건을 몇 가지 더 언급해보자. 그는 자신의 아내 코로니스가 아이[91]를 임신하고 있음에도 불구하고 외간남자 이스키스와 간통한 사실을 알고서, 그녀를 활로 쏘아 죽이고 만다. 우리 인간의 생각으로는 퍽 잔인하게 보일지나, 그의 처벌을 누가 탓할 것인가? 불순한 것과 나쁜 것이며 무질서를 타파하는 아폴론의 소행은 잘못인가? 그의 어머니 레토를 덮치려고 했던 거인 티튀오스를 죽인 것인 잘못인가? 헤라의 사주를 받고서 그의 어머니 레토를 괴롭힌 불량한 용 퓌톤을 퇴치한 것은 잘못인가?

호메로스의 말대로, 아폴론이 "신들 가운데 가장 강력한 신"[92]이라면, 이 엄청난 힘과 생명력은 오히려 니체가 선호해야 할 사항이 아닌가. 그러나 이토록 엄한 아폴론은 지극히 역설적이게도 음악의 신이기도 하다. 그에게 뮤즈들이 있으며, 또 뮤즈와의 사이에서 전설적인 시인인 오르페우스를 탄생시킨 것이다. 그런가 하면 인간을 지극히 사랑하여 죽은 사람도 살려낸 아스클레피오스의 아버지가 곧 아폴론이 아니던가!

롬바흐에게서처럼 아폴론과 헤르메스 사이에 혹은 니체에게서처럼 아폴론과 디오니소스 사이에 정의의 여신이 가진 저울의 추가 한 쪽으로 기울게 해서는 안 된다. 쉽게 말하면 둘 중 한 쪽이 배척되거나 선호되는 것보다는 둘 다 철학의 지평 위로 초대되어야 한다. 이들은 결코 가인과 아벨과 같은 경우가 아닐 뿐만 아니라, 그렇게 되어서도 안 되며, 또한 그리스 신화에서 아크리시오스와 프로이토스와 같은 살벌한 적대관계도 아니다. 아크리시오스와 프로이토스는 어머니의 뱃속에서부터 싸우기 시작했다. 이들은 그리스의 서쪽지역인 아르고스를 차지하기 위해 골육상잔을 벌인 것이다. 둘이 벌인 전쟁에서 방패가 처음 발명되었을 정도로 치열한 전쟁이었다. 아크리시오스가 이겼지만, 그는 그러나 골육상잔의 대가로 신들로부터 버림을 받았으며, 결국 외손자(페르세우스)로부터 부지불식 간에 죽임을 당하였고, 프로이토스 또한 자신의 딸들뿐만 아니라 자기 왕국의 여인들이 미치광이로 변하여 자식들을 죽이는 꼴이 벌어져, 결국 이 싸움으로 얻었던 나라를 잃고 말았다.

제우스의 아들들인 아폴론과 헤르메스는 오히려 조화로운 전체를 이루어야 하는 것이다. 롬바흐에 의하면 "아폴론적 관점은 존재의 세계이고, 헤르메틱(Hermetik, 헤르메스적 운동)은 생성의 세계이다."[93] 그렇다면 우리는 어느 한 쪽을 외면하거나 선호할 것이 아니라, 둘 다를 철학의 지평 위로 초대해야 한다. 존재와 생성은 각자가 고유한 영역을 갖는 "상반적인" 관계가 아니라, 서로 관련된 관계이기 때문이다. 생성이나 창조와 무관한 존재는 있을 수 없으며 ―존재하는 것은 존재하게 된 이유가 있기 때문이고 "원초적 무"라든가 토후바부후(창조 이전의 상태)의 상태를 존재라고 규명할 수 없으므로(말하는 것 자체마저 불가능하기에)― 생성 또한 존재와 무관한 생성은 없기 때문이다.

어떠한 생성도 "존재하기 이전의 생성"이 아니라, 이미 존재와 더불어 시작하는 것이다. 원초적 시작에 대해 우리 인간으로서는 도무지 규명할 수 없는 비밀스런 영역이지만, 그러나 만약 시작되었다면, 거긴 이미 생성과 존재가 동시에 연루되어 있는 것이다. 따라서 "존재를 향한 생성"이라거나 "존재하기 이전의 생성", 혹은 "생성하고 난 이후에 존재"라는 표현들은 맞지 않다. 그것은 생성이 시작된 것은 생성의 독자적인 영역이 아니라, 그 시작과 함께 이미 존재와 연루되어 있는 것이다. 그러기에 파르메니데스(존재)와 헤라클레이토스(생성)는 그 외형적 성격 때문에 "상반적인 쌍둥이"[94]로 보이지만, 기실 양자는 서로 연루되어 있는 것이다.

이와 같이 아폴론과 헤르메스의 세계는 —비록 그 외형적 상반성과 이질성이 드러나지만— 더 넓고 높은 전체성을 위한 필수적인 구성요소인 것이다. 롬바흐는 헤르메스적 사유방식과 아폴론적(해석학적) 사유방식의 차이를 "섬광"과 "이데아"로 규명하고 있다.[95] 여기서 헤르메스적 섬광이란 합리적으로는 해명되지 않는, 혹은 합리적인 범위를 뛰어넘는 그런 통찰인 것이다. 이런 사유방식은 서양적 합리주의 문화엔 다소 낯설지만, 통찰과 깨달음 및 "근원적 도약"[96]과 같은 동양적 사유방식에 잘 드러나 있다.

그렇다면 우리는 이러한 헤르메스적 사유방식만 선호해서도, 또한 이와 반대로 외면해서도 안되며, 아폴론적 사유방식과 함께 받아들이는 것이 온당한 것이다. 그런데 여기서 "이데아"도 —비록 롬바흐가 "이데아"를 아폴론적 사유방식이라고 규명하는 것을 받아들인다고 해도— 플라톤의 텍스트에서는 섬광현상과 유사하게 초합리적 성격을 가질 뿐만 아니라 결코 아무렇게나 주어지지 않는 심층적이고 고차원적인 사유방식인 것이다.[97] 그런데 만약 롬바흐가 말한 "이데아"란 개념이 플라톤의 철학에서 떠나 독일 관념론에서의 사유방식이라고 한다거나 합리적이고 일상적인 그런 사유방식이라고 한다면, 우리는 이 이데아를 헤르메스적 사유방식과 대조적임을 간파할 수 있을 것이다. 그럼에도 불구하고 우리는 이런 헤르메스와 대조적인 사유방식을 외면하거나 배척할 필요는 없는 것이다. 그것은 우리가 헤르메스와 다른 세계, 즉 합리적이고 평범한 세계를 등지고 외면한 채 살아갈 수 없기 때문이다. 모든 인간이 다 심층적인 헤르메스적 세계에 살 수 없고, 또 그런 사유방식만 갖는 것은 아니다. 즉 아폴론적 유형의 인간들이 아폴론적 사유방식으로 사유하는 경우를 우리는 전혀 터부시할 수는 없는 것이다.

2. 기연적 주체와 새로운 사고모형[98]

1) 기연주의의 창조적 기여

기연주의(機緣主義, Okkasionalismus)의 개념을 밝히기 위해 우선 데카르트의 철학에 귀를 기울일 필요가 있다. 실체개념을 정신과 물질, 영혼과 육체의 이원론으로 구분했던 데카르트는 이렇게 분리된 두 실체가 인과적으로 상호작용을 한다고 보았다(상호작용론). 그는 인간의 뇌 속 깊숙이 자리 잡고 있는 송과선에서 이렇게 분리된 두 실체가 상호작용 한다고 추측했지만,[99] 그러나 이러한 상호작용이 어떻게 일어나는지에 대해선 명쾌한 설명을 하지 못했다.

말브랑슈(N. Malebranche)의 기연주의는 바로 데카르트의 이원론적 "상호작용론"의 문제와 상충되어 있다.[100] 데카르트의 이원론적 상호작용론에는 그러나 두 가지의 난점이 있다. 하나는 서로 다른 실체인 정신과 물질 및 영혼과 육체가 근본적으로 서로 다른 질(Qualität)을 갖고 있기에, 이처럼 분명한 연관성을 갖고 있지 않는 서로 다른 실체— 연장(extensa: 延長)을 갖지 않는 정신과 연장을 가진 육체 —가 어떻게 서로 영향을 미치는지 관찰하기도 또 규명하기도 어렵다는 것이다.[101] 또 다른 하나는 데카르트의 기계론적 관점에서 본다고 해도 물리과학은 비물질적 영역의 침투를 철저히 배제하는 구조인데, 이런 원리가 다른 물질적 집합체들에서 유효하다면 송과선(松科腺)이 있는 뇌에 대해서도 예외가 없어야 하는 것이다.[102]

말브랑슈는 "기회원인론"을 펼쳤는데, 정신과 물질 및 영혼과 육체는 서로 인과적 영향을 미치지도 또 상호교호작용도 하지 않는다는 것이다. 또 이 양자를 오직 신(神)의 초자연적인 힘만이 기연적으로(bei Gelegenheit) 중재한다는 것이다.[103] 말브랑슈의 기회원인론에 의하면 제일원인(창조)을 원인으로 하여 생겨난 피조물들은 그들 스스로 원인이 될 수 있는 능력을 갖고 있지 않다는 것이다. 말하자면 피조물들에게 오히려 "기연"(occasio: 기회, 우연, 계기)적 상황을 통해 제일원인이 계속해서 행위를 유발한다는 것이다.

그런데 정신적이고 비물질적인 상태가 물질적 세계에 아무런 영향을 미치지 않는다고 하지만, 어떤 경우엔 상호작용이 존재하는 것처럼 여겨진다. 이를테면 어떤 이가 심한 배고픔을 느낀 나머지(정신적: mental) 음식을 섭취한다면(육체적), 혹은 어떤 이가 어떤 장소에서 심한 불안감을 느낀 나머지(정신적) 멀리 도망쳐 달아난다면(육체적), 이는 양자 사이에 인과적 상호작용이 있는 것처럼 보인다. 그러나 기연주의자는 양자 사이에 상호작용을 하는 것처럼 보이는 인과론을 인정하지 않고, 이들을 제3의 힘인 신이 기연적으로, 즉 정신의 의지가 작용하는 것을 기회로 육체를 움직이고, 또 육체가 다른 대상과 부딪치는 것을 기회로 정신에 생각을 불어넣는 것이다.[104]

이를테면, 만약 어떤 이가 배고픔을 느낀다면, 그것을 기회로 하여 이런 정신적 상태를 신이 알리고서 그의 육체가 움직이도록 지시를 한다는 것이다. 그러기에 모든 육체적 동작의 원인은 정신에 있는 것이 아니라, 제일원인인 신에게 있다는 것이다. 이러한 말브랑슈의 기연주의를 현대철학적 의미로 재해석한다면, 위의 배고픔과 불안감의 사건에서 음식을 섭취하거나 도망을 치는 결과는 정신과 육체 사이의 필연적 원인에 의해 일어난 것이 아니라, 기연적 원인, 즉 어떤 주어진 계기와 기회에 상응하는 것일 뿐이다.

그런데 이때 정신과 육체의 양자 사이에 일어나는 사건은 항상 새로운 사건이고, 결코 미리 짜여진 틀에 의한 것이 아니라는 것이다. 놀라운 것은 이런 새로운 사건과 현상, 새로운 것이 촉발되거나 창조되는 것은 제일원인의 기연에 의한 것이다. 이러한 사건에서 볼 수 있는 또 하나의 놀라운 것은 데카르트에게서 뿐만 아니라 근대철학에서 숙명과도 같은 주체의 과다한 능동성이 말브랑슈에게서 수동성으로 기울어져 있으며, 그에게서는 정념조차도 신의 사랑의 표현으로 환원된다.[105]

이리하여 말브랑슈는 자연계의 질서에 나타나는 인과관계뿐만 아니라 초자연적인 질서에 있어서의 모든 인과관계에도 기연론을 적용시켰다. 17세기의 사상가들, 클라우베르크(J. Clauberg), 필링크스(A. Geulincx), 꼴데모아(G. Cordemoy), 드 라 포르즈(L. de la Forge)와 같은 이들에 의해 기연주의 담론은 활성화 되었다.[106] 이러한 기연주의는 근대 독일의 낭만주의에서 약간 변용되고 재해석되어 계승되었다. 이를테면 제일원인이나 신의 의미를 확대하거나 변용함으로 초합리적이고 비결정적 · 비인과론적 요인인 "기연"을 체험하는 것으로 받아들일 경우, 근대 계몽주의의 합리적이고 기계적인 세계관에 반기를 들었던 낭만주의와 괘를 함께 하기 때문이다. 그렇다면 낭만주의적 주체는 창조적 기능을 갖게 되고, 그는 어떤 인과적 · 결정론적 · 기계론적 · 합리주의적 법칙에도 얽매이지 않는 자유로운 상상력과 직관력 그리고 기연적 활동의 근간을 마련하는 것이다.

물론 우리는 "기회원인론"을 데카르트주의나 당대의 라이프니츠며 스피노자와 관련지어 어떤 인과론적이고 신학적인 논쟁을 하려는 것은 결코 아니다. 더욱이 말브랑슈와 필링크스의 주장, 즉 신이 모든 경우에 있어서, 그리고 모든 인간들의 정신과 육체의 관계에서 언제나 매번 개입한다는 엄격한 유신론의 입장을 고수한다는 것은 현대의 사유에서는 대체로 받아들여지지 않는다. 우리도 "기회원인론"을 이런 맥락에서 대변한다거나 옹호하는 것은 결코 아니다. 그럼에도 불구하고 우리는 기연주의라는 개념 자체에 큰 의미를 발견한다. 기연주의에는 "기연(occasio)", 즉 우연적인 원인이라는 중요한 개념이 등장하는데, 이 "기연"은 어떤 "우연적인 것", "우연", 기회, 어떤 특별한 계기나 동기 등을 맥락에 따라 함축하고 있다. 그런데 세계 내적인 사건의 발생에서나 사물들과 사태들과의 관계에서, 특히 주체의 창조적 활동에 있어 어떤 특별한 계기나 기회의 역할을 하는 "기연"과 우연성이 각별한 위치를 점하고 있음이 드러난다. 그것은 창조적 활동의 과정은 아직 이성의 영역에 들어오지 않은 전(前) 이성의 상태이고 "기연"의 영역이기 때문이다.

"기연", 즉 "우연적인 원인"은 무엇보다도 숨막히는 인과조직망에 꽉 붙잡혀 있는 것이 아니며, 기계-인과적 메커니즘과 결정론, 필연적 원인론 및 결정론적 법칙성에도 결박되어 있지 않은 것이다. 그것은 엄격한 합리주의나 이성중심주의와도 상당한 거리를 둔다. 기연주의는 마치 의지의 자유처럼 이 세상에서의 인과조직망으로부터 풀려나 있다. "정신의 본질은 자유이다"(헤겔)고 한다면, 정신이 어떤 조직망이나 틀에 갇혀 있다는 것은 그 만큼 자유롭지 못할 것이고, 또 정신이 자유롭지 못하면 창조행위에도 제한적이지 않을 수 없는 것이다. 창조는 무에서 유로, 혹은 고대 그리스적 의미로[107] 카오스에서 코스모스에로와 뮈토스(mythos)에서 로고스에로의 이행과정에 일어나는 사건이기에, 기연주의와 기연적 주체는 이런 창조과정의 당사자인 것이다.

창조적 발견이나 발명은 —아직 이성적 추리나 연역의 단계가 아닌— 우선 무엇인가가 떠올랐거나 포착된 것이다. 이런 포착과 떠오름의 사건은 경우에 따라서는 영감에 의한 기연적이고 우연적인 것이다. 이를테면 뢴트겐이 X-선을 발견한 사건이나 데카르트가 천장에 날아다니는 파리의 이동거리를 보다가 우연히 함수론을 발견하는 사건은 일종의 원초적 포착(직관)으로서 그 어떠한 논리적 추론보다 훨씬 이전에 일어난 사건, 즉 기연적이고 우연적인 사건인 것이다. 헤르메스와도 같이 기연적 주체는 (문화)창조에 적합한 당사자이다. 이성주의 내에서의 질서관계라거나 법칙성 및 논리성, 나아가 연역과 귀납 및 논리적 추론관계 등은 창조사건 이후의 작업 차원인 것이다.

　이 외에도 우리는 오늘날 사이버공간에서 우연적인 것이 지배적인 현상임을 여러 대목에서 목격할 수 있다. 사이버공간에서 일어나는 일들은 인과론보다는 제3의 힘에 의한 요인이거나 우연적인 현상인 것으로 설명된다. 이를테면 컴퓨터 게임에서의 어떤 포탄이 나의 무기를 맞추고서 내 무기를 파괴시키는 것이라든가, 그 반대의 경우에 실제로 그렇게 되도록 만든 게임제작자의 의지(프로그래밍) 외에는 어떤 인과나 당위도 없다. 한술 더 떠서 영화 "매트릭스"(Matrix)에서는 정신과 육체의 인과관계는 고사하고 서로가 전혀 엉뚱한 세계에 거처하고 있음을 보여주고 있다. 이를테면 정신은 현재 모니터 앞에 앉아 하품을 하거나 깔깔대면서 뮤지키(musiki)의 블로그를 읽고 있지만, 몸은 정신병원의 침대에 묶여 온 몸에 전극이 꽂힌 채 허공을 바라보고 있기 때문이다. 매트릭스는 이처럼 정신과 육체가 따로 놀고 있으며 서로 인과는 커녕 연관성이 없는 현상을 드러내 보인다. 주인공 네오(Neo)는 ―신성과 인성을 가졌으나― 자기 자신 내부에서조차 서로 엇박자를 내는, 합리적으로 조정이 안되는 그런 인물이다. 매트릭스 속의 현실은 철저히 통제되어 매트릭스가 만들어내는 가상에 불과할 뿐이다. 플라톤의 이데아론에서 우리의 지상적 삶이 동굴 안의 생활에 다름 아니고, 우리의 현실이 이데아의 모방(재현)에 불과하듯이 매트릭스의 세계는 허상이자 모방된 세계일 뿐이다.

　오늘날 첨단과학시대의 과학적 방법에 우연적인 것도 개입함을 논리학자 소흥렬 교수도 온당하게 지적하고 있다: "과학적인 방법이란 귀납법을 주장하던 사람들이 생각했던 것보다는 훨씬 더 복잡하고 더 불확실한 것이다. 연역적 논리와 귀납적 논리만이 아니라 상상력과 창의력 또는 영감과 직관 그리고 우연히 일어나는 일에서 얻는 요행까지도 필요로 하는 복잡한 과정인 것이다."[108]

2) 마르크바트의 "우연적인 것의 변호"

최근에 독일의 철학자 마르크바트(O. Marquard)는 『우연적인 것의 변호』와 『원리적인 것으로부터의 작별』을 통해 "우연"과 "우연적인 것"에 관한 철학을 현대철학의 지평 위로 강력하게 부각시킨다. 그는 헤겔의 주장, 즉 "철학적 고찰이란 우연적인 것을 제거하는 것 외의 다른 의도를 갖고 있지 않다."[109]는 것을 강하게 비판하는데, 이러한 우연적인 것을 제거하려는 태도야말로 무엇보다도 인간을 절대화시키려는 의도와 인간에 대한 근대적 극단화의 의도가 드러나 있음을 지적한다.[110]

마르크바트는 이러한 근대적 인간의 절대화와 극단화에 단호하게 거부한다. "인간이란 절대적이지 않고 유한하다. 그는 그의 삶을 절대적으로 선택할 수도 없거니와 절대적으로 살지도 못한다— 어쨌든 인간은 거의 압도적으로 절대적일 수 없다. 왜냐하면 그는 죽어야 하기 때문이다. 하이데거의 말대로 인간은 "죽어야 하는 존재(Sein zum Tode)"이다. 그의 삶은 한정이 되어 있다."[111] 이토록 우리는 제한된 시간 속에 한정되어 있기에, 전체적인 혹은 절대적인 변경이나 근거 세우기가 불가능한 것이다.[112] 그러기에 항구불변적이고 절대적이며 원리적인 철학의 정당화 작업도 공허할 뿐만 아니라 너무 늦어질 수밖에 없다.[113]

헤겔과는 달리 아리스토텔레스는 일찍이 우연적인 것(symbebekos, kontingente)의 존재와 지배를 인정하였다. 그에 의하면 우연적인 것이란 불가능한 것도 아니며 필연적인 것도 아니어서, 무엇인가가 존재하지 않을 수도 있거니와 또한 다르게 있을 수도 있는 곳에 그 존재가 드러나는 것이다.[114] 아리스토텔레스와 유사하게 마르크바트는 우연적인 것을 3가지 방향으로 해석한다. 첫째로 우연적인 것은 필연적인 것의 반대이고, 둘째로 우연적인 것은 오히려 필연적인 것의 근거가 될 수 있으며, 셋째로 앞의 것들과는 다른 요인일 수 있는 것이다.[115]

아리스토텔레스에 의하면, 우연이란 서로 무관한 숙명의(결정론적) 사슬들이 뜻밖에 조우하는데서 발생한다.[116] 이를테면 어떤 이는 보물을 감추기 위해 특정한 곳에 땅을 팠는데, 또 다른 어떤 이는 전혀 예상치 못한 상태에서 그 곳에 나무를 심으려고 구덩이를 파면서 우연적인 사건을 발견하게 된다. 이때 나무를 심기 위해 구덩이를 판 후자가 보물을 발견하게 된 것은 우연(Zufall)인 것이다.[117] 또 이와 유사하게 어떤 이가 자신의 의도와는 전혀 다른 사건을 만났을 경우에도 우연이 발생했다고 볼 수 있다. 이를테면 어떤 이가 결코 에기나(Ägina)에 가려고 하지 않았지만, 우연히 오게 되었는데, 그것은 폭풍에 떠밀렸거나 강도들에 의해 강제로 끌려온 것이다.[118] 이러한 아리스토텔레스의 경우에서 우연의 예가 잘 주어졌듯이, 우리가 의도하지 않았거나 선택하지 않았음에도 불구하고 뜻밖의 어떤 일(우연적인 겠)이 일어나는 것이다.

아리스토텔레스는 목적론적 세계관이 지배하는 자연계에서도 우연적인 것이 존재함을 밝힌다. 말하자면 목적에 알맞은 것으로서 의도되었던 것이 아니라, 우연적인 것으로 일어나는 그런 현상이다. 이를테면 비가 오면 곡식이 자란다. 이때 내리는 비는 곡식에 대하여 의도적이거나 합목적적이라기보다는 —즉 곡식을 위해서 비가 오는 것이 아니라— 구름이 모여 차졌기 때문이다. 여기서 양자는 서로 우연적인 관계인 것이다.[119]

마르크바트가 지적하듯이, 우리 인간은 어떤 확실한 의도를 갖고 선택하는 것보다는 오히려 우연적인 것에 더 지배를 받으며, 설혹 우리가 우리의 자유를 갖고서 (우연보다는) 선택을 하면서 산다고 하더라도, 그런 자유는 대체로 제한적일뿐만 아니라, 결국엔 우리가 우리의 자유의사와 상관없이 병들고 죽기 때문에 우연적인 것을 부인할 수 없는 것이다. 우리는 어떤 절대적인 선택을 하기도 전에 죽음을 더 빨리 맞이해야 하는 경우도 있으며, 그런 절대적인 선택을 해도, 죽음은 그런 선택을 무색하고 무의미하게 해버릴 수 있다.[120] "우리 인간사는 우리의 의도에 따른 행동들뿐만 아니라 우연들에 의한 것이기도 하다."[121] 이런 맥락에서 마르크바트는 잘 알려진 사르트르의 실존주의 테제, 즉 인간이란 일반적으로 우연들이 아니라 전적으로 그의 선택에 의한 것이라는 명제인 "인간이란 선택이다"를 강력히 부인한다.[122] 인간은 자신의 의도의 결과일 따름이라는 것, 인간적인 것이 선택되지 않은 것은 일어나지 않아야 한다는 것, 그리고 어떤 우연적인 옵션이나 다르게 될 수 있는 경우가 있을 수 없는 그러한 절대적인 선택이라는 것은 실제로 수긍하기 어렵다.

우리는 우연적인 것과 마주칠 뿐만 아니라 서로 성격이 다른 우연(적인 것)에 의해 지배를 받기도 한다. 어떤 결정론적인 것보다는 다르게도 될 수 있는 그런 우연적인 것과 우리에 의해 변경가능한 그런 우연적인 것— 마르크바트는 이를 "임의에 의한 우연적인 것"[123] —이 있는 반면에, 다르게 될 수 있는 우연적인 것이면서 우리에 의해 변경 불가능한 이를테면, 불의의 질병이나 태어난 것 등등 그런 "운명적으로 우연적인 것"[124] 또한 자명하게 존재한다. 우리가 탄생된 것이라거나(태어나지 않을 수도 있는 것에 비해) 혹은 이러저러한 자연법칙에 놓이게 된 우연을 —우리가 다른 숙명이나 법칙에 놓이게 될 수도 있었겠지만 우연히 지금의 자연법칙에 놓이게 되었다— 우리는 변경시킬 수 없는 것이다. 이런 우연은 인간에게 "운명적 우연"[125]인 것이다. 우리가 가장 운명적인 우연을 가장 거세게 맞이하는 것은 죽음일 것이다. 우리는 "운명적 우연"에 의해 탄생에서 죽음으로, 즉 그런 시간에 한정된 생애로 선고되어 있다.[126]

3) 미학문화에서의 창조적 우연성

기연주의의 창조적 '우연성'은 현대미학에서 폭발적으로 드러난다. 1920년대와 1930년대의 미학세계에선 전승된 기하학적 구성에 대한 반발을 중요한 이슈로 삼고 탄생된 미학이 등장한다. 인간문명의 발전을 폐허로 만들어버린 제1차 세계대전에 대한 절망감과 니힐리즘 및 반발심이 —마치 20세기 실존철학의 탄생이 그렇듯이— 그 탄생의 직접적인 요인이라고 할 수 있는데, 그때까지 미학세계를 지배해온 모든 이데올로기와 사조들 및 주장들을 배제한 무(無)의 상태에서 새로운 예술적 가치창조의 길을 모색했던 것이다.

이를테면, 당시의 예술사조인 슈프리마티즘(suprematism, 절대주의)과 구성주의[127] 및 독일을 중심으로 한 기하학적인 추상의 경향과는 전혀 다른 미학운동이 다다이즘(dadaism)[128]이나 초현실주의 및 추상표현주의 앵포르멜(informel: 문화적 · 미술적 무정형)이라는 이름으로 진전되어 가고 있었다. 이들은 미술이 하나의 기하학처럼 경직되거나 구조의 틀에 갇혀버리는 것에 대한 반발을 바탕에 깔고 있었고, 나아가 미학의 전승이 전통적인 미술원리나 방법에 대한 부정을 일삼았다면, 그 부정을 향한 예술자체까지도 부정하고자 했는데, 이런 강한 부정성이 결과적으로 허무주의적 경향을 드러내기도 했다.[129]

그러기에 다다이스트들에 의해 창안된 새로운 미학은 어떤 계획된 화면구성이나 원리며 틀보다는 우연적인 것, 전혀 엉뚱한 것, 예기치 않은 것, 돌발적인 것 등을 통해 예술을 드러내었고, 이성적인 인식이나 기하학적이고 구성적인 원리, 나아가 인과관계나 일상세계의 논리로부터 벗어난 미학을 펼치는 것이었다. 우리는 여기서 오랜 인류의 역사가(특히 근대에서) "이성"이란 이름으로 배척하고 억압한 "우연적인 것"이 새로운 예술의 장을 여는 것을 목격한다. 이러한 사실은 철학적으로 획기적인 사건으로서 "이것이냐 저것이냐"의 엄격한 양자택일의 문화에서 벗어나 다원적인 것, 이타적인 것(타자적인 것과 외람된 것, 전적으로 다른 것을 인정하고 받아들인다는 의미에서), 돌발적인 것을 받아들일 뿐만 아니라 새로운 지평을 형성한다는 측면에서 그 미학적 문화적 의미가 크다고 할 수 있다.

아르프(J. Arp)의 작품인 「우연의 법칙에 따라」는 이러한 새로운 미학을 잘 드러내는 작품이다. 새로운 미학과 문화의 좋은 모범으로서의 이 작품의 탄생은 그야말로 우연적인 것의 극치를 —그러면서도 미학적 가치를 충분히 갖는— 보여준다. 이를테면 아르프가 그의 아트리에에서 작품구상에 몰두하다가 만족스런 아이디어가 잘 떠오르지 않자, 갖고 있던 색종이들을 찢어 바닥에 내던지고 밖으로 나갔다. 그런데 얼마 후 돌아와서 자신이 방금 찢어 바닥에 냅다 던진 종이조각들을 보고서, 그것이 다름 아닌 자신이 구상했던 작품이라고 여기고, 그 찢어진 조각들을 그대로 주워서 화면에 맞추어 작품을 완성했던 것이다.[130] 마치 어린아이의 장난을 연상케 하는 이런 행위를 통해 아르프는 우연성을 미학적 창작의 원천으로 삼았으며, 나아가 인위적으로 꾸며지지 않은 문화적 원시상태에서 새롭게 미학세계를 펼쳐보이겠다는 의도에서 어린이의 심리상태와 원시미학에 심취하였다.

아르프 이후에도 창조적 우연성에 의한 예술창조는 계속 이어졌으며, 초현실주의와 다다이즘, 다원주의와 추상예술, 특히 계산된 양식으로부터 벗어나 문화적 예술적 무정형을 외치는 앵포르멜은 철저한 우연성에 의한 효과와 예상외의 것들을, 충동적인 행위와 심지어 "자동기술법"[131]을 예술의 영역 안으로 끌어들여 이성적인 지배영역 밖의 환상적이며 신비스런 이미지를 창조해낸 것이다. 고르키(A. Gorky)의 "강은 닭의 볏이다"와 마송(A. Masson)의 "국립 오데옹 극장 천정화 스케치" 등은 바로 위와 같은 경향들이 잘 드러난 작품들이다.

특히 제2차 세계대전 후 미국의 추상표현주의와 비교되는 양식으로서 무정형의 예술을 표방하는 앵포르멜 운동이 유럽대륙에서 일어났다. 이를테면 프랑스의 뒤뷔페 (J. Dubuffet)는 반이성적이고 반문화적인 경향에 탐닉했으며 극단적이고 티 없는 솔직함이 드러나는 어린이 미술과 광인들의 미술작품에서 영감을 발견하려고 시도했다. 그의 작품 "창조되지 않은 지형학"에선 마치 어린이나 광인들의 작품에서 볼 수 있는 대담함과 천진함 및 자유스러움이 드러나며, "물감의 물질성에 의한 표현성 자체"[132] 가 추구되고, 나아가 예술가의 본능적 충동과 우연적 효과가 크게 부각된 흔적이 역력하게 드러난다.

볼스(W. Wols)의 작품 "구성 V"에도 비기하학적인 무정형의 추상양식이 잘 드러난다. 마치 자연발생적으로 헝클어진 무늬와 같은 것, 철없는 어린 아이가 휘갈긴 낙서와도 같은 많은 선들이 자색의 물감과 뒤엉켜 있다. 이 작품은 그 어떤 정형적인 형상도 거부하고 있으며, 그 대신 초현실주의자들의 자동기술법적 자유분방함을 표방하고 있다. 그리하여 이 작품은 마치 세포의 원형질과 유사한 인상을 불러일으키기도 하고 냉혹한 기하학적 추상에 반하여 온화한 생명의 원형적 추상의 뉘앙스를 드러내기도 하여, 그의 작품세계가 드러내는 추상은 "유기적 추상"[133]으로 불리기도 한다.

1980년대부터는 소위 포스트모더니즘 예술이 출현되어 오늘날에 이르기까지 왕성한 활동을 펼치고 있는데, 이는 철학계의 포스트모더니즘과도 쌍벽을 이루고 있다. 포스트모더니즘 미학의 특징은 철학계의 포스트모더니즘과도 유사하게 첫째, 반이성적 경향이 뚜렷한데, 이는 반모더니즘과 과학문명비판을 수반한다. 둘째, 상대주의적 관점인 바, 이것 또한 포스트모더니즘 철학과도 맥락을 함께한다. 셋째, 다원주의인데 이는 반중심주의와 반서구중심주의를 표방하고 소수 입장을 대변하며 예술과 문화의 다양성을 존중하는 특징을 갖고 있다.[134] 그리하여 소위 다다이스트들과 초현실주의 및 추상표현주의와 앵포르멜 등으로 칭해지는 이들의 노력은 이때껏 지배적 원리나 이성에 의해 무시되고 배척된 우연과 예기치 않은 것들, 이외의 것들, 돌발적인 것들을 예술의 영역 안으로 끌어들여 미학의 지평을 넓힌 것이다. 우연적인 것과 예기치 않은 것을 미학의 지평 위로 올리는 것은 미술이 작가에 의한 계획되고 의도되는 하나의 능동적인 주장이라기보다는 수동적인 발견이라고 할 수 있는 것도 기존의 미학과는 다른, 독특한 영역이라고 할 수 있다.

마치 흘러가는 구름의 모양이 어떻게 그려지는지는 아무도 알 수 없지만, 게다가 거기에 우리의 능동적인 의도가 끼어들 공간은 전혀 없지만, 나아가 그 어떤 원리나 체계로도 종잡을 수 없지만, 그럼에도 천태만상의 신비롭고 아름다운 형상이 만들어지고 그림이 그려진다. 바둑판의 모양에도 —비록 바둑을 두는 사람들의 능동적인 의도와 계산이 개입되지만— 어떻게 만들어지고 변할지는 거의 알 수 없으며, 이것 또한 결과적인 그림과 모양엔 우연적인 요소가 지배적이라고 할 수 있다.

다다이스트들과 초현실주의로 칭해지는 이들의 시도는 일상세계를 지배하는 논리나 합리적인 사고를 넘어서려 했는데, 이것들의 지배가 미치지 않는 세계로서의 우연이나 요행, 꿈과 무의식의 요소들을 예술작품을 통해 나타내려 했다. 그들은 일상적인 사회적 관습이나 합리적인 사고에 묶여있는 사고와 상상력을 철저히 해방시킴으로써 이성의 통제가 없는 이미지들과 자유분방하고 우연적인 것들, 충동적인 것과 때론 전혀 관계가 없다고 여겨지는 것들을 창작하려 했다.

우리는 이러한 경향들을 표방하는 작품들이 과연 무엇을 의미하는 것인지, 혹은 과연 훌륭한 작품으로서의 가치를 갖는 것인지에 대해 의아하게 생각할 수 있다. 그렇지만 이러한 예술작품들이 계획된 구상과 기하학적인 추상미술의 엄격함과 무미건조함으로부터 해방감을 가져다주는 것뿐만 아니라 새롭고 독창적인 지평을 여는 것임을 인식할 수 있다. 바로 이러한 해방감과 새롭고 독창적인 지평확대는 미학과 문화의 영역에서 새로운 원동력이 될 수 있음은 주지의 사실이다.

지금까지의 고찰에서 우리는 20세기 이래 철학의 영역에서 뿐만 아니라 미학의 영역에서도 탈근대적인 경향과 전통에 대한 해체주의적인 방식을 엿볼 수 있다. 탈이성 중심적인, 특정한 이념이나 정형화된 양식, 기하학적이고 계산된 양식으로부터 벗어나 자유롭고 해방된 경향과 자연적이고 돌발적인 충동이나 우연적 효과를 중시한 것이다. 그런데 철학과 미학에서 이러한 경향이 태동된 것은 여러 가지 이유들이 있겠지만, 무엇보다도 전승된 사상이 시대에 맞지 않거나(이를테면, 정보사회의 출현) 뒤떨어진 것으로서, 더 이상 변화된 시대상을 설명할 수 없는 것과, 제1차 및 제2차의 세계

대전과 같은 끔찍한 사건들이 그 시발점이 되었다고 볼 수 있다. 또한 문명의 이기에 의해 유발된 전쟁의 참혹성과 과학적 진보에 의해 만들어진 무기에 의해 인간이 대량 살상되는 비극을 목격하면서 사람들은 과학적 합리성을 기본으로 하는 과학기술만능주의가 결코 선(善)이 될 수 없다는 것도 깨달았던 것이다.

3장

미완성 과제들과
질문들을 남기다

윤병렬의 연구를 통해 선사시대의 성혈 고인돌에 새겨진 사수도와 청동거울의 사신도, 나아가 고분벽화의 사신도와 사수도에는 "보살핌의 철학", "불멸사상", "천향사상", "경천사상", "귀향의 철학" 등 인간의 궁극적인 문제가 다뤄지고 있음을 철학적 관점에서 해명이 시도되었다. 그는 자신이 전공한 분야에 있어서 어느정도 활연관통(豁然貫通)한 인물이다. "오랫동안 노력하여 어느 시기에 활연관통한다"는 설은 원래 정자(程子)에 근거한 것이다. 정자는 일찍이 말하기를 "오늘 한 가지 궁구(窮究)하고 내일 또 한 가지 궁구하여 많은 학습이 쌓인 연후에 탈연히 관통처가 생긴다"고 했다. 그것은 한가지를 궁구하면 곧 바로 관통할 수 있다거나, 천하 사물의 이치를 모조리 궁구해야 비로소 관통할 수 있다는 말이 아니고, 다만 많은 학습이 쌓인 연후에 비로소 탈연히 관통처가 생긴다는 뜻이라고 풀이한다. 다시말해 개별 사물의 이치에 대한 탐구를 누적하다 보면, 어느 시점에 개별적인 이치들을 보편적인 관점에서 종합할 수 있는데, 이것이 바로 활연관통이다.(주희, 「대학」, 「격물보전」)

그럼에도 불구하고, 모든 학술적인 주장은 전문가들에 의해 엄밀하고 정치하게 검증되고, 논리적 근거와 정당성(객관성, 보편성, 타당성)이 확보되어야 할 것이다. 윤병렬의 "한국고대철학의 재발견"이란 테제는 동아시아철학, 한국철학 외에 한국고대미술사, 고고학, 고(古)천문학, 역사학과 연관이 있다. 인접학문 분야에서 그의 이론과 주장에 동의할지는 미지수이다. 고구려 고분벽화의 고유성에 대한 논쟁은 한국 고대 미술과 역사 연구에서 중요한 주제 중 하나이다. 잘 알려져 있듯이, 고구려 고분벽화는 4세기 후반부터 7세기 초까지의 시기에 제작되었으며, 그 미술적 특성과 기법은 동아시아 미술에 큰 영향을 미쳤다. 그러나 이들 벽화가 과연 고유한 한국적 특성을 지닌 것인지, 아니면 중국 및 중앙아시아 등의 외부 문화에서 영향을 받은 것인지에 대한 논의는 여전히 진행 중이다.

고구려 고분벽화의 고유성을 둘러싼 주요 논쟁은 다음과 같은 몇가지 중요한 관점으로 나눠볼 수 있다. 고구려 고분벽화의 고유성에 대한 논쟁은 단순히 외부 문화의 영향을 받았는지, 아니면 고유한 미술적 표현을 창조했는지에 관한 질문이다. 많은 학자들이 고구려 고분벽화가 중국과 중앙아시아 등 외부의 영향을 받으면서도, 고유한 미술적 성취를 이룬 작품이라고 주장한다. 또한, 고구려 고분벽화는 문화적 융합의 산물로서, 다양한 문화적 요소가 결합된 형태로 나타난다고 보는 시각도 존재한다.

고구려 고분벽화의 고유성을 논할 때, 중국과 중앙아시아 문화의 영향을 무시할 수 없다. 고구려는 중국 북방민족과 중앙아시아의 유목 민족과의 교류가 활발했던 지역이었기 때문에, 고구려 고분벽화의 기법과 형식에서 중국과 중앙아시아의 미술적 영향이 드러난다는 주장도 있다. 중국 북방의 영향을 지적하는 시각에서는 고구려 고분벽화의 인물 묘사와 기하학적 구도, 상징적 표현에서 중국 북방 민족들의 예술에서 유사한 요소들이 발견된다고 주장하는 학자들이 있다. 예를 들어, 고구려 고분벽화의 사신도나 불사(不死)의 존재를 나타내는 인물들 등에서 중국 북방에서의 고대 미술기법이 영향을 미쳤다는 주장이 있다. 또한 한나라와 위나라의 벽화나 청동기 문양에서 고구려 고분벽화와 유사한 장식적 요소를 찾을 수 있다는 분석도 존재한다. 고구려는 중앙아시아와도 활발히 교류했기 때문에, 중앙아시아에서 유행한 페르시아적 또는 그리스-로마의 영향을 받은 예술의 흔적이 고구려 벽화에서 발견된다고 주장하는 학자들도 있다. 특히 고구려 고분벽화에서 나타나는 인물의 신체 표현이나 배경의 구조적 배치에서 서양의 헬레니즘적 기법과 유사한 부분이 있다는 지적이 있다.

반면에 고구려 고분벽화가 고유한 미술적 성취를 보여준다는 주장을 하는 학자들도 있다. 이들은 고구려의 독창적이고 자생적인 예술적 특성을 강조한다. 고구려 고분벽화는 외부 문화의 영향을 받으면서도, 그 나름대로 고유한 양식과 상징적 표현을 발전시켰다고 주장한다. 고구려 고분벽화에서 보이는 색채 사용, 인물 묘사의 스타일, 구성의 방식은 중국이나 중앙아시아의 고대 미술과 차별화된 점이 많다는 주장이 있다. 특히 고구려의 고분벽화에서는 역동적인 인물 표현, 동물과 자연을 상징적으로 묘사한 장면, 불교적 요소가 가미된 의식적인 장면 등이 독특하게 나타난다. 이러한 점들은 고구려 미술이 단순히 외부의 영향을 받았다고 볼 수 없는 고유한 특성을 지닌다는 주장에 힘을 실어준다. 고구려 고분벽화는 왕권과 종교적 권위를 강조하는 장면을 자주 그렸다. 특히 고구려 벽화에 나타나는 왕과 신의 교감, 사후 세계를 묘사한 장면 등은 고구려 사회의 특수한 문화적 배경과 밀접한 관계가 있다. 이러한 점에서 고구려 고분벽화는 단순히 외부의 영향을 받은 것이 아니라, 고유한 종교적·사회적 상징 체계를 표현하는 독창적인 방식으로 발전했다고 볼 수 있다.

일부 학자들은 고구려 고분벽화의 고유성에 대한 논쟁을 하이브리드적(융합적) 관점에서 해석하려고 시도한다. 이들은 고구려 벽화가 여러 문화의 요소가 결합된 형태로 발전했으며, 고구려의 고유한 문화와 외부 문화가 상호작용하며 독특한 양식을 만들어 내었다고 주장한다. 고구려는 중앙아시아, 중국, 그리고 한반도 내의 다양한 문화와 교류하였고, 이러한 문화적 융합이 고구려 고분벽화에 반영되었다는 주장이 있다. 예를 들어, 중앙아시아에서 유입된 기하학적 문양과 중국 북방의 사실적 인물 표현이 고구려 벽화의 독특한 형식과 기법을 만드는 데 기여했다고 볼 수 있다. 고구려 고분벽화는 단독으로 고유성을 주장하기보다는, 동아시아 고대 미술의 한 부분으로서 중국과의 문화적 상호작용과 중앙아시아의 영향을 받은 부분이 잘 섞여 있다고 보는 것이다. 이 접근은 문화적 교류와 상호작용을 통해 고구려 고분벽화가 형성되었음을 인정하면서도 고구려만의 독특한 미술적 언어가 존재한다고 주장한다. 이런 점에서 고구려 고분벽화의 고유성은 그 자체로 독특한 미술적 성취일 수 있으며, 동아시아 미술사의 중요한 이정표로 자리 잡은 작품이다. 그럼에도 불구하고, 벽화의 기법과 형식은 외부 문화와의 상호작용과 영향을 배제할 수 없는 부분이 있음을 인정하면서도, 고구려의 문화적 정체성과 미술적 독창성을 강조하는 접근이 중요하다.[135]

이와같이 고분벽화가 한국회화의 원형인가에 대한 논쟁이 있다. 한편으로는 민족주의적 관점에서 고구려 이전의 회화유물이 풍부하지 않은 상황에서 고분벽화는 한국회화의 출발점으로 인식되었다.(윤희순, 김용준, 박은식, 신채호, 정인보, 문일평 등). 다른 한편으로는 중국의 회화유형이 먼저 있었고, 그 영향을 받았다는 점에서 고분벽화가 조선미술의 원형이 될 수 없다고 본다. 특히 고유섭은 고구려 고분벽화가 상징적 체계를 갖추고 내세관을 표현한 가장 이른 예이기는 하지만, 중국 한대 분묘미술의 도상학적 내용이 그대로 유입되었다는 이유에서 조선 회화의 원형이라고 보지 않았다.[136]

그러나 고유섭은 1940년 「조선문화의 창조성: 공예편」이라는 제목의 글에서 한국의 문화창조는 원형의 모색보다는 "자주적 정신"에 있음을 다음과 같이 주장했다. "모방이건 응용이건 변용이건 간에 거기에 어떠한 자주적 정신이 보이는 것이 있다면 〔…〕 거기에 창조적 정신을 볼 수 있는 것이요."[137] 고유섭은 윤희순의 「조선미술계의 당면문제」와 같은 해 발표한 「고구려의 미술」에서 고분은 중국 한문화와 인도불교문화를 수용하여 "고구려민족의 고유한 어떠한 사상표현일지 알 길이 없다"고 했으며, 인도를 제외하고 동양의 제일 오래된 벽화이지만 "정면관"으로 표현하고 투시법이 무시되는 등의 "초기문화"의 특색을 갖고 있음을 들어 한족의 예술이 라틴적인데 반해, 고구려는 고딕적이라고 보았다.[138]

윤희순은 「조선미술사 연구:민족미술에 대한 단상」(1946)에서도 고구려 벽화에 대해 "북방기질의 호탕한 기상과 그 속에 간직한 전통의 미의 발단을 찾을 수 있음을 부인할 수 없다"라고 하여 일관되게 벽화에서 민족미술의 원형을 찾았다.[139] 그는 다음과 같이 확언한다. "고구려벽화에서는 '다양성의 통일'의 가장 완전에 가까운 미의 규범을 갖추고 있음을 본다"[140] 김용준은 고분의 건축학적 특색에 대한 자세한 설명을 제시하고 고구려의 벽화가 인도벽화를 제외하고 동양에서 가장 오래되었다고 본 데서 고유섭과 의견을 같이 했는데, 회화 방면에 있어 극도로 발달된 면모를 보여주고 있다고 하여 윤희순의 의견을 반영하기도 했다.

다음으로 선사시대 고인돌에 그려진 성좌도(星座圖)에 대한 해석은 고고학적 · 역사적 · 상징적 관점에서 많은 논쟁을 불러 일으켜온 주제이다. 고인돌은 돌로 만든 무덤으로, 청동기 시대의 주요 묘제 중 하나이다. 고인돌에 새겨진 성좌도는 이들 무덤에서 발견되는 별자리와 관련된 상징적인 요소들로, 당시 사람들이 하늘과 우주를 어떻게 인식했는지, 그리고 이러한 인식이 사회적 · 종교적 의미에서 어떻게 작용했는지를 연구하는 중요한 자료로 여겨진다. 그러나 그 해석에 대해서는 다양한 관점과 논쟁이 존재한다.

선사시대 고인돌에서 발견된 성좌도는 대개 돌에 새겨진 별 모양의 문양이나 천체의 배열을 나타내는 기하학적인 형태들이다. 성좌도라는 표현은 고인돌 벽면에 그려진 별자리나 천체를 묘사한 상징적 문양을 지칭하는데, 이는 당시 사람들의 하늘의 변화, 우주의 질서, 천체와 인간의 관계에 대한 깊은 관심을 나타낸다고 볼 수 있다. 고인돌에서 발견된 성좌도는 청동기 시대의 고인돌들, 특히 전라남도와 경기도 지역의 고인돌에서 많이 발견되며, 벽화나 조각, 그리고 석재에 새겨진 기하학적 형태로 존재한다. 별자리나 하늘의 구조를 나타내는 다양한 패턴들이 발견되는데, 그 해석을 둘러싸고 여러 학자들 사이에 논란이 존재한다.

성좌도에 대한 해석은 크게 세 가지 주요 방향으로 나눠진다. 각각의 관점에서 성좌도의 의미와 목적에 대한 논쟁이 벌어지고 있다. 많은 학자들은 고인돌에 그려진 성좌도가 천문학적 성격을 지닌 것이라고 주장한다. 이들은 고대 사람들이 하늘의 별자리를 인식하고 이를 문화적으로 의미 있는 방식으로 기념하거나 상징화했을 것이라고 본다. 즉, 성좌도가 천체의 위치나 별자리의 배열을 나타내며, 이를 통해 시간의 흐름과 계절의 변화에 대한 이해가 있었을 것이라는 주장이다. 고인돌에 그려진 성좌도가 실제로 특정한 별자리를 나타내고 있다는 주장은, 고대 한국인들이 하늘의 움직임에 대해 상당히 발전된 천문학적 지식을 가졌을 가능성을 시사한다. 예를 들어, 성좌도에 나타난 별들이 실제 북두칠성이나 동서양의 주요 별자리와 일치한다고 주장하는 학자들이 있다. 이러한 해석은 고대 한국이 천문학적 관측을 중요시했다는 증거로 여겨질 수 있다.

다른 학자들은 고인돌의 성좌도가 단순히 천문학적 기능을 넘어서, 종교적 또는 의례적 의미를 지닌 상징물로 해석한다. 고인돌은 고대 사람들의 제사와 영혼의 여행과 관련이 있는 무덤이므로, 성좌도가 사후세계와의 연결을 나타내는 상징적인 요소일 수 있다는 주장이다. 고인돌에 새겨진 성좌도는 천상의 세계와 지상의 세계를 연결하는 상징적인 의미를 지닌다는 주장이다. 성좌도를 통해 고대 사람들은 죽은 자의 영혼이 하늘로 오르거나, 별들의 보호를 받는다고 믿었을 가능성이 있다. 이 해석은 무덤 문화와 관련이 깊으며, 고대 한국에서 천상의 세계와의 연결을 통해 사후 세계에 대한 믿음을 강조한 것으로 볼 수 있다. 또한 성좌도는 제례적 기능을 가진 것으로, 별이나 하늘의 상징이 신성한 존재와 연결되고, 이들을 통해 고인에 대한 숭배와 제사가 이루어졌다는 주장이 있다. 고인돌에 새겨진 별자리들이 신의 존재나 영혼의 여정을 나타내며, 고대 한국인들의 종교적 세계관을 드러낸다는 해석이다.

고인돌의 성좌도는 또한 문화적 특성을 반영하는 중요한 상징일 수 있다. 고인돌은 특정 사회적 계층이나 지배층의 무덤이었기 때문에, 성좌도는 그들의 권위와 문화적 아이덴티티를 표현하는 도구였을 가능성도 제기된다. 고인돌에 그려진 성좌도는 사회적 계층을 나타내는 문화적 상징으로 해석될 수 있다. 고인돌이 지배계층의 무덤이었기 때문에, 성좌도는 권력의 상징으로서 사회적 지위를 강조하는 역할을 했을 수 있다. 성좌도가 천상과 지상의 질서를 표현하면서, 고대 지배계층의 우주적 위치를 나타내고자 했다는 주장이 있다. 고인돌과 성좌도는 공동체의 통합과 문화적 일체감을 상징하는 요소로 볼 수도 있다. 고인돌이 집단 묘제로서의 특성을 지니고, 성좌도는 이들 공동체가 하늘의 질서와 사회적 질서를 연결하고, 하나의 문화적 아이덴티티를 형성하는 상징적 역할을 했을 가능성도 있다.

고인돌에 그려진 성좌도를 둘러싼 논쟁의 핵심은 별자리의 실제 천문학적 의미와 그 상징적·종교적 의미에 대한 해석 차이이다. 일부 학자들은 이를 실제 별자리로 해석하고, 고대 사람들이 천체 관측을 통해 실용적인 목적을 가졌다고 주장하는 반면, 다른 학자들은 이를 종교적 상징으로 해석하며, 고인돌이 영혼의 세계로의 여행이나 신성과의 연결을 나타낸다고 본다.

결론적으로 고인돌에 그려진 성좌도의 해석은 천문학적·종교적·문화적 측면이 복합적으로 얽혀 있는 복잡한 문제이다. 성좌도가 실제로 별자리를 나타내는 천문학적 기호인지, 아니면 하늘과 인간의 연결을 상징하는 종교적 상징물인지에 대한 논란은 계속되고 있다. 그럼에도 불구하고, 성좌도는 고대 한국인들의 천문학적 지식과 종교적 세계관, 그리고 사회적 구조를 이해하는 데 중요한 열쇠로 여겨지고 있으며, 앞으로도 고인돌 연구와 함께 지속적으로 논의될 주제이다.[141]

전술한 바대로, 최근에 지리학자인 이병렬 선생은 문화·역사·지리의 시선으로 독창적으로 고인돌 연구서를 내놓았다. 그의 저서, 『하늘의 길 고인돌에 새기다』(2025)는 단순히 고인돌 연구성과를 정리한 책이 아니라, 인간이 우주를 어떻게 인식하고, 그 인식을 어떻게 삶의 자리 위에 투영해왔는지를 추적하였다. 고인돌은 "지리적 유산"이자 "천문적 유산"인 동시에 "정신적 유산"이었다. 거석은 단순한 구조물이 아니고, 인류가 하늘을 바라보며 삶을 조율해온 우주인 고인돌은 단지 죽은 자의 무덤이 아니었다. 그것은 선사인이 별을 보고 삶의 방향을 새긴 하늘의 지도였다. 위 책은 고 인돌에 대한 기존 통념에 정면으로 도전하는 역작으로, 선사시대 한반도인의 천문지 리적 인식과 공간철학, 우주관과 자연관을 입체적으로 복원한다. 이 책은 고인돌을 통해 한민족의 문화적 뿌리와 세계관, 그리고 우주적 인식의 깊이를 되새기게 한다. 동시에 단절된 과거의 조각을 잇는 문화적 복원이며, 인류사의 공간철학을 새로 쓰는 작업이기도 하다.[142]

이런 맥락에서 윤병렬의 고인돌의 성좌도 연구는 철학적 접근이라는 점에서 독보 적이다. 그러나 다른 관점에서의 논쟁적인 연구들을 참조하여 후학들이 더 많은 데이 터와 연구들을 통해 더 심화되고 보편타당한 연구로 발전시켜야 할 것이다. 특히 앞 으로의 과제는 동아시아 학자들이 한국의 고분벽화와 고인돌의 성좌에 대한 연구들 과 동아시아 문화에 대한 권위있는 외국학자들 및 동아시아 학자들의 연구들, 말하자 면 타자의 시선에서 본 한국고대문명에 대한 시선들에 대한 분석적·종합적·비판적 연구를 계속 이어갈 수 있어야 할 것이다.

윤병렬은 위와 같은 연구들을 통해 한편으로는 한국의 민족문화의 원형과 민족정 체성을 찾고자 했다. 다른 한편으로 그것들이 보편성의 차원에서 논의될 수 논리와 정당성을 확보하고자 했다. 이런 과정 속에서는 항상 "특수 vs 보편의 문제"와 "문화 국수주의 vs 코스모폴리타니즘"의 긴장과 간극의 논쟁점이 생긴다.

잘 알려져 있듯이, 보편주의는 글자 그대로 개별적으로 차이가 있는 것이 아니라, 모 든 것에 두루 적용될 수 있는 보편적 가치와 원리가 있다는 철학적 신념이다. 우리가 모두 자유와 평등을 추구하고 인권과 인간존엄을 믿는 한, 보편주의는 필연적으로 요 청된다. 칸트는 말하기를, "모든 사람에게 이성은 평등하게 주어져 있다"고 했다. 「세 계시민적 관점에서 본 보편사의 이념」에서 "자연이 해결하도록 강요하는 인류의 가장 큰 문제는 보편적으로 법을 집행하는 시민사회의 성취이다." 갈등과 충돌로 표현되는 인간의 반사회성에도 불구하고 아름다운 질서와 평화를 만드는 것은 바로 보편주의이 다. 우리가 공간적으로 제한된 지구에 더불어 살기 위해서는 우리의 삶과 행위를 인도 할 수 있는 하나의 별로서 보편주의가 필요하다. 비서구인의 관점은 서양의 관점에서 보면, 특수하고 상대적이고 우연적인 것에 불과하니까 제거해야 할 대상이 된 것이다.

여기서 문제가 되는 것은 보편주의가 서구중심주의라는 것과 동일시되고 있다는 것이다. 21세기의 보편주의는 다양성을 억압하는 절대적 보편주의가 아니라, 다양성을 포용하는 열린 보편주의가 되어야 한다. "자신의 문화, 관심, 이해관계, 역사적 규범에 묶여있는 사람은 결코 다른 사람과 공존할 수 있는 보편주의를 추구하지 못한다. 이런 점에서 보편주의는 우리가 구속된 문화적 한계를 뛰어넘는 것을 의미한다."[143]

오늘날 보편주의와 부딪히는 "정체성 정치"(identity politics)의 논변이 있다. 정체성 정치의 핵심은 "우리"라는 소속감이다. 여성운동, 민권운동, 탈식민운동을 통해 강화된 정체성 정치는 보편주의로 위장한 서구의 이데올로기에 대항하는 강력한 수단으로 등장한다. 그동안 억압받고 배제된 소수집단의 권리를 보장하기 위해 도입된 "정체성 정치"는 보편주의를 명시적으로 반대하는 것처럼 보인다. 그것은 모든 사람에게 적용되는 보편적 가치보다는 성, 젠더, 종교, 장애, 민족, 인종, 성적 지향, 문화 등 공유되는 집단 정체성을 기반으로 배타적인 정치동맹을 추구한다. "우리 이스라엘인"은 유대인이 아닌 사람들을 배제하고, "우리 한국인"은 자신의 정체성을 확보하기 위해 끊임없이 반일과 반중과 반미와 같은 배제의 정치를 실현한다.

이런 논의에서 한국인으로 귀화한 자세 교수(W. Sasse)의 한국문화의 유행에 관한 유의미한 일침도 우리는 뼈아프게 받아들여야 한다. 그는 "민낯이 예쁜 코리안"에서 자기문화에 대한 무관심과 애정이 없는 한국인들을 비판한다. "자기 문화를 그리 좋아하지도 깊이 관심 갖지도 않으면서 무작정 한국이 최고라고 우긴다." 그리고 그는 오늘날 한류열풍과 K-culture의 부박(浮薄)함을 비판하면서, 한국문화의 정수와 깊이에 대한 관심과 공부를 요청하고 있다. "미안하지만, 유럽 지식인 사회에서 한류는 갑자기 부자가 된 한국이 막대한 돈을 투자해 집중적으로 만들어낸 일종의 '오락'으로 인식된다. 한류가 오락이 아니라 문화가 되려면 한국인이 자신의 오랜 역사와 문화부터 관심을 갖고 공부해야 한다."[144]

자신의 정체성과 고유성을 긍정하고 지키면서도 세계시민으로서의 열린 보편주의를 지향하는 모범적 사례를 윤병렬의 치열한 작업으로부터 확인할 수 있다. 그는 그것을 위해 좌고우면하지 않고 일생동안 진력했다. 그는 오늘날 한국인 학자들이 본받아야 할 사표로서 평가받기에 충분하다고 여겨진다. "나라와 민족을 부정하는 사람은 뽐낼 장기가 없는, 근본 없는 노예나 뜨내기일 뿐입니다. 자신의 고향을 버린 사람이 아니라, 고향을 세계에 알리는 사람이 진정한 코스모폴리탄의 자격이 있습니다."[145]

마지막으로 윤병렬의 작업가설로 남은 문제는 우리 역사에서 가장 논란이 많은 선사시대 및 상고사 해석문제이다. 그의 철학이 남긴 논쟁점에 대해서는 후학들의 더 정교하고 심화된 연구들을 통해 확실한 논거가 보완되고 미해결 문제에 대한 입증이 필요할 것이다.

1) H. Norberg-Hodge, 김종철, 김태연역, 『오래된 미래』, 녹색평론사, 2005. 20쪽.
2) 이 책의 부록에 실려있는 김재철 선생의 리뷰 참조.
3) 윤병렬, "고분벽화 고인돌에 새겨진 '고대 한국인의 지혜' 놀라워요" 한겨레, 2020. 5.10.
4) 윤병렬, 『고구려 고분벽화에 담긴 철학적 세계관─한국고대철학의 재발견』, 18쪽. 참조. 전동진, 『롬바흐의 그림철학』, 하이데거 연구 제7집, 한국 하이데거학회 2002. 20~21쪽.
5) H. Rombach, *Leben des Geistes*, Freiburg/ Basel/ Wien 1977. 65쪽.
6) 윤병렬, 『고구려 고분벽화에 담긴 철학적 세계관─한국고대철학의 재발견』, 7쪽 이하.
7) 같은 책, 6쪽 이하.
8) 같은 책, 9쪽.
9) 이병렬, 『하늘의 길, 고인돌에 새기다』, 홀리데이북스, 2025, 309쪽.
10) 박희병, 『통합인문학을 위하여』, 돌베개, 2020. 127쪽.
11) 같은 책, 133쪽.
12) 교수신문(http://www.kyosu.net) 2025. 5.13 저자가 말하다(이병렬 지음, 『하늘의 길 고인돌에 새기다』, 홀리데이북스, 2025.), 「삶과 죽음을 잇는 '거석 코드'」
13) 이병렬, 위의 책, 424쪽.
14) 교수신문(http://www.kyosu.net) 2025. 5.13 저자가 말하다(이병렬 지음, 『하늘의 길 고인돌에 새기다』, 홀리데이북스, 2025.)
15) 문학뉴스(http://www.munhaknews.com) 2025. 4. 8. '하늘의 길─고인돌에 새기다'···이병렬박사, 선사우주관의 비밀을 밝히다.
16) 이병렬, 위의 책, 424쪽.
17) 윤병렬, 「선사시대 고인돌의 성좌에 새겨진 한국의 고대철학」, 67쪽 이하.
18) H. Rombach, *Leben des Geistes*, 8쪽. 참조, H. Rombach, 전동진 옮김, 『아폴론적 세계와 헤르메스적 세계』, 340쪽 이하.
19) 윤병렬, 「청동거울에 새겨진 사신도 세계관에 대한 현상학적 이해」, 133쪽.
20) 같은 논문, 134쪽 이하.
21) 윤병렬은 태국의 푸껫(Phuket)에 위치한 피피섬을 두 번 여행하고서 다음의 논문을 작성했다. 「피피섬에 개현되는 피지스와 장소성의 사유 ─여행의 철학을 위한 한 행보─」, 존재론 연구 제35집, 한국하이데거학회. 2014.
22) 박희병, 위의 책, 113쪽.
23) 같은 책, 62쪽.

24) 같은 곳.

25) 이한구, 「융합은 시대정신이다」, 철학과 현실 제 84호, 철학문화연구소, 2010. 20쪽 이하.

26) 윤병렬, 『하이데거와 도가의 철학』, 27쪽 이하.

27) 같은 책, 29쪽.

28) B. Waldenfels, "Erfahrung des Fremden in Husserls Phänomenologie", in Phänomenologische Forschungen 22, Hamburg 1989. 46쪽.

29) 윤병렬, 미발표 원고, 참조. 윤병렬, 「21세기 사고모형으로서의 주체 개념: 정보화 사회의 주체와 기연적 주체 및 헤르메스적 주체」, 철학과 현상학 연구 제46집, 한국현상학회 2010.

30) 옴팔로스(Omphalos)는 "세계의 배꼽"이란 뜻으로 그리스의 델포이에 있는 신성한 돌을 말한다. 고대 그리스인들은 델포이가 세계의 중심이라고 여겼다.

31) 전동진교수가 번역한 롬바흐의 『아폴론적 세계와 헤르메스적 세계』의 원래 제목은 "Welt und Gegenwelt"(『세계와 반대세계』)이다. 여기서 "세계와 반대세계"란 내용적으로 다름 아닌 "아폴론적 세계와 헤르메스적 세계"이다.

32) Platon, Epinomis, 975a~975d, Platon, 천병희 역, 『법률(Epinomis)』, 숲 2016. 참조. Platon, Politikos, 260c~260e. Platon, 박종현 역, 『국가·정체』, 서광사, 2005.

33) Platon, Epinomis, 975c 참조.

34) 롬바흐는 아폴론적 문화가 구현된 인식과 과학이 인류의 지배이념으로 등극하여 "논란의 여지가 없는 승리의 행진"을 구가하고 "처음에는 단지 지중해의 문화들을, 나중에는 전 세계를 정복했다"고 지적한다. 나아가 "모든 세계는 과학을 받들어 섬기며, '인식'이 등장하면 저항 없이 꼬리를 내린다"고 타진한다.(H. Rombach, 『아폴론적 세계와 헤르메스적 세계』, 172쪽 참조).

35) 같은 책, 176쪽.

36) 베버(M. Weber)가 "세계의 탈미신화"와 비신화화 현상을 지극히 긍정적으로만 파악하여 이를 마치 서구 합리성의 승리로 극찬한 것에 반해 호크하이머와 아도르노는 『계몽의 변증법』(Dialektik der Aufklärung, Frankfurt a. M. 1969, 17쪽)에서 합리성과 과학에 바탕을 둔 계몽이 신화나 미신을 몰아내었지만, 결국 자신이 이 자리에 올라앉았음을 밝혀주고 있다. 이러한 과학과 계몽은 스스로 재판관이 되어 제우스처럼 징벌을 일삼고 있는 것이다. 과학과 계몽의 왕 노릇은 그러나 오늘날 전 지구의 황폐화(환경위기와 생태계의 파괴, 가치관의 전도현상)와 물질문명중심주의를 야기하고 말았다.

37) J. Ritter(hrsg.), Historisches Wörterbuch der Philosophie, Bd. 2, Artikel 'Hermeneutik' 참조, Basel/Stuttgart 1972. J. Grondin, Einführung in die philosophische Hermeneutik, Darmstadt 1991. 24쪽 이하. 참조. R. Palmer, 이한우 옮김, 『해석학이란 무엇인가』, 문예출판사, 2001, 34쪽 이하 참조. O. Pöggeler, 박순영 옮김, 『해석학의 철학』, 서광사, 1993, 17쪽 이하. 참조. M. Heidegger, Unterwegs zur Sprache, Stuttgart 1993, 121~122쪽 참조.

38) R. Palmer, 『해석학이란 무엇인가』, 35쪽 이하. 참조.

39) Platon, Epinomis, 975a~975d, Politikos 260c~260e. 참조.

40) M. Heidegger, Holzwege, Frankfurt a.M. 1980, 265~266쪽. 참조.

41) 같은 책, 265~269쪽. 참조.

42) 원문: "Nur noch ein Gott kann uns retten."(Der Spiegel, 제30권 23호)

43) H. Rombach, 『아폴론적 세계와 헤르메스적 세계』, 156쪽 참조.

44) 같은 책, 155쪽.

45) 같은 책, 9쪽. 참조.

46) 같은 책, 44쪽.

47) 물론 헤르메스의 세계가 근대에서부터 처음 생긴 것은 결코 아니다. 롬바흐는 호메로스의 시대에 이 헤르메틱이 생생하게 살아 있었다고 한다(H. Rombach, 위의 책, 47쪽 참조.) 롬바흐는 호메로스가 헤르메스를 "신들 가운데 인간에게 가장 호의적인 신"이라고 지적한 것을 언급한다(같은 책, 54쪽. 참조.)

48) 같은 책, 45쪽.

49) 같은 곳.

50) 롬바흐는 그의 저서 『도래하는 신』에서 "새로운 세계관"으로서의 헤르메틱(Hermetik)을 집중적으로 논의하고 있다. H.

Rombach, *Der kommende Gott: Hermetik-eine neue Weltsicht*, Freiburg 1991.

51) 롬바흐도 "아폴론적 원리의 기치 아래 유럽은 문화적 세계지배를 시작했다."고 지적한다(H. Rombach, 위의 책, 103쪽).

52) 같은 곳.

53) 같은 책, 183쪽.

54) I. Kant, 『순수이성비판』의 머리말 BXII/XIII. 여기선 H. Rombach, 위의 책, 182~183쪽. 참조.

55) H. Rombach, 위의 책, 189쪽.

56) 같은 곳.

57) 롬바흐는 그의 저서들인 『도래하는 신』과 『아폴론적 세계와 헤르메스적 세계』, 『구조존재론』(Strukturontologie), 『실체 체계 구조』(Substanz System Struktur), 『현재적 의식의 현상학』(Phänomenologie des gegenwärtigen Bewuß tseins) 등에서 "헤르메틱이 하나의 새로운 세계관"(Hermetik — eine neue Weltsicht)이 됨을 역설한다.

58) 롬바흐의 제자인 한국의 전동진교수도 롬바흐가 "고대 그리스의 헤르메스와 아폴론 신화의 철학적 재해석을 통해 헤르메스적 원리를 철학적으로 재구성하는 '철학적 헤르메틱'을 시도한다"고 언급하고서 롬바흐에게서 헤르메스적 원리야말로 "신들이 밤을 맞이하고 모든 이성체계가 좌초한 지금, 인류를 구원할 수 있는 하나의 진정한 대안적 문화 원리"가 된다고 파악한다(전동진, 『생성의 철학』, 서광사, 2008, 7쪽).

59) H. Rombach, 위의 책, 40쪽. 참조.

60) 같은 책, 41쪽.

61) 같은 책, 159쪽 이하. 참조.

62) 같은 책, 103쪽 이하. 참조.

63) 같은 책, 45쪽.

64) 이를테면, 기원전 520년경에 창작된 것으로 추정되는 숫양을 나르고 있는 헤르메스의 청동상은 좋은 보기이다.(보스턴 미술관 소재)

65) H. Rombach, 위의 책, 59쪽, 61쪽. 참조.

66) 들뢰즈(G. Deleuze)는 1972년 7월 프랑스 파리의 세레지라살(Cerisy-la-salle)에서 열렸던 니체 콜로키움(주제: "오늘의 니체는?")에서 「노마드적 사고」(Pensée nomade)라는 논문을 발표하면서 유목주의(Nomadisme) 철학을 선보였는데, 물론 이때는 정보문화와 정보사회를 통해서가 아니라 니체의 반-철학을 재해석하면서였다. 그는 전통의 철학을 정주의 철학으로 규명하였고, 그의 유목주의 철학은 이 정주의 철학에 대항하기 위해서였다.

67) 오늘날 "유럽연합"이라고 하는 EU는 하나의 좋은 시범단계로 여겨진다. 여긴 긍정적이고 부정적인 요소가 동시에 들어있다. 그것은 EU에 포함된 국가들을 고려하면 반-전체주의적이고 노마드적 모습을 목격하나, 이와 반대로 EU 밖의 나라들에 대해서라거나 반-EU에 대해 또한 EU의 경제블록화에 대해서라면, 그것은 또 다른 유형의 전체주의를 배태하게 된다.

68) 이광래, 『해체주의와 그 이후』, 열린책들, 2007, 184쪽. 참조.

69) H. Rombach, 위의 책, 90쪽. 참조.

70) 티에폴로의 그림 "헤르메스"는 날아다니면서 많은 일을 하고 있는 헤르메스의 모습을 잘 드러내고 있다.

71) H. Rombach, 위의 책, 88쪽. 참조.

72) 이경덕, 『우리 곁에서 만나는 동서양 신화』, 사계절, 2006, 203쪽.

73) H. Rombach, 위의 책, 44쪽. 참조.

74) 이를테면 고르키(Arshile Gorky), 폴록(Jackson Pollock), 드 쿠닝(W. De Kooning), 뒤뷔페(Jean Dubuffet), 볼스(Wolfgang Wols), 바자렐리(Victor Vasarely) 등이 앵포르멜의 예술사조에 속한 이들이다.

75) 특히 백남준의 "TV부처"는 동서양의 융합사상을 잘 드러내고 있다.

76) H. Rombach, 위의 책, II장(헤르메스)- III장(은폐되어 있는 신) 참조.

77) 같은 책, 13쪽.

78) 같은 곳.

79) 老子, 남만성 역, 『노자 도덕경』, 을유문화사, 1970. 제2장.

80) 이를테면 니체의 "모든 가치를 뒤집는 것(Umwertung aller Werte)".

81) H. Rombach, 위의 책, 270쪽.

제4부 "윤병렬 철학"의 의의와 평가

82) 동물의 세계에서 혹은 동물의 진화과정에서 일어나는 현상을 인간과 우주의 보편적 법칙으로 얽어매어서는 안 된다. "정의는 강자의 이익이다"고 외친 트라시마코스(Thrasymachus)(플라톤, 『국가』, 제1권 참조)를 비롯한 소피스트들의 주장을 보편적 법칙으로 세울 수는 없는 것이다.

83) H. Rombach, 위의 책, 35쪽.

84) 같은 곳.

85) F. Novalis, 이유영 역주, 『밤의 찬가』(Hymnen an die Nacht, 독일어+한국어), 민음사, 1976. 참조.

86) M. Heidegger, "Vom Wesen der Wahrheit", in *Wegmarken*, Frankfurt a.M. 1978, 191쪽.

87) 같은 곳. M. Heidegger, Holzwege, Frankfurt a.M. 1980, 40쪽, 47쪽, 365쪽 참조. M. Heidegger, *Der Satz vom Grund*, Pfullingen 1986, 113쪽 이하. 참조.

88) F. Novalis, 위의 책, 제4찬가 참조. 여기서 밤은 창조적인 세계의 어머니로 파악된다. 오히려 낮은 밤의 품속에 있으며, 밤이 보호하고 지켜주지 않으면 소멸해버리는 그런 세계이다.

89) 老子, 위의 책, 제40장.

90) H. Rombach, 위의 책, 38쪽~39쪽.

91) 이 아이가 의술의 신 아스클레피오스(Asclepius)이다.

92) 여기선 H. Rombach, 위의 책, 161쪽. 참조.

93) 같은 책, 167쪽.

94) W. Weischedel, *Die philosophische Hintertreppe*, München 1980, 21쪽 이하. 참조.

95) H. Rombach, 위의 책, 277쪽. 참조.

96) 같은 책, 201쪽, 255쪽, 273~275쪽. 참조. 롬바흐도 여기서 동양적 특별한 사유방식을 언급하고, 이를 헤르메스적 문화와 관련짓고 있다.

97) 플라톤은 이데아의 세계에 대한 통찰이 "아주 힘들게 보여진다"(mogis horasthai)(『국가』, 517b~c.)고 하며 혹은 "신적인 도움이 동참하는 사건이다"(theia moira)고까지 역설한다. 그러나 일단 원리적으로 불가능한 것은 아니어서, 이 이데아의 세계는 이 세계에 대해 통찰할 능력을 갖춘 영적인 눈을 가진 사람에게 계시되는 것이다.

98) 윤병렬, 미발표원고. 참조. 윤병렬, 「21세기 사고모형으로서의 주체 개념: 정보화 사회의 주체와 기연적 주체 및 헤르메스적 주체」, 철학과 현상학 연구 제46집, 한국현상학회 2010.

99) R. Descartes, passionibus animae, I, 31~41: 여기선 J. Hirschberger, *Geschichte der Philosophie II*, Freiburg 1991, 115쪽 참조.

100) 말브랑슈는 그의 기연주의를 통한 데카르트와의 대결을 다음의 두 저서에서 대대적으로 전개하고 있다. N. Malebrance, *The Search after Truth*, Thomas M. Lennon and Paul J. Olscampedited (ed.) Cambridge University Press 1997, ix, xix, 3~4, 20, 59, 76~77, 101~102, 112~113, 118~119, 223~225, 338~339, 447~451, 621~622, 669~670 참조. N. Malebrance, *Philosophical Selection*, Steven Nadler(ed.) Indianapolis/Cambridge 1992, 92~144(Occasionalism). 참조.

101) 기연주의를 펼친 클라우베르크(J. Clauberg), 드 라 포르즈(Louis de la Forge), 꼴데모아(Gerauld de Cordemoy), 괼링크스(Arnold Geulincx), 말브랑슈(Nicole Malebrance) 등은 원래 대부분 데카르트의 지지자이거나 친구였으나, 그러나 여기 나열된 첫째 명제와 같이 데카르트의 이원론적 상호작용론엔 동의하지 않았다: J. Hirschberger, Geschichte der Philosophie II, 122~130쪽. 참조.

102) J. Ritter(hrsg.), *Historisches Wörterbuch der Philosophie*, Basel/Stuttgart 1984, 1090~1091쪽. 참조.

103) J. Hirschberger, *Geschichte der Philosophie II*, 22쪽 이하 참조. 또한 인터넷 사이트 http://de.wikipedia.org/wiki/Okkasionalismus 참조.

104) J. Hoffmeister, *Wörterbuch der philosophischen Begriffe*, Hamburg 1955, 442쪽 참조. 이광래, 『프랑스철학사』, 문예출판사, 1999, 72~75쪽. 참조.

105) 서양근대철학회 편, 『서양 근대철학의 열가지 쟁점』, 창작과 비평사, 2004, 253~258쪽. 참조.

106) 데카르트의 이원론적 상호작용론을 극복하기 위해 라이프니츠는 "예정조화설(die prästabilierte Harmonie)"을 주장하였는데, 그에 의하면 신이 만물을 창조할 때 정신과 육체의 조화가 예정되어 있다는 것이다. 또 스피노자도 데카르트의 이원론에 반대하였는데, 그는 "심신 평행론(der psychophysische Parallelismus)"을 내세워 정신과 육체가 한 기본실체의 두

속성이라 하여 일원론의 입장을 취하였다.

107) 특히 헤지오도스(Hesiodos)의 『신통기』(Theogonia)에는 코스모스의 창조가 카오스로부터 발원되었다고 한다.

108) 소흥렬, 『논리와 사고』, 이화여자대학교출판부, 2003, 30~31쪽.

109) G. W. F. Hegel, *Die Vernunft in der Geschichte*, G. Lasson(hrsg.), Hamburg 1955(5. Aufl.), 29쪽.

110) O. Marquard, *Apologie des Zuffälligen*, Stuttgart 2008, 118쪽.

111) O. Marquard, 같은 책, 121쪽. 저자는 하이데거의 "죽어야 하는 존재(Sein zum Tode)"를 인용하면서 "대체할 수 없이 (unvertretbar)" 죽어야 하는 인간의 운명은 지극히 제한된 시간 때문에 선택을 하는 데에도 제한을 받을 수밖에 없고, 의도한 바를 다 해결할 수도 없음을 언급한다(O. Marquard, Abschied vom Prinzipiellen, Stuttgart 1982, 16쪽 이하. 참조).

112) O. Marquard, *Abschied vom Prinzipiellen, vom Prinzipiellen*, 17쪽. 참조.

113) 같은 책, 18쪽 참조. 마르크바트가 지적하듯이 원리적인 것은 유구하지만, 삶은 짧다. 이런 우리의 삶으로 원리적인 것의 승인을 마냥 기다릴 수는 없다. 우리의 죽음은 원리적인 것보다 더 빨리 일어난다.

114) Aristoteles, *Erste Analytik*, E. Rolfes(trans.), Leipzig 1922, I 13, 32a. 참조.

115) O. Marquard, 위의 책, 118쪽. 참조.

116) Aristoteles, *Metaphysik*, H. Bonitz((trans.), Hamburg, 1984. 1025a 14~34, 특히 16~17쪽과 25~27쪽. 참조.

117) 같은 곳. 참조.

118) 같은 곳. 참조.

119) Aristoteles, *On the Heavens*, W. K. C. Guthrie(trans.), Havard University Press 1939. 2권 11장, 291b 참조.

120) O. Marquard, 위의 책, 118, 121쪽 참조.

121) 같은 책, 119쪽.

122) 같은 곳.

123) 같은 책, 128쪽.

124) 같은 곳.

125) O. Marquard, 위의 책, 129쪽.

126) 같은 곳, 참조.

127) 이를테면 말레비치(K. S. Malevich)의 「흰 배경 위에 흰 사각형」, V. 타틀린의 「구석의 부조」, N. 가보의 「선적 구성의 변형」, Th. 반 되스부르그의 「구성 XII」, J. 알버스의 「사각형들에 대한 경배」 등이다.

128) 세계 제1차 대전 중 스위스의 취리히에서 일어나 1920년대 유럽 전역으로 확대되고 성행된 다다이즘은 모든 사회적이고 예술적인 전통을 부정하고 반이성, 반도덕, 반예술을 표방하는 미학운동이었다. 이 다다이즘엔 브르통, 아라공, 엘뤼아르, 뒤샹, 아르프 등이 참여했는데, 나중에 초현실주의에 흡수되었다.

129) 뒤샹(M. Duchamp)의 「샘」, J. 아르프의 「우연의 법칙에 따라」와 S. 베케트의 「고도를 기다리며」 등을 당대와 전래의 미학적 원리에 대한 부정적 허무주의적 경향을 잘 드러내고 있다.

130) 박일호, 『감성으로 보고 이성으로 읽는다』, 삶과 꿈, 2004, 164쪽. 참조.

131) 같은 책, 168쪽.

132) 같은 책, 178쪽.

133) 같은 책, 180쪽.

134) 같은 책, 205쪽 이하. 참조.

135) https://openai.com/index/chatgpt 참조.

136) 참조. 정형민, 『한국현대미술의 모색-해방 후부터 1970년대까지』, 서울대학교출판문화원, 2024, 283~293쪽.

137) 고유섭, 「조선문화의 창조성:공예편」, 『한국미술문화사논총』 통문관, 1966. 11쪽.

138) 같은 책, 124~125쪽.

139) 윤희순, "고구려벽화에 대한 소감", 「풍토양식과 민족성」 『조선미술사 연구: 민족미술에 대한 단상』, 동문선, 1994, 222쪽.

140) 같은 책, 25쪽.

141) https://openai.com/index/chatgpt 참조.

142) 문학뉴스(http://www.munhaknews.com) 2025. 4. 8. '하늘의 길-고인돌에 새기다'…이병렬박사, 선사우주관의 비밀을 밝

히다.

143) 특집좌담, 「21세기, 보편주의는 아직 가능한가?」, 철학과 현실 제 142호, 가을호, 철학문화연구소, 2024. 8쪽.
144) 조선일보, "베르너 자세(W. Sasse)와의 월요 인터뷰." 2024. 12.9. A30.
145) 이승종, 위의 책, 271쪽.

철학에 헌정된 삶
- 삶이 작품이 되다 -

　필자는 독일유학 시절에 가깝게 지내던 선배님 한분의 박사학위축하연(1987년)에 초대되어, 본(Bonn)대학교에서 그분의 소개로 윤 선생을 처음 만나게 되었다.[1] 그리고 우리는 귀국해서 동일한 전공분야의 철학도로서, 그리고 절친한 학문적·신앙적 도반(道伴)으로서 각별한 우정을 쌓아왔다. 여기서 도반이란 인생의 길을 함께 하는 뜻 맞는 친구, 같은 목표를 공유하는 동료, 정신적 성장이나 성숙을 돕는 파트너, 인생의 여정을 더욱 풍요롭게 만드는 동반자라는 뜻이다. 일찍이 율곡 선생은 학문함에 있어서 도반의 중요성을 다음과 같이 피력하였다. "도리를 전하고 의문을 풀어주는 일은 비록 스승에게 있지만, 서로 가까이서 배움을 갈고 닦으며 인(仁)을 돕는 일은 실로 친구에게 힘입는다."(이이, 『학교모범』) 우리는 나이도 같고, 전공도 같고, 유학동기와 과정도 비슷하고, 신앙고백도 같아서 쉽게 친구가 되었다. 가장 가까이에서 그와 학문적 담론과 인간적 친교와 우정을 30여년 동안 나누었던 학문적 동료이며 신앙의 길동무로서 필자는 그의 삶과 사상의 증인의 역할을 자청하였다.

　윤 선생은 누구나 쉽게 모방할 수 없는 특별한 철학적 상상력을 지니고 있었다. 그야말로 시공의 장벽, 장르의 경계, 분과학문의 담, 텍스트의 경계를 횡단할 수 있었던 그의 실험적이고 도발적인 모험은 저러한 상상력에서 나왔다. 오늘날 까지 많은 사람들에게 사랑받는 사람들은 대체로 경계를 넘나드는 창발적인 모험정신을 가진 분들이었다. 그러면 저러한 상상력의 원천은 무엇인가? 바로 그의 내면 속에서 분출하는 진리를 연모하는 "사랑의 힘"과 뭇 존재가 발하는 찬연한 광휘(光輝)에 대한 "심미적 감수성", 즉 철학함의 동인인 "놀라움(경이, thaumazein)"에서 연유한다고 여겨진다.

무엇보다도 윤 선생은 철학적 지혜와 예술을 사랑하면서 살아왔다. 마치 하늘에서 지상으로 추방되어 부러진 우리의 영혼의 날개는 진리와 아름다움의 목초를 먹고 자란다는 플라톤의 말을 입증이라도 하듯이. 모름지기 철학과 예술의 기원은 사랑이다. 그는 지혜사랑인 철학, 언어예술인 시, 소리예술인 음악, 색의 예술인 미술과 순간의 미학인 사진예술을 좋아하고 사랑했다. 그는 소싯적부터 하늘, 태양, 구름, 저녁노을, 별, 은하수, 바다, 강, 산, 식물, 화초, 바위 등의 자연을 사랑했다. 자연의 아름다움이 직접적인 관심사가 되는 사람에게는 적어도 선한 도덕적 심성의 소질이 있다고 하지 않던가! 거칠고 녹록치 않았던 철학도의 삶에도 불구하고, 그의 선한 인품과 삶은 이 책의 부록에 실린 많은 친구들과 동료들의 추모글과 기림글에서 증언되고 있다.

윤 선생은 또한 한국적인 것, 즉 한국의 문화, 역사, 전통, 전설, 민담, 해학, 고인돌, 고분벽화, 황검보검, 수막새, 청동거울, 대금, 탈춤, 판소리 등을 좋아하고 사랑했다. 그가 한국적인 것을 좋아한 이유는 한국인으로서의 문화적 자긍심이 있었거니와 한국인으로서의 자기존재 및 정체성에 대한 강한 긍정이 있었기 때문이다. 그는 자신이 속한 고유한 역사와 문화적 뿌리와 그 네트워크에 연결된 관계적 존재임을 결코 잊지 않았다. 말하자면 한국인으로서 나의 정체성은 내가 속한 역사문화공동체의 정체성과 내적으로 연결되어 있다. 따라서 후자의 정체성의 확보가 "나"와 "한국인"의 정체성 발견을 위한 선결과제이다.

나아가 그는 서양사상의 원류인 헬레니즘과 헤브라이즘 그리고 도가사상과 불교, 특히 독일의 문학, 음악, 철학, 신학 등도 좋아했다. 이는 그가 문화적 국수주의에 매몰되지 않았고 타문화 및 타종교와의 대화에도 열려 있었다는 증거이다. 그는 누구보다도 닫힌 문화국수주의나 야만적인 문화제국주의를 경계했다. 그는 "한국 속의 한국인"이 아니라, "세계 속의 한국인"이 되고자 하였다. 이 모든 자신이 좋아했던 것들을 작품들 속에 구현하고자 평생 분투하며 살았다. 누군가 자신이 좋아하고 사랑하는 것을 위해 평생을 바칠 수 있다면, 그러한 삶의 여정은 보람있고 아름답고 더 없이 행복한 것임에 틀림이 없다.

윤 선생의 평생의 삶에서 그때그때마다 인생살이의 오르막을 쉬임없이 올라가야만 했던 시련과 고초는 있었어도, 그것에 굴하지 않고 의연하게 철학자의 길을 갔으며, 철학적 소명의식을 가지고 자신만의 웅혼(雄渾)한 사유를 꽃피웠다. 그는 서양철학을 깊이 이해하여 자기 것으로 삼아서 자신의 철학을 양조해내었다. 말하자면 서양철학을 도구로 삼아서 한국고대철학의 재발견을 통해 한국인의 "심층문화적 알고리즘"을 찾고자 했다. 선사시대의 그림과 문양(文樣)은 당대인들의 "생각의 지문(指紋)" 혹은 당대의 "문화의 거울"일 수 있다. 따라서 문자가 없던 선사시대의 예술적 그림이나 문양 그리고 유물들("정신의 외화")을 통해 우리 전통문화의 정체성 및 정신문화의 원형도 읽어낼 수 있어야 한다는 것이 그의 지론이었다. 이것은 아무나 해낼 수 있는 쉬운 일이 아니라, 구도적 삶에 바탕을 둔 치열한 학문적 수행과 부단한 절차탁마(切磋琢磨)의 결과이다.

윤 선생의 내면에는 남다른 민족애와 조국애가 지하수로 흐르고, 표면에는 철학적 문맥으로 자신만의 학문적 성곽을 구축하였다. 그는 공부에 목숨을 걸었거니와 학자에게 제일 필요한 것은 절대적 공부량임을 그의 삶과 작품을 통해 보여주었다. 그것을 바탕으로 비로소 창조적 사고도 생기는 것이다. 그런 작업을 통해 한국인의 사유의 심층인 "보살핌의 세계관", "생존의 미학", "융합적인 사고"를 밝혀내어 선양하고자 진력하였다.

윤 선생은 오래된 지역적인 한국문화가 세계인이 지향해야 할 미래적 가치와 부합할 수 있다고 생각하였다. 그는 "세계 속의 한국인"으로서 살고자 했고, 한국문화를 발생하게 만든 삶의 토대, 즉 "아직 인식되지 못한 토대"(terra incognita)를 세계에 알리고자 한 "한국인 코스모폴리탄"(korean cosmopolitan)으로 살았던 것이다. 그에게는 철학적 앎과 삶 사이에 통풍과 회통이 끊이지 않았다. 그는 고유한 역사적·문화적 삶의 경험에 바탕을 둔 크로스오버철학자, 상호문화철학자, 글로컬철학자, 융합인문학자이다.

이제 윤 선생의 삶과 사유의 편력이 남긴 주요한 몇가지 교훈들을 정리해보고자 한다. 비록 우리의 인생사가 녹록치 않고, 인생행로에 예기치 못한 장애물들이 생기더라도, 자신의 내면의 꿈과 지향을 결코 포기해서는 안된다. 그 꿈을 향한 집념과 함께 자신에 대한 신뢰와 부단한 학문적인 연찬(研鑽)이 필요하다. 설사 인생여정에서 불공평하고 불편한 상황에 처하더라도, 끊임없이 자신의 환경을 바꿔나갈 수 있는 주도적인 인생기획력과 변환력이 요구된다. 또한 출구가 보이지 않는 절망과 한계상황 속에서도, 그것들을 상대화시킬 수 있는 내면의 힘인 인생관과 가치관이 필요하다. 더욱이 무한에 비해 인생은 유한하고, 영원한 가치에 비해 지상의 것은 무상할 수 있다는 탈세속적 · 초월적인 신앙관이 필요하다.

윤 선생이 남긴 미진하고 미완성인 작업은 우리와 후학들이 계승하고 발전시켜야할 과제에 속한다. 그의 학문적 입장과 성취를 오래토록 응원하고 격려해오신 박순영 선생님의 말씀대로, 아직 "윤병렬 철학"에 대한 정당한 철학적 평가는 좀 더 기다려야 하겠지만, 그는 낯섦의 위험을 무릅쓰고 모험적인 연구에 나선 철학자였음에 틀림없다. 그리고 서양에서 배운 철학적 방법론을 한국문화를 발생하게 만든 삶의 토대를 성찰하는 연구작업에 적용한 선두 주자에 속한다.

윤 선생은 입버릇처럼 늘 학교강의에서 자유로와지면 "한국고대철학연구소"를 세워서 자신의 철학함을 완성하겠다는 남은 인생의 꿈을 피력하곤 했었다. 그러나 그 꿈을 다 이루지 못한채 황망히 먼길을 떠났다. 많은 사람들에게 회자되는 노랫말처럼, "인생은 미완성!"임을 절감한다. 그러나 그의 삶에 대한 총평은 다음과 같다: 그는 소싯적부터 가슴 속에 깊이 품고 있었던 독일유학에로의 꿈을 이루었고, 하고 싶었던 철학공부를 마치고 박사학위를 취득했고, 귀국해서는 강의와 저술활동을 통해 후회 없이 자신의 고유한 철학을 펼칠 수 있었다. 철두철미 그의 삶은 철학과 분리되지 않았거니와, 둘이 함께 공명해가면서 철학적 삶의 스토리를 남겼고, 더욱이 후대에도 길이 남을 철학적 유산을 남겼다. 이런 점에서 그의 인생은 거친 폭풍우를 헤치고 학문의 대양을 향해 오디세우스처럼 불굴의 정신으로 지적 항해를 모험한 멋진 여정이었다. 따라서 그의 삶은 그야말로 "철학에 헌정(獻呈)된 삶"이었고, 마침내 삶이 하나의 작품이 되었다.

마지막으로 윤 선생은 지난 해 어렵고 심각한 암수술을 앞두고서 자신의 유고들을 필자에게 부탁한다는 메모를 남겼다. 그것들 중 일부를 필자는 이 평전에 실었고, 『혜초의 기행문과 철학』(2024)은 유작으로 이미 출판을 마무리하였고, 아직도 2권 분량의 유고가 남아 있다. 그는 수술 후 잠시 동안 의식이 돌아왔다. 그리하여 필자가 보낸 카톡 메시지를 읽고서 생애 마지막 심경을 다음과 같이 보내왔다. 그 다음 30분 후에 의식을 잃은 코마(coma, 의식불명)상태에 들어갔다.

"무한 감사드립니다. 인명재천이라 여기고 조금 더 사는 것과 조금 덜 사는 것이 거기서 거기라고 생각하지만 수술실로 들어갈 때는 착잡했습니다. 선생님의 크신 사랑과 기도 및 간구가 큰 힘이 되었습니다. 수술 마치고 눈을 떴을 때는 밝은 세상이 새로운 하늘과 새땅처럼 보였습니다. 정말 고맙습니다."

윤 선생은 평소 신앙인으로서 죽음을 "본향에로의 귀향"으로 인식하였다. 따라서 죽음은 그에게 결코 영원한 종말이 아니며, 무화도 아니고 저주는 더더욱 아니었다. 그것은 바로 긴 여행의 한 단계이며, 그가 사모한 "하늘에 계신 신"의 품으로의 귀향이었다. 사후에 돌아갈 고향이 있음을, 그리고 귀향의식이 인간의 본래성이라고 그는 확신했다. 그 본향에서 지금은 지상에서와는 질적으로 다른 안식을 누리리라 믿는다. 평소에 그는 천상병 시인의 "귀천(歸天)"이란 시를 무척 좋아했다.

나 하늘로 돌아가리라
새벽빛과 닿으면 스러지는
이슬 더불어 손에 손을 잡고

나 하늘로 돌아가리라
노을 빛 함께 단둘이서
기슭에서 놀다가 구름 손짓하며는

나 하늘로 돌아가리라
아름다운 이 세상 소풍 끝내는 날
가서, 아름다웠다고 말하리라….

---

1) 여기서 거론된 분은 이 책에 추모글을 게재한 김정규 명예교수(성신여대, 심리학과)로서 윤병렬 선생과 함께 독일 Bonn 대학교 유학시절 한국유학생회 임원(회장, 부회장)으로 활동하였다. 그리고 현재 남양주시에 있는 심리상담지도자 연수기관인 게슈탈트하일렌(Gestaltheilen) 대표이사로서 재직하고 있으며, 그는 추모글에서 윤 선생과의 인연에 대해서 소상하게 밝히고 있다. 윤 선생은 이 기관의 법인이사로서 봉사하였다.

부록 1

저서와 논문 리뷰와
추모글

1. 윤병렬 교수를 추모하면서

박순영 명예교수(연세대)

1. 만남

윤병렬 교수를 우리 곁에서 떠나 보내고 이제 그의 유작(遺作)『혜초의 기행문과 철학』을 받아드니 그에 대한 많은 기억이 머리에 스쳐 간다. 그는 진정으로 독특하게 철학적 사고를 펼쳐서 한국 철학의 역사에서 아주 뚜렷한 흔적을 남겼던 분이라고 생각된다. 윤 교수가 독일 유학에서 돌아와 처음으로 철학회에서 학술발표를 했던 장면이 내게는 아직도 생생하게 남아 있다. 그리고 학술진흥재단으로부터 해석학회가 학술연구비를 받았을 때 거기에 윤 교수가 합류했고, 1년간 정보해석학 연구로 자주 만나 토론을 이어갔던 시간이 있었다. 그리고 내가 그의 만혼의 나이에 맺어진 결혼식에서 주례를 맡았던 일, 경기도 여주에 있는 윤 교수의 농막으로 이병옥 교수와 함께 우리 부부가 초대를 받아서 부인 심진숙 여사의 정성스러운 대접과 각종의 여름 과일에다, 풍성한 대화로 하루를 즐겁게 보냈던 일도 있었다.

2022년 6월 어느 날 강학순 교수가 주선해서 윤 교수와 나, 우리 셋이서, 서울 종로구 삼청동에 있는 국립현대미술관에서 만나서 하루를 보내기로 했다. 미술관에서 우리는 현대미술의 미적 상상력을 마주하는 시간을 보냈고 거기서 나와 북촌의 거리를 거닐면서 그날을 문화 산책으로 끝없는 이야기꽃을 피웠던 일이 있었다. 그리고 그해 9월 9일에는 한 번 더 국립중앙박물관에서 만났는데, 그때 마침 메소포타미아 문명 특별전시가 열리고 있었다. 윤 교수와 강 교수는 자신들의 연구주제와 관련된 내용을 찾아서 자주 박물관을 찾아다닌다고 했다. 그리고 우리는 다시 2023년의 문화답사를 약속하였지만, 그게 아쉽게도 다른 일정으로 다음 해로 미루었고, 결국 그 만남이 이루어지지 못하고 말았다.

2. 혜초의 천축국 구법 여행

나는 윤 교수의 유작인『혜초의 기행문과 철학』이 어쩌면 윤 교수 자기 삶의 기록이면서도 자신의 철학적 사고의 길을 고백하는 철학적 증언이라는 생각으로 읽었다. 그의 책을 더 깊이 읽고 윤 교수의 철학적 지향이 무엇이었는지를 알게 되면서, 혜초의 구법 여행의 과정을 따라가 보고 싶었다. 그래서 혜초의 구법 여행의 과정과 하이데거 철학과의 연계성에 집중해서 유작을 검토하는 방식으로 윤 교수의 철학적 사고의 과정을 살펴보기로 했다.

704년(성덕왕 3)에 계림에서 출생한 신라 스님 혜초는 719년(성덕왕 18)에 16살의 어린 나이에 흑산도에서 서해를 건너 딩(唐)의 광저우(廣州)로 떠났다. 당시 당나라는 세계를 향해 문을 활짝 열어 서역의 각종 문물과 경교(景敎), 조로아스터교, 마니교, 이슬람교 등의 종교 그리고 각국의 사람들까지 적극적으로 받아들였던 때였다. 혜초는 광저우에서 남인도 출신의 승려 금강지(金剛智, 671~741)를 스승으로 삼고 밀교를 공부하게 되었다. 그리고 스승의 권유로 불법을 직접 체험하고 깨닫기 위해 그를 만난 지 4년 후 723년에 광저우 떠나 인도로 향하였다. 중국 사람들은 인도를 천축(天竺)이라 불렀다. 천축이라는 말은 인더스강을 일컫는 옛 페르시아어인 '헨뚜' 또는 미얀마어인 '떤뚜'에서 유래했다고 한다.

혜초는 인도의 다섯 천축국들과 여기에 더하여 카슈미르, 간다라, 카불, 파미르고원, 히말라야산맥, 티베트와 네팔, 아프가니스탄과 중앙아시아의 서역의 여러 나라인 시리아와 페르시아에 이르는 40여 개 나라를 4년 동안 여행하고 돌아와서『왕오천축국전』이라는 기행문을 썼다. 그리고 그는 곧장 신라 계림으로 돌아가지 않고 중국 장안에 머물면서 밀교의 연구와 전파에 더 전념하다가 자기 죽음을 직감한 듯 중국 오대산(중국불교의 4대 성산중 하나) 건원보리사의 작은 암자로 돌아가 거기서 마지막 순간까지 수행하다가 3주일 후에 76세로 입적했다.

혜초는 4년 동안 구법 여행에서 무수한 고난과 역경을 겪으면서도 구법의 의지로 그 어려움을 감내해 내었다. 윤 교수도 이런 고통스러운 일들 비슷한 과정을 자기 삶의 여정에서 체험했다. 강학순 교수가 윤 교수의 고향 집을 찾아가서 답사한 내용을 내게 전해 주어서 알게 되었는데, 윤 교수는 경남 창원에서 가까운 윤씨 집성촌에서 가난한 집안의 7남매 중 둘째 아들로 태어나 초등학교까지 3Km나 되는 길을, 중학교는 산등성이를 넘어서 4Km나 힘겹게 걸어야 하는 먼 길을 걸어서 학교에 다녀야만 했다. 그리고 부산의 고모부의 직장이었던 세관에서 아르바이트를 하면서 낮에는 일하고 밤에는 고모부 몰래 동아고 야간부에서 고등학교를 졸업했다. 그는 자신뿐만 아니라 초등학교 졸업하고 집에 놀고 있는 동생을 독려해서 중학교에 보냈고, 고등학교와 대학까지 보내서 둘째 동생은 중등학교 과학교사가 되었다고 한다.

윤 교수는 어릴 때부터 교회의 성경 공부에서 배운 사도 바울과 독일의 종교개혁자 마르틴 루터를 흠모해서 독일을 무척 동경했다고 한다. 그렇게 그는 독일 유학의 꿈을 가슴에 품고 살았다. 대학 졸업 후 생활이 안정된 고등학교 교사직을 그만두고 독일 유학의 길에 올랐던 것인데, 이것은 어린 혜초가 신라 시대의 수많은 승려가 소망했던 것처럼, 당나라로의 유학과 천축국 방문을 염원했던 것과 다를 바 없었다. 혜초가 인도의 열대와 히말라야 산맥에서의 추위, 사막에서의 목마름을 비롯한 온갖 위험을 겪으면서 구법 여행을 마다하지 않은 것은 윤 교수의 독일 유학에 비유되는 고난에 대한 결의와 열정이 있었다는 것을 말해준다.

3. 현사실적인 삶의 경험

윤 교수가 독일 유학에서 돌아와 학회에서 처음 발표했을 때의 상황이 내게는 아직도 생생하다. 지금 발표 제목을 정확하게 기억하지 못하지만 "하이데거와 죽음"에 대한 내용이었다. 그의 발표가 끝나자 그는 비판적 질문을 마주해야 했다. 그가 죽음의 문제를 너무 사실적인 죽음으로 그렸기 때문에 질문자는 하이데거의 초기 사상의 핵심 용어인 형식-지시적 기능(fomal-anzeigende Funktion)에 대해서 아느냐고 물었다. 윤 교수는 자신도 그것을 알고 있었지만, 죽음의 절박성 때문에 그렇게 비춘 모양이라고 수줍어하듯 어색한 웃음을 지었다. 그 순간에도 죽음은 얼마나 생생하냐는 것을 표현하는 듯했다. 발표가 끝나고서 그를 격려해 주는 이들도 있었다.

윤 교수는 밖으로는 무척 부드러우면서도 자신이 입장을 포기하지 않고 붙들고 있는 성격이었다. 하이데거의 초기 철학을 생각하면 윤 교수의 발제를 충분히 이해할 수 있다. 하이데거의 현사실적인 삶의 경험에 관한 관심은 프라이부르크의 젊은 신학도 시절에 이미 시작되었다. 하이데거는 전통철학의 경직된 개념들보다는 그리스 고전의 로고스 개념에 입각한 생동적인 삶의 개념에 경도되어 있었다. 비합리주의에 빠지지 않으면서, 존재 이해의 길에 나서기 위해서는 헤아릴 수 없는 삶에 대한 적절한 수준의 개념형성이 필요했다.

형식지시적 개념들은 전통 형이상학이 표상하는 사유에서처럼 존재자를 파악하는 보편적인 형식이 아니다. 다만 존재의 발현을 지시할 뿐이다. 그래서 하이데거에게 삶, 체험, 수행, 현사실성, 염려, 죽음, 실존, 결단성, 자유 등의 개념들은 존재의 발현을 형식적으로 지시하는 개념들이며 지시된 의미의 방향으로 가면서 현존재를 통해서 그의 존재를 열어주는 과업을 수행하게 한다는 것이다.

윤 교수는 하이데거의 현사실적 삶의 경험과 존재 이해의 길을 따라 혜초의 피안 여행의 길을 따라나선 것이지만 그는 이 길을 자신의 삶에서 너무나 당연한 길로 여겼던 것 같다. 그가 철학 공부에서 완결시킨 큰 작업 대부분이 하이데거 철학과의 연결점에서 완결된 저작들이다.

4. 혜초의 여행과 하이데거 존재 이해의 길

이제 윤 교수는 혜초와 함께 존재자와 작별하고 존재자의 세계에 얽매이지 않는 탈−형이상학의 영역에서 생생한 존재 사유의 세계로 발걸음을 옮기는 여행을 시작한다. 다시 말하면 존재자의 세계에서 초월하여 무와 존재의 세계 앞에 섬뜩함을 체험하는 깨달음의 세계로 나가는 여행이다. 윤 교수는 이런 혜초의 과정을 두 개의 과정으로 나누어서 설명하고 있다. 하나는 하이데거의 전기 철학에 의존해서 현존재의 해석학적인 존재 이해를 풀어내는 것이고(10장과 11장의 중심주제), 두 번째는 하이데거의 후기 철학에 의존해서 경험의 사유, 하이데거의 시작해석과 혜초의 오언시에서의 존재 개현을 밝히는 것(8장과 9장의 중심주제)이다.

먼저 전기 하이데거의 관점에서 혜초의 여행을 잠시 일별해 보기로 하자. 하이데거의 철학적인 노력은 철저히 반−형이상학적이고 반−관념론적이기에 혜초의 여행에서는 세계와 직접 부닥치고 감행하는 여행이 될 수밖에 없었다. 혜초는 구법 여행의 고통을 생각한다. 무거운 등 봇짐을 메고 땀 흘리면서 걷는다. 배고픔과 목말라 허우적거리고 히말라야 산맥의 험준한 산봉우리, 절벽과 낭떠러지 한계를 넘어서면서, 혜초의 한계 경험을 초월하는 상황을 그려주고 있다. 안주하는 삶에서 벗어나는 고통, 온갖 장애물을 초월하는 데 동반되는 알을 깨는 아픔이나 실존적 비약, 섬뜩함에 대한 체험이 여기에 구구절절이 나오고 있다. 실제로 당나라의 현장과 신라의 혜초와 비슷한 시기에 15인의 구법승 중에서 여행길에서 생을 마감한 이가 10명이나 되고, 중국으로 돌아간 이가 3명, 고국 신라로 돌아온 이는 불과 2명 밖에 되지 않는다고 한다. 윤 교수는 혜초가 한계극복의 피안 여행에서 해탈과 자유를 만끽했다고 말한다. 결국 그는 비본래성에서 본래성에로의 초월을 감행할 수 있었다는 것이다.

윤 교수는 세인의 일상성인 공담과 퇴락에 빠진 현존재가 본래적인 자기에로의 탈존을 감행할 수 있었다고 보았다. 그는 이것을 플라톤의 "동굴의 비유"와 견주기도 했다. 윤 교수의 시골 마을에서 헤아릴 수 없는 어려움과 고난의 과정을 겪어서 초·중등학교, 그리고 고등학교와 대학 생활, 그리고 특별히 길었던 독일 유학과 귀국 후 대학의 강사 생활을 혜초의 구법 여행의 전 과정에 비교할 수도 있지 않을까 생각해 보았다. 언제인가는 내가 이 고비를 모두 넘길 수 있을 것이라는 확실한 믿음으로 그는 살았을 것으로 생각한다.

윤 교수는 혜초의 구법 여행은 작고 큰 해탈의 기쁨과 환희의 체험을 동반했다고 말한다. 깨달음을 통해서 바로 경계를 넘어서는 것이라고 말한다. 그러나 누구나 고생스러운 여행을 하게 되면 해탈하는 경험을 하게 되는가를 되물어 볼 수 있다. 윤 교수는 혜초가 천축국의 4대 성지에서 분명 영감에 사로잡혀서 부처의 존재를 체험했을 것이라고 말하기도 하지만, 그렇게 쉽게 일상성에서 벗어날 수 있을까는 의문이다.

나는 독일 유학 중 지도교수와 개인적으로 하이데거의 철학을 토론하는 기회를 가졌었다. 하이데거의 철학에서 현존재의 일상성은 공담, 호기심, 애매성과 같은 세인의 존재 양식으로 표현된다. 이러한 존재 양식은 일상적인 삶의 모습을 보여주며, 퇴락(Verfallen)을 구성한다고 한다. 현존재가 퇴락해 있는 상태는 도덕적인 퇴폐의 정도가 아니라고 하면서 거기에 완전히 빠져서 헤어나오기 힘든 상태인 일상성에 얽혀있다고 이해해야 한다는 것이었다. 더 구체적으로 말하면 대개 우리는 분리불가능한 일상성의 황홀경적 매혹에 빠져있다는 것이다. 그래서 거기서 탈출하고, 또 초월하는

철학이 이끄는 삶

것이 쉬운 일인가 하고 내게 물었다. 쉽지 않다. 그러나 윤 교수는 혜초처럼 그것을 자신의 삶에서 수행해 내었다. 왜냐하면 혜초에게는 천축국 여행 시작 전에 4년간 스승의 밀교 경전의 강독으로 불심에 몰입했기 때문이기도 하겠지만, 윤 교수의 경우는 고통스러운 중·고등학교 시절에도 학업 성취에 대한 집념이 독일 유학의 희망을 성취하고 또 그것을 완결시킬 수 있었기 때문이다.

윤 교수는 하이데거에게서 비본래성의 세계로부터 탈출하여 본래성으로 비약한 현존재 또한 변화된 자신으로, 즉 본래적 자기로 되돌아올 것이라는 보증을 인간 자신이 "죽어야 하는 존재"(Sein zum Tode)로 규명된 인간이 죽음으로 미리 달려가 보고는 (그 죽음의 관점만을 취한 채) 삶에로 되돌아오는 것이라고 이해한다. 생생한 죽음을 체험하고 다시 죽음의 관점만을 얻어서 삶으로 되돌아오는 것이 하이데거의 형식지시적인 기능이다. 윤 교수는 하이데거에게 의존해서 다음과 같이 말한다. "염려하면서 현사실적 삶을 살아가면서 존재자의 경계를 허무는 곳에서, 죽어야 하는 존재임을 체득하는 곳에서, 시작(詩作)하는 곳에서 존재는 경험되는 것이다." 그리고 하이데거를 인용한다. "인간은 사색하고 행위하고 기도하고 감사하는 가운데 자신의 자유로움을 체득하는 곳에서는 언제나 존재의 열린 장으로 인도되었음을 깨닫게 된다." 혜초는 여행이라고 하는 현사실적 삶의 경험에서 존재의 세계로 초월할 수 있는 해탈의 기회를 얻었다. 혜초는 오언시의 시 짓기에서 "존재의 열림"을 경험하게 된다. 이제 우리는 혜초와 윤 교수는 후기 하이데거의 존재 이해의 길에 들어서게 된다.

5. 혜초 오언시 해석에서의 환기력(Ruf)

윤 교수는 "존재의 열림"에 대한 그의 관점을 혜초의 오언시에서 읽어낸다. 하이데거는 시인은 시작(詩作)을 통해서 우리가 일상 언어와 통속적인 삶에 의해 상실하고 망각해버린 존재를 불러일으키고 이렇게 망각되고 상실해버린 존재에 귀를 기울이도록 재촉하는 것이라고 말한다. 그래서 시인의 시 짓기는 존재의 열림과 깊은 관계가 있다. 혜초는 다섯 천축국과 중앙아시아와 서역의 여러 나라와 소아시아와 접경지인 시리아와 페르시아에 이르는 나라들의 형편과 사람들의 사정들을 기록하였는데, 그 기록과는 달리 자신의 구법 여행의 현사실적인 경험의 내용을 시의 형식으로 표현했다.

윤 교수는 이를 "존재의 진리(비은폐성)를 경험할 수 있는 획기적이고 반-관념론적이어서 직접적으로 낯선 세계와 맞부딪치는 경험을 체득하게 되는 것이다"라고 말한다. 윤 교수는 오늘 우리가 서정시로 분류할 수도 있는 혜초의 시를 하이데거의 휠덜린의 시 해석에 비교될 만한 시라고 판단했다.

그래서 혜초는 그 당시 당나라 시대에 정착된 중국의 오언절구의 시의 형식으로 5개의 시를 지었는데, 그것들이 바로 "정적의 울림"과 같은 존재의 언어를 듣고서 시로 옮긴 것으로 생각했다. 하이데거가 시작 세계에 내재한 존재 언어의 소리를 간파하였듯이, 윤 교수는 혜초의 다섯 편의 시들을 다 이와 같은 존재 개현의 열린 장으로 이끌어주는 시라고 보았다. 하이데거는 시어들이 존재자 중심의 형이상학에 따라서 변질하기 전의 로고스로 접근을 가능하게 해주는 시원적인 언어라고 믿었기 때문에 시어들을 통해서 존재의 소리를 들을 수 있다는 것이다. 윤 교수는 하이데거 텍스트에서 존재의 소리를 경청할 수 있는 다양한 길에 대해서 언급하고 있다.

그 길을 요약 정리해 보면, 시는 표상적인 언어를 통해서가 아니라 시적 언어를 통해서 존재로 향하게 하는 이정표이며, 시는 존재의 밝음으로 나가도록 해주는 길 안내자이다. 그리고 시는 존재에로의 회상을 탁월한 방식으로 가능케 하는 재보(財寶)이다. 그래서 시적 언어는 인간존재의 가장 큰 가능성을 규정하는 생기 사건이며, 시는 존재의 소리에 대한 응답이고, 시인은 신들의 윙크를 붙잡고 이것을 사람들에게 전하는 신의 사자, 중간자, 중매자라고 규정한다. 그리고 언어의 본질은 존재를 회상케 하는 '탈은폐'의 구조로 되어 있다. 그리고 세계와 사물이 우리에게 근원적으로 경험된다는 것은 세계와 사물이 자신의 진리를 개현하면서 우리에게 다가와 말을 걸기에 세계와 사물이 존재의 진리 가운데 거하게 되는 현상을 말한다. 이런 말 걸기를 하이데거는 정적의 소리 없는 울림이라고 불렀다.

이런 관점들에는 이정표, 회상, 중매자, 말 걸기 등이 눈에 뚜렷하게 돋보인다. 윤 교수는 혜초의 오언시의 해석에서 위와 같은 특징들을 모두 포괄하여 언어적 환기력에 집중한다. 시의 환기력은 우리가 망각하고 잃어버린 존재를 회상케 하고 존재의 열린 장으로 우리를 돌아가도록 하고, 인간에게 존재를 불러일으켜 주고 그곳으로 방향을 돌리게 하며 존재의 진리를 품고 보존하게 하는 힘이 된다고 말한다. 윤 교수는

328

여기에 시의 환기력(Ruf)으로 존재의 진리에 거주할 수 있게 된다는 혜초의 오언시 두 번째 시를 다음과 같이 해석한다.

"달 밝은 밤에 고향길을 바라보니/ 뜬 구름은 너울너울 고향으로 돌아가네/ 나는 편지를 봉하여 구름 편에 보내려 하나/ 바람은 빨라 내 말을 들으려고 돌아보지도 않네/ 내 나라는 하늘 끝 북쪽에 있고/ 다른 나라는 땅 끝 서쪽에 있네/ 해가 뜨거운 남쪽에는 기러기가 없으니/ 누가 내 고향 계림으로 나를 위하여 소식을 전할까."

이 시에 나오는 말, 달 밝은 밤, 고향 길, 뜬 구름, 편지, 바람, 하늘 끝, 북쪽 서쪽의 나라, 기러기 등등은 시인의 부름에 응한, 즉 우리가 직접 체험할 수 있는 존재자들인데, 이 존재자들은 이 시를 구성하는 전령들이며, 이들이 수행하는 역할은 환기력(喚起力 – Ruf)으로 인해서 이 시에서는 고향을 그리는 향수를 건립하게 된다는 것이다. 윤 교수는 환기력에 대해서 다음과 같이 정의한다. "혜초가 갈망해 오던 존재자들이면서 오늘 눈앞에서 목도함과 시작으로 말미암은 독특한 환기력으로 존재의 진리에 거주할 수 있게 되면서, 혜초의 깨달음을 불러일으키고 자극하는 전령들로 거듭나는 것이다." 시적으로 표현된 모든 의미가 환기력에 의해서 그 본래적인 존재의 의미로 전환되는 계기를 지적한 것이다.

윤 교수가 환기력이라고 부른 하이데거의 용어는 부름이다. 하이데거처럼, 시원적 로고스의 개념에 의존해서 "말함의 로고스"을 거론한다. 결국은 언어의 힘이다. 하이데거도 「언어에로의 도상」에서 언어의 본질을 이렇게 표현한다. "어떤 사물이든 사람이든 혹은 신이든, 이들과 경험을 한다는 것은, 이들이 우리에게 다가오고 우리와 마주치며 우리를 엄습하고, 우리를 당혹케 하고 변화시키는 것을 뜻한다." 이 모든 것을 우리의 일상 언어가 아니라, 로고스적 시원적 언어가 수행한다는 것이다.

이제 우리는 윤 교수가 해석하고 있는 오언시들의 내용을 살펴보기로 한다. 총괄적으로 윤 교수는 다섯 편의 오언시 중에서 첫 번째 오언시는 해탈에 대한 환희의 체험과 보람을 말하고 있으며, 두 번째 오언시는 고향을 그리는 향수에 관련된 시이며, 나머지 세 편의 오언시는 고난 및 무상(無常)을 읊고 있다고 말한다. 특히 세 번째의 오언시는 어떤 구법승이 고향에 돌아가지 못하고 구법 여행 중에 객사한 것에 대한 감정을 읊은 시라고 해석한다. 이 시에는 인생무상과 불안 및 죽음과 운명, 삶의 뿌리인 고향과 귀향에 대한 심정 등, 심오한 존재 문제가 깔려 있다고 해석한다. 네 번째 시는 자신이 맞닥뜨릴 수밖에 없는 여로로 펼쳐지는 상황에 대한 자신의 감정이다. 한탄, 탄식, 험한 골짜기의 도적 떼, 새도 놀라는 깎아 지른 절벽, 사람이 건너기조차 어려운 외나무다리 등은 고통스러운 여로의 상황을 말해주고 있다는 것이다.

만약 윤 교수가 첫 번째 시의 해석을 환기력으로 눈 앞에 펼쳐진 상황을 존재자의 전령으로 보아서, 이들의 환기력을 통하여 존재의 진리에 다가가, 불교의 3법인 또는 4법인으로 소급되는 시 해석을 할 생각을 하지 않은 이유가 무엇이었을까 하는 궁금증이 생긴다. 삼법인(三法印)은 부처님이 설한 '세 가지 변하지 않는 진리'다. 제행무상(諸行無常), 제법무아(諸法無我), 일체개고(一切皆苦)를 말하는데, 일체개고 대신 열반적정(涅槃寂靜)을 넣기도 하여, 이 네 가지를 모두 합쳐서 사법인(四法印)이라 부르기도 한다. 그런데 윤 교수는 이것을 모를 리가 없다. 그렇다면 그는 왜 그렇게 쉬운 해명의 길을 선택하지 않았을까? 분명 그는 쉽게 고착된 종교적 진리의 굳어진 개념으로 넘어가고 싶지 않았을 것으로 추측할 수 있다. 불교도 중에는 마하 보리사에 도착하여 쓴 혜초 스님의 시는 '부처를 향한 스님의 절절한 향수가 배여 있는 가슴'으로 해석한다.

윤 교수는 오언시 해석의 마지막 장에서 다음의 말로 마감한다. "시적 언어는 '사물을 보게 하는 독특한 기능을 수행하는 것이다. 거기에 시인의 부름에 의하여 환기된 존재자가 존재의 열린 장에서 존재자로 존재하게 되는 놀라운 사실을 목격하게 한다."

6. 철학적 텍스트의 바깥

데리다는 "텍스트 밖에는 아무것도 없다"라고 했지만, 혜초의 참모습은 텍스트 밖에 있었다고 윤 교수는 말하면서, 보통 사람이라면 결코 따라 할 수 없는 수고와 고통이 동반된 피안의 여행은 텍스트 밖에 있었다고 말한다. 윤 교수는 책의 머리말에서 혜초가 "인도의 열대와 히말라야 산맥에서의 추위, 사막에서의 목마름을 비롯한 온갖 위험을 감내하면서, 40여 개국과 2만 Km를 넘는 거리를 두 발로 옮긴 것에는 우리가 세상에서 결코 흔히 볼 수 없는 그 무엇이 있다"라고 그의 유작에서 여러 번이나 반복

철학이 이끄는 삶

강조하면서, 오히려 텍스트 바깥, 결코 텍스트에는 담을 수 없는 생동적인 현사실적인 삶을 지적하고 있다.

그는 자신의 삶, 그리고 한국인의 삶에서 새로운 텍스트의 지평을 열었다. 윤 교수는 비서구권, 즉 서양철학의 변방에 속해 있는 한국의 철학자로서 서양철학의 연구가 우리에게 주는 의미를 추적하기 위해서는 단순히 서양철학의 텍스트 안에 머물러서는 안 된다는 것을 고민하고, 또 거기를 탈출하기로 각오한 소수의 철학자에 속한다. 그리고 서양에서 배운 철학적 방법론을 한국문화를 발생하게 만든 삶의 토대를 성찰하는 연구작업에 적용한 선두 주자에 속한다.

그의 고구려 고분벽화에 고구려인의 철학적인 세계관을 탐구한 것이나, 우리나라 선사시대 고인돌에 새겨져 있는 한국인의 철학을 추적한 것이 여기에 속한다. 즉 자기 삶의 토대에서 서양철학을 성찰해 보려는 이해와 해석의 의도를 충분히 이해할 수 있게 된다. 아직 그에 대한 정당한 철학적 평가는 좀 더 기다려야 하겠지만, 그는 낯섦의 위험을 무릅쓰고 모험적인 연구에 나선 철학자였다. 그는 언젠가 그 부인에게 자신과 부인이 유산으로 물려받은 여주의 농막을 개간하여 한국 고대철학연구소를 세우고 싶다는 소망을 내비치기도 했다는 것이다.

2022년 9월 초순에 나와 강학순 교수와 윤 교수가 국립중앙박물관에서 만나던 날이었다. 일정을 끝나고 집으로 돌아갈 무렵에 강 교수가 그날에 발표된 학술원 우수 학술 도서 선정에 강 교수의 책『하이데거의 숙고적 사유』와 윤 교수의 책『하이데거와 도가철학』이 나란히 우수도서로 선정된 소식을 받았다. 이들은 여러 번 학술원의 우수도서로 선정되어 이름을 올렸던 기회를 얻었다. 내 축하의 말에 강 교수는 자신과 윤 교수는 영혼의 친구, 즉 소울 메이트처럼 함께 걸어왔다고 했다. 두 사람의 인연은 정말 오래되었다. 윤 교수를 안양대학교의 시간강사와 겸임교수로 세우고 함께 학문적으로 동고동락한 시간도 오래되었다. 이들은 서로 하이데거의 연구로 같은 출발점을 가졌고 또 한국 철학의 토양에서 철학자로서 고정된 철학의 테두리를 넘어서 철학함을 찾아 나섰던 학자들이다.

강학순 교수는 일찍이 한국에서 서양철학을 전공하여 철학계에 자리를 지켰던 박이문 교수와 소광희 교수의 평전을 단행본으로 내놓았고, 김형석 교수에 대한 평전은 공저로 내놓았다. 그의 존재론 연구의 결실인『하이데거의 숙고적 사유』(2021)는 자연 과학에 대응하여 정신과학적 사고의 특이성을 확보하려고 평생 애썼던 딜타이의 숙원의 과제를 하이데거와 함께 이원론적인 대립을 단번에 넘어서게 한 저작이다. 그리고『공간의 철학, 그 해석학적 해명』(2023)은 특정 철학적 문화적 공간에 붙들려서 대화와 소통에 인색했던 현대과학적 공간해석의 변화와 현대철학적 공간 철학의 다양한 이론들을 심도 있게 분석했다. 그리고 그들 각자의 제한된 자기 지평을 넘어서 더 높은 차원의 상보성으로 융합시키는 작업을 해석학의 과제로 떠맡아 두 지평 사이의 지평융합을 기획한 책이다. 가장 현재적인 관심에 부응한 철학적 작업이었다.

여기에 이승종 교수가 합류하고 있다. 세 철학자는 모두 하이데거에게서 철학적인 영감을 얻은 학자들이다. 이승종 교수도 텍스트 밖으로 나가서 사유하는 철학자이다. 그는 동북아시아에서의 황하문명보다 더 빠른 우리 민족의 홍산문화(紅山文化)와 동아시아 문명의 원형을 추적했고 적극적으로 그 지역을 답사하기도 했다. 그가 미국 유학을 떠났을 때 여러 대학원의 입학허가를 받았지만, 장학금을 주겠다는 버펄로 대학을 선택했다. 우연하게도 거기서 조가경 교수를 만나서 철저히 하이데거를 공부했다. 조가경 교수는 강의에서 학생들의 질문에 대해 대답 하나하나를 하이데거의 저작에서 전거를 찾아 제시해주는 철저함을 보여주는 학자였다. 그렇게 철학훈련을 받은 이승종 교수가『크로스오버 하이데거』(2010))를 썼고 나중에『동아시아 사유로부터 － 시공을 관통하는 철학자들의 대화』(2018)를 내놓았다. 이 세 사람의 해석학자는 자주 교류하면서 때로는 가족끼리 동남아 여행까지 다녀올 정도로 친숙한 학문적인 관계로 이어왔다고 한다.

조가경 교수는 하이데거의 정치적인 입장에 대한 분분한 견해를 넘어서, 오직 하이데거의 존재 이해에만 집중했다. 그리고 하이데거가 동양 사상에서 무엇인가를 배우려고 했던 태도에 대해서 조가경 교수는 하이데거가 동양사상에서 무엇을 얼마만큼 배웠거나 빌렸는가를 문제 삼기보다 그가 자기 사상의 어떠한 면을 특별히 강조하여 표현하려고 했고, 또 보증하기 위해서 그것에 유사한 것을 동양사상에서 보려 했는가를 규명하려 했다고 보았다. 즉 동양 세계에 대한 하이데거의 물음은 어디까지나 존재에 관한 그의 물음의 연장이고, 그 물음에 내면적으로 종속되는 것으로 이해하려는 접근 방식만이 동양에 대한 하이데거의 사색적 앙가주망을 살리는 도리가 된다고 말했다. 그런데 조가경 교수는 자신의 저작『의식과 자연』에서 하이데거의 사상과 도가 사상의 연계성을 강조했는데, 이것은 종래 일본 철학자들이 하이데거를 주로 선불교와의 연관성만 집착했던 것과 다른 관점을 제시한 것으로 일본이나 독일의 철학자들로부터 많은 공감을 얻었다고 했다.

이처럼 윤 교수도 이번『혜초의 기행문과 철학』에서『도덕경』에 나오는 희언(希言)과 정적의 울림과 비교하여 희언은 들을래야 들을 수 없는, 도에서 나오는 말이라고 하면서 이를 하이데거의 존재 이해에 평행하게 연결했다. 윤 교수는 조가경 교수의 입장에 서서『하이데거와 도가의 철학』을 연구했다. 조가경 교수는 자신의 칠순 기념논문집의 끝부분에 나의 학문 편력기란 이름으로 자신의 생애를 회고했다. 거기서 그는 하이데거가 동양에서 온 철학자들에게 한 말은 너무 서양 것만 배우려 들지 말고 동양의 전통을 지키라는 것이었다고 회고했다.

7. 삶의 반려자

윤 교수가 혼자서 이 어려운 인생의 길을 걷는 것은 너무 힘겨웠다. 그래서 하나님은 사람(아담)에게 돕는 배필, 즉 삶의 반려자를 주셨다. 윤 교수도 무척 늦었지만, 하나님은 그에게 가장 적합한 배필을 만나게 했다. 부인 심진숙 여사는 신실한 기독교 신자이다. 그는 초등학교 교사로서, 사랑의 교회에서 미국 선교사를 돕는 신실한 신앙인이었다. 결혼식을 앞두고 나에게 인사하러 왔을 때 자신이 번역한 신앙 서적 2권을 들고 왔다. 그중 하나는『그리스도인의 고통』이란 책이었다. 미국 선교사를 파송한 미국 텍사스주 휴스턴 교회의 베레카 목사님의 강해 설교집이었다. 그 교회는 성경의 원어(히브리어, 아람어, 헬라어)에서 말씀을 해석하고 연구하여 목회자들을 양육시키는 교회라고 했다. 한국에 파송되셨던 선교사님은 미국으로 가셨지만 지금도 그분과 교류하고 있다고 했다. 이렇게 윤 교수와 부인의 만남은 신앙인의 삶의 가치를 나누는 천생연분의 동반자로서의 사귐이었다.

결혼식장에서 강학순 교수가 결혼식 사회자로 나서서 자신의 훤한 머리를 가리키면서 주례자로 나서야 할 나이에, 이렇게 친구의 결혼식 사회를 맡게 되었다고 말하여, 하객들의 웃음을 자아내게 했다. 나는 결혼에 대한 몇 가지 조언을 하고, 마지막으로 레바논 출신의 시인 칼릴 지브란의 "결혼에 대하여"라는 시를 낭독했다.

그대들은 함께 태어났으며, 또 영원히 함께 있으리라/죽음의 흰 날개가 그대들의 생애를 흩어 사라지게 할 때까지 함께 있으리라/…. 서로 사랑하라, 허나 사랑에 속박되지는 말라/차라리 그대들 영혼의 기슭 사이엔 출렁이는 바다를 놓아두라/ . 서로의 잔을 채우되 어느 한 편의 잔만을 마시지는 말라/서로 저희의 빵을 주되, 어느 한 편 빵만을 먹지는 말라/ 함께 노래하고 춤추며 즐거워하되, 그대들 각자는 고독하게 하라…. // (칼릴 지브란, "예언자" 중에서)

윤 교수는 결혼 후 모든 면에서 생활의 안정을 찾을 수 있었다. 그렇게 윤병렬 교수와 심진숙 여사는 서로를 속박하지 않고, 서로 자유롭게 그리고 서로 대등하게 협력하면서 멋있게 살았던 부부다. 윤 교수는 학교를 다녀오면 곧장 읽고 쓰는 일에만 집중했다고 한다. 분초를 쪼개어 아끼면서 정진하는 남편을 부인은 끝없이 후원해주었다고 한다. 부인은 결혼 후 4년이 지나서 학교에서 명예퇴직하고서 더욱 남편 뒷바라지와 가사에 전념하게 되었고, 그 자신 오랜 시간 동안 혼자 사는 법을 터득했기에 윤 교수에게 불평하지 않았으며, 모든 것을 이해했다고 한다.

한편 윤 교수 자신도 강의가 없는 날에는 자주 집안일이나 농사일을 열심히 하였으니, 부인은 뭘 간섭할 일도 없었다는 것이다. 그뿐만 아니라, 윤 교수는 부인에게 수시로 칭찬을 아끼지 않았을 뿐만 아니라, 음식도 맛있다고 말하고 잘 먹었고, 가끔 시간 나면 대화와 여유의 시간도 가졌다고 한다. 이제 곧 대학에서 퇴직하고 국내 여행, 해외여행 많이 하자고 서로 다짐했다고 한다. 윤 교수가 병원에서 수술을 앞두고 입원해 있었던 시간에도 그는 작업 중인 원고를 챙겼으며, 수술받기 며칠 전까지도 학생들의 마지막 학기 성적 제출을 마감하고서, 이제 곧 병원에서 퇴원하면 더 멋지고 자유로운 삶을 살아갈 것을 생각하면서 무척 행복해 했다는 것이다. 부인에게는 아직도 그 아름다운 기억만 머리에 남아 있을 것이다.

철학이 이끄는 삶

8. 구법 여행 이후의 혜초

혜초는 천축국 여행을 시작했을 데는 광저우에서 뱃길로 남중국해를 거쳐, 뱅골만에서 동천축국으로 들어갔지만, 돌아갈 때는 육로로 둔황을 거쳐 727년 11월 당나라 수도인 장안으로 들어왔다. 그는 거기서 분명히 자신의 여행기록을 정리했을 것이다. 이 여행 기록들은 8세기 무렵 각국의 역사, 정치, 문화, 풍습, 물산, 종교 등이 사실적으로 기록되어 있었으므로 역사적으로 중요한 자료가 된다. 그뿐만 아니라 멀리 깨달음을 얻기 위해 참기 어려운 고통마저도 수행의 과정으로 받아들인 수도자로서의 모습 또한 우리에게 고스란히 전해 주고 있었다. 4년이라는 긴 시간에 그가 보고 들은 것을 정리하는 일도 있었겠지만, 그는 계속 밀교 교리를 한역(漢譯)하는 데 힘썼고, 중국 밀교를 정리하고 발전시키는 데 크게 이바지했다.

장안에서 혜초의 입지는 뛰어났다고 한다. 오랜 가뭄으로 민심이 흉흉해졌던 774년에 황제의 명에 따라 혜초는 흑하(黑河)의 옥녀담에서 기우제를 주관했고, 스승 금강지가 입적하고 스승의 첫번째 제자였던 불공(不空, 705~774)마저 입적하였을 때, 황제의 지원으로 장례를 치른 후 황제가 베풀어 준 하사와 부조에 감사하는 표문을 여섯 제자 중에서 대표로 올리기도 했다고 한다. 혜초는 당나라에서 존경받는 고승으로 자기 일에 전심을 다 했다가, 780년 그의 나이 76세에 입적했다.

혜초처럼 윤 교수도 기나긴 시간강사의 생활을 접고 홍익대에서 전임 자리를 얻게 되었다. 그때의 심정을 나에게 보낸 편지에 "늘 염려해주시고 격려해 주신 덕분으로 여겨집니다. 지난 3월 개강하는 시기에 전임이 되어 보람있는 나날을 보내고 있습니다"라고 전했다. 그가 보내고 있었던 보람 있는 나날은 그의 생산적인 저작 활동의 모습이었다. 그리고 그 이후에 그의 대작 3권이 출판되었다. 『선사시대 고인돌의 성좌에 새겨진 한국의 고대철학 – 한국 고대철학의 재발견』(2018)이 나왔고, 그 다음은 『고구려 고분벽화에 담긴 철학적 세계관』(2020), 『하이데거와 도가의 철학』(2021)이 나왔는데, 이들은 모두 학술원 우수도서에 선정되었다. 그리고 이제 우리가 받은 그의 유작 『혜초의 기행문과 철학』의 원고를 마지막으로 정리하는 중에 돌아가셨다.

2023년 10월에 한 번 더 만나기로 했던 계획은 성사되지 못했지만, 윤 교수가 내게 2023년 9월 24일에 추석 선물과 인사 편지를 보내왔다. 나도 감사와 안부를 전했지만, 그것이 그와의 마지막 소식의 왕래였다. 강학순 교수가 내게 전달한 말에 의하면, 2023년 12월 마지막 학기 성적표 제출은 그의 홍익대 초빙교수직의 마지막 학기였다는 것이다. 윤 교수는 성적표를 제출하고서 두 팔을 번쩍 들고 이제 끝났다고 외쳤단다. 그는 그렇게 길지도 않은 인생의 여행을 아름답게 완성하고 떠난 것이다. 건물이 허물어지고 나서 거기에 건축물의 토대가 드러나듯이 윤병렬 교수의 학문적인 토대와 결실은 이제 그의 삶이 다하는 순간에 아름답게 드러나고 있다. 그는 비록 우리에게서 멀리 떠나 있지만, 그의 철학적 사고의 결실이 펼쳐주는 사색의 장에서는 많은 동학과 후학들과의 만남을 끝없이 이어주게 될 것이라 믿는다.

2. 故 윤병렬 선생님을 추모하며[1)]
김재철 교수(경북대)

애석하게도 갑작스럽게 선생님께서 우리 곁을 떠나셨다. 이 글을 통해 선생님의 생전 모습을 떠올리며 함께 했던 추억을 되새기고 남기신 사유의 흔적을 더듬어 보려한다. 선생님은 하이데거 학회에서 개최하는 거의 모든 행사에 빠진 적이 없으셨다. '23년도 코로나 시절 겨울 가평에서 가졌던 윤독회에서 주변을 둘러보며 즐거운 시간을 가졌던 것이 마지막 만남이었던 것 같다. 이때에도 와인을 가져오셔서 뒤풀이를 하며 대구에서 함께 왔던 대학원생 후학들을 격려해주시고, 오래 전 경북대에서 열렸던 학회에 오셔서 팔공산 가을 단풍을 보며 밤새도로 얘기를 나누었던 기억을 자주 떠올리셨다. 한동안 학회에서 뵙지 못해 근황을 궁금해 했는데 그 시기에는 병마와 싸우고 계셨던 것이었다.

선생님의 모습을 떠올리는 순간 언뜻 전통 복장을 하고 사진을 찍은 하이데거의 모습이 연상되는 것은 무슨 연유일까? 당연히 오랫동안 하이데거를 연구하는 동학으로 만난 탓일 것이다. 하이데거는 농부처럼 소박해보이지만 전통과 대결하면서 자신의 철학을 만들기까지 고집스러우면서도 교활하다고 할 만큼 영리한 것으로 알려진다. 그리고 "과학자들은 사유하지 않는다.", "사유는 감사다"와 같은 직설적인 화법을 구사했다고 한다. 선생님도 학문적 연구에서는 대결적인 논쟁뿐만 아니라 과감하고 기발한 구상을 담은 연구를 수행하셨다. 평소 소탈하며 익살스러운 한 풍모를 풍기셨지만 토론에서는 가차 없는 비판과 거침없는 표현으로 주변사람을 당황스럽게 만들기도 하셨다.

선생님은 한편으로 낭만을 즐기시는 분이셨다. 오래 전 학회가 끝나고 댁을 방문하여 와인을 함께 마신 적이 있다. 평소 학회에 뵙던 모습과는 달리 멋있는 조명 아래 클래식한 음악을 들으며 담소를 나눈 기억이 난다. 선생님은 여행 다니시는 것을 매우 좋아하셨다. 의외로 여행지는 유럽이나 미국이 아니라 대부분 동남아시아 쪽이었다. 고대 아시아의 유적을 탐방하시거나 기술문명에 때묻지 않은 자연풍광이 아름다운 곳을 즐겨 다니셨다. 학회에서 만나면 여행 경험담을 늘어놓으시며 가보길 권하시곤 하셨다. 그 중에 인상 깊게 전해주신 곳이 캄보디아 앙코르와트이다. 여기를 다녀오신 후에 동남아시아의 사상과 문화의 위대성을 알게 되었다고 하면서 서양의 철학과 문화에 오래 접해 온 사람은 반드시 한번은 가봐야 할 곳이라고 추천하셔서 최근 나도 그곳을 다녀온 적이 있다. 돌이켜 보면 이러한 여행경험이 선생님의 연구에는 중요한 자산이 된 것임을 알 수 있다.

선생님은 말년에 이르기까지도 수많은 업적을 남기시고 가르치는 일을 그치지 않으셨다. 작고하시기 전까지도 연구재단 사업의 공동 작업을 몇 번이나 기획하실 정도로 학문적 열의가 대단하셨다. 현대 철학자들과의 대결을 통해 하이데거의 사유가 가지는 고유함을 일깨우는 작업을 통해 하이데거를 새롭게 읽어내려는 시도를 하셨다. 특히 동양사상과 하이데거 사유의 관계에 대한 논의는 단순한 비교를 넘어 융화적 관점을 제시하는 저작들을 남기셨다. 그리고 한국인의 삶에 대한 철학적 성찰을 위해 지극한 열정과 성실함이 없이는 불가능할 정도로 수많은 자료를 섭렵한 저작들을 출판하셨다. 매번 신작들을 전해주실 때마다 놀랄 정도로 독특한 주제들이어서 신선함과 창의성을 넘어 모험적으로 여겨질 정도였다. 당시 대충 보거나 그냥 서가에 꽂아 놓았던 책을 이번에 다시 읽으면서 생전에 선생님의 연구에 보다 더 깊은 관심을 가지지 못했던 회한이 생긴다. 이제라도 선생님이 펼친 논의들을 되새기며 선생님의 철학적 정신을 후학들이 이어갈 수 있기를 바라마지 않는다.

대표적인 저서를 중심으로 선생님께서 걸어가신 사유의 길을 더듬어 보려한다. 가장 먼저 기억나는 책은 『고구려의 고분벽화에 그려진 한국의 고대철학』(철학과 현실사, 2008)이었다. 당시 제목만 보고 하이데거 연구자가 고구려의 고분벽화를 통해 어떻게 한국의 고대철학을 논하는 이러한 구상이 가능할까라는 의문을 가진 적이 있었지만 그것은 잠시의 기우에 불과했다. 하이데거의 전후기 사유를 자기의 것으로 전유한 연구자만이 할 수 있는 철학함을 그대로 보여주었기 때문이다. 선생님은 고구려의 고분벽화에서 현상학적이고 해석학적 관점을 통해 고대 한국인의 실존적 삶을 읽어내고, 건축함–거주함–사유함 속에 담긴 사방세계의 존재사건에서 한국의 고대철학을 숙고하려고 시도하셨다. 이러한 성찰은 고구려 고분벽화에 대한 역사학 또는 고고학의 연구나 회화적이고 문화적 상상력의 접근도 아니며 인도와 중국에서 전래된 불교나 도교 및 유교와 같은 사상에 대한 문헌상의 해석과는 근본적으로 다른 것이다.

"고분벽화는 인간이 거주하는 모습, 즉 삶을 영위하는 인간의 진솔한 모습에서부터 신비한 하늘의 세계와 인간의 운명 및 불멸성에 이르기까지 그 심오한 철학적 · 종교적 · 형이상학적 의미를 드러내고 있다. 〔…〕 고구려인들은 그러나 지금으로부터 거의 2천년 이전에 이미 그 중요성을 간파하고 벽화에다 이 테마를 옮겨놓았다."

이처럼 고대 한국인의 삶과 그로부터 개방된 세계에 대한 근원적 이해로부터 이 시대를 살아가는 한국인의 정신적 토양을 성찰해보려는 한국철학이 그동안 있었던가? 선생님은 고구려의 고분벽화에 담긴 한국인의 정신적 원형을 찾고, 그 속에 은닉된 존재의 비밀을 다양한 주제들(일상세계 분석, 고향과 귀향의 철학, 축제문화, 삶과 죽음의 철학, 초월자와의 관계를 담은 신선사상, 원시도교의 향연, 우주론, 내세론, 불멸론 등)로 풀어내고 있다. 이러한 연구는 단지 하이데거의 철학을 충실하게 적용하는 것을 넘어 철학의 본래적 의미를 생생하게 살아있는 것으로 만드는 원형적 사례일 것이다.

"인간이 '형이상학적 존재(ens metaphysicum)'라고 한다면, 고분벽화를 통해 '새로운 형이상학의 지평'을 펼쳐놓은 고구려의 정신세계는 결코 추상적 관념론이나 인식론의 카테고리 틀 안에서 허우적거리는 것이 아니라, 섬뜩할 정도로 —적어도 이러한 작품 속에서는— 생생하고 구체적이다. 그러면서도 인간의 실존적이고 궁극적인 문제를 다루고 있는 것이다. 그것은 인간의 운명과 궁극적인 것, 인간의 영혼불멸, 초월자와의 관계, 코스모스에서의 위상에 대해 응답하고 있기 때문이다."

한국의 고대철학에 대한 연구는 이후 한민족의 고유한 삶의 양식에 대해 탐구하는 책, 『한국해학의 예술과 철학』(아카넷, 2013)으로 이어진다. 이 책에서 선생님은 오래전부터 민간에 전해오는 전설, 동화, 민화, 마당놀이, 탈춤, 판소리 등 수많은 자료를 수집하여 한국인의 삶에서 면면히 전수되고 있는 고유하고도 독특한 가치를 가진 해학, 즉 웃음코드를 드러내고자 하셨다. 이 웃음코드는 피안적인 것도 형식적인 것도 아니며, 희극이나 오락에서 찾을 수 있는 것도 아니며, 동서 문화의 유입 이전부터 이 땅의 한민족에게 각인된 것이다. 해학적 인간이해를 통해 한국인의 뿌리를 설명하려는 이러한 시도는 세계문화에서 유례 없는 독창적이고 독특한 한국인의 삶의 양식을 보여줄 뿐만 아니라 진정한 웃음을 상실한 현대인에게 치유적 의미를 부여할 수 있는 21세기 철학의 과제를 염두에 두고 있다. 해학적 인간에서 예술과 철학의 실마리를 이끌어내는 작업을 하게 된 데에는 항상 소탈한 웃음을 지으시며 역경을 견디어 내셨던 선생님의 삶의 지혜가 담겨있는 듯하다.

"해학은 인생을 온화하게, 긍정적이고 유쾌하게, 관대하게, 슬기롭게 해주는 명약이다. 해학은 그 속에 여유와 따뜻함, 인생을 멋있게 하는 의미가 내재되어 있기에 결코 단순한 웃음이나 재미, 일회용의 즐거움이 아니다."

해학적 인간으로서 선생님은 삶을 무한히 긍정하는 신바람과 삶의 에너지가 흘러넘치게 하는 마력을 풍기며 사신 것으로 보인다. 놀라운 것은 책 전체에 사물놀이, 판소리를 비롯한 각종 민속놀이, 신라의 토우와 같은 예술작품, 신윤복과 김홍도의 민화, 탈춤의 미학 등 문화인류학자나 민속학자가 할 수 있는 수많은 자료를 꼼꼼히 다루고 있다는 점이다. 나아가 동서양의 문화이론에서 다루어진 해학과 연관된 다양한 이론들을 대비하여 한국인의 해학이 가진 고유함을 예술적이고 철학적 지평에서 드러내고 있다는 점이다.

"해학에는 삶의 멋과 운치를 배가시키는 예술과 철학이 있고, 현실적 삶에 대한 긍정, 고난과 슬픔 및 불편에 대한 극복, 심오한 철학과 초월의 세계도 있다. 이런 운치 있고 품위 있는 삶, 특히 타자에게 온화하고 열린 태도를 표명하는 것은 자신의 교양적 성숙은 말할 것도 없고 아름다운 공동체 생활을 가능하게 하는 핵심적 요건이 있다."

여기에서 우리는 선생님의 철학함이 어떤 것인지를 어느 정도 짐작할 수 있다. 선생님은 철학의 위기를 삶과 괴리되어 이론과 학술, 대학 강단과 도서관에서 맴돌고, 철학사의 철학을 전승하기에만 몰두하고 있다는 것에서 찾는다. 이에 대해 평범한 삶에 밀착되어 있는 해학에서 생활예술과 종합예술 및 철학적 혼을 이끌어내려는 지난한 작업을 몸소 실천하고 있는 것은 철학사의 전통이나 철학자의 주장, 사상적 이론 논쟁, 제도권이나 강단철학에 머물지 않으려는 결단에서 나온 것이다.

위의 두 저서가 이 땅의 근본기분에 서려있는 고대한국의 고분벽화와 해학을 통해 오늘날 요구되는 철학적 정신을 읽어내려고 했다면 선생님은 오래 전부터 이 시대에 인간이 당면한 위기를 성찰할 수 있는 대안적 사유를 고민하셨다. 이러한 문제의식을 담은 역작이 동서양의 융화철학을 시도하려고 했던 『하이데거와 도가의 철학』(서광사, 2021)이다. 이 책에서 양자의 사유는 동서양을 막론하고 인류 전체가 처한 문명 위기를 위기로 깨닫도록 하는 분명한 경고 메시지와 함께 대안과 이정표를 제공하는 의미를 가진다. 오늘날 전 지구는 기술과학으로 환경이 황폐화되고, 인간은 사유의 힘을 소진하고 기계노동자로 전락했으며, 자연은 지배와 착취 및 정복의 대상이 되었다.

하이데거는 이에 대한 근본적인 원인을 존재를 망각한 서구 형이상학 역사에서 비롯되었음을 간파하고, 이를 극복할 수 있는 대안적 사유로서 새로운 시원을 열 수 있는 존재사유를 요청하였다. 이러한 요청은 "신비에 가득 찬 상응"이라고 할 수 있을 정도로 노장사상과 유사성과 친근성을 가진다. 특히 존재사건 및 '퓌시스'(physis)에 대한 하이데거의 후기사유는 서구의 노자라고 여겨질 만큼 천지만물을 근원적인 도의 운동으로 이해하고 이에 따르는 무위를 강조한 노자의 철학과 일맥상통한다. 그동안 하이데거와 불교 사이의 비교연구는 제법 많이 수행된 편이지만 많은 유사성이 언급됨에도 도가철학과의 연관성에 대한 깊이 있는 연구가 드문 실정이다.

이 책에서 선생님은 다양한 주제들(도와 존재의 존재론적 의미, 존재사에서 가지는 양자의 시대적 의미, 침묵의 언어성, 무와 비움의 존재론으로서 부정존재론, 길의 철학적 의미, 도와 존재의 퓌시스적 의미, 근원으로 돌아가는 시원적 사유, 도와 존재의 비지배적 주재와 개시성, 무위와 초연한 내맡김, 존재와 도의 비실체적 특성에서 드러나는 탈-형이상학적이고 탈-인간주의적 성격, 탈근대적 인식론으로서 위상학적 인식론 등)을 다루면서도 단순한 비교가 아니라 존재의 소리에 응답하는 융화철학의 가능성에서 타진하고 있다. 두 사상은 인류의 생존과 운명이 처한 위기의 절박함에서 존재망각과 대도폐(大道廢)로부터 상실되거나 빗나가 버린 본래성의 회복과 시원적 상태의 복귀라는 철학의 본래적 과제에서 만난다. 동서양이라는 차이뿐만 아니라 엄청난 시간적 차이가 있음에도 불구하고 하이데거와 도가를 이 시대를 위한 융화철학으로 삼으려는 시도에서 우리는 시대와 민족을 넘어 보편성을 추구하는 "철학의 항구성"에 대한 선생님의 믿음을 엿볼 수 있다.

"동서양의 철학은 서로 다른 문화 권역에 바탕을 두고 있지만, 또 이러한 바탕 위에서의 소위 '동서 비교철학'은 비교와 차이에 역점을 두지만, 철학이 '보편학'이라는 측면에서, 또한 인류를 위한 철학이라는 면에서는 차이가 없다. 오늘날 세계화의 시대에 동양철학과 서양철학은 각기 폐쇄적인 체계 속에 가두어 두어서는 안 된다. 철학은 보편학이고, 그것은 전 인류와 관련되기 때문에 서로 대화하고 교류해야 하며, 그야말로 보편성을 지향해야 하기 때문이다."

마지막으로 선생님은 『혜초의 기행문과 철학』(소명출판, 2024)을 남기셨다. 작고하신 이후에 출판된 이 책은 자신의 삶에 비추어 도상에 있는 존재로서 철학자의 삶이 어떤 것인가를 고스란히 보여주고 있다. 어떤 이가 기행문과 같은 혜초의 『왕오천축국전』으로부터 철학적 의미를 이끌어내 보려는 생각을 했을까? 책에 깊이 빠져들수록 철학이 무엇이며 철학자의 삶이 어떤 것인지를 보여주는 그야말로 기발하고 독특한 발상과 이를 담아내는 글쓰기 방식에 놀랄 뿐이다. 이 책은 당대 서역세계의 정보를 얻는 자료조사에 기초한 문헌학이나 서지학의 수준을 넘어 일상적 삶의 틀을 벗어나 깨달음을 갈구하기 위해 과감하게 길을 나선 젊은 신라인 혜초의 실존적 결단에 주목한다. 나아가 과감하게 기행문이라는 형식의 텍스트 밖으로 나가 인간의 한계와 시공의 한계를 초월한 피안여행길에서 해탈의 자유를 체험하는 구법 여행자 혜초의 진면목을 보여주고 있다.

책에서 보여주는 것처럼 평소 여행을 즐겨하셨던 선생님은 길을 떠난 수행자가 체득하는 동적인 해탈과 자유로움을 선망하셨던 것이 아닐까. 여행자의 철학적 사례를 선생님은 고대로부터 오늘날에 이르기까지 은둔생활이나 상아탑이 아니라 여행이나 산책을 통해 심연 속에 흐르는 사유의 샘물을 길러낸 여러 선각자들을 통해 전해주고 있다. 그 중에서도 둥지를 향한 철학과 예술의 여정을 보내신 박이문 선생님은 한국 인문학의 사표로 가장 가까이서 접한 사유의 여행자로 묘사되고 있다. 그리고 여행 중에 감명 깊게 읽으셨던 『길 위의 철학자』의 저자 에릭 호퍼는 인생역정을 겪으며 체험한 따뜻한 인간애를 담아낸 철학함을 보여준 영원한 이방인이자 떠돌이 철학자로서 묘사되고 있다. 무엇보다 선생님의 사유와 동반해온 하이데거의 사유−길은 이론과 학설에 머물지 않은 혜초의 구도여행에 비견되며 현사실적 삶 속에서 존재의 소리에 응답하는 시적 사유와 만난다.

책에서 선생님은 혜초가 스승의 권유로 불법의 현장을 순례하고자 천축국으로 갔지만 위험을 무릅쓰고 열대의 인도뿐만 아니라 사막의 나라들, 중앙아시아와 험산준령의 히말라야의 나라들까지 탐험하며 불교 이외에 힌두교, 자이나교, 이슬람교를 경험한 이유에 대해 의미를 부여한다. 혜초가 불교가 잠식되던 지역을 적극적으로 탐방한 이유는 그의 여행 목적과 동기가 세상을 등지고 은둔함으로써 탈사회적이고 탈민중적인 교리화와 교학화에 몰두하는 불교의 구법수학에만 머물러 있지 않았다는 것이다. 이로부터 선생님은 구법여행을 통한 혜초의 경험이 여행 이후 불교의 내적 한계를 극복하기 위한 대승불교와 그 변형태의 하나인 밀교에 심취하고 죽기까지 낯선 타향에서 관련된 경전을 필수하고 50여 년 동안의 연구 수행으로 나타나고 있다

철학이 이끄는 삶

고 여긴다.

끝으로 선생님은 나그네–존재의 삶을 노래하는 혜초의 시구 해석에서 하이데거의 죽음에로의 선주를 떠올린다.

"고향집의 등불은 주인을 잃고/객지에서 보수[구법승]은 꺾이었구나.
신성한 영혼은 어디로 갔는가?/옥 같은 모습이 이미 재가 되었구나.
아! 생각하니 애처로운 생각 간절하고/그대의 소원 못 이룸이 못내 섧구나.
누가 고향으로 가는 길을 알 것인가?/부질없이 흰 구름만 돌아가네."

만리타향에서 죽어간 한 구법승을 애도하는 혜초의 시에서 선생님은 근원과 본래성, 존재 자체의 근저로서 고향을 향해있는 도상의 존재로서 인간 현존재의 모습을 읽어내고 있다. 나그네의 삶은 죽을 자로서 매순간 죽음에로의 선주(先走)를 결단하며 살아가는 가장 본래적이며 근원적인 존재가능을 결단하며 살 수밖에 없기 때문이다. 깨달음을 향한 혜초의 여로를 쓰시면서 선생님이야 말로 병환 중에도 세상의 시공 속에서도 그 한계를 초월한 피안여행, 해탈의 자유를 준비하셨던 것 같다. 여기 당신이 남긴 시적 언어를 인용하는 것으로 끝맺는다.

"어쩌면 혜초는 스스로 인생인 '도상에 있는 존재'임을 드러내 보인 것은 아닐까. 그는 나그네로 살다가 나그네로 생을 마감하였다. 인생은 총체적으로 여행하는 존재이고 미완성의 존재이다. 인생은 자신의 여로를 가야 한다. 그대가 여행을 받아들이지 않고 꽁꽁 묶여 있어도 시간은 그대의 의지를 비웃고는 그대를 켄베어 시스템 위에 올려놓는다. 인생이 흐르는 구름의 한 조각이라는 것을 안다면, 그대의 영적 시각이 성숙되었다는 뜻이다. 인생 자체가 하나의 여로로 여긴다면 오히려 죽음도 가볍게 받아들일 수 있을 것이다. 왜냐하면 죽음도 여행의 한 단계에 불과하기 때문이다. 그것은 항해의 끝으로 보이지만, 동시에 불확실한 피안에로 향하는 여행의 시작이기 때문이다."

3. 니체의 '선악의 피안'과 '선악의 차안'에 대한 해석[2)]

강용수 교수(고려대)

故 윤병렬 선생님은 하이데거를 비롯한 독일의 존재론뿐만 아니라 동양의 노장사상에 이르기까지 깊이 있는 연구에 천착해오신 분으로 알려졌지만 니체의 '선악의 피안'에 대한 논문도 있다는 사실에 새삼 놀랐다. 홍익대 교수 재직시절에 썼던 논문의 주제는 악의 근원에 대한 나름의 해법을 니체의 긍정의 사유에서 찾고 있다. 선-악의 문제는 서양철학에서 존재론, 형이상학, 윤리학, 신학, 종교에서 다루어졌지만 아직 완성되지 않은 주제라고 할 수 있다.

저자에 따르면 니체는 전승된 도덕을 모두 부인하면서 '선악의 피안'에 거주할 것을 권고하고 있는 것처럼 보인다. '신은 죽었다'는 선언으로 기존의 도덕의 잔재를 부수는 기획은 모든 가치의 가치전도라고 불린다. 니체가 노예도덕의 기만에 근거한 도덕을 거부하면서 대안으로 삼는 모델은 "가장 고독한 자, 가장 은폐된 자, 가장 격리된 자, 선악의 저편에 있는 인간, 자신의 덕의 주인, 의지가 넘쳐나는 자가 될 수 있는 가장 위대한 인간"이 되는 것이다. 선악의 피안에 존재하는 예로는 초인, 부처, 쇼펜하우어가 있다.

기존의 모든 것이 거짓이 되면서 새로운 해석을 위해 자유로운 정신이 필요하다. 그러나 논자에 따르면, 놀라운 점은 니체가 '선악의 피안'을 주장하지만, 역설적이게도 악과 고통이 불가결함을 설파'하고 있다는 점이다. 니체는 "악의 즉자—존재적인 측면을 인정"하고 오히려 선악의 차안에 머무를 것을 제안한 것이다.

선과 악으로 덧칠된 껍질을 벗겨내면 자연적인 생명이 드러난다. 본능적인 삶을 제대로 실현하기 위해서는 삶을 구속하는 죄책감이 거부되어야 하고, 삶의 본능을 누르는 반자연적인 도덕도 사라져야 된다. 야생적인 삶의 본능, 충동, 생성이 중요시되는 이제부터 영웅, 주인, 강자, 고귀한 자들이 가치를 결정하게 된다. 과거의 기독교처럼 더 이상 천민과 약자의 도덕이 이 세상을 지배하는 일은 없게 된다.

그렇다면 "운명을 사랑하라(amor fati)"는 말은 영웅적인 삶을 사는 자들에게만 어울리는 것인가? 논자에 따르면 고귀한 영혼의 소유자라고 해서 '선악의 피안'에만 존재하는 것이 아니라, 오히려 여러 인간과 공존하는 '선악의 차안'에서도 살 수 있다. 왜냐하면 이 세계의 바닥을 본 사람은 더 이상 '도덕의 속박이나 망상에 있는 것이 아니라 선과 악의 저편에 있는 사람'을 통해 '반대의 이상'을. 즉, '가장 대담하고 생명력 넘치며 세계를 긍정하는 인간의 이상에 눈을 뜨게' 되기 때문이다. 우리는 도덕적인 가치를 벗겨내면 드러나는 자연스러운 생의 충동과 본능 자체를 긍정해야 된다. 우리의 삶 안에는 천사와 야수, 선과 악, 기쁨과 고통이 모두 들어 있다. 현실을 있는 그대로 긍정할 때 자유롭고 창조적인 삶이 선악의 차안에서도 발현될 수 있다.

윤병렬 선생님은 선과 악이 공존하는 현실 세계를 긍정하는 예시를 인도네시아의 바롱댄스와 '신라의 미소'에서 찾고 있다. 인도네시아의 발리를 여행하면 보게 되는 바롱댄스는 선악의 피안이 아니라 선과 악이 빚는 갈등과 함께 살아가야 하는 인간의 운명을 나타낸다.

또한 경주 박물관에 전시된 '신라의 미소'라고 불리는 깨어진 얼굴무늬 수막새는 악령을 내쫓고 집안을 수호하기 위해 험상궂은 모습을 하고 있지 않다. 얼굴의 한쪽은 깨졌지만 웃음이 잘 보존되고 있다. 세상의 어떤 불운에 대해서도 미소를 잃지 않는 자세를 보이고 있다.

이 논문은 학술적인 성격뿐만 아니라 자전적인 특징도 갖고 있다고 할 수 있다. 이 글은 니체의 '선악의 피안'에 대한 분석뿐만 아니라 늘 웃음을 잃지 않고 온화한 얼굴을 보였던 윤병렬 선생님의 자신의 이야기이기도 하다. 마지막 강의까지 최선을 다하면서 우리가 맞닥뜨리게 될 죽음의 운명마저 초연하게 받아들인 선생님의 태도는 우리가 배워야 할 덕목이다.

---

1) 이 글은 『고구려의 고분벽화에 그려진 한국의 고대철학』(철학과 현실사, 2008), 『한국해학의 예술과 철학』(아카넷, 2013), 『하이데거와 도가의 철학』(서광사, 1977), 『혜초의 기행문과 철학』(소명출판, 2024)에 대한 리뷰를 포함하고 있다.

2) 이 글은 다음의 논문에 대한 리뷰이다. 윤병렬, 「악의 근원과 "선악의 피안" 및 악의 존재에 대한 대응책— 셸링과 니체 및 바롱 댄스와 "신라의 미소"를 통한 고찰」, 존재론 연구 제37집, 한국하이데거학회 2015.

부록 2

추모글과 기림글[1]

1. 그리운 친구여

윤병숙 친구(초등학교)

어머니 품속 같이 포근한 고향! 산천은 변함이 없는데 인걸만 변했구려! 6.25전쟁이 끝난 후 3, 4년 후에 가난과 폐허 속에서 우리 조그마한 유산리라는 마을에서 운명적으로 태어났지. 전쟁으로 폐허가 된 마을에 어른들은 산에서 나무를 베어와서 흙과 돌, 그리고 나무와 볏짚으로 초가를 지어서 거적데기 문을 달고 잠을 자면 엄동설한에 얼마나 추운지 방안 윗목에 놓아둔 물 그릇에 얼음이 얼 정도로 추웠지. 온갖 열악한 환경 속에서 자라면서 몸에는 부스럼 투성이고 겨울이면 손발이 트서 터지면서 몹시도 고통 스러웠지. 저녁이면 소죽 솥에서 꺼내온 따뜻한 소죽으로 손등과 발등을 문질러서 때를 밀곤 했지.

겨울이면 친구집의 담장 아래에서 따뜻한 햇빛을 쪼이며 친구들과 이야기 꽃을 피우며 자치기도 하고 구슬치기도 하고 연날리기도 하며 추위를 이겨내고 몸을 단련했지. 종일 시간 가는줄 모르고 놀다가 어둑해 지면 집으로 들어가 까만 꽁보리밥에 김치하나 걸쳐서 밥을 먹어도 어찌 그리 꿀맛이던지. 친구의 집은 식구들이 많고 쌀이 부족하여 봄이면 산나물이나 쑥을 뜯어서 산나물 밥과 쑥 밥을 많이 해 먹었지. 그 때는 어찌 그렇게 가난하고 어렵게 살았는지 모르겠어. 지금은 천국에서 사는 것 같다.

초등학교 시절에는 어린 몸으로 장곡(산고개명)을 넘어서 묘촌부락을 지나 개울의 돌다리를 건너서 현동국민(초등)학교까지 걸어서 다녔지. 그 때는 학생은 많고 교실이 부족하여 2부제 수업을 했지. 한 교실에 60~70명이 공부하는 콩나물 교실로 남자 1반, 여자 1반 이었지. 2부제 수업을 하러 점심을 먹고 장곡을 넘어서 학교에 가다가 수업을 마치고 오는 고학년 형들을 만나 장곡 밑에서 형들의 꾀임에 빠져 학교에 가지 않고 친구들 모두 무단 결석을 하고 말았지. 다음날 학교에 가서 담임 선생님께 호되게 벌을 받고 힘들었던 어린 시절이 뇌리를 스치는구나.

그 시절에는 도시락을 싸오는 사람이 많지 않아 가정형편이 어려운 아이들에게는 학교에서 원조받은 옥수수 가루로 죽을 끓여서 점심시간에 배식을 해주었지. 그 옥수

수 죽이 어찌 그리 맛이 있던지 지금의 어떤 음식과도 비교할 수 없을 정도였지. 어떤 아이들은 도시락과 옥수수 죽을 바꿔서 먹을 정도였지. 우리의 도시락은 언제나 보리밥에 깻잎, 콩잎 장아찌와 새까만 김치가 대부분이고, 부잣집 아이들은 멸치 볶음, 오징어 무침을 해오는 친구도 있었지. 그 반찬 한 가락 얻어 먹으려고 그 친구의 주위를 둘러싸고 있는 모습이 생생하네. 어쩌다 계란 후라이를 밥 위에 얹어 오는 도시락은 최고였지. 어떤 아이들은 배가 고파서 우물물로 배를 채우던 아이들도 있었지. 어쩌다 도시락을 안 싸가는 날은 집에 오면 고구마 한 두개를 점심을 대신하던 그 시절이지만 마음은 항상 즐겁고 행복한 우리들의 옛날이 그립구나!

어느 늦가을 수업을 마치고 집으로 다가 장곡에서 친구들이 땡벌 집에 돌을 던져서 벌이 날아와서 친구가 많이 쏘여서 온 얼굴이 퉁퉁 부어서 고생한 것도 생각이 난다. 여름 방학을 하면 분지설 산에 가서 풀을 베서 땀을 뻘뻘 흘리면서 지게에 지고 저수지까지 와서 지게를 내려놓고, 저수지에서 수영을 하면서 더위를 식히고 즐거운 시간을 보낸 것도 어제 같은데….

점심을 먹고는 동네 아이들과 소풀을 먹이로 산(멀구리)으로 가서 소를 풀어 놓고 닭싸움도하고, 밀과 보리를 서리하여 모닥불을 피우고 구워서 먹었지. 나중에 보면 시커먼 손이 입가에 닿아 입 주위가 새까맣게 그을음 묻은 모습을 보면서 즐거웠던 그 시절이 그립구나. 친구여! 소에게 배불리 풀을 뜯기고 콧노래를 부르면서 우리는 집으로 돌아왔지. 저녁밥을 먹고 친구네 작은방에서 따뜻하게 군불을 지핀 방에서 이불 밑에 다리를 뻗고 도란도란 이야기 꽃을 피우면서 시간 가는 줄 모르고 놀다가 자정이 되어서 집으로 왔지. 아 그립다. 친구여 그 때 그 정다웠던 시절이….

국민(초등)학교 6학년 때 중학교 진학을 위해 학교에서 밤늦게 까지 공부를 하고는 친구와 둘이서 아침 일찍 학교에 가서 공부하고, 저녁 먹고 다시 학교에 가서 밤 10시까지 공부하고 비포장 도로를 두 손 꼭 잡고 걸어 다녔지. 어느 날 공부를 마치고 걸어오는데 늑대 울음 소리가 들려와서 너무 무섭고 길은 어찌나 멀고 추운지. 그러나 친구와 함께라서 모든 것을 견딜 수 있었던 것 같다.

그렇게 1년이 지나고 우리는 중학교에 진학을 하게 되었네. 그 때는 중학교에 못가는 친구들도 많이 있어서 가난 속에서도 공부를 열심히 하여 중학교에 가게 되었지.

그 때는 교복을 입고 중학교에 다니는 것이 가슴 뿌듯하고 정말 멋졌었지 않았냐. 교복을 입고 모자를 쓰고, 면소재지에 있는 학교로 비포장 도로를 걸어서 학교에 다녔지. 학교 앞에는 바다가 보이는 6학급 규모의 작은 학교인데 남녀 공학이고 우리 학년은 남자 1반 여자 1반, 총 2반 이었지. 중학교 때는 고등학교 진학을 위해 열심히 공부하지 않으면 안되었지.

친구는 밤 늦게까지 공부하다가 우리 집 앞에서 가곡을 많이 불렀어. 난 노래 소리를 듣고 나가서 친구와 밤 늦도록 이야기 꽃을 피우면서 시간을 보낸 시간이 무척 그립다. 그 때 친구는 인생의 깊이 있는 이야기를 많이 해주었다. 특히 독일철학자에 대한 이야기나 철학과 신학에 대해서 깊이 있게 이야기를 많이 들려주었다. 그 때부터 친구는 신학과 철학에 대하여 꿈을 꾸었던 것 같다. 철학보다 더 우위에 있는 학문이 신학이라고 말하곤 했지. 친구와 난 어린 시절부터 마을에 있는 유산리교회에 주일과 수요예배에 열심히 다녔지. 마을 아이들도 전도하여 대부분 주일학교에 다녔지. 그 때는 새로운 문화를 접할 수 있는 곳이 마을에 있는 교회 밖에 없었으니까.

크리스마스날이면 성탄행사도 하고 과자와 선물을 주고 하니까 마을 아이들 대부분이 교회에 나왔지. 성탄절이면 잊을 수 없는 것이 새벽송과 새벽송 후에 먹는 따뜻한 떡국 맛을 잊을 수 없었지. 추운 새벽에 일어나 교회에 모여 예배를 보고 어른들과 함께 집집마다 찾아 다니면서 새벽송으로 "고요한 밤 거룩한 밤 어둠에 묻힌 밤 주의 부모 앉아서 감사 기도드릴 때 아기 잘도 잔다. 아기 잘도 잔다." 그리고 "저들 밖에 한 밤중에 양 틈에 자아 든 목자들. 한 천사가 전해준 주 나신 소식 들었네. 노엘 노엘 이스라엘 왕이 나셨네" 라는 노엘송 찬송을 불렀지. 오랜 세월이 흘렀지만 지금도 그 노래 소리가 은은하게 들려오는 것 같다. 친구야 천사들의 아름다운 찬송을 잘 듣고 있는가? 친구는 중학교 시절부터 주일학교 예배를 인도했지. 친구의 그런 모습들이 아직도 눈에 선하다. 어린 시절의 이런 것들이 바탕이 되어 깊은 신앙과 훌륭한 철학자가 되지 않았나 싶네.

친구야! 명절이 다가오면 전화하고 문자 보내고, 만나서 막걸리 한잔 하면서 옛 정을 나누고자 하지 않았나. 친구야! 그 약속을 지키지 못하여서 너무 아쉽고 후회하고 있네. 그렇게 빨리 떠날 줄은 몰랐네! 그립다 친구야! 천국에서 복락을 누리면서 행복하게 잘 계시길 바란다.

2. 추억만 남기고 먼저 저 세상으로 간 병렬 친구에게[2]
박성실 친구(중학교)

　우정도 아름다운 추억이 된다는 것을 나는 미처 몰랐네. 친구를 만난 것은 중학교 3학년, 선도부 활동을 시작하면서부터. 나는 선배의 추천으로 2학년 말에 선도부원이 되었고, 친구는 3학년이 되어 내가 추천하여 선도부 활동을 함께 하게 되었다. 초등학교도 다른 학교를 다녀 1, 2학년 때까지만 해도 서로에 대해 잘 모르고 관심도 없었다. 3학년 때부터 선도부 활동과 학교생활에서 거의 붙어 다녔고, 매우 친하게 되었다. 우리는 체육시간에 땀을 흘려서 우물가에 씻으러 갔다. 그때는 수도시설이 없었고 두레박으로 물을 퍼 올려서 세숫대야에 부어 사용하던 시절이었다. 친구는 나보다 한발 앞서 우물가로 가서 물을 길어 세숫대야에 붓고, 나보고 먼저 씻으라고 했다. 함께 씻자는 것도 아니고, 나는 감동과 충격을 받았다. 친구는 교회에 다녀서 남을 배려하는 마음을 어릴 때부터 가지게 되었구나 하고 생각했다.

　어느 날 도서실에 함께 갔던 일이 있었는데, 한참 후에 친구는 책 한 권을 가져와서 펼쳐 보이면서 나에게 보라고 했다. 『쇼펜하우어의 인생론』이라는 책인데, 남녀의 성적인 차이를 설명하는 내용이었다. 남자는 조건이 맞으면 일정한 기간에 많은 자식을 낳을 수 있지만, 여자는 한 자식만 낳을 수 있다는 것이었다. 그리고 그 내용에 대해 친구는 자세히 설명해 주었다. 친구는 중학교 때부터 철학에 관련된 책과 철학자에 관하여 많은 관심을 가지고 있었고, 철학에 관련된 책도 구해서 읽었다. 나는 교과서와 참고서 이외에는 다른 책을 끝까지 읽은 기억이 없다. 친구는 중학시절부터 '철학박사'라는 별칭을, 나는 '수학박사'라는 별칭을 들었는데, 나는 수학 성적이 좋아서 그런 말을 들었던 것 같다.

　어느 날 서무실 제○준 주사가 수학 문제를 들고 점심시간에 우리 교실로 찾아왔다. 2차 방정식과 함수에 관한 문제였는데 문제를 풀고, 설명을 해보라고 했다. 제○준 주사는 사무직 시험을 준비하고 있었던 것 같다. 내가 문제를 풀고, 설명을 했는데, 훗날 친구는 그때 내가 매우 부러웠다고 했다. 친구와 함께 다니면 '철학박사, 수학박사'라고 부르는 친구들도 있었다. 중학시절은 사춘기여서 나는 선도부를 하면서 눈여겨본 예쁜 여학생을 좋아했고, 편지도 여러 번 보냈다. 친구도 우리 동네 여학생 박○련이와 좋은 사이가 될 뻔 했다. 박○련은 친구를 좋아하여 친구 동네에 사는 윤○선을 통하여 '오빠'하자고 했다. 친구는 그 뜻을 몰라 여동생이 많이 있는데 무슨 오빠냐 하며 거절했는데 세월이 한참 흐른 후에 그때 그 일이 못내 아쉽다고 고백했고, 박○련 안부도 종종 물었다. 함께 고향에 가면 어떻게 살고 있는지 한번 찾아보자고 했는데 아쉽게도 함께 고향에 가지는 못했다. 함께 고향에 갈 약속은 했지만 친구가 먼저 저 세상으로 갔다.

소풍을 갔을 때의 일이다. 전교생이 함께 소풍을 갔는데 사회와 진행을 맡을 사람으로 얼른 친구를 추천했다. 아무런 준비도 없었는데 친구는 적절한 소개말도 하면서 담임 선생님을 지정하여 노래도 부르게 하였고, 여자 선생님이 노래를 부를 때는 흥겹게 손뼉도 치면서 함께 즐거워하였다. 중학교를 졸업하고 친구는 부산 동아고등학교로, 나는 마산상업고등학교로 진학하였고, 서로 만나지는 못했지만 편지를 자주 주고받았다. 방학 때 고향에 오면 가끔 우리 집에 놀러 오곤 했는데 꼭 카메라를 가져와 사진을 찍어주었다. 그 사진을 지금 꺼내보니 옛날 생각 간절하다. 가난했던 그 시절, 친구는 우리 집에서 쌀밥 한 그릇 먹었던 이야기를 여러 번 했는데 반찬이 무엇이었는지는 전혀 기억이 없다.

철학이 이끄는 삶

친구와 함께 고교시절 구산중학교 방문기념(박성실, 윤병렬)

3. 나의 음악과의 인연을 이어준 선배님께

윤재근 후배(고향교회)

　어느 날 아침 문자 메시지에 선배님의 부고 소식을 접하고 저는 이것이 무슨 내용인지 이해가 안 되어 한 참을 멍하니 보냈습니다. 그리고 나서 얼마 지나지 않아 핸드폰의 벨 소리가 울려 동생 병육이로부터 전화 받고서야 알게 되었습니다. 인간은 누구나 하나님이 부르면 거절할 수 없다는 것은 알고 있었지만 믿기지 않는 현실을 받아들이기는 정말 어려운 사건이었습니다.

　순간적으로 저의 머릿속을 스치는 것은 저가 가끔 친구나 주위의 사람들과 대화를 나눌 때 음악에 관심을 가지게 된 가장 처음의 순간은 선배님과 있었던 일화를 말하는 적이 있었는데 이제 어떻게 말하여야 합니까? 선배님은 고등학생이고 저는 중 1학년인지 2학년인지 정확하지는 않지만, 12월 어느날 아마 크리스마스이브인 것으로 기억하는데 J.S. Bach와 L.von Beethoven을 보라 하면서 L.P. 레코드판을 보여주며 독일에는 이러한 음악 외에도 칸트, 헤겔, 니체 등 철학자들이 많이 있다고 말한 기억이 있습니다. 그때 보여주신 레코드의 음악을 들을 수 있는 오디오는 없고 표지에 있던 사진의 그림은 담쟁이 넝쿨로 쌓인 어느 유럽의 고색 찬연한 성인 것 같았습니다. 그 이후로 나도 저런 것 가져 보았으면 하는 마음을 가지고 지금까지 왔다고 주위의 친구들에게 말하곤 합니다.

지금은 인터넷의 발달로 음원(sound source)이 다양하게 무한정으로 공급되지만 저는 지금도 FM 방송이나 CD, Blu ray disc로 나오는 DVD, LP 레코드를 빈티지 하이–엔드 급의 오디오를 통하여 음악과 접촉하고 가끔은 공연장도 찾고 있습니다.

또 한번은 선배님이 저에게 갑자기 재근아! 너는 하나님이 이 세계를 창조하기 전에는 무엇하였는지 아느냐? 라고 물었습니다. 대답을 못하고 멍하게 바라보니 하는 말이 그때는 시간이 멈춘 것이라고 하였습니다. 그때는 시간과 공간을 초월한 영원한 하나님의 세계를 말한 것으로 생각하는데 이 물음에 대하여 지금도 철학적 이해가 되는 것은 아닙니다. 그러나 어릴 때 이러한 철학적 사고를 할 수 있도록 인도해주신 것으로 생각하니 이제야 감사하다는 말을 전합니다.

얼마 전 동생 병육이가 우리 집에 왔을 때 선배님의 유고집『혜초의 기행문과 철학』이라는 책을 주고 갔습니다. 그래서 이 책과 오래 전에 주신 "마음의 고향 유산교회를 생각하며"라고 서명이 있는『철학 센세이션』을 이번에 다시 읽어 보았습니다. 그 책을 읽은 저는 "우리는 어떻게 삶을 살아야 하나?" 라고 책 제목을 바꾸면 좋겠다고 생각했습니다. 우리 시대의 문제점을 질타하는 선배님은 독일에서 유학 생활할 때 경제적 어려움이 많았을 것으로 생각하는데 오히려 풍요로움으로 인하여 자기를 잃어버린 모습을 지적한 것으로 보았습니다.

유고집으로 남겨주신『혜초의 기행문과 철학』에서 하이데거의 존재사유로 혜초를 읽도록 해주심을 보고 저가 너무 몰랐다고 생각합니다. 이것이 무슨 뜻인가 하면 선배님은 누구보다 그리스도인이며 서양 철학자로 생각하였는데, 불교에 관한 관심이 있는지 몰랐습니다.(이렇게 표현하는 무지를 용서 바랍니다. 서양 철학자는 불교, 동양철학에는 관심 없는 것으로 생각하였음) 또 저 같은 보통의 시각으로 봤을 때 그동안의 저서와 논문 제목을 보고 놀랐습니다.

이 지면을 통하여 말씀드리면 저는 노자, 장자, 공자, 조선 성리학 및 초기 불교와 불교의 경전인 금강경, 반야심경 등을 읽기 위해 많은 시간을 보낸 적이 있습니다. 또 우리의 고전 유물등에도 관심을 가지고 여러 책을 통하여 등산 다닐 때 직접 답사도 하였습니다.

우리 고운(딸)이 결혼식 때 만나고 나서 한동안 못 보고 있을 때 집사람이(한나 엄마) 몇 번이나 병렬 선생 연락하여 집에서 식사할 수 있는 자리 마련하라고 하였는데 왜 연락을 못했었는지 모르겠습니다. 그때 만났으면 많은 부분을 배우고 즐거움을 나누며 좋아하는 바흐와 베토벤 등의 음악도 듣고 하였을 것인데? 또 우리가 식사할 때는 당신은 언제나 이 음식 정말 맛있다고 하며 기쁨을 나타내던 모습을 이제는 볼 수가 없어 어떻게 하여야 합니까?.

혜초의 구법여행은 선배님이 지적하신 것과 같이 심지어 불교와는 연관이 없으며 단체여행이나 현대인의 무슨 힐링 여행, 성지순례가 아닌 철저한 자기 존재 확인 여행이며 문화 순례 여행인 것 같습니다. 책 중간에 현대인은 신에 대하여 유신론, 무신론이 아닌 무관심주의라는 지적과 플라톤의 이데아 설명을 통하여 자기만의 세계에서 바깥 세상으로 나가야만 새로운 세계를 볼 수 있다는 지적은 오늘의 우리를 깨우는 선배님의 마지막 메아리로 남게 되었습니다.

우리 고향 유산은 실개천이 흐르고, 겨울이 되면 보리밭 사이로 노루가 뛰어놀며, 봄이면 진달래 피고, 동네 뒷산 높은 하늘에는 매가 빙빙 날고, 저녁밥 지을 때가 되면 동네 집집마다 연기가 피어오르고 밤에는 고구마 구워 먹으며 이야기꽃을 피우던 곳, 전깃불이 들어오기 전 교회에는 남포등으로 불을 밝히고 한여름 밤에는 반딧불이 날고 하늘에는 은하수가 흐르며, 유성우가 떨어지는 꿈에도 잊을 수 없는 곳이었습니다.

크리스마스가 되면 온 동네 아이들이 다 교회에 모이고 과자 봉지를 나누며 새벽을 깨우는 새벽송을 마치고 나서 따뜻한 떡국으로 성탄의 기쁨을 나누었던 기억을 합니다. 직장 때문이라고 하면서 이런 곳을 떠나 서울에 살 때, 어느 날 함박눈이 내린 날 저녁 미국계신 화근 형과 작은 바구니에 포도주 와인 병 하나를 온도 유지하느라 흰 눈으로 다져 넣어 마신 기쁨의 순간들이 이제는 슬픔의 기억으로 남았습니다.

이제 선배님은 돌아올 수 없는 먼 천국여행으로 우리를 떠났습니다. 이것이 이번 저서에서 말한 하이데거가 강조하는 존재자와의 작별입니까? 오늘은 오래 전 선배님이 주고 간 CD 카라얀 지휘의 베를린 필 연주의 Schumann Symphony No1. The Spring op.38. 일명 봄을 감상하며 지난날을 기억하고 앞으로 오는 봄을 준비하겠습니다.

4. 자랑스러운 나의 친구 윤병렬에게
손창묘 친구(대학교, ROTC)

　병렬아!

너의 이름을 오랜만에 불러 보는구나.

네가 있는 곳은 꽃이 만발하고 따뜻하겠지.

안부를 묻고 싶어도 닿을 수가 없어 이렇게 부치지 못하는 편지를 띄운다.

　기억하고 있을지 모르겠지만, 2018년 9월 4일 너의 손 편지로 "손교장! 혹독한 더위 잘 넘기고 곧 해외여행을 떠난다니 더욱 반갑네. 오늘 내가 부치는 『선사시대…』라는 책은 퍽 낯설게 여겨지겠지만, 내가 평생을 걸쳐 연구하고 싶은 분야인걸 유학 가서 공부한 것도 한국고대철학은 중국에서 들어온 유교나 불교 및 도교가 아닌 것을 재발견하기 위함인 것을 보내는 책이 재미가 있을 것이라고는 생각하지 말게나" 하면서 책과 함께 부쳐온 『선사시대 고인돌의 성좌에 새겨진 한국의 고대철학』을 나에게 보내주었지. 책을 읽어보니 나로서는 너무 어려워서 전화로 "고등학교 교장인 내가 읽어도 이해가 가지 않는 이렇게 어려운 책을 쓰느냐고" 웃으며 농을 했더니 허허 웃으며 "네가 읽으라고 보냈다기 보다 책장에 꽂아두고 틈날 때마다 내 생각 하라고 보냈지"라며 다정하게 답을 했지.

　그렇게 너를 보듯이 책을 보면서 너의 글들의 행간에, 그리고 너의 책들의 여백에 내 친구 '윤병렬'이가 보이더구나. 철학박사 '윤병렬'에 대해 말할 식견과 재주는 없어 내 친구 '윤병렬'에 대한 이야기는 부족하지만 조금 해보면 어떨까하는 생각을 했단다. 스무 살 무렵부터 너를 보았지만 내가 가지고 있는 기억도 지극히 단편적이겠지.

그래도 오십년 가까이 곁을 둔 친구로서 '윤병렬'에 대한 기록이 어쩌면 네가 "내 생각하라고 보냈지"에 대한 내가 할 수 있는 가장 최선의 방법이라 생각했단다.

병렬이 너는 대학 다닐 때 선비사상이 남달랐던 걸로 기억한다. 그래서 우리 동기들은 너를 '윤대감'이라고 불렀었지. 윤대감이라는 별명이 너는 싫지 않은지 항상 "윤대감 어디가!"라고 너를 불러 세우면 으레 빙긋이 웃고는 했었어. 너는 대학교 다닐 때 성적이 좋아서 항상 장학금을 받았었지. 장학금을 받으면 장학금의 십일조를 네가 다니는 교회에 헌금할 만큼 착실한 기독교 신자였어.

학교를 다닐 때부터 독일에 가서 철학 공부를 해야겠다고 틈틈이 이야기하곤 했었어. 그러면서 독일어 공부도 독학으로 열심히 했었던 기억이 생생하단다. 대학 졸업하고 ROTC 육군 장교로 군복무를 마치고 창원에 있는 고등학교에서 수학교사로 3년간 근무하면서 모은 돈으로 독일 유학의 길로 떠났었지. 떠나기 며칠 전날 밤 둘이 대포 집에서 술 한 잔 하면서 너에게 질문했지. 너 독일에 친척도 아는 사람 하나도 없는데 어떻게 훌쩍 떠나는지 너에게 물었지. 그때 너는 우리 군에 근무할 때 어떤 악조건의 환경에서도 살아갈 수 있는 자신감을 가지게 되었다고 했지. 그렇게 정든 고향과 친구 직장을 떠나 10년 넘게 모진 고생으로 박사학위를 취득했을 때 먼 타국에서 박사학위를 받은 네가 얼마나 자랑스러웠는지.

너는 평범하게 중등 교원으로 안정된 직장과 가정도 가질 수 있었을 텐데 굳이 어려운 길을 택했어. 그런 너를 보며 언젠가 물어봤던 걸 기억하고 있을지 모르겠다. "너무나 긴 세월 고생하고 귀국했는데 후회는 없는지?" 그때 너는 추호의 망설임도 없이 "나는 내가 하고 싶은 학문을 나의 힘으로 마음껏 해봤기 때문에 후회는 없다"고 말했어. 그 말을 하는 너의 눈빛이 너무 빛나고 맑아서 한동안 그 얼굴이 눈에 선했단다.

사랑하는 나의 친구 병렬아!

너는 항상 막걸리 같은 친구였어. 한 번씩 안부전화를 하면 한결같이 하하 웃으며 반갑게 받아줬지. 몸은 떨어져 있어도 마음은 항상 가까이에 있는 친구같이 말이야. 때로는 삶의 고단함을 이야기하면 너의 특유의 화법으로 상대를 편안하게 해주곤 했었는데…. 그런 친구가 세상을 떠나니 나의 한쪽이 떨어져 나간 기분이었단다.

나의 자랑스러운 친구 병렬아!

이 편지가 너에게 닿을 수는 없겠지만 너에게 갖는 나의 애잔한 마음은 전달될 수 있었으면 좋겠구나. 나의 한 시절이 병렬이 너와 함께 해서 자랑이었고 기쁨이었단다. "윤대감 나 왔네!"라고 너를 다시 불러 세우면 늘 그랬듯이 빙긋이 웃는 모습으로 뒤돌아 봐주길 바라네. 나의 부족한 글이 너의 독자들의 페이지 귀퉁이에 따스한 온기로 남길 바라며….

5. 윤병렬 선생님을 회고하며
김정규 명예교수(성신여대, Bonn 대학교)

윤병렬 선생님을 떠올리면, 늘 활짝 웃으며 큰 소리로 "선배님 오랜만입니다. 반갑습니다"라고 외치던 모습이 지금도 눈에 선하다. 유학 시절부터 어려운 환경 속에서도 항상 삶에 대한 뜨거운 열정과 긍정적 자세를 잃지 않았던 그의 모습은 내게 언제나 깊은 감동을 주었다.

그를 처음 만난 것은 독일 Bonn 대학교에서 유학할 때였다. 내가 그보다 약 3년쯤 먼저 온 관계로 자연스럽게 선배로 불렸고, 내가 철학을 전공했던 이력 덕분에 우리는 서로 쉽게 대화를 나눌 수 있었다. 바쁜 일상 속에서도 가끔씩 유학생 모임에서 만날 기회가 있었고, 그의 소탈한 성격 덕분에 빠르게 가까워질 수 있었다.

나중에 내가 유학생회장을 맡게 된 것도 윤 선생님의 격려와 도움 덕분이었다. 우리는 함께 유학생회를 이끌며 바쁜 학업 중에도 종종 주말이면 본 대학교 베누스베르크 캠퍼스 잔디 구장에서 운동회를 겸한 가족 동반 야유회 행사를 개최하곤 했다. 가끔 학술토론회도 열었고, 설이나 추석 명절에는 모두가 음식을 준비해와서 나눠 먹으며 즐거운 시간을 보내기도 했다.

당시 본 대학교는 유학생회가 중심이 되어 한국에서 새로 온 학생들의 현지 적응을 돕는 전통이 있었는데, 윤 선생님과 내가 이끌었을 때도 그런 분위기는 계속 이어졌다. 돌이켜보면 윤 선생님과 함께 한 그 시절이 참 행복했던 것 같다. 다들 만만치 않

철학이 이끄는 삶

은 학업과 불안정한 생활여건으로 힘든 상황이었지만, 만나면 언제나 서로 반갑게 인사하고, 안부 묻고 따뜻하게 응원하는 아름다운 공동체였던 것 같다.

내가 윤 선생님과 특별히 더 가까워질 수 있었던 데는 나의 와이프가 한 학기 동안 그와 함께 어학과정을 다녔던 인연도 작용했다. 나의 와이프는 아이 둘 키우느라 집에만 있다가 어학과정을 다니게 되면서 밖으로 나들이하는 게 무척 좋았던 것 같다. 집에 오면 그녀는 그날 학교에서 있었던 일들을 내게 다 이야기하곤 했는데, 나는 본의 아니게 윤 선생님의 근황을 시시콜콜한 것까지 다 들을 수 있었다.

비록 심리학으로 전공을 바꿨지만 나는 여전히 철학, 그중에서도 실존철학에 대해 관심이 많았으므로 그와 대화를 나누는 것이 무척 즐거웠다. 당시 윤 선생님과의 대화에서 단골로 올라왔던 소재는 파르메니데스였다. 그는 파르메니데스의 철학에 푹 빠져 자신이 공부한 것들을 내게 열심히 설명해주었고, 덕분에 나도 그리스 철학에 관심이 더 많이 생겼던 것 같다.

그가 처했던 현실은 매우 어려웠지만, 그는 전혀 내색하지 않고 항상 꿋꿋하게 살았고, 고독한 철학자의 길을 가면서도 언제나 흔들리지 않는 자부심과 긍지를 갖고 있었다. 그의 모습은 결코 공부에 찌든 백면서생이 아니라, 오히려 비극적 운명에 당당히 맞서 싸우면서 끝까지 자신의 운명을 사랑하며 물러서지 않는 프로메테우스적 열정을 지닌 참 인간이었다.

어느 날 아내와 함께 그가 살던 바드 고데스베르크 학생 기숙사를 방문했을 때의 일이다. 방안에는 각종 열대 식물들이 가득했고, 공간이 모자라 화분들을 복도에까지 내놓았던 것이 너무나 인상적이었다. 한국 유학생들 누구의 집에서도 그런 광경을 본 적이 없었다.

뿐만 아니라 그는 바쁜 와중에도 항상 클래식 음악과 와인을 즐겼는데, 내가 방문할 때마다 새 와인을 내놓으며 환대하던 모습이 떠오른다. 그와의 대화는 늘 편안하고 즐거웠다. 그의 소탈하고 진솔한 성격은 함께 하는 사람으로 하여금 금세 마음의 벽을 허물게 해주었다. 항상 학업에 시달리는 건 서로 같은 처지였지만, 가끔 그를 만날 때면 나는 아무 이유 없이 그냥 반갑고 좋았다. 게다가 철학 이야기를 할 때는 세상일을 모두 잊고 시간 가는 줄 모르고 늦도록 대화하며 서로 공감하며 즐겁게 놀았던 추억이 있다.

윤 선생님을 떠올리면 항상 '신의(信義)'라는 단어가 맨 먼저 떠오른다. 그는 언제나 한결같은 사람이었다. 내가 무슨 부탁을 하든 한 번도 거절한 적이 없었고, 늘 진심으로 도와주었으며 어떤 대가도 바라지 않았다. 그는 누구에게도 피해를 주지 않았고, 항상 상대를 배려하는 사람이었다.

동시에 그는 불의를 보면 도저히 참지 못하는 매우 강직한 면모도 있었다. 한 번은 유학생회에서 불미스러운 일이 발생한 적이 있었는데, 그는 나와 함께 적극적으로 문제를 바로잡고자 헌신적으로 노력했던 기억이 난다.

돌아보면 나는 윤 선생님한테서 이것저것 도움을 참 많이 받았었는데, 정작 나는 그에게 해준 것이 아무것도 없었구나 라는 생각에 참으로 미안한 마음이 든다. 그는 내게 유학생회 일을 도와준 것 말고도 내가 학위를 마치고 급히 귀국하느라 이런저런 귀찮은 일을 부탁했었고, 작고하기 직전까지 내가 설립한 사회복지법인 이사를 맡아주기도 했다. 40여 년 가까이 긴 인연을 이어오며 그는 내게 항상 믿음직한 동생 같은 사람이었다. 그런데도 나는 정말 무심했구나란 생각에 가슴을 치게 된다.

그의 저술들은 감히 내가 평가할 수는 없겠지만, 항상 편안하게 읽혀졌던 것 같다. 그의 저술인 『하이데거와 도가의 철학』은 내게 실존철학에 대한 새로운 시각을 열어주었고, 그의 사후에 접한 『혜초의 기행문과 철학』은 또 다른 깊이를 보여주었다. 그 책을 읽으면서 나는 "내 곁에 있었던 한 거인을 몰라봤었구나."라는 부끄러움과 함께 경외감을 느꼈다.

그는 일생 동안 목숨을 걸고 "텍스트 밖으로 피안의 여행을 떠났던" 사람이었다. 시간과 공간의 경계를 넘나들며 해탈과 자유를 쟁취하고자 밤낮으로 깨달음의 여행을 감행했던 그의 삶을 떠올리며 그야말로 진정으로 이 시대의 혜초였구나 싶다.

이 글을 쓰고 있는 창밖에는 하얀 눈이 펑펑 내리고 있다. 그를 떠올리며 그리움이 솟구쳐 오른다. 윤병렬 선생님에 대한 애틋한 마음과 사랑을 전하면서 마지막으로 그와 나누었던 카톡대화의 일부를 나누며 글을 마친다.

"선배님, 오랜만에 반갑습니다. 오늘 제초제 친다고 들판에 있다가 조용한 저녁에 주신 성가를 들어보니 하루의 피로가 풀리네요. 이토록 아름다운 멜로디가 왜 이제야 세상에 알려졌는지 의아합니다. 진지함과 간절함으로 신에게 영광 돌리는 정성이 대단한 것 같습니다. 아마추어의 견해일 따름입니다. 산속에서 싱그러운 여름 보내시길 기원합니다."(2023. 6. 25)

"윤형, 톨스토이의 소설 안나 카레니나에 나오는 인물 레빈처럼 전원에서 아름다운 삶을 일구고 계시네요. 보기가 참 좋습니다. 성가에 대한 피드백도 감사합니다. 강 교수님도 음악이 엄청 좋다고 하시더라고요."(2023. 6. 25)

"윤형, 추운 날씨에 병원에 입원하셔서 고생이 많으시네요? 강 교수님으로부터 전해들었는데 검사받으시는 것들이 많아서 많이 힘드실 것 같네요. 윤형을 위해 기도드리겠습니다. 윤형이 쓰신 하이데거와 노자를 읽어보고 크게 배웠습니다. 속히 쾌차하시어 더 배울 기회를 마련해주시기 바랍니다. 윤형의 활짝 웃으시는 모습이 빨리 보고 싶네요~^^ "(2023. 12. 4)

"주신 메시지 고맙습니다. 어쩌다 제가 Sorgekind가 되었습니다. 죽이 되든 밥이 되든 언젠가 퇴원하겠지요. 너무 염려하지 마세요."(2023. 12. 4)

"윤형, 벌써 입원하신 지가 꽤 되었지 싶네요. 요즘은 상태가 좀 어떠신지 염려가 됩니다. 검진 결과는 나왔는지요?"(2023. 12. 9)

"주신 메일 고맙습니다. 초원에서 뛰노는 야생동물 같은 제가 새장 안에 갇혀 있으니 갑갑하네요. 담석증이 아니라 담도의 끝에 있는 바터팽대부암이라고 하네요. 제가 별난 놈이라서 그런지 회괴한 암인 모양입니다. 다음 주 중후반에 수술에 들어갈 것으로 보입니다. 아직 몸속에 암세포는 퍼져있지 않다고 하는군요. 저는 담담하게 기다리고 있어요. 너무 걱정하지 마세요."(2023. 12. 9)

"윤형, 맞네요. 초원에 뛰노는 야생동물처럼 자유롭게 사셨는데 복병을 만나 운신을 마음대로 못하시니 정말 갑갑하시겠어요. 바터팽대부암이라니 생전 처음 듣는 이름이네요. 윤형 말씀처럼 별난 놈임에 틀림없는 것 같네요. 그나마 이름은 알아냈으니 분명히 치료법도 있을 거라 생각합니다. 아직 전이가 안 되었다고 하니 정말 다행입니다. 담담하게 기다리고 있다고 하시니 크게 응원드리고 싶습니다. 법인 이사님들께서도 모두 함께 응원하고 계십니다. 다시 연락드릴게요. 힘내세요~!!!"(2023. 12. 9)

6. 나의 친구 윤병렬 교수를 생각하며

최정일 교수(동국대, Bonn대학교)

윤병렬 교수가 우리 곁을 떠난지도 어언 1년이 넘었습니다. 생각지도 못한 수술 소식에 놀랐다가, 그 후 급격히 악화된 예후에 더욱 마음을 졸이던 1년 전의 상황을 이제는 조금 마음을 추스르며 지나간 기억들을 더듬고 있습니다.

제가 윤 교수를 독일 본(Bonn) 시(市)에서 만난 것은 1984년 8월이었습니다. 저는 그 당시 법제처(중앙부처)의 직원으로서 6개월간(1984년 8월 ~1985년 2월)까지 공무원 단기 해외연수를 독일 본대학 법과대학 공법연구소에 파견연구 중이었습니다.

저는 그 당시까지도 그리스도교와 성서에 대하여 거의 알지 못하고 있었는데, 그때 한인교회의 한 재독교포 쾰른(Köln)대학 법학박사과정에 재학 중이었던 지인으로부터 신앙심이 깊은 동년배의 유학생으로서 윤 교수(당시는 본 대학 철학과에 재학 중이었음)를 소개받아 처음으로 그를 알게 되었습니다. 윤 교수는 더욱이 고향이 경남 마산이라서 저와 같은 지역(저는 경남 남해가 고향임)사람이었으므로, 더욱 쉽게 사귈 수 있었습니다. 저보다 본 대학에 1~2년 먼저 입학한 윤 교수에게서 저는 독일의 대학생활과 그리스도교와 성서의 공부에 대해서도 많은 도움을 받을 수 있었습니다.

제가 독일 파견연구생활을 마치고 한국에 귀국한 뒤에도 저와 윤 교수는 서로 편지로 사귐을 이어가다가, 제가 다시 "공무원 장기 해외연수"(1987년1월– 1989년1월까지 2년간)로 독일 본대학 법과대학 석사(Magister)과정에 입학하면서 윤 교수와 저의 사귐은 계속되었습니다. 비록 전공은 저는 법학이고, 윤 교수는 철학이라서 서로 달랐지만, "그리스도교와 성서와 루터와 한국을 사랑하는 한국사람"이라는 공통점이 있었기 때문에, 우리는 격의없이 사귈 수 있었습니다. 제가 연수과정을 마치고, 한국에 귀국할 때, 윤 교수는 저에게 윤 교수가 가지고 있던 "루터성서(독일어)"와 "루터의 찬송가 CD"와 "아우구스티누스의 고백록(독일어 번역)"을 선물로 주었습니다.

윤 교수는 독일 본대학에서 철학박사 학위를 취득한 후 한국에 귀국하여 각 대학의 강사활동을 시작하고, 전공 관련 전문서적들을 집필하며, 저서를 출간하는 등 연구활동도 본격적으로 해 나갔습니다. 그 때 저는 법제처에 복직하여 광화문 정부종합청사(현 정부서울청사)에서 근무하고 있었습니다. 윤 교수와 저는 수시로 서로 연락하여 만났고, 그 때 저희들은 "그리스도교와 성서", 그리고 아우구스티누스, 루터, 키에르케고르, 칸트 및 법철학과 정치철학, 한국사, 한국의 고전 등에 대하여 즐거운 대화를 나누었습니다.

윤 교수가 홍익대학교에 철학 전임교수(처음에는 초빙교수)로 근무하고, 제가 2007년부터 동국대학교의 로스쿨 법학 전임교수로 근무하면서, 윤 교수가 동국대학교의 제 교수연구실로 찾아오기도 하고, 또는 거꾸로 제가 홍익대학교의 윤 교수의 교수연구실을 찾아가기도 하면서, 저희들의 대화와 토론은 시간가는 줄 모르고 이어져 갔습니다. 윤 교수는 또한 저의 법학연구에도 관심을 가졌고, 저를 격려했으며, 제가 발전해 나가기를 진심으로 지켜보아 주었습니다. 저 또한 윤 교수가 어려운 시간들을 견뎌내면서 홍익대학교의 교양학부 철학 전임교수로 임용되었을 때, 저는 정말로 기뻤습니다.

저의 작은 서재에는 지금도 윤 교수가 남긴 저서들이 『하이데거와 도가의 철학』, 『철학적 인문학의 길』, 『산책로에서 만난 철학』, 『혜초의 기행문과 철학』 등이 꽂혀서 고인(故人)을 기리고 있습니다. 저의 철없는 철학 공부의 멘토로서 윤 교수가 소개해 준 요하네스 힐쉬베르그의 『서양철학사』도 저의 책장에서 저를 지켜보고 있습니다. "조선의 왕 중 꼭 기억되어야 할 왕은 세종과 정조뿐이다", "플라톤이 없었다면 아우구스티누스는 나올 수 없었을 것이다" 등 지금도 귀에 쟁쟁한 윤 교수의 육성이 저의 게으른 일상을 다그쳐 일깨워줍니다. 끝으로, 윤 교수가 언제나 좋아했던, 루터 번역판, 『성경』과 아우구스티누스의 『고백록』 중 한 구절씩 인용하면서, 윤 교수와 저의 우정을 간직하고자 합니다.:

1) 루터 번역판, 『성경』 중 시편 103편 13-14절, "Wie sich ein Vater über Kinder erbarmt, so erbarmt sich der HERR über die, die ihn fürchten. Denn er weiß, was für ein Gebilde wir sind; er gedenkt daran, dass wir Staub sind.": 부모가 자식을 가엾게 여기듯이, 주님께서는 주님을 두려워하는 사람을 가엾게 여기신다. 주님께서는 우리가 어떻게 창조되었음을 알고 계시기 때문이며, 우리가 한갓 티끌임을 알고 계시기 때문이다.

2) 아우구스티누스의 『고백록』 중 , [제1권2. 내 안에 계신 주, 주 안에 있는 나]: 내 안에 당신이 아니 계시다면 있지도 못할 내가 아니오니까? 나 아직 지옥에 있어 보지 않았어도 당신은 거기도 계시나이다. "나 지옥에 내려갈지라도 거기 당신이 계심"(시편 139편8절)이니이다. 내 하나님이시여, 나는 있지 않았을 것입니다. 당신이 내 안에 아니 계셨던들 절대 나는 존재하지 않았을 것입니다. "그한테서 모든 것이, 그를 말미암아 모든 것이, 그 안에 모든 것이"(사도행전 17장 28절) 존재하는 당신 안에 내가 있지 않았던들 애당초 있을 수 없었다 함이 차라리 낫지 않으오리까? 그러합니다. 주여, 실로 그러하옵니다." 최민순 옮김, 가톨릭출판사; 독일어 역— AUGUSTINUS Bekenntnisse, übertragen von Herman Hefele, VMA 출판사.

7. 윤병렬 선생님 추모의 글: 독일 본(Bonn)대학에서의 추억

최성환 명예교수(중앙대, Bonn 대학교)

필자는 1990년 독일 남부 프라이부르크(Freiburg)대학에서 어학(PNDS)을 마치고 본

(Bonn)대학의 바움가르터너 교수(H. M. Baumgartner)를 지도교수로 철학공부를 시작하였고, 1997년에 귀국하였다. 이 기간 가운데 1996년 윤병렬 선생님이 귀국하실 때까지 약 5년 정도 서로 매우 친밀한 인간적·철학적인 우정을 나누었다.

선입견처럼 다소 투박한 경상도 아저씨의 말투와 인상에서 쉽게 떠올릴 수 있는 것처럼 윤 선생님과의 만남이 처음부터 그렇게 부드럽게 이루어진 건 아닌 것으로 기억한다. 아마도 선생님이 오랜 독일생활에서 체득한 절제된 인간관계의 태도가 잘 드러나는, 조금은 경계하는 모습이 그 출발점이었던 것 같다. 처음에는 대부분 유학생들의 만남이 그렇듯이 우리의 만남도 학력을 포함한 자신의 인생행적을 소개함으로써 시작하였다. 처음에는 수학을 공부하셨고 교직생활을 하시다가 독일로 유학을 와서 철학을 전공하신다고 해서 뭔가 좀 사연이 있나 하는 정도의 인상을 받은 것 같았다.

이후 한국에서 실제로 철학과 출신보다도 다른 전공에서 철학으로 옮겨온 분들이 더 철학을 사랑하고 진심이라는 것을 많이 경험했는데, 그때 필자의 안목이 부족해서 윤 선생님의 진가를 제대로 알아보지 못한 것 같다. 필자가 상대적으로 쉬운 부전공(교육학, 비교종교학)을 선택한 반면, 윤 선생님은 수학, 고전어, 신학 등을 제대로 공부하셨고 그 결과가 한국에서 많은 저작들을 만들어내는 밑거름이 되었다고 생각한다. 필자는 한국에서 대학원을 마치고 왔지만 독일 생활에 아직 여러모로 어설픈 상태에서 많은 것들이 궁금했지만 처음에는 그렇게 자주 만남이 이루어지지는 않은 것 같다. 가끔 유학생 모임에서 뵙고, 이후에 같은 한인교회에 다니면서 지속적으로 대화가 이루어졌다. 아래에서 다시 언급하겠지만 지금 생각해보면 윤 선생님의 신앙심에 대해서도 제가 과소평가한 부분이 없지 않았다.

이후 같이 철학과에서 수학하면서 종종 만나 커피를 마시거나 학생식당에 같이 가곤 했었다. 겨울이 다가오면 본(Bonn)대학 (신학부와 철학부) 중심건물 앞의 잔디정원(Hofgarten)을 가로질러 짙은 국방색 독일식 망토형 코트에 무거운 가방을 메고 오시던 모습이 아련하다. 필자는 지도교수의 배려로 4년 6개월 정도 연구조교(wissenschaftliche Hilfskraft)로 일했는데, 이 때 일주일에 두 번 정도 도서관에서 근무하게 되면 가끔 윤 선생님이 책을 빌리러 오시기도 했다. 같이 수학했던 고려대 철학과 김창래 교수도 도서관을 가끔 방문한 기억이 있다. 깐깐하기로 소문난 슈미트(G.

Schmidt) 교수의 지도를 받은 윤 선생님의 애로사항을 들어주는 것도 필자의 과제 중의 하나였다.

우리의 본격적인 만남은 필자가 1991년 결혼한 후에 본에서 조금 떨어진 니더바켐(Niederbachem)으로 이사를 한 후 이루어졌다. 그 중심에는 바드 고데스베르크(Bad Godesberg)의 학생기숙사가 있다. 이곳에는 법학을 전공하는 고덕창씨가 결혼생활을 하고 있었는데 우리 큰애와 동갑인 딸을 두고 있었다. 고덕창씨는 몇 년간 더 본에 체류하다가 미국으로 이주했는데 그와는 더 이상 연락이 닿지 않았다. 하여튼 우리는 매주 주말 인심이 후한 고덕창씨의 기숙사에서 모여 각각 들고 온 음식과 술을 나눠 마시면서 참으로 행복한 시간을 보냈었다. 특히 윤 선생님이 요샛말로 가성비를 강조하고 예찬하며 항상 조달해주신 포도주 보졸레(Beaujolais)는 선생님에게 당시 마치 포도주의 모든 것을 의미하는 것처럼 보였다. 취기가 오르면 우리들은 종종 유학사회에 대한 비판도 하곤 했었다. 지금 생각해보면 그것은 사실 우리 셋이 그 사회의 주류(?)가 아니었기에 가졌던 감정의 뒤풀이 성격도 없지 않았다. 그리고 윤 선생님은 당시 음악공부를 했던 아내에게도 친절하게 대해주었고, 특히 음악에 대해 여러 가지 질문을 하신 것으로 기억한다. 하지만 아내의 바이올린 연습소리에 질려 자발적으로 음악의 문외한이 되었던 필자는 윤 선생님이 그렇게 음악에 남다른 관심을 가진 줄은 나중에서야 알게 되었다.

이 기숙사 모임에 있어서 특별한 추억의 하나는 법정스님과의 관련해서 있다. 불심이 깊었던 고덕창 씨가 마침 독일을 방문한 스님 일행이 본을 방문한다는 사실을 접하고 우리가 늘 만나던 기숙사 방으로 스님 일행을 위해 식사를 대접하기 위해 초대하였다. 고덕창씨 내외와 우리가 함께 나물들을 구해서 절밥과 같은 채식형태의 식사를 정성스럽게 제공했고 식사 후에 차를 마시면서 이런저런 이야기를 나누었던 기억이 있다. 그때 독일 통일이 얼마 되지 않은 시점이라 베를린과 같은 곳에서 가끔 외국인에 대한 극우단체들의 공격을 다룬 기사로 접하고 했는데 스님 일행은 아무런 문제없이 잘 베를린 여행을 했다고 하셨다. 이때 누군가 뒤에서 스킨헤드와 삭발의 공통점 때문에 그렇게 아닌가해서 폭소를 터트렸던 것 같다.

이 자리에는 당시 본대학에서 한국어를 가르치는 구모 교수님도 함께 하셨는데 그

철학이 이끄는 삶

교수님이 불교의 사회적 활동 등에 대해 좀 비판적으로 언급하자 스님이 조금 불쾌해 하셨던 장면도 있었다. 스님은 그때 커피를 즐기시고 베토벤 음악을 좋아하신다고 말씀하셨고 그래서 본을 방문한 이유도 베토벤의 흔적을 찾아보기 위한 것이었다고 말씀하셨다. 이후 법정스님은 그 만남을 기억하고 몇번 연락을 주신 걸로 알고 있다. 하지만 이후 "무소유"의 화두로 거의 성자 반열에 올라가신 위상이라 한국에서는 찾아뵐 엄두가 나지 않았다. 하지만 우리들 마음의 한 구석에는 그 분이 오래 계셨던 것은 분명한 사실이다.

또 하나 윤 선생님과 필자의 유학생활에 공통적인 경험들의 하나는 한인교회과 연관되어 있다. 한국교민을 위해서 독일정부가 지원하는 목사님이 인도하시는 교회였는데 많은 현지 교민들이 참여하셨다. 필자 가족은 여러 가지로 도움을 많이 받았고 또 정서적인 안정에 매우 유익했었다. 예배 후 함께 하는 식사, 여름철 근교에서의 야외예배, 경조사 참석 등 서로 잘 지낸 시간도 참 많았다. 그러나 세상만사에는 음양이 있듯이, 교회운영과 연관된 교민들 사이의 반목도 심했고 심지어 몸싸움도 있었다.

유학생들 중 상대적으로 나이가 많은 윤 선생님과 필자는 종종 유학생들의 입장을 대변한다고 일부 교민들과 마찰을 빚기도 했는데 지금 생각해도 아쉬움이 많이 남는다. 선생님은 우리 유학생들이 어떤 결정을 내릴 때 항상 올바른 선택을 하도록 이끌어주셨고 성경의 내용을 언급하시면서 신앙의 본질에 대해 강조하셨다. 솔직히 말하자면 당시 필자에게는 지연, 학연 등을 강조하는 한국의 부정적 측면들이 그대로 반영되어 있는 것이 바로 유학생 사회와 교민사회처럼 보였다. 그래서 점점 교회와 멀어지고 밖에서 따로 윤 선생님과 만나는 기회가 많아졌다.

이후 우리는 각각 독일생활을 마무리하고 한국에서의 만남을 이어가게 되었다. 첫만남은 한국해석학회였던 것으로 기억한다. 조금은 어색하고 떨리는 기분으로 논평을 마친 이후 뒷풀이에서 반갑게 맞아주시는 윤 선생님과 재회할 수 있었다. 선생님의 결혼식에도 아내와 함께 참석했는데 좋은 사모님을 만나서 참으로 감사한 마음이었다. 이후 제가 중앙대학교에 자리를 잡았을 때에도 진심어린 축하의 말씀을 건네주셨고, 학회 임원과 회장으로 활동하는 동안 많은 도움을 주셨다. 그러나 그러한 많은 만남과 추억에도 불구하고 필자가 윤 선생님께 해드린 게 없어서 지금 생각해보면 참

섭섭했을 것 같은데도 한번도 내색하지 않으시고 항상 웃는 모습으로 대해주셔서 너무 감사하고 죄송할 따름이다.

지난 2월초 선생님의 1주기에 강학순, 신인섭, 하피터 교수님과 함께 경기도 여주 공원묘지로 참배를 갔었는데, 강 교수님의 추모사를 들으면서 참으로 선생님이 멋진 삶을 살아셨던 것 같아 부럽기까지 했다. 특히 강 교수님께서 기울이시는 노력은 참으로 우정의 큰 모범이 되는 것 같아 그날 기쁜 마음으로 돌아올 수 있었다. 부디 편안하게 안식하시길 기원한다.

8. '그리움'을 사무치게 하는 따뜻한 존재 윤병렬

이수정 명예교수(창원대)

윤병렬! 그의 존재가 '지나간 추억'으로 언급된다는 것을 나는 여태껏도 납득할 수 없다. '말도 안 돼!' '이럴 수는 없어!' 하고 나는 속으로 얼마나 외쳤는지 모른다. 우수하고 다정했던 그가 거짓말처럼 어이없이 떠나고 벌써 한참이나 시간이 지났다. 그리움이 사무친다. 지금도 이따금씩 그의 선량한 얼굴이 떠오른다. 언제나 웃음을 머금은 얼굴이다. 말이 그렇지 그런 경우가 흔치는 않다. 그 웃음은 소위 말하는 '인품'이다. 그는 내 인생에서 지울 수 없는 소중한 '친구'의 한명이었다. 이 '었다'라는 과거형이 새삼 너무나 가슴 아프다.

누군가는 과장법이 심하다고 흉을 잡을지도 모른다. 어린시절 학창시절 유학시절 직장생활 그 어느 것도 함께한 적이 없고 뒤늦게 학회에서 만나 공적인 교분을 가진 사이에 이 정도로 말하는 건 과장이 맞다고 제3자는 동조할지도 모른다. 하지만 사람의 관계란 시절과 기간으로 결정되는 건 아니다. 늦게 만나 짧은 기간을 사귀어도 죽마고우 못지않은 농밀한 관계를 갖는 것은 얼마든지 가능한 일이다. 윤병렬과 나는 그런 사이였다. 특별한 인연이 아예 없는 것도 아니다. 30수년 거의 반평생 근무했던 나의 직장이 바로 그의 고향(경남 창원/마산)이었다. 그의 모교(경남대)에 근무했던 나의 지인들이 부지기수다. 그 대학(원)과의 제도적 교류를 나 자신이 현역시절 추진하기도 했었다. 그가 그런 일에 함께 했더라면 우리 관계는 더욱 특별했을 텐데 아쉽게도 그런 인간적인 꿈은 이루어지지 않았다. 운명이란 때로 참 잔인하다는 걸 우리 모두는 잘 알고 있다. 그리고 그가 유학한 독일 본대학에 나도 몇 차례 방문한 적이 있었다. 아직 그의 존재를 잘 모를 때였다. 그것도 시기가 빗나갔다.

학회에서 만난 게 다도 아니다. 그는 저 멀리 창원에 있던 나의 직장에도 찾아온 적이 있었고 역시 멀리 있던 서울 우이동의 우리집에도 놀러온 적이 있었다. 그는 항상 그 특유의 온화한 웃음으로 즐거움과 행복감을 선물처럼 남기고 갔었다.

공식적으로 그와 나의 관계는 그냥 "학회 동료"다. 그런데 학회활동이라는 것은 그 양상이 천차만별이다. 아마 많은 이들이 인정─수긍하겠지만, 한국하이데거학회는 우리나라의 하고 많은 소규모 전문학회들 중에 아마 가장 가족적인 분위기의 학회로 손꼽힐 것이다. 그 수준의 우수성은 말할 것도 없다. 윤병렬은 그런 분위기와 수준에 결정적으로 기여한 한 명이었다. 누가 그것을 부인하랴! 그가 그 회장을 역임한 것은 당연이었고 우리 학회의 영광이자 행운이었다.

그는 참으로 매력이 넘치는 사나이였다. 하이데거에 대한 박식함은 물론이고 다수의 철학자들이 손사례를 치는 수학에 대해서도 그는 전문가였다. 게다가 그는 『고구려의 고분벽화에 그려진 한국의 고대철학』, 『하이데거와 도가의 철학』, 『한국해학의 예술과 철학』, 『감동철학 우리 이야기 속에 숨다─전래동화와 신화에서 길어 오는 한국의 심층철학─』을 낼만큼 시야가 넓었고 사고는 자유분방했다. 당연히 깊이도 있다. 심지어 『배낭 속에 담아온 철학자의 사유여행』 같은 멋진 여행기를 내기도 했다.

어디 그뿐인가. 뒤늦은 결혼 후 그는 아내 자랑을 늘어놓기도 했고 농사일의 즐거움도 자랑스러워했다. 사실 그런 순수함과 열정이 좀 부럽기도 했다. 팔불출이면 어떠리. 그는 참으로 인간적인, 아니 인간다운 인간이었다. 비단 나뿐만이 아닐 것이다. 많은 이들이 그를 좋아하고 사랑했다. 그는 우리 학회의 필수불가결한 양념이었고 양분이었다. 그의 덕택에 우리 하이데거학회는 참으로 맛있고 영양가 있는 학회로 자리 잡을 수 있었다. 사유(Denken)를 감사(Danken)로 연결시키는 하이데거의 철학은 윤병렬의 경우에도 적용가능하다. 아니 적용해야 마땅하다. 그를 생각(Denken)할수록 우리는 그에 대해 감사(Danken)하지 않을 수가 없다. 그가 우리 곁에 있어서, 그가 우리 곁에 있었던 그 한동안 우리는 참으로 행복했다.

얼마 전(2024년 4월30일), 내가 열어놓은 나의 '페이스북' 페이지에 그의 사진과 함께 이런 글을 올렸다.

"먼저 떠나간 친구가 몹시도 그립습니다.

나와 함께 한국하이데거학회의 회장을 역임하기도 했던 윤병렬 교수….

독일 본(Bonn)대학교 철학박사, 전 홍익대 교수, 한국하이데거학회 회장, … 그 어느 타이틀보다도 '한없이 선량한 분'으로 기억되는 친구. 평생 '강사'로 고생하면서도 웃음을 잃지 않았던 그, 보상처럼 정년 직전에 딱 1년간 '전임교수'를 맛보았던 그….

나의 이 페이스북 게시물에 늘 따뜻한 댓글을 달아 격려해주던 친구가 지난 2월 갑자기 세상을 떠난 후 날이 갈수록 그에 대한 그리움이 사무치네요.

여기에 내가 친구로 모신 (진짜로 내가 알고 좋아하는) 극소수의 분들만이라도 이 이름과 얼굴을 기억해주셨으면 하는 바람으로 관련 기사와 함께 몇 글자 적어둡니다."

거기에 뜻하지 않게 내 제자 한분의 댓글이 달렸다.

"아… 이 분이 그분이셨군요.

댓글을 참 따사롭게 달아주셨던….

꼭 기억하겠습니다.

상실감에 시간이 쌓여 그리움이 되면 슬픔과 또 다른 애상이 가슴을 저미더이다. 많이 그리워하여도 힘들지는 않으셨으면 합니다."

만난 적 없는 나의 제자에게도 그는 '따사로웠던' 모양이다. 그의 인품을 다시 한번 확인했다. 나의 벗 윤병렬 선생, 몹시도 그립습니다. 우리의 공동 관심사였던 '존재'와 '시간', 그것과 무관한 곳으로 선생은 홀연히 떠나셨습니다. 그것이 우리네 '현존재'와 무관하지 않다는 것을, 그리고 우리가 '죽음에의 존재'라는 것을, 선생은 친히 몸으로

철학이 이끄는 삶

가르쳐주시는군요. 역시 큰 학자십니다. 그런데 더 이상 현존재가 아니니 이제 그 '현존재의 존재'인 '걱정(Sorge)'에서도 해방되셨겠네요. 그 점은 좀 부럽기도 합니다. 부디 영원한 평안과 복락 속에 맘껏 쉬시기를 빕니다. 곁에 계실 동안 베풀어주신 따뜻했던 우정에 대해 새삼 최대의 감사를 보냅니다.

9. 고 윤병렬 선생님을 그리며
신승환 명예교수(카톨릭대)

어려운 유학 시절을 마친 뒤 귀국하여 학회활동을 하면서 고 윤병렬 선생을 만나게 되었다. 처음에는 철학계 안에서 스쳐 지나가는 동료 학자 정도로 알고 지냈지만, "한국 하이데거 학회"에서 깊이 있는 학술 활동을 공유하면서 알게 된 선생님은 겉으로 보는 순수함과 섬세함에도 불구하고, 마음 깊은 곳에 끊이지 않는 열정을 지닌 학자임을 알게 되었다. 선생님은 학부에서 수학을 전공했으나, 그 한계를 절감하면서 철학으로 방향을 바꾸었다. 오랜 유학시절을 보냈을 뿐 아니라, 귀국 후에도 한동안 어렵게 학문 활동을 할 수 밖에 없었다. 그럼에도 철학작업을 포기하지 않았으며, 철학의 여정에서도 끊임없이 주제를 확대하고 심화시켜갔다. 그것은 함께 했던 오랜 학회 활동을 통해 옆에서 지켜보았고 또 깊이 공감했던 영역이었다. 교육과 연구를 통해 수행했던 선생님의 활동은 그가 살았던 삶의 방향은 물론, 학문과 삶을 대하는 태도에서도 확연하게 드러나는 특징이었다.

이러한 삶의 태도는 삶과 존재를 이해했던 선생님의 철학과 밀접히 연관되어 나타난 것임에는 틀림이 없다. 윤병렬 선생님에게 철학은 단순히 전공하는 학문 이상의 의미를 지닌다. 이런 사실은 그가 쓴 글과 발간한 책을 보면 여실히 드러난다. 철학이 원숙한 단계에 이르렀을 때 선생님은 한국문화에 담긴 고전적 원천은 물론, 한국인의 정신적 토대가 되는 거의 모든 영역에 관심을 가지고 이를 철학적으로 해명하는 작업을 수행하였다. 그 작업은 고구려 고분벽화를 통한 한국인의 고대 철학 정신에서부터 한국인의 신화와 해학에 담긴 마음을 철학적으로 읽어내는 것은 물론, 선사 시대 고인돌에 숨어있는 한국의 고대 철학적 흔적을 해명하는 일을 거쳐 마침내 도가철학에 대한 해체적 사유를 전개하는 데까지 이어졌다.

그 뒤에는 서구 철학을 넘어 이 땅의 철학 정신을 해명하려는 마음과 함께, 이 시대에 이르러 위기에 처한 철학을 향한 절박함이 자리하고 있었다. 흔하게 이것을 철학적 열정으로 표현할 수도 있을테지만, 그보다 선생님을 움직인 이 절박함은 우리의 일상적 삶과 존재의 터전 위에서 우리의 사유를 읽어낼 때 오늘날 우리가 마주한 이 철학의 위기를 넘어설 수 있다는 철학적 과제이자 숙명이기도 했다. 선생님의 철학 작업을 살펴보면 이런 사실이 분명하게 드러난다. 앞에서 언급한 주제와 그에 대한 작업들은 한편으로 하이데거 철학에 담긴 고향상실성을 토대로 한국인의 원형적 사유를 분석하려는 작업을 의미한다. 이러한 철학적 과제 수행과 그 결과물들은 그의 철학에 담긴 지향성을 명확히 보여준다.

특히 2021년에 쓴 저서 『하이데거와 도가(道家)의 철학』은 그의 문제의식이 분명하게 드러난 작품이다. 이 저서는 단순히 "동서 비교철학의 차원에서나 존재사유의 깊이 차원에서" 연구한 작품이 아니다. 자신의 철학적 문제의식을 담아 선생님은 이 책의 지향성을 분명하게 "동서 비교철학의 차원을 넘어 동서 융화철학에서 접근"하고자 하는 데 있다고 말한다. 그래서 선생님은 하이데거와 도가의 철학적 사유는 "오늘날 인류가 철한 문명 위기에 대한 분명한 경고 메시지"와 함께 그 위기를 넘어설 수 있는 "대안과 이정표까지" 제시하고 있다고 말한다.(『하이데거와 도가(道家)의 철학』 저자 서문)

오늘날 인류가 접한 수많은 위기는 일차적으로는 생태계 위기에 있지만, 그 현상 뒤에는 선생님이 문제로 삼은 철학의 위기가 자리한다. 그 위기는 그의 지적처럼 이원론적 인간중심주의 세계관일 테지만, 근본적으로는 자연과 존재를 인식론적 대상이거나 과학기술의 대상으로, 심지어는 "지배와 착취 및 정복의 대상"으로 삼은 서구의 철학에 그 원인이 자리한다. 이런 근본적 원인을 넘어서기 위한 작업이 선생님에게는 위에서 언급한 철학적 사유 작업으로 나타났던 것이다.

오늘날 한국 사회에서 철학은 죽음에 처해졌다. 세계해명으로서 거대담론을 말하던 철학의 죽음은 말할 것도 없지만, 일상 삶에 의미를 부여하던 현실적 철학조차 더

철학이 이끄는 삶

이상 거론되지 않는다. 우리 사회는 철학의 빈곤과 죽음의 결과를 혹독하게 치르고 있다. 의미 없이 떠도는 수많은 경제 담론들, 규범을 상실한 채 오직 물질적 성장에만 최고의 가치를 주는 극단적 허무주의는 철학의 죽음이 초래한 결과가 아니란 말인가. 그 빈자리를 다만 철학 이론이나 철학 문헌에 대한 현란한 논변이 대신하고 있다. 사실 철학의 죽음이라고 해 봐야 이미 철지난 주제에 지나지 않는다. 철학 담론 안에서는 헤아리기 힘들 만큼 많이 거론된 것이 바로 이 주제가 아닌가.

이성의 거대한 궁전을 건립한 헤겔이 선언한 철학의 완성은 또 다른 의미에서 철학의 죽음이 아닐까. 헤겔의 죽음 이후 즉시 실존주의 철학과 언어분석 철학이 등장하면서 철학은 잠시 부활하는 듯했으나 지금 다시금 철학의 죽음이 회자되고 있다. 이런 익숙함에도 불구하고 오늘날 거론되는 이 말은 그야말로 죽음조차 잊혀진, 허공 중에 산산이 흩어져버린 철학의 상황을 남김없이 드러내고 있다. 철학으로 밥벌이를 하는 사람들이나 또는 복고적 감성에 익숙하여 고담준론을 즐기는 몇몇 호사가를 넘어서면 철학의 죽음 따위야 관심 밖의 일에 지나지 않는 듯하다. 철학이 죽었다한들 우리 삶에 아무런 영향도 없는 듯한데 그 죽음에 관심 쏟을 이유야 없지 않은가.

그런데 철학이 무엇인지를 생각해보면 사정은 달라진다. 철학이 자신의 지성으로 삶과 실존을, 그 존재를 사유하는 일이라면, 철학은 인간으로서의 의무일 것이다. 철학하지 않는다는 것은 자신의 인간다움을 포기하는 것일 뿐 아니라, 인간으로서의 존재 자체를 내던지는 일과 다를 것이 없다. 철학사에 대한 지식으로서의 철학, 특정 철학의 이론을 연구하는 학문으로서의 철학은 죽음에 처해질 수 있을지 모르나 인간의 존재론적 과제로서의 철학은 결코 포기될 수가 없다. 이 위기의 시간에 우리는 이론으로서의 철학과 존재로서의 철학을 구별해야 한다. 인간의 지성과 그 지성에 따른 행위는 인간이 인간인 이유이다. 자신의 지성적 작업을 포기한다면 그는 자신의 인간다움을 포기하는 것이다.

죽은 철학자의 사회는 공허한 말잔치만이 흘러넘치는 냉소의 시대가 될 뿐이다. 그 현실을 지금 우리는 너무도 절실히 체감하고 있다. 위기(Krisis)란 말은 어원적으로 갈림길에 서서 선택을 강요받는 상황을 묘사하는 데서 기원한다. 그래서 위기는 지금의 삶에 처한 위험을 표현하지만 또한 그 안에는 도약의 기회가 담겨있음을 의미하기도 한다. 이 순간에 가장 필요한 것은 이 위기의 근원을 정확히 이해한 가운데 가야 할 길을 명확히 선택하는 결단이다. 그 결단에는 용기도 필요하지만 무엇보다 삶의 경로를 해석하고 기획하는 지성의 힘이 가장 중요함은 덧붙일 필요가 없을 것이다. 고 윤병렬 선생님이 추구한 철학 작업에는 이러한 지성적 결단과 그 힘이 자리하고 있다. 그의 철학적 업적과 결과물은 이런 사실을 남김없이 보여주고 있다.

윤병렬 선생님이 평생 스승으로 삼았던 하이데거는 생각을 계산하는 사고와 숙고하는 사유로 구별했다. 주어진 상황에 맞는 경로를 달성하려는 생각은 계산적 사고에 그치지만, 그 길을 넘어 새로운 경로를 찾으려는 생각은 의미를 숙고하는 사유로 나타난다. 아렌트(H. Arendt)는 나치의 절멸수용소를 운영했던 학살자 아이히만(A. Eichmann)을 보면서 그의 악이 결국 계산하는 사고에 머물러 있었기 때문임을 절감하게 된다. 아렌트가 말하는 악의 평범함(banality of evil)은 악이 일상적으로 널려있다는 의미가 아니다. 악의 평범함은 그 존재론적 의미를 성찰하지 못하는 진부함 안에 악의 씨앗이 들어있음을 지적하는 말이다.

그 의미를 숙고하지 못할 때 우리의 선함조차도 악으로 돌아올 수 있음을 경고한다. 악은 성실하다. 악은 체제를 훌륭히 수행한다. 그러나 악은 생명과 존재의 의미를 이해하지 못한다. 악은 성찰하지 못한다. 성찰(enlightenment)이란 자신의 지성으로 자신의 존재를 되비춤임으로써 주어진 것을 해석하고, 나아갈 길을 기획하는 의미론적 사유를 말한다.

근대 독일철학은 칸트와 헤겔에 이르러 개념과 논리를 통한 엄격한 논증으로 자신의 철학적 주장을 정당화하는 체계 수립의 철학으로 정립되었음은 잘 알려진 사실이다. 이런 방법론의 정당성과 유효함에도 불구하고, 사유의 자유로움과 새로움을 향한 길에서는 그 길이 '강단 철학'이라는 냉소에 부딪혔다는 사실도 잘 알려져 있다. 그 어떤 역사적 사실에도 불구하고 한 시대가 종말에 처하고 새로운 철학적 사유가 절실히 요구되는 이 시간은 "가보지 않은 길", 생각해보지 못한 그 토대(terra incognita)를 찾으려는 시간일 것이다. 이 시간은 다른 길을 걷지 않을 때 결코 가능하지 않을 것이다. 윤병렬 선생님이 보여주었던 철학에서 이 길의 모습을 엿볼 수 있다면, 그를 그리는 마음은 철학의 위기를 넘어서려는 열정과 함께 하는 것일 테다.

철학이 이끄는 삶

10. 항상 걸림이 없던
사나이 윤병렬 선생을 생각하며

박찬국 교수(서울대)

윤병렬 선생을 생각하면 항상 그 환하게 웃음 짓는 얼굴이 떠오른다. 선생은 호탕
하면서도 거침이 없었지만 그렇다고 해서 예의를 잃어버리지는 않았다. 오히려 선생
은 항상 인간적인 훈훈함을 풍겼다. 나는 원래 사람들 만나는 것을 그다지 좋아하지
않는 내향적인 성격이지만, 선생과 만날 때는 유쾌하지 않은 적이 없었다. 선생의 성
품은 나와는 정반대였기에 나는 선생의 성품을 부러워했다. 나는 말로만 노자나 장자
그리고 선에서 말하는 '걸림 없는 삶'을 떠들지만, 선생은 그러한 삶을 몸으로 체현한
분이셨다. 선생을 만나본 사람은 누구나 매사에 넉넉했던 선생의 모습에서 장자(莊子)
의 풍모를 느꼈을 것이다. 선생이 『하이데거와 도가의 철학』이라는 책을 쓰신 것을 보
면 선생 역시 도가를 좋아했던 것 같다.

선생은 또한 항상 강건한 사나이라는 인상을 풍겼다. 원래 강건한 체질을 타고난
분이셨던 것 같은데, 선생의 취미는 마라톤일 정도로 선생은 평소에 꾸준히 체력 단
련까지 하셨다. 내가 문약한 글쟁이 인상이라면, 선생은 단단한 사나이라는 인상을
주었다. 늘 허약한 나는 선생의 건강함이 부러웠다. 나는 선생은 건강하게 장수할 것
이라고 믿어마지 않았다. 그런데 그렇게 빨리 세상을 떠나신 것을 생각하면, 아무리
의학이 발달해도 인명은 아직도 재천인 면이 있는 것 같다.

선생은 인격자셨다. 교수가 되지 못하고 강사 생활을 수십 년을 하시면서도 선생
은 세상을 원망하거나 이미 교수가 된 사람들을 질시하지 않으셨다. 교수가 되지 못
한 사람 중에 인격이 파탄 상태에 이른 사람들을 종종 보면서 나는 제자들에게 학문
을 계속하는 것을 권하기를 두려워했었다. 이들도 그렇게 되면 어떨까 하는 우려 때
문이었다. 선생은 그러나 항상 평온했고 밝았다. 니체가 제일 경계했던 감정이 원한
인데, 선생에게는 그런 것을 한 점도 찾아볼 수 없었다. 원한이란, 내가 못사는 이유
는 내가 선하고 정의롭기 때문인 반면에, 잘 사는 인간들은 타락하고 부패해서 잘 산

다는 식의 감정이다.

　선생은 평소 술을 즐겨 하시면서도 열심히 학문을 하셨다. 그리고 선생은 하이데거 같은 사상가들의 문헌을 해설하는 식의 글들을 쓰지 않고 그들의 사상을 원용하여 우리의 고대문화나 혜초의 여행기 등을 해석하는 독창적인 작업을 하셨다. 이런 작업은 평소에 호방하던 선생과 같은 분만이 할 수 있는 작업이라는 생각이 든다. 니체가 두더지같이 구멍을 파는 작업이라고 조소했던 정치한 문헌연구 같은 것은 선생의 취향에는 맞지 않았을 것이다.

　『혜초의 기행문과 철학』, 『한국해학의 예술과 철학』, 『감동철학 우리 이야기 속에 숨다: 전래동화와 신화에서 길어 오는 한국의 심층철학』, 『고구려의 고분벽화에 그려진 한국의 고대철학』, 『선사시대 고인돌의 성좌에 새겨진 한국의 고대철학』, 『고구려 고분벽화에 담긴 철학적 세계관』 등에서 우리는 선생의 독특한 학문적 개성을 엿볼 수 있다. 또한 평소에 여행을 즐겨 하시던 선생은 우리들 앞에서 재미있게 여행 이야기를 들려주셨고 자신의 여행을 철학적으로 풀이하는 책을 출간하기도 하셨다. 『배낭 속에 담아온 철학자의 사유여행』과 같은 책이 그 예다. 선생이 살아 계셨다면 선생만이 쓰실 수 있는 작품들이 계속해서 나왔을 터인데, 아쉽기 그지 없다.

　내가 오래 전부터 하이데거 학회를 비롯하여 학회에 잘 참석하지 않다 보니 선생을 뵐 기회가 많지 않았다. 그래도 선생이 가끔 뇌리에 떠오를 때면 선생은 항상 건강하고 활짝 웃는 모습이었다. 하여 선생의 부음 소식을 듣고 황망하고 참망한 마음으로 빈소에 갔었다. 지금도 선생이 불쑥 내 앞에 나타나 환하게 웃으며 두터운 손으로 악수를 청할 것 같다. 부디 저 세상에서 평안하소서.

11. 윤병렬의 낭만주의

이병옥 교수(연세대)

    윤병렬 선생님은 가끔 튀빙겐의 횔덜린의 무덤을 방문했던 이야기를 하면서 그의 묘비에 각인된 시 〈운명〉의 첫 4행을 읊곤 했다. 나는 튀빙겐에서 공부했기 때문에 가끔 거기로 산책가곤 해서, 횔덜린의 이 싯구 만큼은 친숙하다. 그래서 그가 이 시에 대해 언급할 때마다 즐거웠다. 싯구의 내용은 아래와 같다.

    폭풍 중 가장 성스러운 폭풍 가운데
    나의 감옥 벽 무너져 내려라,
    하여 내 영혼 찬란하게 그리고 더욱 자유롭게
    미지의 나라로 물결쳐 가라!

    이 시에는 불행했던 횔덜린의 삶이 압축되어 있을 뿐만 아니라 낭만주의 이념이 함축되어 있다. 횔덜린의 경우, 그 이념은 모든 제약으로부터 해방, 아름다운 영혼, 무한자에 대한 동경이다. 물론 이 이념은 『히페리온』에서 좀더 구체적으로 시화된다. 선생님은 이 시를 수없이 되새기며 인생의 좌우명으로 삼은 게 아닌가 싶다. 사실 그의 삶은 히페리온의 성장소설과 같고 그의 철학은 이 삶의 표현이다.

    우리가 낭만주의에 대해 이론적으로 깊이 있게 이야기한 것은 아니지만, 선생님은 낭만주의의 이념을 횔덜린을 통해 이해하고 깊이 공감하고 있음이 분명하다. 내가 가끔 농담 삼아 "우리는 낭만파다"라고 말하면 선생님은 파안대소하며 좋아했던 적이 여러 번 있다. 사실 하이데거를 전공한 학자에게 낭만주의는 낯선 사상이 아니다. 하이데거의 낭만주의 연구는, 가령 『횔덜린 시의 해명』이라든지 슐라이어마허의 『종교론』 강독 등, 이미 잘 알려졌기 때문이다. 오랜 세월 잠들어있던 시인 횔덜린을 흔들어 깨워서 세상에 나가게 한 사람도 하이데거다. 그러니까 실존주의와 낭만주의는, 그 관계가 단지 덜 주목되었을 뿐, 서로 뿌리 깊이 얽혀 있다.

선생님은 낭만주의를 학문적으로 연구했다기보다는 횔덜린의 낭만주의 정신을 거의 무의식적으로 추종하는 인생을 살았다. 그도 그럴 것이 독일 현대철학을 낭만주의를 배제하고 이해하기 어렵듯이, 선생님이 수학하던 시절의 독일의 분위기 역시 낭만주의의 영향 아래 있었다. 전후 복구와 산업의 급속한 발달에도 불구하고 자연에 대한 찬미, 친환경적 제도, 사회적 유대와 통합을 위한 노력, 이기주의보다는 협동정신이 살아있던 독일에서 선생님은 공부했다. 이런 이유로 낭만적 인생은 정신적·실천적 측면에서 보더라도 행복한 삶이다.

독일 유학은 지성의 함양에 일차적 목적이 있겠지만, 온갖 어려움을 감내하며 자연환경과 생활세계에서 자연스레 받는 자극을 통한 내면세계의 형성이 더 중요한데, 이런 감성적 체험은 도서관과 강의실에서 힘겹게 탐구해서 얻어지는 것이 아니다. 특히 독일적인 것은 특유의 문화에서 찾을 수 있는데, 추상적 지성의 배후에서 작용하는 감성적 동기라든지, 신비스러운 것에 대한 이끌림, 자연의 아름다움과 공감에 기반한 인간관계 등이 그렇다. 이런 문화는 자국인에게는 새로울 것이 없을지 모르지만, 이방인에겐 경이로운 감정과 함께 새로운 체험을 일으킨다. 물론 이는 진리를 향한 열망과 섬세한 감수성을 지닌 선생님 같은 사람만이 가질 수 있는 체험이다. 선생님의 진솔하고, 남자답고, 어린아이처럼 가식 없는, 소박한 삶은 횔덜린이 강조하는 영혼의 정화를 거친 자기형성의 귀결이다.

윗 시에서 "성스러운 폭풍", "나의 감옥의 벽" 허물기, "내 영혼", "자유", "미지의 나라로 물결쳐 가[기]"와 같은 시어는 어느 정도 영혼의 성장을 전제하고, 또 전인적 수준으로의 영혼의 완성을 지향함을 상징한다. 횔덜린은 세속적 가치에 물든 영혼의 황량함에서 자유를 얻고 내면의 신성을 발현해서 궁극의 행복에 도달하는 것을 최고의 가치로 본다. 그래서 『히페리온』은 괴테의 『빌헬름 마이스터』와 노발리스의 『푸른 꽃』, 헤겔의 『정신현상학』과 같은 계열의 시화된 성장소설이다. 여기서 중요한 것은 산업화와 근대화가 낳은 실용주의, 유용성에 대한 찬양, 속물근성에서 벗어나는 것이다. 그렇지 않으면 "너의 머리 위로 너의 눈앞도 세계는 모두가 공허하고 황량하다. 너의 내부가 공허로 거칠어져 있기 때문이다."[3]

횔덜린이 말하는 내면의 성장, 도야는 어떤 세속적 가치에도 매몰되지 않은 내면의

철학이 이끄는 삶

신성을 발견하는 것에서 출발한다. 이를 가로막는 마음의 감옥을 두르는 "벽"은 돌파해야 할 대상이다. 이를 위해 좌고우면하지 않고 미지의 세계를 향한 결단과 용감한 실천이 필요하다. 이 실천적 자세가 선생님의 삶에서 나타난다. 이는 달리 보면 휠덜린이 말하는 "최대의 것에도 굴복됨이 없고 최소의 것에서도 기쁨을 찾아내는"[4] 태도가 일상화되어야 한다. 주말과 방학을 이용해 여주의 작은 전원주택으로 가서 나무를 심고 가꾸고, 각종 농작물을 재배하고, 가을이 되면 수확물을 지인들에게 나누어주는 행위는 단순한 취미활동이 아니라, 작은 것에서 기뻐하면서 자연과의 합일을 지향하는 낭만적 꿈의 실현 방식이다.

미지의 세계를 향한 선생님의 도전정신은 일상생활뿐만 아니라 글쓰기에서도 나타난다. 선생님은 글은 용감하고 모험적이다. 사골을 반복해서 우려내듯 자신이 아는 것만 쓰는 게 아니라, 언제나 미지의 영역을 주제로 삼는다. 나는 가끔 놀랍고 경이로운 마음으로 선생님의 동양철학에 관한 글, 특히 노자, 고구려, 불교에 관한 책들에서 미지의 나라로 향하는 열망과 의지를 읽는다. 새로운 탐구영역을 발굴해서 자신만의 시선으로 해석을 시도하는 것은 무한한 동경이 없으면 불가능하다. 사실 충분히 알아야 글을 잘 쓸 수 있는 것은 아니다. 오히려 우리는 도전적 글쓰기 과정을 통해 지식과 깨달음을 얻는다. 언제나 무지의 "감옥 벽"을 허물려는 창작 욕망이 "내 영혼"을 "찬란하게 그리고 더욱 자유롭게 미지의 나라로", 그리고 "무한자"로 돌진하게 하는 게 아닐까?

선생님의 낭만적 정서와 삶의 태도는 기독교 정신의 측면에서도 생각해볼 수 있다. 낭만주의는 특히 기독교의 세계관에 뿌리를 두고 있는데, 자유주의를 표방하고, 개인의 결단보다는 대화와 사교를 통한 합의를 중시하며, 궁극적으로 유토피아적 국가관을 지향한다. 낭만주의에는 대립과 투쟁보다는 모순의 극복을 위한 보편적 사랑이 정신적 원리로서 자리잡고 있다. 문제는 사랑의 실천이다. 선생님은 특히 교회 밖에서 기독교 정신을 실천하는 사람처럼 보인다. 투박하지만 정감 있는 대화방식과 이해타산 없는 사교, 능력껏 베풀기, 범사에 감사하는 태도는 본질적으로 기독교 정신이자 낭만주의의 이상적 행동강령이다.

낭만주의는 따뜻한 지성인을 드러내는 징표다. 따뜻함 뿐만 아니라 선생님은 지식을 뽐내지 않은 겸손한 지성인이다. 진솔하고, 잘 웃고, 유머와 해학적인 성품은 주변 사람을 편안하게 한다. 지금까지 말한 이 모든 인간적 매력과 독특한 개성은 선생님이 '낭만파'인 충분한 근거다.

12. 삶과 죽음을 관통하는 철학자들의 대화

이승종 교수(연세대)

이승종: 사람은 언제 죽는 것일까? 윤병렬 교수님이 선물해주신 목도리를 두르고 한강변을 산책하면서 이러한 질문을 던져봅니다. 저는 아직도 교수님이 작고하셨다는 사실이 믿어지지 않습니다. 교수님의 유산은 목도리뿐만이 아닙니다. 사모님의 제안으로 대학원의 제자들과 댁을 방문해 교수님이 남기고 가신 책들을 각자 필요한 만큼 박스에 담아왔습니다. 그중에는 저의 책들도 있네요. 온통 빨간 펜으로 밑줄이 그어져있고 여백에는 요점과 질문도 적혀있군요. 그것들을 읽으며 저는 교수님과 대화합니다.

윤병렬: 무한 감사드립니다. 인명재천人命在天이라 여기고 조금 더 사는 것과 조금 덜 사는 것이 거기서 거기라고 생각하지만 수술실로 들어갈 때는 착잡했습니다. 선생님의 크신 사랑과 기도 및 간구가 큰 힘이 되었습니다. 수술 마치고 눈을 떴을 때는 밝은 세상이 새로운 하늘과 새 땅처럼 보였습니다. 정말 고맙습니다.

이승종: 교수님의 저 말씀은 2023년 12월 19일에 주신 마지막 카톡 메시지였습니다. 저때만 해도 저나 교수님이나 수술이 잘 되었다고 생각했지요. 그래서 저는 다음과 같은 회신을 드렸고요.

이 세상에서 하실 일이 아직 많이 남아있기에 신께서 선생님을 거듭나게 하셨을 겁니다. 선생님이 척박한 우리 학계에 사표師表로 오래 남아 계시기를 갈망합니다.

윤병렬: 그랬군요. 제가 카톡 메시지를 보낸 후에 바로 의식을 잃어 결국 이 선생님의 회신은 미처 확인 못한 채로 세상을 떴습니다. 그러나 지금 이렇게 대화를 나눌 수 있으니 별 미련은 없습니다. 슬퍼하는 안사람에게 미안할 뿐이지요. 안사람뿐 아니라 이 선생님과의 소중한 인연도 삶과 죽음을 관통하는 것입니다. 제가 지금 듣고 있는 음악도, 읽고 있는 책도 망자亡者의 작품들이지요. 삶과 죽음이 이렇게 왕래합니다. 사람은 왕래가 완전히 끊길 때 죽습니다.

이승종: 제가 요즈음 읽고 있는 책원고가 그렇습니다.

윤병렬: 어떤 책원고인가요?

이승종: 교수님의 유고遺稿입니다.

윤병렬: 아하, 그렇군요. 유고를 여럿 두고 왔는데 그 중 어느 것인가요?

이승종: 『규원사화揆園史話』에 한국 고대철학을 묻다」입니다.

윤병렬: 아, 유고 중에서 유독 완성도가 떨어지는 것이어서 읽는데 불편함이 많을 텐데 고생을 끼쳐 미안합니다. 저걸 저런 상태로 두고 온 게 아쉽기는 합니다.

이승종: 아닙니다. 고전음악 중에는 미완성이면서도 불멸의 작품들이 있지요. 모차르트의 레퀴엠, 슈베르트의 교향곡 8번, 브루크너의 교향곡 9번 등등. 철학에서도 교수님과 제가 아끼는 하이데거의 『존재와 시간』, 비트겐슈타인의 『철학적 탐구』 등이 미완성이지요. 저는 교수님의 이 유고도 편집 여하에 따라서는 그런 반열에 들 수 있을 것으로 봅니다.

윤병렬: 하하, 과찬이십니다만 좋게 보아주어서 고맙습니다.

이승종: 모차르트의 미완성 레퀴엠을 연주가 가능한 버전으로 완성시킨 쥐스마이어, 미완성 상태로 남아있던 브루크너의 교향곡 9번의 4악장을 연주가 가능한 버전으로 완성시킨 사말레-필립스-코어스-마추카의 지혜를 신에게 갈구합니다. 슈베르트, 하이데거, 비트겐슈타인의 경우와는 달리 모차르트와 브루크너의 유작들은 다만 시간이 부족해 완성을 보지 못했다는 점에서 『규원사화』에 대한 교수님의 유고가 처한 운명을 닮았습니다.

윤병렬: 저런 위인들의 노작과 비교되는 것만으로도 영광입니다.

이승종: 교수님의 유고를 연구하는 것은 제게는 주신 목도리를 두르고 한강변을 산

책하는 것만큼 즐거운 일입니다.

윤병렬: 다행입니다. 저도 이 선생님의 즐거운 학문 정신을 공유합니다.

이승종: 졸고 「즐거운 학문」을 처음 학회에서 발표했을 때 교수님이 논평자이셨지요. 그 논문의 모델이 바로 교수님이셨습니다.

윤병렬: 그랬습니까? 이 선생님과는 즐거운 추억거리가 많지요.

이승종: 즐거움의 모티브는 교수님의 저작들에 일관되게 서려 있습니다. 『한국해학의 예술과 철학』, 『감동철학 우리 이야기 속에 숨다』, 『배낭 속에 담아온 철학자의 사유여행』이 그렇고, 제가 교수님의 대표작으로 꼽는 『고구려 고분벽화에 담긴 철학적 세계관』에서도 고구려인들의 즐거운 예술을 발굴해내셨지요.

윤병렬: 저는 『배낭 속에 담아온 철학자의 사유여행』을 집필할 때 이 선생님과 함께 했던 몇 차례의 태평양 여행을 상기했습니다. 태평양 앞에서 그리도 즐거워하던 선생님의 모습이 인상적이었습니다.

이승종: 교수님 때문에 태평양에 처음 눈떴지요. 제게는 엄청난 사건이었습니다. 교수님의 『고구려 고분벽화에 담긴 철학적 세계관』을 읽고 고구려 고분벽화를 답사하기도 했고요. 2023년에는 일본 관서지역의 고분들을 답사했는데 거기서도 고구려 고분벽화를 연상케 하는 벽화들과 사신도四神圖를 확인할 수 있었습니다.

윤병렬: 살아계신 분들이 그립습니다. 가끔씩 이렇게 대화합시다.

이승종: 네. 다시 연락드리겠습니다. 안녕히 계세요.

13. 윤병렬 교수님의 '저서들'과 함께한 인연과 단상(斷想)

조형국 박사(세계일보, 한국하이데거학회)

"조형국 선생님. 엊그제 학회 때 반가웠습니다. 우리 학회 때 좋은 분위기는 총무님께서 많이 애쓰셨다는 증거입니다. 시시콜콜한 책 한 권 동봉했습니다. 좋은 가을 만끽하시길 기원합니다. 윤병렬 드림."

2009년 11월 어느 날, 나는 우편으로 온 책 한 권을 받았다. 윤병렬 교수님이 보내신『감동철학 우리 이야기 속에 숨다』그리고 책 사이에 넣어둔 작은 메모지 한 장을 발견했다. 평소 무뚝뚝하게만 느꼈던 나는 윤 교수님의 새로운 면을 발견한 것 같아 너무 새롭게 느껴졌다. "이렇게 세심한 면도 있고 정겨운 말씀도 하실 줄 아는 분이구나…." 그 이후에도 윤 교수님께서 주신 책이 여러 권 있다.『한국해학의 예술과 철학』,『선사시대 고인돌의 성좌에 새겨진 한국의 고대철학』등.

이제 와서 윤 교수님을 다시 생각하며 주신 책들을 세심하게 살피다 문득 떠오른 생각이 있다. "아, 교수님께서도 결국 이 땅의 존재사건을 고민하고 살아있는 철학함을 실행하셨구나!" 윤 교수님께서 주신 책들의 '머리말'을 곱씹어 보며 교수님과의 인연과 그에 따른 단상들을 떠올려본다.

"전래된 동화와 신화 속에서 −만약 경각심을 갖고 조심스레 들여다본다면− 예사롭지 않은 철학적 내용들을 목격하게 된다. (중략) 이 책의 기획은 바로 전래동화와 신화 속에 내재된 진주와도 같은 고귀한 철학적인 테마들을 발굴하고, 그 심층적인 측면을 온당하게 부각시키며, 그 다음엔 이를 다시 세계적인 철학의 지평에서 논의하고 이해할 수 있도록 보편적인 테마들을 확실하게 드러내는 데 있다."(『감동철학 우리이야기 속에 숨다』, 2009)

이러한 문제의식에 입각해 윤 교수님은 다소 낯설게 느껴지는 제목의 글들을 쓰셨다. '기적의 인간학 − 바보 온달과 평강공주', '나무꾼과 선녀에게 심층철학을 묻다' 등. 이 땅에서 살아온 우리 조상들의 삶의 이야기, 전래 동화와 신화 속에 담긴 내용을 철학적으로 디자인해 세계 사람들에게 소개하고자 하는 의도를 읽을 수 있다. 천지인(天地人)사상을 바탕으로 하는 한국인들의 삶에서 읽어낸 종교(天) 이야기, 땅(地) 이야기, 사람(人) 이야기 등을 오늘날 의미 있는 이야기로 승화시키고자 하는 의지를 진하게 느낄 수 있다. 이러한 윤 교수님의 고민은 시간이 갈수록 더욱 농도가 짙어졌다.

"서구문화의 무분별한 범람으로 인해 서구문화가 가치기준을 획득하여 유머 혹은 엔터테인먼트와 같은 서구적 용어들이 활개를 치자, 해학의 의미는 오히려 퇴색되거나 망각되어가는 형편이다. 이 연구는 해학의 숨은 뜻을 드러내어 그 철학적 깊이와 예술적 가치를 강력하게 부각시키며 유머나 엔터테인먼트, 각종 오락보다도 질적으로 차원이 전혀 다른 것임을 밝히려고 한다. 이는 그저 한바탕 웃어보자는 차원을 뛰어넘는 것이다."(『한국해학의 예술과 철학』, 2013.)

하이데거를 전공한 윤 교수님은 오늘날 각종 인터넷이나 유투브 방송 등에서 회자되는 우스갯 소리나 엔터테인먼트에 맞춰진 이야기들에 대해 비판적 입장을 취했다. 일차원적 인간들, 즉, 일상인(das Man)들의 오락성 차원을 넘어서는 우리 조상들의 해학이라는 이야기 방식에 주목했다. 해학을 한국인의 독특한 삶의 양식으로 보고 서구의 희극과 비교하며 "민화 속의 해학"과 "탈춤의 해학" 등 한국인의 해학의 철학을 깊이 있게 연구했다. 이러한 작업을 통해 윤 교수님은 철학의 위기를 극복함과 동시에 이 땅에서의 존재사건을 사유하는, 철학함을 실행하셨다. 나는 개인적으로 윤 교수님의 다음과 같은 고민에 동감하며 한없는 위로와 감사함을 느낀다.

"오늘날 철학의 위기진단 중 하나는 철학이 사람들의 삶과 괴리되어 있다는 것이다. 말하자면 철학이 철학자들의 이론과 학술, 대학 강단과 도서관에서만 맴돈다는 것이다. 어쩌면 철학사의 철학이 거의 이러한 상태로 전승되다 보니 철학은 사람들의 현실적 삶에서 유리될 수밖에 없다."(『한국해학의 예술과 철학』, 12쪽.)

이러한 고민을 읽어볼 때, 윤 교수님은 하이데거가 수행한 현사실성의 해석학적 작업뿐만 아니라 자기가 속한 세계의 전통과 역사를 해체하여 오늘날에 의미 있는 담론으로 승화시키는 창조적 해석학의 작업을 실행하셨다. 그 단적인 예가 바로 『선사시대 고인돌의 성좌에 새겨진 한국의 고대철학』이다.

"우리의 고대철학에 대한 지평이 이미 선사시대에서 발원하였다는 사실은 무척 놀

철학이 이끄는 삶

라운 일이다. 더욱이 이러한 철학의 세계는 충돌과 전쟁을 기반으로 하는 서구의 변증법체계와는 근원적으로 다르기에, 인류정신사에서 새롭게 조명되어야 할 것으로 여겨진다."(『선사시대 고인돌의 성좌에 새겨진 한국의 고대철학』, 2018.)

윤 교수님은 서양철학에 매몰된 사유가 아니라 인류정신사에서 새롭게 한국의 고대철학을 이야기할 것을 보여주셨다. 그야말로 창조적 해석학적 작업이다. '말하는 돌 고인돌', '선사시대의 하늘', '보살핌의 체계: 사신도와 사수도'를 차례대로 설명하며 도달한 결론은 다름 아닌 고향 찾기이다.

"자연 외에 인간의 고향은 없을 것이다. 이런 인간의 삶과 죽음에 운명적으로 관여하는 천체들에 대해 선사시대 때부터 각별한 의미를 부여하여 고인돌과 선돌 및 거석에 그 정신적 흔적을 남겼다는 것은 의미심장한 일이 아닐 수 없다."(572쪽)

철학함을 고향 만들기로 이해한 윤 교수님은 철학함의 근본기분인 놀라움(경이)과 존재진리에 감사함을 일깨우며 나의 다음 행보를 위한 환한 빛을 비춰주셨다.

"왜 현대인들은 저들 일월성신의 세계에서 숭경심이나 경이로움을 발견하지 못하고 살아가는 것일까? 현전의 세계에 매몰되어 이승에서의 향유에만 집착하며 살아가는 이상, 숭겸심도 경이로움도 다 망각하게 되는 것은 너무도 당연한 사실이다. 우리가 무의미한 일상을 반복하면서 현전의 세계에 매몰된 채 저들 일월성신의 세계를 그저 존재하는 물건 덩어리로 보는 태도에서 벗어나서, 저들이 자신들의 존재진리를 명료하게 드러내는 경이로운 존재자들임을 인지할 때라야만 사신도와 사수도, 성혈 고인돌의 성좌도의 의미가 우리 앞에 모습을 드러내게 될 것이다."(573쪽)

하이데거를 넘어, 이 땅의 존재사건을 찾아, 사유의 길을 여행하신 분.

14. 윤 형(兄), 내 술 한 잔 받으시오!

이종훈 명예교수(춘천교대)

윤형! 저 멀리 떠난 지 얼마 만이요. 윤형이 춘천에 마라톤 뛰러 왔던 길에 잠시 만났을 때 내가 "그 나이까지 어떻게 풀코스를…. " 하며 농담 삼아 앞으로 돌진만 하는 '로마 병정'이라 불렀던 것이 지금은 무척 후회가 되오. 뭐가 그리 급하다고 병문안도 못하게 빨리 가셨소. 다른 교수와 함께 춘천에 왔을 때 닭갈비를 먹었던 추억이나 현상학회 발표가 끝난 다음 호프집에서 맥주잔을 기울였던 기억이 생생하게 아른거리네요. 아무튼 내 술 한 잔 받으시오!

#1.

요즘 나라 전체가 진영과 따라 패거리로 갈리어 격렬한 대립과 극심한 혼란에 빠져 헤쳐 나올 줄 모르고 있소. 물론 어제 오늘 시작된 일들이 아니지만 정말 크나큰 걱정거리가 아닐 수 없지 않소. 그래서 정작 원흉과 적들은 위에, 옆에, 아래에 눈을 부릅뜨고 노려보고 있는데, 3·40년 이상 오래 사귀었던 친구들이 마치 철천지원수처럼 되어 절교하는 사람들이 주변에 즐비합니다. 이웃과 대화할 때도 혹시 다른 진영 사람이 아닐까 무척 조심하지요. 이해찬 세대에 편향된 역사교육을 받은 자식들과 싸우고 싸우다 지쳐 이제는 명절이나 집안행사 때 만나기를 꺼려하거나 만나더라도 일상의 잡담 수준에 그치는 허망한 경우가 많소.

"플라톤에 따르면 정치에 무관심하면 가장 저열한 인간의 지배를 받는다"는 이야기를 자주 듣게 됩니다. 그런데 소크라테스를 터무니 없는 죄목으로 고소하고 다수결로 판결해 사형에 처한 아테네 사법제도를 비판하고 철학자가 왕이 되거나 왕이 철학을 배워야 정의로운 국가가 된다고 '철인정치'를 주장하지 않았소. 그래서 칼 포퍼는 왕을 단순히 1인으로 간주해 플라톤을 독재정권의 옹호자라 성급하게 비난했지만, 플라톤은 감정에 휘둘리는 무식한 다수가 아니라 제대로 아는 소수의 귀족들이 서로 협력해 통치해야 한다고 귀족정치를 역설하지 않았소. 플라톤의 말은 아테네에 못지않게 현재 우리 사회에 그대로 적용되니 참으로 난감한 일이오.

어쨌든 이렇게 처참해진 상황을 타개하려면 효과는 늦게 나타나도 가장 기본적이고 근본적인 것은 역시 인간다움을 가르치고 배우는 교육일 것이오. 물론 그 핵심은 보편적 이성과 상식을 준수하는 철학을 가르치는 것이겠지요. 그 길은 너무 멀고도 험하기 때문에 배우는 사람도 가르치는 사람도 모두 겸손한 자세와 꺾이지 않는 용기가 절실합니다. 그런데 평생 철학을 공부하며 가르쳐온 윤형이 이제 곁에 없다는 사실을 도무지 믿고 싶지 않네요. 같은 길을 걸어왔던 한 사람으로서 힘들고 지칠 때 의지할 큰 언덕을 잃어버려 허전한 마음뿐이오.

자, 이런 내 마음을 듬뿍 담은 잔이니 어서 한 잔 드시오!

#2.

우리 사회에 오랜 고질병 가운데 하나가 특정 학벌과 각종 연고로 뭉친 패거리 문화가 아니겠소. 능력과 실력을 기준으로 평가하고 인정받는 경우는 눈을 씻고 찾아보아도 매우 드물지요. 내가 알기에 이렇게 썩고 질긴 그물망에 가장 큰 피해를 오랫동안 입은 사람 가운데 하나가 바로 윤형 아니겠소. 그 동안 얼마나 몸과 마음이 힘들고 아팠겠소. 그럼에도 그런 내색을 전혀 보이지 않고 굳건하게 삭혀내지 않았소. 오히려 묵묵히 독특한 주제의 뛰어난 저술로 많은 업적을 쌓았으니 정말 대단하오, 그렇지 않아도 언제부터 어떻게 도가철학뿐 아니라 우리 고대사상까지 연구했는지 배우고 싶었는데, 코로나 팬데믹이 너무 길어져 그 좋은 기회를 아깝게 놓치고 말았네요.

윤형도 이미 들었겠지만, 모 학회에서 칸트전집을 번역해 출간하는 문제로 서울대 교수였던 전임 회장이 부당하다고 당시 학회임원들을 겁박하는가 하면 본인의 스승이나 선배교수들이 지켜왔던 관례일 뿐 아니라 그 학회 전체가 오랫동안 고심해 회원들이 힘들게 합의한 사항을 뒤집고 알량한 지식으로 'transzendental'과 'apriori'의 용어를 새롭게 번역해야 한다고 이메일을 보내며 한 수 가르쳤지요. 정말 이제껏 듣도 보도 못한 해괴한 망나니짓으로, 마치 점령군 사령관이나 되듯이 안하무인입니다. 이렇게 까지 몰아붙이는 데는 한국연구재단의 막대한 지원을 편법으로 독점해 자신이 번역한 책을 마치 공인된 교과서로 만들어 엄청난 이권을 안정적으로 챙기려는 야

욕이 숨겨 있지요.

　그런데 윤형도 잘 알겠지만, 이와 아주 유사한 형태의 구조가 또 다른 학회에도 20여 년 전부터 지배해 왔지요. 자타가 공인하는 국내 최고학부 서울대의 교수치고는 참으로 야비하고 부끄러운 짓입니다. 학문을 발전시키고 제자들을 키우며 사회에 봉사하기는커녕 졸개와 같은 제자들을 앞세워 패거리를 만들어 군림하고 각종 명예와 이권만 챙기는 데 탐닉하고 있답니다. 다양한 논의와 활발한 논쟁 없이 전문용어를 조금 다르게 번역한다고 학문이나 학회가 발전할 수는 없지요. 인간의 욕심에 끝이 없다지만 최소한의 부끄러움조차 모르는 창피한 짓거리를 버젓이 벌이고 있는데, 어떻게 이 혼탁한 물길을 바꾸고 새롭게 출발해야 할지 막막할 뿐이네요.

　그동안 몇 차례 이러한 문제점을 지적했지만 성과가 없었소. 아니 별다른 반응조차 얻지 못했지요. 무엇이든 개혁하려면 기득권의 저항을 압도할 힘과 세력이 필요한데, 능력도 세력을 규합할 인품도 부족했고, 일을 꾸려나갈 전략도 없었지요. 그렇지만 최근에 다시 한 번 이 일에 도전하기로 했소. 새롭게 준비한 것은 없지만 더 이상 미룰 수 있는 나이도 아니기 때문이오. 단기필마로 좌고우면 하지 않고 돌진해가는 돈키호테와 전혀 다를 바 없소. 하지만 또 다시 실패하더라도 스스로에게 당당하고 싶소.

　이런 나에게 용기를 불어넣어주는 술 한 잔 따라 주시오!

　윤형! 무척 아쉽고 안타까운 마음뿐이지만 우리 이렇게라도 자주 만나 이제껏 못다 한 이야기를 천천히 나눕시다. 자, 이제 다음 만남을 기약하며 이별주 한 잔 마십시다.

　건배!

15. 여행과 포도주의 철학자 윤병렬

이정주 친구(시인)

사람들은 어린 시절에 친구들을 많이 만난다. 어른이 되어서도 일터나 모임에서 친구들을 만난다. 그러나 어느 시절 어느 곳에서 만나든 친구와 오래 사귀는 것은 쉬운 일이 아니다. 나이 많이 들수록 친구의 수는 줄어들고 인간은 서서히 외로워져 가지만 그 외로움을 잘 깨우치지 못한다. 하물며 그 나이에 새로운 친구를 만나기는 쉽지가 않다.

나는 윤병렬 선생과 나이 들어서 만났다. 많이 외로워지는 나이에 그의 철학과 나의 문학이 만났다. 맨 처음 윤 선생을 만났을 때, 이전에 상상했던, 짙은 색 슈트를 입고 해 지는 풍경 속을 산책하는 학자의 모습은 바람에 날아가 버렸다. 윤 선생의 모습은 평범한 회사원 같아 보였다. 그의 가죽 가방은 무언가로 빵빵하게 차 있었고 걸음걸이는 바빴다. 그에게는 철학자라고 하면 내게 떠오르던 건조한 도그마나 염세적인 까칠함이 없었다. 윤 선생은 오히려 그 반대편– 촉촉하고 세속적이고 인간적인 따뜻함을 가지고 있었다.

내가 우리나라의 산성들을 찾아다니며 『옛성을 찾아가다』라는 책을 내었듯이, 그도 고인돌들을 찾아 오랜 시간 돌아다닌 일이 있었고 문학, 예술, 특히 사진에 관한 관심에 이르기까지 둘은 많은 분야에서 공통점을 가지고 있었다.

윤 선생은 디오니소스였다. 그는 포도주를 즐겨 마셨다. 포도주에 관한 그의 식견은 높았고 포도주에 얽힌 이야기를 할 때 그의 눈은 빛났다. 윤 선생의 포도주 이야기 중에, 궁핍했던 독일 유학 시절, 호주머니가 많이 달린 코트를 입고 포도주 축제에 가서 그 호주머니들 가득히 맥주회사에서 준 선전용 포도주 병들을 채워 숙소로 돌아온 이야기는 압권이었다. 어느 겨울날, 그의 집에 쳐들어가서 감히 그와 함께 밤늦게까지 포도주를 마시다가 나는 먼저 뻗어버리고 말았다.

윤병렬 하면 늘 하이데거라는 이름이 붙어있었지만 그가 공부한 하이데거는 내게 먼 나라의 별처럼 느껴졌다. 나는 윤 선생이 쓴 『한국 해학의 예술과 철학』, 『배낭 속에 담아 온 철학자의 사유 여정』, 그리고 카메라를 들고 우리 땅 곳곳을 훑고 다니며 쓴 『선사시대 고인돌의 성좌에 새겨진 한국의 고대철학』 같은 책들을 재미있게 읽었다. 그는 철학적 명제에 사로잡힌 사람이 아니었다. 현대라는 시간에 살고 있었지만 고대인들의 흔적을 더듬어 그들의 생각을 알아내려는 고고학적 철학자이기도 했고 공간적으로는 지구 어느 곳이라도 찾아갈 수 있는 탐험가며 방랑자였다.

그랬던 그가 2024년 초에 서둘러 저 세상으로 떠나고 말았다. 팬데믹으로 인간들 사이에 간격이 커진 시간 동안 나도 윤 선생을 자주 만나지 못했다. 그리고 그와 영원히 헤어졌으니…. 서가를 정리하면서 나는 몇 년 전에 윤 선생에게 받았으나 얼마 읽지 않은 책을 발견했다. 『하이데거와 도가의 철학』이었다. 무언가 강하게 끄는 힘이 있어서 나는 그 책을 다시 읽기 시작했다. 때마침 내가 도덕경을 다시 읽고 있었기 때문에 더욱 관심이 컸을 것이다.

동아시아의 한자 문화권에서 태어나고 자랐다고 해도 우리는 동양의 고전을 쉽게 이해하지는 못한다. 내가 몇 번이고 도덕경을 다시 읽은 것은 도덕경 자체가 가지고 있는 난해함, 모호함 등도 한 역할을 했을 것이고 내 아둔함이 그 깊고 오묘한 뜻을 모르고 지나쳤기 때문일 수도 있을 것이다.

『하이데거와 도가의 철학』을 읽어가면서 나는 내 정신적 청맹과니의 한 부분들이 걷혀가는 것을 보았다. 처음에는 "동서융합"이라는 말이 어색하게 들렸지만 하이데거가 노자의 사유 세계에 기울인 노력들과 "퓌시스"와 "도"와 "존재"에 관한 서술들을 읽어나가면서 몇 번이나 손으로 무릎을 쳤다. 철학에 대한 이해가 낮은 내게 하이데거의 철학은 어려웠으나 윤 선생은 그것을 풀어서 설명해 주었다. 윤 선생의 필치는 거침없고 힘 있었다.

책을 읽어나가면서 나는, 하이데거 철학을 공부하고 왔다는 윤 선생이 노자, 장자 같은 동양의 고전에도 깊은 이해를 가지고 있다는 것을 알고는 고개를 끄덕였다. 나는 몇 번이고 시적인 충동을 느꼈고 당연히 여러 편의 시를 썼다.

윤 선생이 떠나고 나서 그의 절친이었던 강학순 교수가 내게 책을 한 권 보내 주었다. 『혜초의 기행문과 철학』. 윤 선생의 유고작이 책으로 나온 것이다. 윤 선생은 천삼백 년 전에 신라를 떠나 부처가 태어났던 인도 땅과 중동의 여러 나라를 여행한 혜초의 『왕오천축국전』에 깊은 관심을 가졌고 그 길을 다시 한 번 짚어보는 책을 써내었다. 그 책에서 윤 선생 삶에 있어서 떠남, 여행, 그리고 방랑이 얼마나 소중한 것인가를 강조하고 있었다.

윤 선생의 삶은 어린 시절부터 쉬운 길이 아니었다. 남들보다 늦은 나이에 철학의 길로 들어섰는데, 어렵고도 긴 독일 유학에서 돌아와도 변변한 직장은 나타나지 않았다. 그러나 그 힘들고 굴곡 많은 길을 지나오면서도 윤 선생의 꿈은 꺾이지 않았고 자세도 변하지 않았다. 끊임없이 도전하고 떠나고, 그러면서도 맑은 눈으로 삶을 관조했던 그의 모습이 눈앞에 선하다. 꿈에라도 다시 만나면 이번에는 내가 포도주를 내고 밤이 새도록 이야기하고 싶다.

16. 시간 여행 속에서 다시 만나는 윤병렬 선생님
신인섭 교수(강남대)

어떤 선배 교수가 60세가 넘으면 매 학기가 더 빨리 가더라는 말이 실감이 난다. 윤병렬 선생님께서 유명을 달리하신 지가 엊그제 같은데 벌써 여러 지인, 가족과 더불어 납골당에서 일주기를 치렀기 때문이다. 그곳에는 생전의 모습이 여러 장의 사진에 담겨있어 잠시 머무는 동안에도 옅은 눈물을 삼키지 않을 수 없었다. 하이데거 전공자들을 중심으로 선생님의 학문적 업적을 정리할 것으로 보여서 나는 선생님과 오랜 만남의 소소한 컷을 모으도록 하겠다. 파편화된 기억을 호출하고 재구성하기 위해 잠시 과거로의 시간 여행을 하고자 한다.

사실 이제까지 나는 공식적으로는 윤병렬 선생님보다 강학순 선생님을 먼저 알고 있었다. 그러나 안양과 용인의 거리 차이로 강학순 선생님을 자주 뵐 기회가 적었던 데 반해, 교수로 부임해 간 대학에 강의를 나오시는 윤병렬 선생님과는 자연스레 만남이 빈번해졌다. 이러한 회동의 세부는 조금 이따 기술하기로 하고, 시간 여행의 배낭을 짊어진 이상 무의식의 손짓에도 호응하기로 해보겠다.

말하자면 이 과거행 기차표를 끊어주신 강학순 선생님의 추모글 요청은 마치 프랑스 작가 프루스트의 소설『잃어버린 시간을 찾아서』에서 홍차에 적신 프렌치 과자 마들렌이 주인공을 일깨운 효과를 나에게도 불러일으킨 것과 같았다. 즉 윤병렬 선생님과 나는 훨씬 더 이른 시점부터 면식이 있었음을 이번 회고록의 작성을 시작하면서 불현듯 깨달을 수 있었다.

1996년에 독일에서 귀국하신 선생님은 2000년에 돌아온 나보다 훨씬 많은 연구 실적을 가지고 교수 임용 기관들에 지원하고 계셨는데, 어느 학교의 서류 접수 사무실에서 만난 기억이 살아난 것이다. 그때는 내가 강학순 선생님을 모르고 있던 시절이었다. 태릉의 한 대학 접수처에서 일면식도 없던 두 사람은 제출할 업적과 서류를 가방에서 끄집어내고 있었다.

나는 학위증과 성적증명서 그리고 몇 편의 연구논문 실적을 끄집어내 책상 위에 얹는 데에 30초도 걸리지 않았지만, 선생님은 가방에서 얇은 논문 별쇄본과 두꺼운 저서를 주섬주섬 계속 꺼내고 있었다. 사회의 초년병인 나를 바라다보면서 학술적 강자의 여유가 서린 부처님 미소까지 지으신 모습이 너무 강렬해 잊을 수 없는 장면으로 의식의 심층에 새겨져 있다가 프루스트의 주인공 마르셀에게 그랬듯 회상의 찻잔 위에 떠오른 것이다.

하지만 그 이후 이런 기억을 망각한 채, 강의를 나오시던 선생님이 강학순 선생님의 친구분이라는 것을 듣고는 반가워서 출강 일에 연락드려 만나 뵙는 일이 처음에는 달포에 한 번 정도이었으나 차츰 더 빈번해졌다. 처음에는 외래교수 휴게실에서 만나다가 어느 날부터는 연구실로 모시곤 했다. 책꽂이 위로 걸린 데카르트의 흑백 초상화와 폴 세잔 고향의 잿빛 서리고도 푸른 산 '생트 빅투아르' 사진이, 책상 위에 펼쳐 놓은 메를로퐁티의 보랏빛 유고『자연』과 썩 잘 어울린다고 예민한 색채감을 표현하신 것이 지금도 감동으로 울리고 있다.

그런데 그분이 지닌 문화적 내공은 이러한 색채 미술적 시선만이 아니었다. 어느 하루는 오후 수업을 마치고 함께 차를 몰고 학교 앞의 카페를 찾았다. 차 한 잔이라도 먼저 사주려 하셨으며 그런 분위기를 타고서 나는 자연스럽게 '형님'이라고 부르게 되었다. 카페를 나와 차에 오르자 라디오에서 르네상스 말기의 클래식 선율이 흘러나오

　　　　　　　　　　　　　　　　　　　　철학이 이끄는 삶

는데 선생님이 잠시 들으시더니 "이것은 루터가 작곡한 것"이라고 하셨다. 근현대 클래식도 아닌 500년 전의 고전음악 멜로디를 진지하게 청취하시며 출처를 말씀하시는 걸 보면서 놀라지 않을 수가 없었다.

우애가 쌓이면서 우리는 서울 각처의 독일 맥주 가게에서도 만나 유학 시절의 애환과 유럽 이야기를 하면서 한 주간의 피로를 풀곤 하였다. 맥주와 포도주 그리고 각종 치즈 맛으로 서로의 과거를 나누면서 일종의 힐링의 시간을 가진 것이다. 그래서일까? 돌아가신 후에 사모님께서는 선생님이 자신에게도 아우 같은 나의 이야기를 자주 하셨다고 한다.

또 달리 강렬한 어느 날, 윤병렬 선생님은 강학순 선생님과 나를 자택인 대야미의 아파트로 초대하셨다. 당시 혼자 사시던 선생님의 작은 궁궐 대야미는 그때까지 대화로만 알고 있던 그 분에 대한 나의 선입관을 완전히 바꾸어 놓았다. 30평이 안 돼 보이는 선생님의 아파트는 첫째, 철학과 신화의 책으로 가득 찬 도서관이었으며 둘째, 매일 선생님에게 사랑받는 화분들이 정돈된 식물원이었고 셋째, 유럽과 미국의 포도주가 방바닥에서 거실까지 가지런히 정렬된 와인바이었다. 마치 나는 우리나라에서는 볼 수 없을 것만 같은 '지적 인테리어'의 정수를 보는 듯했다.

고급 아파트는 아니지만 고급 지성과 감성이 없으면 결코 연출될 수 없는 이런 아우라에서 저런 학문적 성과가 나왔겠구나라는 감탄이 일었다. 포도주 한 잔의 상떼(SANTÉ) 후에 피아니스트 사모님을 두신 강학순 선생님은 유투브에서 슈만의 작품 Kinderszenen 7번 "꿈"(Träumerei)을 연주하는 호로비츠의 동영상을 틀어주셔서 셋이 시청하였다. 고향인 우크라이나에 80세가 넘어 돌아온 그의 연주를 들으면서 눈을 감은 채 눈물을 흘리는 모스크바 콘서트홀 어느 관객의 모습은 우리의 눈물까지도 대신 흘려주었을 법한 채 아직도 눈에 선한 충격의 이미지가 되어 있다.

이후 윤병렬 선생님은 결혼하셨고 마포에서 신접살림을 시작하셨는데 개인적으로 친분이 있던 강용수 선생님과 더불어 자택 부근으로 찾아가니 사모님과 함께 나오셔서 저녁 식사를 대접해 주셨다. 만혼의 선생님이 행복해하시는 모습을 보니 우리는 참으로 기뻤다. 그 후로 나는 현상학 연구자들인 이종훈, 하피터, 윤병렬 세 분의 선생님과 정기적으로 만나 친분을 나누었다. 아마 김희봉 선생님도 한 번씩 참석하신 것으로 흐리게 기억된다. 당시 이종훈 선생님은 후설 전집의 번역서가 나올 때마다 사인하셔서 나누어 주셨다. 우리의 만남은 종로구 인사동과 고속터미널 경부선 건물 등에서 이루어지고 있었다.

이제 마르셀의 찻잔은 식고 있다. 홍차에 적신 마들렌도 목으로 넘어간 지 오래인 듯하다. 그러나 윤병렬 선생님과의 추억이 가져다 준 이생에서의 저 행복은 여전히 몸속에서 진동하고 있음을 느낀다. 달구지를 타고 가는 선한 이웃집 농부의 모습과 더불어 벤츠를 몰면서 베토벤을 듣는 지성 및 감성의 아우라를 지면과 대화에서 보여 준 친형 같은 윤병렬 선생님께 존경과 사랑을 바치고자 한다.

17. 목회자의 시선에서 바라본 고 윤병렬 교수님의 철학 세계에 관한 단상[5]
장호광 교수/ 목사(안양대)

이성과 신앙의 경계선을 넘어

"거룩하시고 거룩하시고 거룩하신 하나님 아버지"라는 문구는 고(故) 윤병렬 교수님의 모든 기도에서 변함없이 등장하는 서두였다. 이는 베드로전서 1장 16절에 근거한 표현으로, '거룩'이라는 개념이 그의 신앙에 있어 핵심적인 위치를 차지했음을 보여준다. 구약성경에서 '거룩'(카도쉬)는 단순히 구별됨을 의미하는 것이 아니라 하나님의 본성과 성품을 반영하며, 하나님께 속한 존재가 그분을 닮아가는 과정으로 이해된다. 특히, 구약에서는 거룩함이 단순한 율법 준수를 넘어서 사랑, 정의, 자비를 실천하며 하나님의 뜻을 따르는 삶을 의미한다.

이와 같은 맥락에서 윤 교수님의 그런 일관된 기도의 서두는 신앙이 단순한 이론적 개념에 머무르지 않고 실천적 삶으로 연결되어야 함을 강조하는 것이었다. 그의 기도에서 반복되는 '거룩'이라는 표현은 정의와 공의를 실천하며 하나님의 나라를 이루고자 하는 강한 의지를 반영한다. 독일 철학자 헤겔 또한 "나도 거룩하니 너희도 거룩하라"는 성경 구절을 인간의 자유의지를 통한 윤리적 실천의 관점에서 해석했다. 그는 인간이 신적 도덕성을 자유의지로 내면화함으로써 참된 자유를 얻는다고 보았다.

윤 교수님의 철학에서 '거룩'은 신앙과 이성을 연결하는 중요한 개념이기도 하다. 신앙이 하나님의 거룩하심을 받아들이고 그분의 뜻에 순종하는 태도를 의미한다면, 이성은 그 거룩함을 실천할 방법을 탐구하고 구체적인 삶 속에서 적용하는 역할을 담당한다. 이러한 관점에서 신앙과 이성은 대립하는 개념이 아니라, 진리를 향한 탐구 과정에서 서로 보완하며 우리의 사유와 삶을 더욱 풍요롭게 하는 요소로 작용한다.

더 나아가, 윤 교수님은 철학이 단순한 사변적 사유에 머무르지 않고, 신앙적 직관과 이성적 분석이 결합된 형태로 실천적 삶에 기여해야 한다고 보았다. 신앙이 인간의 내적 초월성을 드러낸다면, 이성은 그 초월적 경험을 분석하고 체계화함으로써 삶의 진리와 의미를 발견하도록 돕는 역할을 한다. 이러한 조화를 통해 그는 철학이 단순한 사유의 틀을 넘어 실천적 지혜로 발전할 수 있음을 강조했다.

또한 윤 교수님은 신앙과 이성의 경계를 엄격히 구분하기보다는 유연하게 넘나드는 태도를 유지했다. 그는 개신교 신앙에만 국한되지 않고, 타종교의 신앙도 존중하며 그 속에서 진리를 발견하려는 열린 자세를 견지했다. 이는 그의 유고집 『혜초의 기행문과 철학』에서도 잘 드러난다. 이 책은 윤 교수님이 생전에 탐구했던 사유의 세계를 담고 있으며, 신앙과 이성의 밀접한 관계를 심도 있게 조명하는 소중한 철학적 유산이다.

윤 교수님의 깊이 있는 성찰과 넓은 시야는 오늘을 살아가는 우리에게도 큰 울림을 준다. 그는 철학과 신앙이 대립하는 것이 아니라 조화를 이루며, 실천적 삶으로 나아가야 함을 강조했다. 그의 철학과 신앙적 여정은 단순한 지적 탐구를 넘어 삶의 진리를 추구하는 과정에서 우리가 어떠한 태도로 살아가야 할지를 고민하게 만드는 귀중한 유산으로 남아있다.

철학의 지평을 넓히다

철학은 끊임없이 변화하는 인간과 세계를 이해하고, 그 속에서 삶의 진리를 탐구하는 학문이라 할 수 있다. 고(故) 윤병렬 교수님께서는 이러한 철학의 본질을 깊이 통찰하셨으며, 학문과 삶을 통해 철학의 지평을 확장하는 데 헌신하셨다.

그중에서도 윤 교수님께서 남기신 가장 큰 업적 중 하나는 동서양 철학의 대화와 융합을 시도하며 새로운 사유의 장을 열어 주신 점이라 할 수 있다. 그는 동양 철학의 대표적인 사상가인 장자와 노자의 사상을 서구 철학의 주요 사유체계인 하이데거나 플라톤의 철학과 연결하여 연구하며, 이를 통해 균형 잡힌 시각을 제시하였다. 이러한 연구는 서구 철학의 논리적·체계적인 전통과 동양 철학의 직관적·통합적인 사유를 조화롭게 해석하는 데 기여하였으며, 인간 존재와 세계에 대한 깊은 통찰을 가능하게 하였다.

윤 교수님께 철학은 단순한 개념적 탐구가 아니라 삶 그 자체였다. 그는 철학이 일상과 분리될 수 없으며, 실천적 삶 속에서 비로소 완성된다고 믿으셨다. 이러한 신념을 바탕으로 학문적 연구를 넘어서 윤리적 문제, 사회 정의, 인간 존엄성과 같은 구체적인 주제를 탐구하며 철학이 현실 속에서 실질적인 역할을 해야 함을 강조하셨다.

뿐만 아니라, 윤 교수님께서는 한국 철학의 정체성과 미래에 대한 깊은 고민 속에서 이를 세계 철학의 흐름 속에 자리매김하고자 노력하셨다. 그는 한국적 사유 전통 속에서 인간 본성에 대한 본질적인 질문과 해답을 찾고자 하였으며, 혜초와 원효 같은 한국 사상가들의 지혜를 현대적 관점에서 재해석하였다. 또한 한국 전통 문화와 예술을 철학적으로 조명하며, 조상들의 사유와 삶의 흔적을 현재적 시각에서 새롭게 탐구하였다. 이를 위해 선사 시대의 고인돌부터 한국의 전래동화, 한국적 해학이 담긴 예술 세계까지 철학적 시각으로 분석하며, 오늘을 살아가는 우리에게 의미 있는 지침을 남기셨다.

특히 그의 마지막 저서인 『혜초의 기행문과 철학』은 한국 철학의 뿌리를 넘어 세계적 사유의 가능성을 모색한 중요한 저작으로 평가된다. 이 책은 단순한 철학연구를 넘어 한국철학이 보편적인 철학적 담론 속에서 어떤 역할을 할 수 있는지를 보여주는 의미 있는 작업이었다.

윤 교수님께서는 철학을 특정 학문에 국한된 영역으로 보지 않으셨으며, 오히려 철학이 다양한 학문과 대화하며 그 경계를 확장해야 한다고 믿으셨다. 문학, 역사, 종교학, 예술 등 여러 분야와의 융합을 통해 철학적 사유의 무한한 가능성을 보여주셨으며, 이를 통해 철학이 현대 사회의 복잡한 문제들에 창의적으로 대응할 수 있는 방향

철학이 이끄는 삶

을 모색하셨다. 그는 철학의 역할을 확장하며, 우리에게 철학적 사고가 어떻게 삶과 세계를 이해하고 변화시키는 힘이 될 수 있는지를 몸소 실천하셨다. 그의 사유는 동서양의 경계를 초월하였고, 철학과 현실을 연결하는 다리가 되었으며, 한국 철학을 세계 철학과 접목하는 데 중요한 기틀이 되었다.

윤 교수님께서 남기신 철학적 유산은 단순히 과거의 업적에 머무르지 않고, 현재와 미래를 향한 새로운 사유의 길을 여는 원천이 될 것이다. 그의 지혜와 열정은 철학의 지평을 넓히는 데 그치지 않고, 우리 삶의 깊이와 넓이를 확장하는 데에도 큰 기여를 하였다.

하늘나라에 계신 고 윤병렬 교수님께 깊은 존경과 감사의 마음을 담아.

18. 윤병렬 선생님 회고글
하제원 교수(경희대)

회고해 보면, 윤병렬 선생님과의 첫 만남은 2002년 봄에 개최된 하이데거 학회에서 이루어졌고, 그 이후에도 계속해서 여러 학회에서 선생님을 만나면서 선생님과의 인연을 이어나가게 되었다. 그런데 학회는 공적인 공간이라서 선생님과의 관계는 처음에 서로 학회 회원으로서의 형식적인 관계 이상을 넘어서지는 못했다. 그런데 2004년 대전에서 열린 하이데거 학회에서 우연히 선생님과 개인적으로 가까워지는 계기가 마련되었다. 하이데거 학회가 끝나고 곧 바로 춘천에서 개최되는 해석학회에 같이 참석하기 위해서 차를 타고 춘천으로 이동하면서 선생님과 철학 주제뿐만이 아니라 개인적인 삶에 대해서도 많은 대화를 나눌 수 있었다. 그 대화를 통해서 나는 선생님의 철학에 대한 열정과 인간적인 면모를 느낄 수 있었을 뿐만이 아니라 선생님의 세계관에도 더 다가갈 수 있는 소중한 기회를 얻게 되었다.

그 때 나눈 대화 내용 중에서 특히 몇 가지가 더 기억에 생생하게 남아 있다. 나는 그 대화를 통해 처음으로 윤병렬 선생님이 고등학교 수학교사로 재직하시다가 철학을 진지하게 공부해보시겠다는 결심을 하시고 독일 유학길에 오르셨다는 사실을 알게 되었다. 특히 흥미로웠던 점은 수학을 전공하신 선생님께서 인간 실존과 존재를 다루는 하이데거 철학에 깊은 관심을 갖게 되셨다는 사실이다. 학부 때 수학을 공부하신 대부분의 분들이 철학과 대학원에 진학할 때 많은 경우 수리철학이나 과학철학을 연구하게 되는데, 선생님께서는 학부 전공과 완전히 다르게 방향잡혀 있는 하이데거 존재론을 공부하시고자 했다는 점이 매우 인상적이었다. 더욱이 안정된 직장을 그만두고 철학공부를 위해 독일 유학을 결정하신 선생님의 결단과 열정에 감탄을 금할 수 없었다.

윤병렬 선생님은 대화를 이어가시면서 안정된 교사직을 떠나 철학공부를 하게 된 이유를 좀 더 자세하게 설명해주셨다. 윤병렬 선생님에 따르면 우리가 살고 있는 현대 시대는 물질문명에 중독된 시대다. 이러한 시대에 물질적 풍요만이 우리의 삶과 우리가 속한 사회의 최고 가치라고 생각하는 현대인들에게 정신적인 것의 고귀함은 점점 더 상실되어 가고 말았다. 이 상실의 시대에 철학이 중요한데, 역설적으로 현대 시대는 '철학의 빈곤'의 시대가 되었다고 윤병렬 선생님은 진단하셨다. 그리고 '철학의 빈곤'의 시대로 규정되는 현대 시대에서 우리가 진정으로 필요로 하는 것은 올바른 철학적 사유의 부활과 재건이라고 믿으셨기 때문에 선생님은 과감하게 교사직을 그만두시고 철학의 길을 선택하시게 되었다.

다양한 철학의 길이 있지만 선생님께서 특히 하이데거 철학을 선택하신 이유는 하이데거 철학에서 현대 시대에 인류가 처한 문명 위기를 극복할 수 있는 해결책을 발견했기 때문이다. 하이데거에 따르면 오늘날 인류가 직면한 문명 위기는 근대 철학에서 등장한 주체중심주의에 바탕을 두고 있는 근대적 인간이 자연을 대상화하고 모든 사물을 무제약적으로 지배하는 데에서 유래된다. 기초존재론에서 하이데거는 현존재에 의거하여 이러한 근대 주체를 대체하고자 한다. 하이데거 철학에서 인간이 모든 사물을 지배할 수 있게 하는 과도한 과학기술을 극복할 수 있는 대안이 있다고 생각했기 때문에 윤병렬 선생님은 하이데거 철학을 전공하기로 결심했다고 말했다. 이 대화를 통해 나는 선생님의 철학을 향한 강한 열정과 현실의 문제를 해소하고자 하는 목적의식을 경험할 수 있었다.

선생님은 박사학위 과정 중에 수년간 지도교수 밑에서 학술조교로 활동을 하셨다고 말씀해 주셨다. 사실 외국인이 독일학생들과 경쟁해서 학술조교직을 수년간 얻는다는 것은 매우 힘든 일인데 오랜 기간 동안 조교직을 수행하셨다는 사실은 지도교수님께서 얼마만큼 윤병렬 선생님의 탁월한 실력을 인정하시고 신뢰를 하셨는지를 가늠할 수 있는 척도가 된다. 더욱이 수학을 전공하신 선생님께서 철학과에서 실력을 인정받으셨다는 것은 선생님께서 독일에 가셔서 얼마나 깊이 있게 철학공부를 해나가셨는지를 증명하는 것이기도 하다. 그런데 이처럼 독일에서 선생님의 뛰어난 실력을 인정받으셨음에도 불구하고 선생님께서는 한국에서 학회에서 활동하시면서 늘 겸손한 태도를 견지하셨다는 점이 선생님의 인격적 측면을 잘 보여준다.

2004년에 윤병렬 선생님은 자신의 저서 『철학의 센세이션』을 다음과 같은 편지와 함께 보내주셨다. "이번에 학회 일로 대전과 춘천을 오가면서 선생님과 여러 가지 유익한 얘기를 나눌 수 있었던 것은 큰 기쁨이었습니다. 앞으로도 자주 만나 뵐 수 있는 기회가 주어지리라 믿습니다." 선생님의 귀중한 저서를 받는 것도 기쁜 일이었지만 이 편지를 통해 선생님께서도 우리가 나눈 대화에 많은 의미부여를 하고 계시다는 것을 알게 되니 흐뭇한 마음도 들었다. 우리는 이 대화를 계기로 이후에 서로에게 더 가까이 다가갈 수 있는 동료의식을 가질 수 있게 되었다.

윤병렬 선생님은 생전에 16권의 철학 저서를 출판하셨는데, 『철학의 센세이션』이라는 저서에 선생님의 세계관이 가장 잘 드러난다고 생각한다. 선생님은 이 저서의 내용을 다음과 같이 요약하셨다.

"만약 누군가 삶의 여로에서 인생이 아무렇게나 사는 것이 아니라 의미 있는 삶이어야 한다는 것을 체득한다면, 그는 진정으로 철학의 산책로를 걸으며 삶을 전개할 것이다. 우리는 철학에서 도피하려는 별별 꾀를 피우지 말고 정직하게 그 앞에 서야 하고, 또 그렇게 자신을 철학의 거울에 비추면서 삶을 영위해야 할 것이다. 인간으로 태어난 자는 누구나 철학의 문제와 마주친다. 인생의 문제는 영락없이 철학적 문제다. 따라서 우리는 '인생의 문제'를 덮어두어 버리거나 폐기처분할 수 없듯이 철학적 문제에서 도피할 수 없다."

수학이라는 학문이 해결해줄 수 없는 이와 같은 인간의 실존과 삶에 대한 철학적 문제를 해결하기 위해 윤병렬 선생님은 고난을 마다하지 않고 철학의 길을 걸어가셨다. 선생님께 철학은 단순히 현학적인 학문이 아니라, 인간의 실존과 삶 그리고 우리가 속한 시대의 문제를 해결하기 위한 실천적 지침이었다고 말할 수 있다. 선생님의 철학에 대한 열정과 구체적인 삶 속에서 구현하시고자 했던 철학적 사유는 영원한 울림으로서 우리의 마음 속에 남아 있을 것이다.

19. 윤병렬, 동심원으로 산 사나이
한상연 교수(가천대)

나는 윤병렬 선생님을 동심원으로 산 사나이로 기억한다. 선생님의 인품도, 학문도, 끝없이 동심원을 그리며 잔잔하게 퍼져가는 모양으로 넓어져 갔다. 삶과 존재를 향한 순수한 사랑과 열정을 지닌 사람만이 그렇게 살 수 있다.

나는 원래 공학을 전공했다. 말이 그렇지 사실 엉터리 공학도였다. 취미로만 생각했던 문학과 예술에 대한 열정이 갈수록 커져서 전공 공부는 등한시하고, 시와 소설, 각종 사상서를 읽으며 밤을 지새우기 일쑤였다. 대학을 졸업하고, 철학을 공부하려 독일로 떠날 결심을 한 가장 큰 이유는 문학과 예술에 관한 글에 철학 이야기가 곧잘 나온다는 것이었다.

독일에서 철학으로 박사학위를 받게 될 즈음 나는 커다란 고민에 휩싸였다. 머지않은 시기에 귀국해서 학자로 활동하게 될 텐데, 너무 막막했다. 한국에서 철학을 전공하지 않아 친분 있는 철학자도 거의 없었다. 그뿐 아니라, 현실적인 문제를 꼼꼼하게 챙기는 데는 꽤 둔감한 편이어서, 어떻게 시작해야 할지 도무지 감이 오지 않았다. 지금 생각해 보면, 정말 어처구니없는 일이었다. 유학생활을 하는 동안, 마땅히 한국의 학회 사정 등 여러 가지를 틈나는 대로 살펴서 미래를 설계해야 했다. 그런데 그런 일은 전혀 하지 않고, 그냥 하고 싶은 공부를 하는 데만 전념하며 시간을 보냈다.

고심 끝에 나는 인터넷을 검색해서 하이데거학회 홈페이지를 찾았다. 학회 회장이 윤병렬이라는 분인 것을 보고, 메일 주소를 찾은 뒤, 메일을 보냈다. 하루 뒤 답신을 받았다. 메일의 내용을 간단히 말하면, 열렬히 환영하니, 귀국하면 곧장 학회를 찾으라는 것이었다. "천번, 만번 환영한다"라는 말도, "우리 학회에는 정말 좋은 분들이 많으니, 아무 걱정하지 말라"라는 말도 적혀 있었다. 윤병렬 선생님에게서 받은 답신이 내게는 작지만 어쩌면 결정적일 수도 있는 울림을 남겼다. 진솔하고 소탈한 인품이 느껴졌고, 그 때문에 사람에 대한 어떤 믿음 같은 것이 생겼다.

사람이 사람 믿는 것은 당연한 일 아니냐, 하고 반문할 사람이 있을지도 모르겠다. 그런데 당연한 일이 정말 당연한 일로만 남으면 세상에 문제가 될 것이 없다. 사람이 사람을 진솔하고 소탈하게 대해야 함은 당연하다. 사람이 사람을 믿어야 하는 것도 당연하다. 그런데 말이 쉽지, 잘 안될 때가 많다.

독일에서 유학 생활을 처음 시작했을 때, 내 나이는 20대 중반이었다. 독일에서 나보다 적으면 두어 살, 많게는 열 살 이상 연상인 유학생들을 많이 만났는데, 그중 가장 많은 것은 인문학 전공자였다. 독일에 가기 전 나는 인문학 전공하는 사람을 거의 알지 못했다. 그래서 그랬는지, 유학 생활을 시작할 때만 해도 나는 인문학 전공자에 대한 동경과 존중심을 적잖게 품고 있었다. 하지만 나보다 나이 많은 유학생들을 몇몇 알게 되면서 곧 환상에서 벗어났다. 그들의 이야기를 들으면서, 학연과 지연 등 우리 사회의 고질적인 병폐가 가장 심한 곳이 바로 인문학 분야가 아닌가 하고 생각하게 되었다. 나와 알고 지내던 유학생들이 나빴다는 것은 아니다. 그들 역시 우리 사회의 고질적인 병폐를 잘 알고 있었고, 비판적인 문제의식 또한 지니고 있었다. 하지만 아무튼 그들로부터 들은 이야기는 우리 사회의 인문학자들에 대한 불신을 품게 하기에 충분했다.

솔직히 나의 그 불신은 지금까지 깨지지 않았다. 점잖고, 고상하고, 훌륭한 척하기는 쉽다. 그러나 이익에 얽매이지 않은 순수한 마음으로 진실과 진리를 추구하기는 어렵다. 마음이 뾰족한 사람이라 그런지 몰라도, 내게는 우리 사회의 인문학이 지나치게 타협적이라는 생각이 든다. 추한 현실을 직시하고 올바르게 되잡으려는 노력은 적고, 현실과 유리된 추상적 관념과 사상을 앞세우는 경향은 너무 많은 것이 우리 사회 인문학의 가장 큰 병폐라는 생각을 지우기 어렵다. 추상적 관념과 사상을 앞세우는 사람의 특징은 위선과 자기기만이다. 자기의 추함을, 그리고 자기가 몸 담고 있는 사회의 추함을 직시하고 바로잡을 결의가 없는 인문학자가 가장 쉽게 할 수 있는 일이 추상적 관념과 사상의 세계로 도피하는 일이다.

　윤병렬 선생님의 답신이 우리 사회 인문학자들에 대한 나의 불신을 흔든 것은 아니다. 그런데 그 진솔함과 소탈함은 불신의 벽을 넘어설 것을 요구하는 것처럼 느껴졌다. 인문학 공부한 사람에게는 점잖고, 고상하고, 훌륭한 척하는 것 못지않게, 비분강개하는 모습을 보이며 사회를, 사람을 질타하는 것도 쉽다. 어려운 것은 믿음을 되찾는 일이다. 물론 불신의 이유를 간과해서는 안 된다. 불신의 이유를 늘 분명히 하기를 게을리하지 말아야 하고, 제거하려 애쓰기 또한 게을리하지 말아야 한다. 그런데 그러려면 스스로 그럴 자격을 갖추어야 한다. 이상하게 들리겠지만, 믿음이 없는 사람에게는 그럴 자격이 없다. 사람을 믿어야 하고, 모두 함께 사회를 조금 더 아름답게 바꾸어 나갈 그 가능성을 믿어야 한다. 내가 윤병렬 선생님의 답신을 읽으며 느낀 것은 바로 이 작은 진실이었다.

　내가 경험한 윤병렬 선생님은 믿음의 사람이었다. 그렇다고 선생님이 사람과 사회를 무조건 긍정적으로만 보았다는 뜻은 아니다. 추한 점, 부패한 곳이 드러나면 분노하셨고, 비판하셨다. 선생님과 나 사이에 적지 않은 나이 차이가 있어서 그런지, 선생님 생각에 늘 동의할 수는 없었다. 차마 말은 하지 않았지만, 때로 생각이 너무 달라 씁쓸한 적도 있었다. 그래도 한 가지는 분명하다. 선생님은 사람을 비판하고 또 사회를 질타할 충분한 자격을 지닌 분이었다. 믿음을 지니셨기 때문이다. 비판하는 마음의 바탕에 사람에 대한 근원적인 사랑이 있고, 모두 함께 조금 더 아름답게 바꾸어 나갈 사회의 가능성에 대한 신념이 있는 분이었다.

　문학과 예술에 관심이 많은 사람으로서, 나는 선생님과 함께 한 시간이 내게 소중한 자양분이 되었음을 느낀다. 문학과 예술에서 내가 가장 큰 문제로 여기는 것은 학자의 이론이 너무 앞서가는 병폐다. 과학의 경우, 학교에서 배운 이론만 앞세우는 사람은 과학자가 아니라 교조주의자일 뿐이다. 세계를 치밀하고 냉정하게 관찰하고, 관찰해서 얻은 결과를 최대한 선입견 없이 성찰하려 하는 마음이 없는 사람은 과학자로서 온당할 수 없다. 과학 이론은 세계에 대한 관찰과 성찰의 결과이어야 하지, 그 전제조건이어서는 안 된다.

문학과 예술에 대해서도 마찬가지 이야기를 할 수 있다. 수많은 시인, 소설가, 예술가가 있다. 문학과 예술이란 특정한 이론의 틀 안에 가두기에는 너무나 다양하고 광활한 세계이다. 그런데 문학과 예술의 역사를 돌아보면, 유명한 비평가나 사상가의 이론을 절대화해서 문학과 예술을 그 틀 안에 가두어둔 사례가 곧잘 발견된다. 거칠게 말해, 정답 풀이에 익숙한 모범생의 마음으로 학문하는 자가 너무 많이 생기는 폐단이다. 정답 풀이 잘하는 모범생으로 늘 칭찬받으며 살아오다 보니, 정답 풀이 잘하는 자기 생각만 옳다는 독선에 사로잡히기 쉽다. 이런 사람이 훌륭한 학자로 대접받는 곳에서는 회색 이론의 틀이 문학과 예술의 생생한 세계를 질식시키기 마련이다. 독선적이고 자기중심적인 학자들 때문에 문학과 예술의 향기가 널리 퍼지기는커녕 이론의 틀 한가운데로 모여 악취를 풍기게 된다.

윤병렬 선생님은 반듯한 모범생 같은 철학자가 아니었다. 이 말은 물론 선생님이 불량소년 같았다는 뜻은 아니다. 선생님에게는 사람과 세상을 긍정하고 사랑하는 마음이 크게 있었다. 그런데 이런 마음을 가진 사람은 본래 이론의 틀에 자기의 정신을 가두지 않는 법이다. 즐거이, 그리고 감미롭게, 연애하는 경우를 생각해 보라. 진실로 연인을 사랑하는 사람이 골방에 틀어박힌 채 각종 연애론만 읽고 있을 것인가? 물론 그럴 리 없다. 사랑과 믿음이 있는 사람에게는 체험의 모든 순간이 생생하고 신비로운 법이다. 체험의 순간마다 사랑과 믿음의 인간은 책에서 배운 이론의 한계를 넘어서는 호탕한 정신이 된다.

윤병렬 선생님은 왕성하게 저술하신 분이었다. 그런데 보통 철학자의 저술과 달리, 정보해석학에서 고구려 고분벽화에 이르기까지, 그 주제가 매우 다양하다. 실로 이러한 사실은 선생님이 사랑과 믿음의 마음으로 무언가 새롭게 공부하고 체험할 때마다 자신이 익힌 이론의 한계를 넘어서는 분이었음을 분명하게 보여준다.

윤병렬 선생님은 동심원으로 산 사나이였다. 때로 비분강개하는 모습을 보이셨고, 냉철하게 이런저런 사상의 문제를 지적하기도 하셨지만, 그 마음 바탕에는 사랑과 믿음으로 모든 것을 포용하려는 호방함이 깔려 있었다. 선생님을 회상할 때마다 애틋하고 안타까운 마음이 들면서도, 저도 모르게 미소 짓게 되는 까닭이다.

20. 윤병렬 선생님을 기억하며
서동은 교수(경희대)

내가 윤병렬 선생님과 처음 만난 것은 2005년 서울대학교에서 있었던 한국하이데거 학회였다. 당시 나는 독일에서 학위를 마치고, 처음으로 하이데거 학회에서 발표를 하게 되었다. 어떻게 발표해야 하는지도 몰랐고, 당시의 하이데거 학회의 상황 등에 대해서도 전혀 알지 못했다. 매우 긴장을 하며 간신히 발표를 마쳤는데, 이후 식사 자리에서 윤병렬 선생님은 친절하게 저의 발표문에 대해 지적을 해 주셨다. 당시 윤병렬 선생님의 친절한 안내와 설명이 없었다면, 아마 나는 하이데거 학회에 잘 적응하지 못했을 것이다.

이후 깅학순 선생님의 배려로 안양대에 출강을 할 때였다. 우연히 강사 휴게실에 갔었는데, 뜻밖에도 거기서 윤병렬 선생님을 만났다. 선생님은 그 곳에서 책을 읽으며 뭔가 논문을 준비하고 계셨다. 당시 나는 학위 논문을 마치고 지쳐 있던 터라, 책을 읽고 논문을 준비할 생각을 아예 하지 못했었다. 나에게는 경우 강의 준비해서 강의하는 것도 벅찬 일이었기 때문이다. 당시에 그곳에는 구연상 선생님도 계셨는데, 강의하시면서 틈나는 대로 책을 읽고 글을 쓰는 모습이 나에게는 매우 인상적이었다. 이때 처음으로 하이데거 학회에 오래 있던 선배 선생님들이 모두 이렇게 열심히 계속해서 책을 읽고 논문을 준비하고 계시다는 인상을 받았다. 이때의 경험을 바탕으로 나는 윤병렬 선생님뿐 아니라, 하이데거 학회의 모든 선생님들이 그렇게 열심히 책을 읽고 논문을 준비하신다고 생각했다. 지금 와서 생각해 보니 오늘날 까지 나름 책을 읽고 논문 쓰는 것을 게을리 하지 않았던 것도 그 때 선생님의 모습을 보고 자극을 받았기 때문이라 생각한다.

이후 여러 번에 걸친 하이데거 학회에서 학회 끝나고 식사 장소로 이동하면서 그

　　　　　　　　　　　　　　　　　　　　　철학이 이끄는 삶

리고 식당에서 같이 술을 마시며, 윤병렬 선생님의 해박한 지식과 혜안을 많이 경험할 수 있었다. 다른 발표자들의 발표를 비판적으로 언급하시기도 했지만, 기본적으로는 넓은 관점에서 이해와 아량으로 포용하시는 윤병렬 선생님의 이야기를 들을 수 있었다. 때로는 나의 강한 주장에 대해서도 비판적으로 대응하시기 보다는 포용적인 관점에서 받아들이고, 그에 대한 자신의 생각을 이야기하기도 하셨다. 이러한 기억들은 학회 때마다 자주 경험하는 것들이었다.

한 번은 윤병렬 선생님을 가평에서 1박 2일로 진행되는 윤독회서 만났다. 이때 선생님은 배낭에 와인 9병쯤을 학회 선생님들과 같이 마시기 위해서 가져오셨다. 그곳에서 와인을 같이 마실 수 없는 상황이라 같이 마시지는 못했지만, 이후 뒤풀이 장소에 가서 선생님과 맥주를 마시며, 여러 가지 철학적 주제와 관련하여 대화를 나누었다. 이 때 윤병렬 선생님은 요즘에는 사람들이 술을 잘 안 마시는 것 같다며, 술을 즐기며 사는 행복을 이야기하셨다. 방학 때만 되면 무작정 여행을 떠나서 낯선 곳을 다니는 것이 너무 행복하다고 하셨다. 이때 나는 나와 전혀 달리 적극적인 삶을 살고 계시는 선생님을 부러워하기도 했다.

윤병렬 선생님과 마지막으로 만난 것은 서울 시립대에서 있었던 한국 철학자 대회에 참석하기 위해 가는 중에 시립대 정문 앞에서 였다. 당시 나는 시립대를 처음 가는 길이라 정문에 서서 어디로 가야 할지 머뭇거리고 있었는데, 그때 거기서 윤병렬 선생님을 만났다. 선생님은 여유 있게 웃으시며, 아직 시간이 많이 남았으니, 차나 한잔 하고 가자고 하시며, 기어코 차 값을 손수 내 주시며, 차를 사 주셨다. 이때 선생님의 과거에 대한 이야기를 잠시 들을 수 있었다. 시립대 입구 카페에 앉아 창밖을 바라보며, 여기도 추억의 장소라고 이야기 하셨다. 무슨 추억이 있었느냐고 물었더니, 교수 임용 절차 서류를 내고 면접을 보기 위해서 왔었노라고 하시며, 항상 면접까지는 올라가는데 번번이 면접에서 탈락했다고 하시며, 왜 그런지 모르겠다고 하시며 한숨을 쉬셨다. 이후 선생님은 한국의 대학 여러 곳이 바로 이러한 '추억의 장소'라고 말씀하셨다. 당시 나는 안타까운 마음이 많이 들었다.

이외에도 윤병렬 선생님과 더불어 기억나는 것은 "하이데거와 시인들"이라는 주제로 연구재단에 프로젝트를 써 보자고 제안하시면서 메일을 보내셨을 때였다. 좋은 주제라 생각되어 관심을 가지고 일의 진행과정을 지켜보고 있었는데, 무엇 때문인지, 나중에 그 일이 잘 진행되지 않았다는 것을 알게 되었다. 그 이전에 나는 문학평론가 김우창의 『궁핍한 시대의 시인』을 읽은 후라, 혹 기회가 된다면, 그 논문을 바탕으로 뭔가 나도 해보고자 하는 생각을 하고 있었다. 이 일은 선생님이 돌아가시기 전 나의 마지막 기억으로 자리 잡았다. 학회 회장이 되고, 2024 추계학술 대회가 열릴 때, "하이데거와 시인들"이라는 주제로 학술대회를 제안하였다. 지난 윤독회때 와인을 가져 오시고, 하이데거와 시인들과 연관된 프로젝트를 계획하셨던 것이 떠올랐다. 선생님은 포도주를 매일 1병씩은 반주로 드시곤 하신다고 했다. 이렇게 나의 삶에서 선생님은 다정한 선배, 하이데거를 같이 연구하는 동학(同學), 쉬지 않고 학문에 매진했던 나의 학문적 멘토(mentor), 여행과 인생을 즐기며 자신만의 자유로운 삶을 살아가는 자유인, 늘 먼저 기꺼이 베푸는 삶을 살아가는 훈훈하고 친근한 아저씨처럼 다가 왔다가 먼 곳으로 여행을 떠나셨다.

21. 존경하는 (故)윤병렬 선생님께 드리는 서신
이관표 교수(한세대)

존경하는 "냅다" 아저씨, (故)윤병렬 선생님께!

존경하는 윤병렬 선생님에 대해 처음 알게 되었을 때는 1998년경이었습니다. 만나 뵈었던 때가 아니라 알게 되었을 때를 처음 언급하는 이유는 제가 선생님의 성함을 처음 새기게 되었던 것이 선생님의 논문을 우연히 발견하여 읽었던 그때였기 때문입니다.

존경하는 선생님,

저의 철학의 시작은 어린 시절부터 괴롭혀왔던 죽음의 문제로부터 기인합니다. 모든 사람 혹은 모든 생명이 죽음을 두려워하는 것은 아마 당연할 겁니다. 하지만 그 두려움이 유독 저에게 심했던 기억을 저는 어린 시절부터 가지고 있습니다. 그 두려운 마음 때문에 저는 죽음에 대해 연구하겠다고 결심했었고, 그래서 전공을 철학으로 선택했습니다. 1998년경은 마침 철학을 제대로 시작했기에 어린 시절 열심히 의지했던 기독교 신앙을 버리겠다고 혼자 결심했던 때였습니다. 교회도 거의 나가지 않았고, 그저 무작정 죽음을 연구하겠다 웅얼거리며, 철학자들의 글을 찾아다녔습니다. 생각해보면, 사실 90년대 말까지도 해외학자들의 사상을 공부할 수 있는 번역서는 많지 않았습니다. 게다가 한국학자들이 연구했던 결과물 역시 그렇게 쉽게 접근할 수 없었습니다. 대학의 도서관을 직접 찾아가 뒤지고, 복사를 신청해서 어렵게 받아볼 수 있는 자료가 대부분이었고, 번역서도 너무 어렵거나 혹은 잘못 번역된 것들이 많아 도대체 무슨 말을 하는지 모르는 경우가 대부분이었습니다.

선생님께서 훨씬 전문가이시지만, 죽음에 대해 말하는 대표적인 철학자는 하이데거라 생각됩니다. 아마도 자신의 저서에서 이렇게 지속적으로 인간의 죽음을 논한 학자를 발견하기는 쉽지 않은 일입니다. 우연히 처음 하이데거의 철학을 알게 되었을 때, 저는 큰 충격을 받았습니다. 죽음과 삶이, 사라짐과 존재함이 같이 있다는 어렴풋한 깨달음은 저에게는 큰 울림이었습니다. 그리고 그렇게 더듬거리며 하이데거를, 그리고 그의 죽음 논의를 찾아 헤맬 때, 저는 윤병렬 선생님의 논문, 「하이데거의 죽음—해석학과 그 한계」, 『해석학연구 제3집』(1997)을 발견할 수 있었습니다.

당시만 해도 하이데거가 언급은 되고 있었지만, 그의 사상이 정확히 어떤 내용인지 잘 파악되지 못했던 시기였습니다. 그런데 감사하게도 90년대 이후로 존경하는 선생님과 같은 학자들이 이제 막 하이데거에 관해 연구를 마치고 귀국하여 활발한 활동을 시작했었습니다. 그리고 당시만 해도 하이데거의 논의 중 죽음 개념은 꽤 집중적으로 작성되어 발표되었습니다. 막 신진학자로서 활동을 시작하셨던 선생님께서는 당시 해석학회에서 발표하셨고, 그때의 글들이 묶여서 하나의 단행본으로 출판되었던 것으로 기억합니다. 하이데거 죽음 관련 글들을 찾아 헤매던 저는 마치 보물을 발견한 아이처럼 기쁜 마음으로 그 논문을 읽었던 기억이 있습니다.

물론 같은 단행본에는 당시 KC대학교에 계셨던 김희봉 선생님의 하이데거 죽음 글도 실려있었습니다. 하지만 저는 선생님의 글이 더 인상적이었습니다. 왜냐하면 선생님의 글은 김희봉 선생님의 글과 같은 주제를 다루면서도 사뭇 다른 기분(Stimmung)을 표현하고 있었기 때문입니다.

먼저 김희봉 선생님의 글은 하이데거가 논한 죽음의 철학 내 위치를 밝혀내고 있었습니다. 죽음이 『존재와 시간』에서 왜 논의되는지, 그리고 그것이 어떤 방식으로 서술되는지 등을 밝힌 것이 주요 내용이었습니다. 그런데 이와 다르게 선생님의 글은 그 문장의 느낌 자체부터 달랐습니다. 거기에는 진짜 기분이 들어있었고, 그것을 표현하는데 주저함이 없었다는 생각이 듭니다. 즉, 깊은 어떤 기분과 느낌이 드러나고 있었습니다. 거기서는 인간이 죽음 앞에서 연관되는 어떤 상황들이 지속적으로 드러났다고 생각됩니다. 솔직히 존경하는 (故)윤병렬 선생님의 글은 저를 마치 죽음에 직면하도록 종용하는 것 같았습니다. 그리고 이 기분은 존경하는 선생님이 직접 사용하신 독어 단어 Geworfenheit의 한글 번역에서 최종점에 도달했었습니다.

존경하는 선생님은 흔히 피투성, 내던져있음으로 번역되곤 하는 이 단어를 "냅다 던져져 있음"으로 번역하셔서 사용하셨습니다. 하이데거에 따르면, 인간은 내던져진 채, 우선 대개 자기를 상실하여 빠져서 살아가지만, 동시에 자신이 살아온 그곳을 향해 자신을 기획하고 던지는 그런 존재자입니다. 시간을 살아가는 인간은 그 어떤 근거를 논하기 전에 이미 세계 안에 던져져 있다는 것이지요. 그러나 이 던져짐은 우선 대개 빠져있는 형태로 발견되고 원하지 않음에도 불구하고 어딘가로 다시금 기획되고 있기에 가장 앞서 드러나는 던져져 있음은 특별하게 느껴졌습니다. 존경하는 선생님께서는 이러한 우리의 상황을 그 어떤 이유를 따지기 이전에 "냅다 던져져 있다"라고 설명하고 계셨습니다. '냅다' 우리는 이미 세계 안에, 우리의 고통 안에, 우리의 좌절 안에, 우리의 애매모호함 안에, 우리의 부정성 안에 던져져 있다는 것으로 느껴졌습니다. 냅다라는 단어가 저의 안에 비수처럼 박혔습니다. 그날은 철학적 글을 읽다가 울었던 첫 번째 날로 아직 기억됩니다. 우리 냅다 선생님은 그렇게 저에게 실존과 죽음의 깊은 기분을 던져주셨습니다.

존경하는 선생님!

선생님을 제대로 뵙고 말씀을 나누기 시작했던 시기는 어렵고 고단했던 독일에서의 유학 생활을 마치고 한국에 들어왔을 때부터로 기억합니다. 제가 2014년 처음 한국 하이데거학회에서 귀국 인사 겸 논문발표를 하게 되었을 때, 오랜만에 선생님을 뵐 수 있었습니다. 선생님께서는 그 특유의 유쾌함으로 수고했다고, 이젠 동료라고 말씀해주셨습니다. 그때 저는 그 어렵고 고단했던 유학 시절을 견뎌내길 잘했다고 다시 한번 생각할 수 있었습니다. 제게 큰 영향을 주셨던 선생님의 철학에 조금이나마 접근하고 있다는 생각이 들도록 말씀해주셨기 때문입니다. 물론 그 이후에도 선생님께서는 늘 반갑게 인사를 건네주셨고, 가끔 주시는 유머는 철학자가 낭만적이고 순수할 수 있다면 바로 이렇겠구나라고 생각하게 만들었습니다. 존경하는 선생님의 인품은 철학자로서 제가 닮고 싶은 훌륭한 덕목이었습니다.

그리운 선생님!

선생님께서 떠나셨다는 말을 듣고 가장 죄송했던 것은 늘 홍대역 앞으로 찾아뵙겠다고 말씀드렸던 것을 지키지 못한 일입니다. 당당하게 홍익대의 전임교수가 되었다고, 그래서 열심히 하면 언젠가 이루어진다는 점을 깨달았다고 웃으시며 말씀하셨던 선생님의 모습이 기억납니다. 꼭 좀 홍대역 앞으로 와서 전화하라고, 그래서 홍대 앞의 흥겨움을 함께 느끼면서 맥주 한잔 같이 하자고 하셨던 존경하는 선생님의 말씀이 지금도 생각납니다.

또한 죄송한 것은 제가 한국 하이데거학회 총무로 섬기면서 선생님께 너무 많은 발표 부탁을 드렸던 점입니다. 늘 쉬지 않고 연구하시는 선생님을 마음으로 의지했기에 발표자나 논평자가 없을 때마다 너무 귀찮게 해드렸던 것 같아 너무 죄송합니다. 그리고 모임이 있을 때면 가장 먼저 선생님께 전화를 드려서 오실 수 있으신지 물어봤던 기억도 있습니다. 그저 선생님이 와주시면, 자리가 늘 환하고 즐거우니 그래서 괜히 괴롭혀드린 것은 아닌지 너무 죄송한 마음입니다. 그래도 그렇게 해서 선생님을 자주 뵐 수 있었기에 지금 생각해보면 잘했다는 생각도 드네요. 지금도 선생님께 안부전화를 드리고 싶은데 할 수가 없어서 마음이 아픕니다.

존경하는 선생님!

마지막으로 정말 선생님께 감사한 일을 말씀드려보려 합니다. 물론 가장 먼저는 저에게 학자로서 모범을 보여주셨고, 또한 학회에서 인자한 어른의 모습을 보여주셨던 점입니다. 늘 유쾌하고 순수하셨던 선생님은 뒤늦게 학회에 합류하여 함께 해오고 있는 저희 70년대생들에게는 늘 좋은 스승이시고 또한 선배셨습니다. 그리고 늘 행복한 인사를 건네주시는 동지가 되어주셨습니다.

진짜 감사하고 위로가 되는 일은 선생님께서 당신의 서적을 저에게 주셨던 것입니다. 코로나가 심했던 어느 날 전화를 주셔서 철학과 신학에 관련된 책들을 주시겠다고 하시고 직접 차에 싣고 저희 학교에 오셨던 그날을 저는 아직도 기억합니다. 이름만 들었던 서적도 그 안에 있어서 너무 기뻤고, 또 어떤 자료는 하도 바래서 그저 선생님께서 주셨기에 보관하고 있는 그런 것들도 있습니다. 그래도 저는 하나도 버림 없이 그대로 제 연구실에 선생님께서 주신 서적과 자료들을 보관하고 있습니다. 언젠가 저도 은퇴하고 그 자료들을 저의 제자에게 주게 될 때, 그것들이 저만의 연구자료가 아니라, 존경하는 선생님의 자료도 포함되어 있다는 사실을 자랑스럽게 얘기해주려고 합니다. 물론 몇 분 더 은퇴하시면서 자료를 주셨기 때문에 그분들의 이야기도 해야겠지만, 선생님께서 직접 서적과 자료를 주셨던 일은 저에게 제일 큰 자랑으로 여겨지고 있습니다.

그리운 "냅다" 아저씨, (故)윤병렬 선생님!

기독교 신학에도 조예가 깊으셨던 선생님께는 또한 순수한 신앙 역시 함께 있었음을 잘 알고 있습니다. 선생님께서는 아마도 그 유쾌하고 순수하신 마음 그대로 하나님 곁에, 그리고 하나님과 함께 천국에 계실 것이라 생각합니다. 거기는 근거 없이 냅다 던져진 그런 곳이 아니기에, 하나님의 풍성한 근거 위에서 그 유쾌하신 웃음을 지으시며 또 특유의 그 유머를 계속 발휘하고 계실 것이라 믿어 의심치 않습니다. 이곳에서 더 이상 함께 하지 못해 너무 슬프지만, 그래도 우리의 신앙이 희망하는 부활의 그때 그곳에서 다시 뵙게 되기를 기다리겠습니다(warten). 이렇게 "기다림 안에서 우리는 우리가 기다리는 그것을 열어 두기로 하겠습니다."[6]

존경하는 선생님!

정말 감사했고 또한 감사했습니다.

22. 하이데거 학회의 윤병렬 선배님을 기억하며

한충수 교수(이화여대)

제가 처음 윤병렬 선생님을 뵈었던 것은 서울대학교 대학원 철학과에서 하이데거 철학을 공부한 지 얼마 되지 않았을 때였습니다. 학교에서 한국 하이데거 학회의 학술대회가 열렸고, 당시 선생님께서는 학회의 제 5대 회장이셨습니다. 저는 철학 학술대회는 처음이었기에 하이데거 학회의 분위기를 알지 못했습니다. 어려운 철학을 연구하는 모임이므로 무거운 자리일 것이라고 짐작했고 긴장된 마음으로 대회에 참석했습니다. 회장님께서 개회사를 하셨는데, 해맑고 소박한 모습과 권위적이지 않은 말씀에 살짝 놀랐던 기억이 납니다. 그 후 저는 유학길에 올랐고, 2015년부터 다시 하이데거 학회에 참석할 수 있었습니다.

2016년 저는 하이데거 학회의 총무이사를 맡았습니다. 그 무렵 하이데거 학회는 해석학회와 학술지를 통합한 후 재정 형편이 매우 어려웠습니다. 그래서 편집회의를 열거나 학술대회를 개최할 때면 저는 총무로서 늘 재정 관리에 관한 걱정을 하지 않을 수 없었습니다. 그때 윤병렬 선생님께서 홍익대학교 교양과 교수로 임용되셨습니다. 선생님이 편집회의에 오실 때면 다른 편집위원 선생님들께서 한턱 내 주시라며 농담하시곤 하였는데, 사람 좋은 윤병렬 선생님께서는 그때마다 시원하게 회의비용을 지원해 주셨습니다. 그리고 이렇게 재정적 도움을 주신 적이 한두 번이 아니었습니다. 옆에서 다른 선생님께서 교수 월급이 남아 나지 않겠다고 우스갯소리를 하실 정도였습니다. 지금 돌이켜 보니 그때 제가 총무로서 윤병렬 선생님께 감사의 말씀을 충분히 드리지 못한 것 같아 아쉬움이 남습니다. 이 자리를 빌려 깊은 감사를 하늘로 전합니다.

제가 총무를 맡는 동안 하이데거 학회는 매년 1박 2일 윤독회를 진행했습니다. 첫 해는 조형국 선생님의 도움으로 여수의 시원한 바닷가에서, 다음 해는 오희천 선생님의 도움으로 제천의 아름다운 호숫가에서 하이데거의 글을 학회원들이 함께 모여 읽을 수 있었습니다. 첫날 일정을 마친 후 저녁에는 편안한 대화의 시간을 가졌습니다.

초반에는 다소 어색한 분위기가 감돌기도 하였습니다. 그럴 때면 윤병렬 선생님께서는 어김없이 본인의 큰 가방을 열어 포도주와 위스키를 여러 병 꺼내셨습니다. 그렇게 술잔을 나누면서 저녁 대화는 더 친밀하고, 더욱 깊게 무르익을 수 있었습니다.

2023년 한국철학회는 "한국철학의 성과와 기대"라는 주제로 한국철학자 연합대회를 개최했습니다. 하이데거 학회도 함께 하였고, 국내외 하이데거 철학 연구 동향을 소개했습니다. 저는 하이데거 철학과 도가 사상 간의 비교 연구 현황을 소개하는 발표를 맡았고, 제 발표의 논평자를 직접 찾아야 하였습니다. 하이데거 학회의 총무에게는 여러 고충이 있는데, 그중의 하나는 학술대회 발표자와 논평자를 섭외하는 것입니다. 이와 관련해서 총무들 사이에 전해지는 해법이 하나 있습니다. 바로 발표든 논평이든 부탁만 드리면 다 해주시는 윤병렬 선생님이었습니다. 저도 선생님께 부탁을 드렸고, 선생님께서는 기꺼이 제 발표의 논평을 맡아 주셨습니다.

윤병렬 선생님께 부탁을 드린 또 하나의 이유는 선생님께서 2021년 연구서『하이데거와 도가의 철학』을 출간하셨기 때문입니다. 이 책은 선생님께서 지난 20년 동안 수행한 하이데거 철학과 도가 사상 간의 비교 연구성과를 집대성한 것입니다. 이 책은 기존에 국내외에서 진행된 비교 연구의 대부분을 참조했고, 하이데거와 노자 및 장자 사이에 보이는 수많은 사상적 유사성 및 근친성을 밝혔습니다. 윤병렬 선생님께서는 하이데거 철학과 도가 사상을 비교하는 작업이 철학 연구의 차원을 넘어서 세계화 시대에 동양과 서양을 융화하는 데에 이바지할 것이고, 현대 문명이 마주한 위기를 극복하는 데에도 도움이 될 것으로 믿었습니다. 그 믿음을 담은『하이데거와 도가 철학』은 무려 500쪽이 넘는 매우 두터운 책입니다. 그럼에도 윤병렬 선생님께서는 그 비교 연구에 앞으로도 더욱 천착할 것임을 암시하며 책을 끝맺었습니다. 그때 저는 윤병렬 선생님 덕분에 "앞으로 하이데거 철학과 도가 사상 사이의 더 깊은 대화가 펼쳐질 것이 기대된다."라는 문장으로 발표를 마쳤습니다. 그 더 깊은 대화는 선생님의 유지를 이어받아 앞으로 제가 이끌어 가고자 합니다.

이렇게 오랜 시간 같이 하이데거 학회에서 활동하면서 저는 윤병렬 선생님과 자연스럽게 가까워졌습니다. 선생님께서는 혼자 외로이 노총각으로 살고 있는 저를 진심으로 걱정해 주셨습니다. 시간이 흘러 2023년 7월 해석학회와의 공동학술대회를 마친 후 회식 자리에서 윤병렬 선생님께 저는 평생의 배필을 찾았음을 말씀드렸습니다. 선생님은 크게 기뻐하셨고 제 결혼식에도 오셔서 함박웃음으로 축하해주셨습니다. 결혼식 단체 사진은 전문 사진사가 찍었는데, 예식 반년 후에 전달받을 예정이었습니다. 사진을 받고 나면 선생님께 보내드릴 계획이었는데, 갑작스럽게 선생님의 부고를 접하게 되었습니다. 얼마 전에 반갑게 만났던 선생님을 이제는 영영 다시 볼 수 없다는 허망함과 비통함에 저는 선생님의 장례식장에서 여러 학회원과 함께 슬픔의 눈물을 흘리지 않을 수 없었습니다.

윤병렬 선생님께서 돌아가신 후 벌써 1년이 지났습니다. 그 뒤로 열린 하이데거 학회의 학술대회에 참석할 때마다 선생님의 빈자리가 크게 다가오곤 합니다. 아마 다른 학회원들도 저와 비슷한 허전함을 느끼고 있을 것입니다. 그렇기에 저는 그 빈자리를 채우기 위해서 더 많이 노력하고, 우리 하이데거 학회를 더욱더 사랑하려고 합니다. 그러한 노력의 하나로 저는 하이데거 철학과 도가 사상 간의 비교 연구를 이어 나가고, 학술대회에서 발표와 논평을 기꺼이 맡고, 학술지 『현대유럽철학연구』에 투고된 논문의 심사도 마다하지 않겠습니다. 더 나아가 하이데거 학회의 후배들에게도 깊은 관심을 가지고 아끼도록 하겠습니다. 지금은 학회의 재정이 풍족한 상황이지만, 언젠가 다시 어려운 시기가 찾아오면 윤병렬 선생님처럼 아낌없이 베풀도록 하겠습니다. 그래서 저도 하이데거 학회에서 선생님처럼 좋은 선배이자 본보기가 될 수 있도록 애쓰겠습니다. 윤병렬 선배님, 하늘나라에서 걱정하지 마시고 편히 쉬시기를 바랍니다.

---

1) 추모글과 기림글의 순서는 고(故) 윤병렬 선생을 만나고 교유(交遊)한 순서에 따라 정하였다. 초등, 중등, 교회, 대학, 유학시절, 귀국 후 학회활동과 친교를 통해 만난 친구와 동료 및 후배들이다.

2) 참고로 중학교 동창인 박성실님은 친구(윤병렬)로부터 받은 편지를 차곡차곡 모아서 아직까지 보관하고 있다. 편지의 분량은 자그만치 74장, 양면으로 빼곡히 쓴 것도 있으니 100쪽은 된다)

3) F. 횔더린, 『히페리온』, 홍경호 역, 서울: 범우사, 1985, 68쪽.

4) 같은 책, 242쪽.

5) 필자(장호광 교수)는 2009년부터 2017년까지 약 8년간 "나눔의교회"에서 목회자로 섬기며 고 윤병렬 교수님과 함께 신앙생활을 했다.

6) "Im Warten lassen wir das, worauf wir warten, offen." Martin Heidegger, *Aus der Erfahrung des Denkens*. Gesamtausgabe Bd.13 (Frankfurt(M): Vittorio Klostermann, 1983), 49.

윤병렬 선생에 대하여

연보

1954. 1. 16.	경남 창원군 구산면 유산리 295번지에서 윤대근(부), 김두이(모)의 4남 3녀 중 차남으로 출생
1961~1967.	경남 창원군 구산면 현동초등학교
1967~1970.	경남 창원군 구산면 구산중학교
1970~1973.	부산 동아고등학교
1974~1978.	경남대학교 사범대 수학교육학과
1978~1980.	학사장교(ROTC)로서 전방소대장으로 군복무
1980~1983.	마산 삼진고등학교에서 수학교사
1983.	독일 Bonn대학교 철학과 입학(응용수학 및 조직신학은 부전공)
1990.	독일 Bonn 대학교 철학과 학술조교
1991.	독일 Bonn대학교 철학과 석사학위(Magister) 취득
1996.	독일 Bonn대학교 철학과에서 박사학위 취득(Dr.Phil.)
1996~2017.	중앙대, 안양대, 가톨릭대, 강남대, 가천대, 홍익대 시간강사
2004~2005.	안양대학교 교양학부 전임강사(비정년)
2018~2019.	홍익대학교 교양과 전임교수
2019~2024.	홍익대학교 초빙교수
2024. 02. 03.	별세

수상

1. 한국장학재단 장학생 선정(경남대학교, 1974, 1975.)

2. 독일국비장학생 선정(독일 Bonn대학교, 1992~1993.)

3. 문광부 우수도서 선정(『철학의 센세이션』, 2002.)

4. 홍익대학교 우수강사 선정(2002.)

5. 대한민국학술원 우수도서 선정(『한국해학의 예술과 철학』, 2014.)

6. 대한민국학술원 우수도서 선정(『선사시대 고인돌의 성좌에 새겨진 한국의 고대철학』, 2019.)

7. 대한민국학술원 우수도서 선정(『하이데거와 도가의 철학』, 2022.)

학술 및 학회활동

1. 안양대학교 인문과학연구소 전임연구원

2. 한국하이데거학회 편집위원, 이사, 회장, 고문

3. 한국해석학회 감사, 이사

4. 연세대 연세철학연구소 전문연구원

5. 한국기독교철학회 이사

6. 경희대학교 인류사회재건원 공동연구원

7. 게슈탈트하일렌 이사

8. 인문철학재단 타우마제인 연구위원

저서목록

1. 『철학의 센세이션』, 철학과 현실사, 2002.

2. 『정보해석학의 전망』, 철학과 현실사, 2008.

3. 『고구려의 고분벽화에 그려진 한국의 고대철학』, 철학과 현실사, 2008.

4. 『감동철학 우리 이야기 속에 숨다』, 이담북스, 2009.

5. 『산책로에서 만난 철학』, 동과서, 2009.

6. 『한국 해학의 예술과 철학』, 아카넷, 2013.

7. 『철학적 인문학의 길』, 철학과 현실사, 2017.

8. 『배낭 속에 담아온 철학자의 사유 여행』, 나무자전거, 2018.

9. 『선사시대 고인돌의 성좌에 새겨진 한국의 고대철학』, 예문서원, 2018.

10. 『고구려 고분벽화에 담긴 철학적 세계관: 한국고대철학의 재발견』, 지식산업사, 2020.

11. 『하이데거와 도가의 철학』, 서광사, 2021.

12. 『혜초의 기행문과 철학』, 소명출판사, 2024.(유작)

13. 『하이데거와 자연 환경 생명』, 철학과 현실사, 2000(공저)

14. 『노자에서 데리다까지— 도가 철학과 서양 철학의 만남—』 예문서원, 2001.(공저)

15. 『과학기술 문명에 대한 성찰』 경희대학교 출판문화원, 2022.(공저)

16. *Der Wandel des Wahrheitsverständnisses im Denken Heideggers — Untersuchung seiner Wahrheitsauffassung im Lichte des husserlschen und griechischen Denkens*, Shaker Verlag, Aachen 1996.

논문목록

1. 「하이데거의 사고에 있어서 진리이해의 변화」 본대학교(박사학위논문), 1996.

2. 「하이데거의 "존재사"와 "비은폐성"으로서의 진리」 존재론연구 제2집, 한국하이데거학회 1997.

3. 「하이데거의 죽음: 해석학과 그 한계」 해석학연구 제3집, 한국해석학회 1997.

4. 「카알 바르트의 위기신학과 우리시대의 위기신학」 신학지평 제9집, 안양대학교 신학연구소 1998.

5. 「문화의 위기 및 상호 문화성과 반—상호 문화성: 그 위협에 관한 현상학적 고찰」 철학과 현상학 연구 제13집, 한국현상학회 1999.

6. 「후설 현상학에서의 세계이해: 보편지평으로서의 세계」 철학 제62집, 한국철학회 2000.

7. 「노자적인 것과 비—노자적인 것」 인문과학연구 제 8집, 안양대학교 인문과학연구소 2000.

8. 「퓌시스 · 존재 · 도(道)—헤라클레이토스 · 하이데거 · 노자의 시원적 사유」 존재론 연구 제5집, 한국하이데거학회 2000.

9. 「칸트의 도덕적인 기독교의 의미」 인문과학연구 제10집, 안양대학교 인문과학연구소 2002.

10. 「『나무꾼과 선녀』에서의 종교현상학」, 철학과 현상학 연구 제18집, 한국현상학회 2002.

11. 「플라톤 철학과 형이상학 논쟁」 해석학연구 제11집, 한국해석학회 2003.

12. 「존재에서 존재자로? : E. 레비나스의 존재이해와 존재오해」 현상학과 현대철학 제21집, 한국현상학회 2003.

13. 「레비나스의 하이데거 윤리학 비판과 하이데거의 존재사유에 드러난 윤리학」 철학과 현상학 연구 제22집, 한국현상학회 2004.

14. 「고대 그리스와 후설 현상학에서의 세계개념」 철학과 현상학 연구 제23집, 한국현상학회 2004.

15. 「플라톤과 하이데거 및 고구려의 고분 벽화가 표명한 '사방'으로서의 코스모스」 존재론 연구 제10집, 한국하이데거학회 2004.

16. 「실존하는 그리스도인: 키에르케고르의 실존사상」, 신학지평 제17집, 안양대학교 신학연구소 2004.

17. 「'거주함'의 철학적 지평—하이데거의 사유와 고구려의 고분벽화를 중심으로」, 현대유럽철학연구 제11집, 한국하이데거학회 2005.

19. 「고대 그리스와 하이데거의 사유에서 선포와 개시의 해석학」, 현대유럽철학연구 제12집, 한국하이데거학회, 2005.

20. 「하이데거 철학의 정보해석학에의 기여」, 현대유럽철학연구 제13집, 한국하이데거학회 2006.

21. 「정보해석학에서의 의미구성과 해체」, 철학과 현상학 연구 제29집, 한국현상학회 2006.

22. 「하이데거의 전기사유에서 '들음'의 해석학적 위상」, 현대유럽철학연구 제14집, 한국하이데거학회 2006.

23. 「하이데거의 존재사유에서 고향상실과 귀향의 의미」, 한국하이데거학회, 현대유럽철학연구 제16집, 한국하이데거학회 2007.

24. 「가다머에게서 하이데거 해석학의 유산과 "철학적 해석학"」, 현대유럽철학연구 제15집, 한국하이데거학회 2007.

25. 「하이데거와 현대의 철학적 사유에서 초월개념에 관한 해석」, 현대유럽철학연구 제18집, 한국하이데거학회 2008.

26. 「포스트모더니즘의 실상과 허상에 대한 성찰」, 동양철학연구 제57집, 동양철학연구회 2009.

27. 「고대 그리스의 헤르메노이티케와 하이데거의 해석학 개념」, 현대유럽철학연구 제19집, 한국하이데거학회 2009.

28. 「포스트모더니즘의 실상과 허상에 대한 성찰」, 東洋哲學研究 제57집, 東洋哲學研究會 2009.

29. 「시인은 신의 성스러운 사제인가?: 하이데거와 횔덜린 및 고대 그리스적 기원에서 사제로서의 시인」, 철학과 현상학 연구 제43집, 한국현상학회 2009.

30. 「헤르만 헤세의 싯다르타와 자아의 존재」, 현대유럽철학연구 제24집, 한국하이데거학회 2010.

31. 「21세기 사고모형으로서의 주체개념」, 철학과 현상학 연구 제46집, 한국현상학회 2010.

32. 「플라톤 철학의 선—형이상학적인 구조」, 철학탐구 제29집, 중앙대학교 중앙철학연구소, 2011.

33. 「소크라테스와 플라톤에게서 디오니소스적인 것의 존재」, 철학탐구 제30집, 중앙대학교 중앙철학연구소 2011.

34. 「아리스토파네스의 소크라테스 풍자는 정당한가? : 그의 「구름」에서의 소크라테스 혹평에 대한 반

론」, 철학탐구 제32집, 중앙대학교 중앙철학연구소 2012.

35. 「노자와 하이데거의 동서퓨전철학」, 동서사상 제12집, 경북대학교 인문학술원 2012.

36. 「노자와 하이데거의 사유에서 부정존재론에 관한 소고」, 현대유럽철학연구 제30집, 한국하이데거학회 2012.

37. 「타자를 위한 싸움: 레비나스의 윤리학과 한국의 전래동화에서 이타주의 철학을 읽다」, 신학지평 제25집, 안양대학교 신학연구소 2012.

38. 「플라톤의 사유에서 부정신학의 철학적 함의─대화록 『국가』를 중심으로─」, 현대유럽철학연구 제32집, 한국하이데거학회 2013.

39. 「피피섬에 개현되는 피지스와 장소성의 사유─여행의 철학을 위한 한 행보─」, 존재론 연구 제35집, 한국하이데거학회 2014.

40. 「악의 근원과 "선악의 피안" 및 악의 존재에 대한 대응책─ 셀링과 니체 및 바롱 댄스와 "신라의 미소"를 통한 고찰」, 존재론 연구 제37집, 한국하이데거학회 2015.

41. 「하이데거와 도가철학의 근친적 사유세계」, 정신문화연구 제142호, 한국학중앙연구원 2016.

42. 「탈근대 이후 주체개념의 복권─정보해석학의 영역을 중심으로─」, 철학탐구 제42집, 중앙철학연구소 2016.

43. 「'말하는 돌'과 '돌의 세계' 및 고인돌에 새겨진 성좌」, 정신문화연구 제143호, 한 국학중앙연구원 2017.

44. 「하이데거에게서 피지스 개념의 복권과 사물의 존재에 대한 탈근대적 접근」, 철학탐구 제46집, 중앙철학연구소 2017.

45. 「장자와 플라톤의 위상학적 인식론을 통한 근대 인식론의 딜레마 극복」, 정신문화연구 제50호, 한국학중앙연구원 2018.

46. 「하이데거와 도가(道家)의 해체적 사유」, 정신문화연구 제151호, 한국학중앙연구원 2018.

47. 「수막새에 새겨진 선악의 철학 ─신라의 미소, 수막새를 통한 고찰─」, 문화재 제53권 제1호, 국립문화유산연구원 2020.

48. 「혜초의 오언시와 하이데거의 시작(詩作)해석」, 철학연구 제134집, 철학연구회 2021.

49. 「『왕오천축국전』의 행간에서 읽는 혜초의 기행문학과 철학─하이데거의 현사실성의 해석학과 존재사유를 중심으로─」, 철학탐구 제65집, 중앙대학교 중앙철학연구소 2022.

50. 「청동거울에 새겨진 사신도 세계관에 대한 현상학적 이해」, 철학연구 제65집, 고려대학교철학연구소 2022.

51. 「『규원사화』의 행간에 드러난 선도사상(仙道思想)과 철학의 근본과제로서의 신 · 자유 · 불멸」, 철학탐구 제72집, 중앙대학교 중앙철학연구소, 2023.

52. "Interkulturalität und Anti-Interkulturalität— eine phänomenologische Betrachtung über die Möglichkeit der Interkulturalität" in Jung—Sun Han Heuer und Seongha Hong(hrsg.), Grenzgänge, Orbis Phänomenologicus, Königshausen und Neumann 2011.

53. "Rediscovery of Ancient Korean Philosophy : Focusing on Star Hole Dolmens, Bronze Mirrors, and Star Charts Carved in Tomb Murals", INTERNATIONAL JOURNAL OF SOCIAL SCIENCE HUMANITY & MANAGEMENT RESEARCH, 2023.1

참고문헌

1. 국외문헌

Aristoteles, *Erste Analytik*, E. Rolfes(trans.), Leipzig 1922.

Aristoteles, *Metaphysik*, H. Bonitz(trans.) , Hamburg 1984.

Aristoteles, *On the Heavens*, W. K. C. Guthrie(trans.), Havard University Press 1939.

Byeong-Yeol Yun, *Der Wandel des Wahrheitsverständnisses im Denken Heideggers — Untersuchung seiner Wahrheitsauffassung im Lichte des husserlschen und griechischen Denkens*, Aachen 1996

H. Diels, *Die Fragmente der Vorsokratiker*, Hildesheim 1974.

H. -G. Gadamer, *Text und Interpretation*, München 1983(GW II).

J. Grondin, *Einführung in die philosophische Hermeneutik*, Darmstadt 1991.

G.W.F. Hegel, *Die Vernunft in der Geschichte*, G. Lasson(hrsg.), Hamburg 1955.

M. Heidegger, *Sein und Zeit*, Tübingen 1977.

M. Heidegger, *Holzwege*, Frankfurt a.M. 1977.

M. Heidegger, *Was ist Metaphysik?*, Frankfurt a.M. 1949.

M. Heidegger, "Über den Humanismus(1946)", in *Wegmarken*, Frankfurt a.M. 1976.

M. Heidegger, "Ein Brief über den Humanismus", Bern 1947.

M. Heidegger, *Einführung in die Metaphysik*, Tübingen 1953.

M. Heidegger, *Vorträge und Aufsätze*, Pfullingen 1954.

M. Heidegger, *Unterwegs zur Sprache*, Frankfurt a.M. 1985.(GA 12.)

M. Heidegger, *Der Ursprung des Kunstwerkes*, Stuttgart 1978.

M. Heidegger, *Nietzsche I*, Pfullingen 1961.

M. Heidegger, "Vom Wesen der Wahrheit", in *Wegmarken*, Frankfurt a.M. 1978.

M. Heidegger, *Holzwege*, Frankfurt a.M. 1980.

M. Heidegger, *Der Satz vom Grund*, Pfullingen 1986.

K. Held, *Einleitung zu E. Husserls Phänomenologie der Lebenswelt, Ausgewählte Texte*

II: Husserl, Edmund – Logik und Ethik, Stuttgart 2021.

K. Held, "Heidegger und das Prinzip der Phänomenologie", in: A. Gethmann–Siefert und O. Pöggeler(hrsg.), *Heidegger und die praktische Philosophie*, Frankfurt a. M. 1988.

J. Hirschberger, *Geschichte der Philosophie II*, Freiburg 1991.

J. Hoffmeister, *Wörterbuch der philosophischen Begriffe*, Hamburg 1955.

M. Horkheimer und T. W. Adorno, *Dialektik der Aufklärung*, Frankfurt a. M. 1969.

J. Ritter(hrsg.), *Historisches Wörterbuch der Philosophie*, Basel/Stuttgart 1972.

E. Husserl, *Cartesianische Meditationen und Pariser Vorträge*. Den Haag 1950.(Hua. I.)

E. Husserl, *Zur Phänomenologie der Intersubjektivität: Dritter Teil: 1929–1935*, Kern Iso(ed.), Den Haag 1973.(Hua XV)

E. Husserl, *Ideen zu einer reinen Phänomenlogie und phänomenlogischen Philosophie. Erstes Buch: Allgemeine Einführung in die reine Phänomenologie*. Walter Biemel(ed.). The Hague 1950.(Hua III)

E. Husserl, *Die Krisis der europäischen Wissenschaften und die transzendentale Phänomenologie. Eine Einleitung in die phänomenologische Philosophie*. The Hague 1976.(Hua. VI.)

E. Husserl, *Cartesianische Meditationen und Pariser Vorträge*. The Hague 1950.

E. Husserl, *Zur Phänomenologie der Intersubjektivität: Dritter Teil: 1929–1935*, Kern Iso(ed.), Den Haag 1973.(Hua. XV).

E. Husserl, *Phänomenologie der Lebenswelt. Ausgewählte Texte, 2*. Stuttgart 1986.

E. Husserl, *Phänomenologie der Lebenswelt. Ausgewählte Texte II: Husserl, Edmund – Logik und Ethik – 14187*, Stuttgart 2021.

E. Husserl, *Erfahrung und Urteil: Untersuchungen zur Genealogie der Logik*, L. Landgrebe(hrsg.) , Hamburg 1999.

L. Landgrebe, *Der Weg der Phänomenologie*. Gütersloh 1963.

N. Malebrance, *Philosophical Selection*, S. Nadler(ed.) Indianapolis/Cambridge 1992.

N. Malebrance, *The Search after Truth*, Thomas M. Lennon and Paul J. Olscampedited (ed.)

Cambridge University Press 1997.

O. Marquard, *Apologie des Zufälligen*, Stuttgart 2008.

O. Marquard, *Abschied vom Prinzipiellen*, Stuttgart 1982.

J. Ritter(hrsg.), *Historisches Wörterbuch der Philosophie*, Basel/Stuttgart 1984.

H. Rombach, *Leben des Geistes*, Freiburg, Basel, Wien. 1977.

H. Rombach, *Der kommende Gott: Hermetik—eine neue Weltsicht*, Freiburg 1991.

H. Rombach, *Strukturontologie: Eine Phänomenologie der Freiheit*, Freiburg/München 1971.

F. W. J. Schelling, *Sämtliche Werke I/3*, Stuttgart 1856~1861.

K. Schuhmann, *Die Fundamentalbetrachtung der Phänomenologie*, The Hague 1971.

H. J. Störig, *Kleine Weltgeschichte der Philosophie 2*, Frankfurt a.M. 1969.

M. Theunissen, "Intentionaler Gegenstand und ontologische Differenz. Ansätze zur Fragestellung Heideggers in der Phänomenologie Husserls", Philosophisches Jahrbuch 70(2), 1962.

B. Waldenfels, "Erfahrung des Fremden in Husserls Phänomenologie", in Phänomenologische Forschungen 22, Hamburg 1989.

W. Weischedel, *Die philosophische Hintertreppe*, München 1980.

Ynhui Park, *Man, Language and Poetry*, Seoul National University Press 1999.

2. 국내문헌

강용수, 『마흔에 읽는 쇼펜하우어』, 유노북스, 2023.

강학순, 『박이문의 둥지를 향한 철학과 예술의 여정』, 미다스북스, 2014.

김상환, 『예술가를 위한 형이상학』, 민음사, 2007.

김우창, 「인간에 대한 물음—인문학의 과제에 대한 성찰」경상대 인문학 연구소 엮음, 『새로운 인문학을 위하여』, 백의, 1993.

김우창, 『법 없는 길』(전집 제 4권), 민음사, 2006.

김우창, 『지상의 척도』(전집 2권), 민음사, 2006.

박이문, 『예술철학』, 문학과 지성사, 1983.

박이문, 『문학과 언어의 꿈』, 민음사, 2003.

박이문, 『이카루스의 날개와 예술』, 민음사, 2003.

박이문, 『철학전후』, 문학과 지성사, 2012.

박일호, 『감성으로 보고 이성으로 읽는다』, 삶과 꿈, 2004.

박창범, 『하늘에 새긴 우리 역사』, 김영사, 2004.

박희병, 『통합인문학을 위하여』, 돌베개, 2020.

소흥렬, 『논리와 사고』, 이화여자대학교출판부, 2003.

서양근대철학회 편, 『서양 근대철학의 열가지 쟁점』, 창작과 비평사, 2004.

윤병렬, 『산책로에서 만난 철학』, 동과서, 2009.

윤병렬, 『감동철학 우리 이야기 속에 숨다』, 이담북스, 2009.

윤병렬, 『한국 해학의 예술과 철학』, 아카넷, 2013.

윤병렬, 『배낭 속에 담아온 철학자의 사유 여행』, 나무자전거, 2018.

윤병렬, 『선사시대 고인돌의 성좌에 새겨진 한국의 고대철학』, 예문서원, 2018.

윤병렬, 『고구려 고분벽화에 담긴 철학적 세계관–한국고대철학의 재발견』, 지식산업사, 2020.

윤병렬, 『하이데거와 도가의 철학』, 서광사, 2021.

윤병렬, 『혜초의 기행문과 철학』, 소명출판사, 2024.

이경덕, 『우리 곁에서 만나는 동서양 신화』, 사계절, 2006.

이광래, 『해체주의와 그 이후』, 열린책들, 2007.

이광래, 『프랑스철학사』, 문예출판사, 1999.

이병렬, 『하늘의 길, 고인돌에 새기다』, 홀리데이북스, 2025.

이승종, 윤유석, 『철학의 길(대화의 해석학을 향하여)』, 세창, 2024.

이양호, 『초월의 행보』, 담론사, 1998.

이종호, 윤석연, 『고인돌』, 열린박물관, 2006.

전동진, 『생성의 철학』, 서광사, 2008.

정대현, 『한국 현대 철학: 그 주제적 지형도』, 이화여자대학교출판문화원 2016.

정대현 외 지음, 『표현인문학』, 생각의 나무, 2000.

정형민, 『한국현대미술의 모색―해방 후부터 1970년대까지―』, 서울대학교출판문화원, 2024.

최인훈, 『광장/구운몽』, 문학과 지성사, 2014.

한전숙, 『현상학』, 민음사, 1996.

한화택, 『미적분의 쓸모―보통 사람들도 이해하는 새로운 미래의 언어―』, 더퀘스트, 2022.

3. 역서

M. Betteniti. S. Possi 엮음, 전지은역, 『여행, 길위의 철학』, 책세상, 2017.

P. Coelho, 최정수역, 『연금술사』, 문학동네, 2018.

W. Durant, 이정선역, 『철학의 즐거움』, 홍신문화사, 1995.

M. Eliade, 이동하역, 『성과 속』, 학민사, 1996.

J. W. von Goethe, 이인웅역, 『파우스트』, 문학동네, 2006.

J. W. von Goethe, 안인희역, 『이탈리아 여행』, 지식향연, 2017.

M. Heidegger, 신상희역, 『이정표 1』, 한길사, 2008.

M. Heidegger, 이선일역, 『이정표 2』, 한길사, 2005.

E. Hemingway, 김욱동역, 『노인과 바다』, 민음사, 2012.

H. Hesse, 박병덕역, 『싯다르타』, 민음사, 2002.

J. Huiznga, 이종인역, 『호모 루덴스―놀이하는 인간』, 연암서가, 2010.

E. Husserl, 이종훈역, 『현상학의 이념, 엄밀한 학으로서의 철학』, 서광사, 1988.

I. Kant, 백종현역, 『판단력 비판』, 아카넷, 2009.

W. Marx, 이길우역, 『현상학』, 서광사, 1990.

F. Nietzsche, 최승자역, 『짜라투스트라는 이렇게 말했다』, 청하, 1984.

H. Norberg―Hodge, 김종철, 김태연역, 『오래된 미래』, 녹색평론사, 2005.

F. Novalis, 이유영역주, 『밤의 찬가』(Hymnen an die Nacht, 독일어+한국어), 민음사, 1976.

R. Palmer, 이한우역, 『해석학이란 무엇인가』, 문예출판사, 2001.

Platon, 천병희역, 『법률(Epinomis)』, 숲, 2016.

Platon, 조대호역, 『파이드로스』, 문예출판사, 2016.

Platon, 박종현역, 『국가 · 정체』, 서광사, 2005.

Platon, 박종현역, 『티마이오스』, 서광사, 2008.

M. Heidegger, 이선일역, 『이정표 2』, 한길사, 2005.

O. Pöggeler, 박순영역, 『해석학의 철학』, 서광사, 1993.

H. Rombach, 전동진역, 『아폴론적 세계와 헤르메스적 세계』, 서광사, 2001.

A, Saint-Exupéry, 김수영역, 『어린 왕자』, 코너스톤, 2020.

老子, 남만성역, 『노자 도덕경』, 을유문화사, 1970.

朱熹, 임동석역, 『대학』, 동서문화사, 2009.

李珥, 박상수역, 『격몽요결』, 학자원, 2021.

4. 국내외 논문 및 기고문

고유섭, 「조선문화의 창조성:공예편」, in: 『한국미술문화사논총』, 통문관, 1966.

고유섭, 「고구려의 미술」, in: 『한국미술문화사논총』, 통문관, 1966.

김광태, 「고인돌과 북두칠성」, 충남과학 저널 35(1), 충남대학교, 2018.

김동일, 「별자리가 새겨진 고인돌의 무덤에 대하여」, 『조선고고연구』, 3, 사회과학출판사, 1996.

김우창, 「인간에 대한 물음– 인문학의 과제에 대한 성찰」, 경상대 인문학 연구소 엮음, 『새로운 인문학을 위하여』, 백의, 1993.

윤병렬, 「하이데거의 사고에 있어서 진리이해의 변화– 후설과 고대 그리스 철학의 조명에서 하이데거의 진리파악에 대한 검토」, 철학과 현실 통권 30호, 철학문화연구소, 철학과 현실사, 1996.

윤병렬, 「『나무꾼과 선녀』에서의 종교현상학」, 철학과 현상학 연구 제18집, 한국현상학회, 2002.

윤병렬, 「가다머에게서 하이데거 해석학의 유산과 "철학적 해석학"」, 현대유럽철학연구15, 한국하이데거학회, 2007.

윤병렬, 「21세기 사고모형으로서의 주체 개념: 정보화 사회의 주체와 기연적 주체 및 헤르메스적 주체」, 철학과 현상학 연구 제46집, 한국현상학회, 2010.

윤병렬, 「피피섬에 개현되는 피지스와 장소성의 사유」, 존재론연구 제 35집, 한국하이데거학회, 2014.

윤병렬, 「악의 근원과 "선악의 피안" 및 악의 존재에 대한 대응책— 셸링과 니체 및 바롱 댄스와 "신라의 미소"를 통한 고찰」, 존재론 연구 제37집, 한국하이데거학회, 2015.

윤병렬, 「청동거울에 새겨진 사신도 세계관에 대한 현상학적 이해」, 철학연구 제65집, 고려대학교 철학

연구소, 2022.

윤희순, "고구려벽화에 대한 소감", 「풍토양식과 민족성」, 「조선미술사 연구: 민족미술에 대한 단상」, 동
　　문선, 1994.

이한구, 「융합은 시대정신이다」, 철학과 현실 제84호, 철학문화연구소, 2010.

전동진, 「롬바흐의 그림철학」, 하이데거 연구 제7집, 한국하이데거학회, 2002.

조관성, 「자연과 문화의 만남 – 생활세계 개념의 해석과 재구성」, in: 한국현상학회 편, 「자연의 현상학」,
　　철학과 현실사, 1998.

E. W. Orth, "Die Vieldeutigkeit des Kulturbegriffs und seine mögliche Bestimmung im
　　Rahmen der Intentionalitätstheorie", in 「현상학과 상호문화성」 40쪽(한국현상학회 창립 20주
　　년 기념 국제학술회의, 1998년 10월 10일, 연세대학교.

나눔의 교회, "나눔의 교회 10주년 자료집"(「평신도 설교모음」: 윤병렬, "그리스도인의 자유"), 2006.

[네이버 지식백과] 가야국 [伽倻國] (미술대사전(용어편), 1998, 한국사전연구사 편집부)

특집좌담, 「21세기, 보편주의는 아직 가능한가?」, 철학과 현실 제142호(가을호), 철학문화연구소, 2024.

대학지성 In&Out(http://www.unipress.co.kr), 저자가 말하다-「고구려 고분벽화에 담긴 철학적 세
　　계관: 한국고대철학의 재발견」

대학지성 In&Out(http://www.unipress.co.kr, 저자가 말하다-「하이데거와 도가(道家)의 철학」(2021)

대학지성 In&Out(http://www.unipress.co.kr, [시평], 2022.10.2.

조선일보, "베르너 자세(W. Sasse)와의 월요 인터뷰." 2024.12.9.A30.

한겨레신문, "고분벽화 고인돌에 새겨진 '고대 한국인의 지혜' 놀라워요", 2020.5.10.

홍대신문, "서양철학입문": 윤병렬 교수가 추천하는 「선사시대 고인돌의 성좌에 새겨진 한국의 고대철
　　학」 2019.9.10.

교수신문(http://www.kyosu.net) 2025. 5.13. 저자가 말하다(이병렬 지음, 「하늘의 길 고인돌에 새기
　　다」, 홀리데이북스 2025.), 「삶과 죽음을 잇는 '거석 코드'」

https://www.sedaily.com/NewsView/26CBLNEGSR

https://brain2000.tistory.com/15496619

http://de.wikipedia.org/wiki/Okkasionalismus

https://openai.com/index/chatgpt/

이미지 및 사진출처

https://www.online-destination.de/deutschland/bonn/rheinaue.html

https://imprs-brain-behavior.mpg.de/living_in_bonn

https://www.bonn.de/pressemitteilungen/april-2023/bad-godesberg-feiert-sommerfest.php

https://www.srh-university.de/de/unsere-standorte/bonn/

https://de.pinterest.com/pin/388224430363868512/

https://bonn.wiki/wiki/Theaterplatz_Bad_Godesberghttp://www.bc8937.kr

http://www.bc8937.kr/WEFH67489SDFffgtr/read.cgiboard=gabgol&y_number=193

http://sjbnews.com/news/print.php?code=li_news_2021&number=719520

https://cm.asiae.co.kr/article/2018100421093568566

https://ko.wikipedia.org/wiki/%EA%B0%80%EC%95%BC#

https://www.busan.com/view/busan/view.php?code=20120119000013

https://www.g-enews.com/kokr/news/article/news_all/201708090623363309e8b8a79
　　3f7_1/article.html

https://terms.naver.com/entry.naver?docId=534837&cid=46619&categoryId=46619

https://news.bbsi.co.kr/news/articleView.html?idxno=3043348

https://baekjemuseum.seoul.go.kr

https://www.kookje.co.kr/news2011/asp/newsbody.asp?code=0500&k
　　ey=20160820.2201219494

https://blog.naver.com/gymuseum/221380068730

찾아보기

인명

철학이 이끄는 삶